“十二五”普通高等教育本科国家级规划教材

ECONOMICS & MANAGEMENT

国家级精品资源共享课程教材　　教育部经济管理类核心课程教材

Statistics

统计学简明教程

（第2版）

曾五一　编著

中国人民大学出版社
· 北京 ·

图书在版编目（CIP）数据

统计学简明教程 / 曾五一编著．—2 版．—北京：中国人民大学出版社，2019.1
教育部经济管理类核心课程教材
ISBN 978-7-300-26556-8

Ⅰ．①统… Ⅱ．①曾… Ⅲ．①统计学-高等学校-教材 Ⅳ．①C8

中国版本图书馆 CIP 数据核字（2019）第 003412 号

"十二五"普通高等教育本科国家级规划教材
国家级精品资源共享课程教材
教育部经济管理类核心课程教材
统计学简明教程（第 2 版）
曾五一　编著
Tongjixue Jianming Jiaocheng

出版发行	中国人民大学出版社		
社　　址	北京中关村大街 31 号	**邮政编码**	100080
电　　话	010－62511242（总编室）		010－62511770（质管部）
	010－82501766（邮购部）		010－62514148（门市部）
	010－62515195（发行公司）		010－62515275（盗版举报）
网　　址	http://www.crup.com.cn		
经　　销	新华书店		
印　　刷	北京七色印务有限公司	**版　　次**	2012 年 3 月第 1 版
规　　格	185 mm×260 mm　16 开本		2019 年 1 月第 2 版
印　　张	23 插页 1	**印　　次**	2023 年 11 月第 7 次印刷
字　　数	500 000	**定　　价**	39.80 元

第 2 版前言

《统计学简明教程》第 1 版自 2012 年 3 月出版发行以来，受到了读者的欢迎，先后多次印刷，被多所高等院校采用。2012 年 11 月本书被教育部评为“十二五”普通高等教育本科国家级规划教材，2016 年以本书作为基础教材，由我主持建设完成的“统计学”课程又被教育部认定为国家级精品资源共享课程。

为了适应经济社会形势的发展和大数据时代的到来，应出版社的要求，我们又对《统计学简明教程》做了修订，重新编写了《统计学简明教程》（第 2 版）。参加本书修订工作的有：曾五一教授（第一章、第三章、第八章、第九章和第十三章）、庄赟副教授（第十章、第十二章）、许永洪副教授（第二章、第十一章）、罗薇薇副教授（第五章、第六章）、纪崑博士（第四章、第七章）和袁加军高级工程师（附录 A 以及各章中与 Excel 应用有关的内容）。由曾五一教授负责全书的设计、修改、总纂和定稿工作。

《统计学简明教程》（第 2 版）是为经济管理类专业编写的一本统计学入门教材，在保持第 1 版基本特色的基础上，主要在以下几个方面又做了一些改进：

第一，根据与时俱进的原则，对第 1 版中的一些论述做了修改、补充与完善，同时更新了部分案例和习题。

第二，采用 Excel 的最新版本，对附录 A 以及各章中与 Excel 应用有关的部分做了较大的修改。

第三，为了便于读者自学，我们利用二维码将本教材的有关内容与我们所建设的国家级精品资源共享课程“统计学”的网上资源和中国人民大学出版社建设的网上互动平台的有关资源相互链接。通过扫描二维码，读者可以利用手机或电脑查看教学案例与各章的习题详解。

第四，为了便于教师组织教学，我们还制作了与本书配套的教学辅助资料，包括全套教学用幻灯片、本书全部习题的解答、若干模拟试卷。凡以本书作为教材的教师可与中国人民大学出版社联系，免费获得上述教学资源。

本书的再版得到了中国人民大学出版社王伟娟编辑的热情支持，许多兄弟院校的教师对本书的修订提出了不少宝贵的意见，特在此表示衷心感谢！

限于水平，本书仍会有许多不足，欢迎读者特别是使用本书作为教材的老师提出批评和建议。

曾五一

于厦门山海花园

第1版前言

随着我国社会主义市场经济体制的逐步建立与完善，无论是进行宏观的国民经济管理，还是进行微观的企业经营决策，都需要准确地把握有关经济运行的各类数量信息。另外，在学术研究中，也出现了在定性分析的基础上更加重视定量分析的新潮流。统计作为认识客观世界数量规律的一种有力工具，在新的形势下，必将发挥更大的作用。因此，统计学一直被教育部列为经济和管理类大学本科教育的核心基础课程。

本书是应中国人民大学出版社的邀请，为高等院校经济管理类专业编写的教材，由厦门大学经济管理类统计学国家级重点学科学术带头人和国家级统计学教学团队负责人曾五一教授及其团队集体完成。参加本书编写的有：曾五一教授（第一章、第三章、第八章、第九章和第十三章）、朱平辉教授（第七章）、庄赟副教授（第十章、第十二章）、许永洪博士（第二章、第十一章）、罗薇薇博士（第五章、第六章）、纪昆博士（第四章）、袁加军博士（附录A以及各章中与Excel应用有关的内容）。由曾五一教授担任主编，负责全书的设计、修改、总纂和定稿工作。

在本书的编写过程中，我们一方面借鉴国内外已有的成果，另一方面也做了一些探索，力图使本教材有一些特色和新意，以更加适合新时期经济管理类专业的统计教学。

首先，我们根据经济管理类专业的培养目标来设计本书的内容体系。经济管理类专业统计学教育的目的是：使学生具备基本的统计思想，掌握基本的统计方法，培养应用统计方法分析和解决经济管理中实际问题的能力。由于总学时的限制，经济管理类专业难以开设很多统计学课程。因此，作为经济管理类各专业的共同基础课，本书将以往分别开设的统计学原理和数理统计学这两门课程有机地结合起来，既介绍具有通用方法论性质的一般统计理论与方法及其在经济管理中的应用，又讨论社会经济领域所特有的一些统计方法问题。同时，还包括了一些经济管理类本科生应当掌握的最基本的国民经济统计知识。

其次，在本教材的编写过程中，我们根据经济管理类专业的特点，努力贯彻“少而精”和“学以致用”的原则，不仅较大幅度地精简了描述统计学的内容，而且对推断统计学的内容也做了适当的取舍，尽可能做到结构合理、概念明确、简明易懂、深入浅出。除十分必要外，本书一般不做过多的数学推导与证明，着重通过实例阐述统计思想，培养和提高学生应用统计方法的能力。

为了便于师生教学互动，提高学生学习的兴趣和效率，我们在统计与计算机的结合、教材体例的选择等方面，也做了一些尝试。本书采用最常见的通用软件Excel作为实现统计计算和分析的工具。书后附有Excel概述，同时在各有关章节中，结合实例讲解Excel在各种统计分析中的具体应用。通过上机操作，培养学生的实际动手能力。在教材体例上，本书各章开篇均有与该章内容相结合的生动引例，章末附有本章小结，对有关教学内容和计算公式做扼要的总结。本书的思考与练习不设一般常见的简答题和论述题，而是通过判断题、选择题和计算题来帮助学生掌握有关概念和计算方法。为便于教师组织教学，我们还将编制本书的多媒体演示教学课件和教学指导（包括教学要点、习题解答和模拟试题等），提供给采用本书的教师使用。

应当指出，尽管我们为提高教材的质量，做了不少努力，但由于水平有限，加之时间仓促，书中难免有疏漏或错误之处，恳请同行专家和读者不吝赐教，以便今后进一步修改与完善。

本书的编写与出版得到了中国人民大学出版社的大力支持，在此，特表示衷心的感谢。

曾五一

于厦门山海花园

目　录

第一章 绪论

Chapter 1

无处不在的统计

以下是关于统计的几则信息：

著名经济学家马寅初指出："学者不能离开统计而治学，政治家不能离开统计而施政，事业家不能离开统计而执业。"

著名科幻作家威尔斯说："对于追求效率的公民而言，统计思维总有一天会和读写能力一样重要。"

著名经济学家萨缪尔森在其经典教材《经济学》（第 12 版）中特别提到："在许多与经济学有关的学科中，统计学是特别重要的。"

美国杜邦公司的总经理理查德曾经指出："现代公司在许多方面是根据统计来行事的。"

美国总统的年薪已经达到 40 万美元，在各国元首中名列前茅，但根据美国《工作等级年鉴》一书的排名，总统一职并未进入最好工作之列，在美国最好的工作是统计学家。

据有关报道，统计学方法在文学和历史研究等领域也得到了相当广泛的应用。

由以上几则信息可知，统计已经渗透到社会经济活动和科学研究的方方面面，统计无处不在，并且正在发挥越来越重要的作用。那么，究竟什么是统计？统计是如何开展研究的？作为一门科学的统计学与其他学科有何区别与联系？这些正是本章所要介绍的主要内容。

第一节　什么是统计

一、统计的含义

在日常生活中，人们对于“统计”这一术语常常有不同的用法。例如，企业每年要统计产量和产值，这是将其作为一种工作来看待；了解股票的交易状况要看有关成交额和股票指数统计，这时又是将其作为数据来运用；而大学课堂上所说的我们正在学习的统计，则是指一门科学即统计学。

究竟何为统计，这里有必要给出一个比较准确的科学定义。**统计**是人们认识客观世界总体数量变动关系和变动规律的活动的总称，是人们认识客观世界的一种有力工具。统计的研究对象具有以下特点：

（1）数量性。这是统计研究对象的基本特点，常言说，“数字是统计的语言”，“数据是统计的成果”，指的正是这个意思。但并不是任何一种数量都可以作为统计对象。统计数据总是客观事物量的反映，统计定量认识必须建立在对客观事物定性认识的基础上。

（2）总体性。统计的数量研究是对现象总体中各单位普遍存在的事实进行大量观察和综合分析，得出反映现象总体的数量特征。例如，进行城镇居民家计调查，需要对具体的居民家庭进行调查，但是其目的并不在于了解个别居民家庭的生活状况，而是要反映一个国家、一个城市的居民收入水平、收入分配、消费水平、消费结构等。

（3）变异性。统计研究同类现象总体的数量特征，它的前提是总体各单位的特征表现存在差异，而且这些差异并不是事先可以预知的。例如，各种股票的价格和成交量每天不同，这才需要对其进行统计，编制股票指数等指标。如果说总体各单位的变异表现出个别现象的特殊性和偶然性，对现象总体的数量研究则是通过大量观察，从各单位的变异中归纳概括出它们的共同特征，显示出现象的普遍性和必然性。

统计作为一种社会实践活动，已有悠久的历史。据历史记载，我国在西周就已建立了统计报告制度。在英文中，统计为 statistics，它与“国家”为同一词根。可以说，自从有了国家，就有统计实践活动。最初，统计只是为统治者了解国家的情况和管理国家提供数量依据。随着社会经济和科技的发展以及统计学自身的进步，统计的应用领域不断扩大。现在，统计不仅应用于经济管理领域，而且在医学、生物、物理等其他领域也得到了广泛的应用。

人们通过统计实践活动所得的数据即**统计数据**。它既是统计工作的成果，也是进一步开展统计研究的基础。人们对统计数据的要求通常是：客观性，即它能反映客观事实而不受任何偏见的影响或任何势力的干扰；适用性，即统计数据能够适应统计研究的目的；准确性，即统计数据能够反映真实的情况，不出现大的误差；及时性，即统计数据应及时收集、及时加工、及时公布。

统计学是在统计实践的基础上产生并逐步发展起来的一门科学。它是研究如何测定、收集、整理、归纳和分析反映客观现象总体数量的数据，以帮助人们正确认识客观世界数量规律的方法论科学。统计学与统计实践活动的关系是理论与实践的关系，理论源于实践，理论又高于实践，并且能指导实践。

二、统计研究的基本环节

统计研究的全过程包括以下几个基本环节。

（一）统计设计

根据所要研究问题的性质，在有关学科理论的指导下，制定统计指标、指标体系和统计分类，给出统一的定义、标准，同时提出收集、整理和分析数据的方案和工作进度等。统计设计是整个统计研究的前期工程，其完成质量直接关系到整个统计研究的质量。做好统计设计不仅要有统计学的一般理论和方法为指导，而且要求设计者对所要研究的问题本身具有深刻的认识和相关的学科知识。例如，要设计一套能够较好地评价企业经营状况的统计体系与方案，仅有一般的统计方法知识是不够的，设计者还必须具备企业经营管理知识和理论素养。

（二）收集数据

经过统计设计，形成方案之后，就可以开始收集统计数据。统计数据的收集有两种基本方法。对于大多数自然科学和工程技术研究来说，有可能通过有控制的科学试验去取得数据，这时可以采用试验法。在统计学中有专门一个分支——试验设计，就是研究如何科学地设计试验方案，从而使得通过试验采集的数据能够符合分析的目的和要求。对于社会经济现象来说，一般无法进行重复试验，要取得有关数据，就必须到社会总体中选取足够多的单位进行调查观察，并加以综合研究。如何科学地进行调查是统计学研究的重要内容。本书是为经济管理类专业编写的统计学入门教材，由于篇幅的限制，本书将只介绍有关统计调查的理论与方法。

（三）整理与分析

原始的统计数据收集之后，还必须经过整理、加工和分析，才能真正发挥其作用。在统计研究的这一阶段，所运用的方法包括两大类：描述统计和推断统计。

描述统计是指对采集的数据进行登记、审核、整理、归类，在此基础上进一步计算出各种能反映总体数量特征的综合指标，并用图表的形式表示经过归纳分析而得到的各种有用的统计信息。统计描述是统计研究的基础，它为统计推断、统计咨询、统计决策提供必要的事实依据。统计描述也是对客观事物认识的不断深化过程。它通过对分散无序的原始数据的整理归纳，运用分组法和综合指标法得到现象总体的数量特征，揭示客观事物内在的数量规律性，以达到认识的目的。

推断统计是在对样本数据进行描述的基础上，利用一定的方法根据样本数据去估计或检验总体的数量特征。在进行统计研究时，常常存在这种情况，由于各种原因，我们所掌握的数据只是部分单位或有限单位的数据，而我们关心的却是整个总体的数量特征。例如，民意测验中某一候选人是否能够当选，全国婴儿的性别比例如何，某种电子元件的寿命多长，等等。这时就必须利用统计推断的方法来解决。统计推断是逻辑归纳法在统计推理中的应用，所以又称为归纳推理。推断统计是现代统计学的主要内容。

（四）统计资料的积累、开发与应用

通过统计整理和分析，可以得到有关统计资料。但统计资料的提供并不意味着统计研究的终结。统计的目的在于认识客观世界的数量规律。仅凭一次收集的统计资料，往往还不能很好地发现客观世界存在的数量规律。因此，对于已经公布的统计资料需要加以积累，同时还可以进一步加工，结合相关的实质性学科的理论知识进行分析和利用。如何更好地将统计资料和统计方法应用于各个研究领域，是应用统计学研究的一个重要方面。

上述统计研究的全过程可以用图1-1表示。

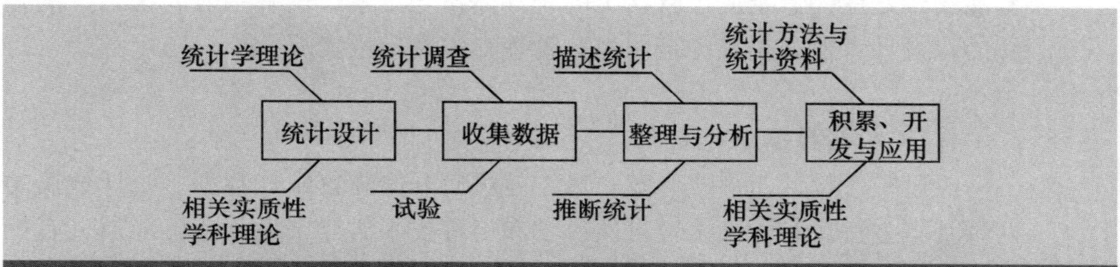

图1-1 统计研究的全过程

第二节 统计学的产生与发展

一、统计学的主要流派

虽然人类的统计实践活动可以追溯到遥远的古代，但是将统计实践上升到理论，并加以总结和概括成为一门科学——统计学，距今却只有300多年的历史。从统计学发展的历史来看，曾经产生较大影响的主要有以下几个流派。

（一）政治算术学派

最早的统计学源于17世纪的英国，其代表人物是威廉·配第（William Patty，1623—1687）和约翰·格朗特（John Graunt，1620—1674）。威廉·配第在其代表作《政治算术》（1676）一书中写道，本书“不用比较级、最高级进行思辨或议论，而是用数字……来表达自己想说的问题……借以考察在自然中有可见的根据的原因”。约翰·格朗特在《对死亡表的自然观察和政治观察》(1662)一书中，通过大量观察的方法，研究并发现了一系列关于人口的数量规律，同时运用各种方法对统计数据进行间接的推算和相互印证。威廉·配第等人关于运用大量观察和数量分析等方法对社会经济现象进行研究的主张，为统计学的发展开辟了广阔的前景。有趣的是，这一派学者一直没有使用“统计学”这一术语，而是用“政治算术”来表明其研究的特色，因而被称为政治算术学派。

(二) 国势学派

最早使用“统计学”这一术语的是德国的阿亨瓦尔(G. Achenwall，1719—1772)。他认为，统计学是关于国家显著事项的学问，主要通过对国家组织、人口、军队、领土、居民职业以及资源财产等事项的记述对国情、国力进行研究。后人把从事这方面研究的德国学者称为“国势学派”。虽然国势学派创造了“统计学”这一术语，但他们主要使用文字记述的方法进行研究，其学科内容与现代统计学有较大的差别。

(三) 社会统计学派

19世纪以后，随着经济和社会的发展，统计在社会经济领域中的应用越来越广泛、越来越深入。为满足国家和社会需要，人们广泛地开展了各种统计调查活动。这不仅为经济学家和社会学家的理论研究和实证分析提供了数量依据，也为统计学家从中概括和提出新的统计方法提供了新思路和数据材料。包括政治统计、人口统计、经济统计、犯罪统计、社会统计等多方面内容的“社会统计学”一词开始出现，并成为统计学中的一个重要流派。该学派在德国、日本和苏联都有相当大的影响。1850年，德国统计学家克尼斯(K. G. A. Knies)发表了题为《独立科学的统计学》的论文，提出统计学是一门独立的社会科学，是一门对社会经济现象进行数量对比分析的科学，并主张以“国家论”作为国势学的科学命名，而以“统计学”作为政治算术的科学命名。这一主张得到当时大多数统计学家的赞同。于是，以往无统计学之名而有统计学之实的“政治算术”取代了过去有统计学之名而无统计学之实的“国势学”，成为统计学的正统。

社会统计学派着重对社会经济领域的统计方法及其应用进行研究。各国学者在社会经济统计指标的设定与计算、指数的编制、资料的收集与整理、统计调查的组织和实施、经济社会的数量分析和预测等方面做出的贡献，已成为现代统计学的重要组成部分。例如，德国统计学家恩格尔(Christian Lorenz Ernest Engel，1821—1896)提出的恩格尔系数至今仍广泛使用；由美国经济学家库兹涅茨(Simon Kuznets，1901—1985)和英国经济学家斯通(Richard Stone，1913—1991)等人开发的国民收入和国内生产总值的核算方法被称为“20世纪最伟大的发明之一”。

(四) 数理统计学派

数理统计学的创始人是比利时统计学家凯特勒(Adolphe Quetelet，1796—

1874）。他的代表作《概率论书简》《社会物理学》等将概率论和统计方法引入社会经济方面的研究。在学科性质上，凯特勒认为，统计学是一门既研究社会现象又研究自然现象的独立的方法论科学。此后，以概率论为基础建立的统计理论与方法被称为数理统计。19 世纪中叶到 20 世纪中叶，数理统计学得到迅速发展。英国生物学家高尔顿（Fancis Galton，1822—1911）首次提出并阐述了“相关”的概念；英国统计学家皮尔逊（Karl Pearson，1857—1936）提出了计算复相关和偏相关的方法；英国统计学家戈塞特（William Sealy Gosset，1876—1937）建立了“小样本理论”，即所谓的“t 分布”；英国统计学家费歇（Ronald Aylmer Fisher，1890—1962）在样本相关系数的分布、方差分析、试验设计等研究中做出了重要贡献。到 20 世纪中期，数理统计学的基本框架已经形成。随着社会经济的发展和自然科学技术的进步，统计研究的领域不断扩大，数理统计方法的运用也日益广泛和深入。数理统计学派成为英美等国统计学界的主流。

在数理统计学派内部，围绕对概率的不同认识，又可分为经典学派和贝叶斯学派。经典学派以实际观测的频率作为测定概率的基础，开展各种统计推断。贝叶斯学派则提出综合利用先验信息和后验信息来确定概率，并在此基础上进行统计推断。贝叶斯学派的代表人物之一沃尔德（Abraham Wald）在统计决策理论领域做出了重要贡献。

二、统计学发展的新动向

20 世纪 80 年代以来，随着社会经济的发展和科学技术的进步，统计学的发展又出现了一些新的动向。

首先，作为方法论科学的统计学与各实质性学科的结合越来越紧密。统计学已渗透到许多领域，并由此产生不少新的学科，改变了原有单一学科发展的思路，对其他科学的发展具有极大的支撑作用，反过来，这种结合又促进了统计学的发展。例如，统计学与经济学的结合产生了计量经济学这一新的学科。在诺贝尔经济学奖获得者中，2/3 以上的研究成果与统计和经济定量分析有关。再如，近年来在发达国家兴起并取得很好效益的六西格玛管理在本质上就是将统计思想、统计方法和统计数据以及企业管理的理论结合起来，应用于企业的经营管理与质量控制。随着统计学的发展，在不少原来似乎很难与统计挂钩的领域如文学和历史等领域也开始引入统计学的思想和研究方法。

请扫描二维码，获取资源：参考 1.1 利用统计学方法考证《红楼梦》的作者

从其他学科对统计学的推动作用看，不少现代统计方法来源于一些实质性学科的定量研究活动。例如，最小二乘法与正态分布理论源于天文观察误差分析，相关与回归分析源于生物学研究，主成分分析与因子分析源于教育学与心理学的研究，抽样调查方法源于政府统计调查资料的收集，等等。随着科学技术的进步，在定性分析的基础上进一步开展定量分析已成为现代科学的普遍发展趋势，各学科越来越

需要统计学提供相应的方法论支持。

其次，国际统计学界的主流也从原来的偏重数理统计学的研究向更加重视应用统计研究转变。目前国际统计学会共有 7 个分会：贝努里数理统计与概率学会、国际统计计算协会、国际官方统计协会、国际调查统计学家协会、国际统计教育协会、国际工商统计学会、欧文费雪货币与金融统计委员会（或称中央银行统计的欧文费雪委员会）。这 7 个分会中数理统计与概率学会历史最为悠久，其他几个分会成立较晚。如国际官方统计协会、国际工商统计学会、欧文费雪货币与金融统计委员会都是在 20 世纪 80 年代以后才陆续建立的。这些分会的研究领域涉及面很广，其中相当一部分属于社会经济领域，其所采用的方法也不仅限于概率统计方法。我国著名统计学家陈希孺院士在就统计学发展前景展望答记者问时曾提到："统计学研究应努力与其他实用学科结合而形成交叉或边缘学科。这一点目前已有一定的表现，如生物统计、医药统计、工业统计、金融统计等，都是当前发展很快的热点。"国际知名统计学家拉奥（C. R. Rao）也提出："统计学基本上是寄生的：靠研究其他领域内的工作而生存。"他主张统计学必须与另一门专门的学问相结合，才有可能得出有重要意义的成果。国际知名统计学家休伯（Huber）甚至认为，统一的统计学将会因为与其他学科结合发展而分裂成许多并行的学科，好比一个大国分裂成一些小国，并把这称为统计学的巴尔干化。对这种趋势，不少统计学家持肯定的态度，并不认为这将导致一般统计学的消亡。统计学与各实质性学科更紧密地结合，并根据各自领域的特点和问题，开发和研究新的统计方法，将推动整个统计学科的发展。一般应寓于特殊应用领域之中，那种抽象地不与实际领域相结合去研究统计的道路将越走越窄。

最后，统计学与计算机科学和信息科学的结合越来越紧密。随着计算机信息技术的发展和统计学的进步，一个被称为"大数据"的新时代正在向我们走来。适应大数据时代的需要，统计学有必要进一步加强与计算机和信息科学的结合。在统计数据的采集方面，电话和互联网的迅速普及为统计调查提供了电脑辅助电话调查、传感技术应用和网络调查等新的统计调查方式，不仅使统计调查的效率大大提高，同时还可能带来统计数据收集方式的重大变革。在统计计算方面，统计科学与计算机技术结合，产生了不少新的统计和计量分析的软件和编程软件。如用于编程的 R 语言、用于统计分析的 SAS 软件和 SPSS 软件、用于计量分析的 EViews 软件等。近年来，针对现实生活中海量数据的出现，统计学与计算机科学等相结合还产生了数据挖掘、云计算和机器学习等新的研究领域。

请扫描二维码，获取资源：
参考 1.2　什么是大数据时代

综上所述，纵观统计学发展的历史，我们可以发现：统计学最初是从设置指标研究社会经济现象的数量开始的。随着社会的发展，为了适应实践的需要，统计方法和理论不断丰富和完善，统计学也在不断发展和演变。从当前世界各国的状况来看，统计学已经成为研究客观世界数量规律的最有力工具，它既研究确定现象的数量方面，也研究随机现象的数量方面。统计学的作用与功能从描述事物现状、反映事物规律，向进行抽样推断、预测未来、提供决策依据的方向扩展。统计学自身也从单一的实质性社会科学，演变成横跨社会科学领域和自然科学领域的多科性的方法论科学。

三、理论统计学和应用统计学

如前所述，统计学是研究如何测定、收集、整理、归纳和分析反映客观现象总体数量的数据，以帮助人们正确认识客观世界数量规律的方法论科学。从横向看，各种统计学都具有上述共同点，因而能够形成一个学科“家族”。从纵向看，统计学方法应用于各种实质性科学，同它们相结合，产生了一系列专门领域的统计学（见图1－2）。

经济学	社会学	教育学	其他社会科学		数学	物理学	生物学	医学	其他理工农
经济统计	社会统计	教育统计	其他社会科学统计	统计学	数理统计	物理统计	生物统计	医药统计	其他理工农统计

图1－2 统计学学科体系

由此可见，现代统计学可以分为两大类：一类是以抽象的数量为研究对象，研究一般的收集数据、整理数据和分析数据方法的理论统计学；另一类是以各个不同领域的具体数量为研究对象的应用统计学。

理论统计学把研究对象一般化、抽象化，以数学中的概率论为基础，从纯理论的角度对统计方法加以推导论证，其中心内容是以归纳方法研究随机变量的一般规律。例如，统计分布理论、统计估计与假设检验理论、相关与回归分析、方差分析、时间序列分析、随机过程理论等。不论是对自然现象还是社会现象，这些方法都是适用的。因此，理论统计学的特点是计量不计质，它具有通用方法论的理学性质。

应用统计学则与各不同领域的实质性学科有着非常密切的联系，是有具体对象的方法论。所谓应用，既包括一般统计方法的应用，又包括各个领域实质性学科理论的应用。应用统计学从所研究的领域或专门问题出发，根据研究对象的性质，采用适当的指标体系和统计方法，解决所需研究的问题。应用统计学不仅要进行定量分析，还需进行定性分析。它必须首先从对现象的定性分析中提炼需要考察的指标，建立指标体系，然后收集数据，进行数据处理，最后还要结合对现象的定性认识，得出符合客观现实的结论，作为行动决策的依据。所以，应用统计学需要有关的专业实质性学科的理论作指导，它通常具有边缘交叉和复合型学科的性质。

在统计科学发展的道路上，理论统计学和应用统计学总是互相促进、共同提高的。理论统计学的研究为应用统计学的数量分析提供方法论基础，大大提高了统计分析的认识能力，而应用统计学在对统计方法的实际应用中，又常常会对理论统计学提出新的问题，开拓了理论统计学的研究领域。

作为经济管理类专业的学生，所要学习的统计学主要是**社会经济统计学**。这是一门以社会经济现象的数量方面为特定研究对象的应用统计学。要在社会经济领域应用统计方法，必须解决如何科学地测定社会经济现象即如何科学地设置指标的问题，这就离不开对有关社会经济现象的质的研究。要对社会经济问题进行统计分析，也必须以有关经济与社会理论为指导。因此，社会经济统计学的特点是在质与量的紧密联系中，研究事物的数量特征和数量表现。不仅如此，由于社会经济现象所具有的复杂性和特殊性，社会经济统计学不仅要应用一般的统计方法，而且需要研究自己独特的方法，如核算的方法、指数的方法、综合评价的方法、经济计量的方法等。通过社会经济统计，国家可以准确、及时、全面、系统地掌握国民经济和社会发展情况，对国民经济和社会运行实施监督和预警，为宏观调控和决策提供依据。企业可以及时了解商品市场和要素市场的运行状况及企业自身的经营动态，为企业营销决策、投资理财提供参考。在知识经济和信息化时代，社会经济统计学具有广阔的发展前景。

四、统计学与有关学科的联系与区别

数学是与统计学关系非常密切的一门科学。数学与统计学都是研究数量规律的，都要利用各种公式进行运算。现代统计学运用了大量的数学理论与数学方法。数学中的概率论研究随机现象的数量关系和变化规律，它从数量方面体现了偶然与必然、个别与一般、局部与总体的辩证关系，为统计学提供了数量分析的理论基础。数学分析的方法适用于一切数量分析，当然也包括统计的数量分析。从某种意义上说，统计学中的理论统计学以抽象的数量为研究对象，计量不计质，其大部分内容也可以看作数学的一个分支。

虽然统计学与数学有密切的联系，但两者之间也存在本质的区别。从研究对象看，数学撇开具体的对象，以最一般的形式研究数量的联系和空间形式，而统计学特别是应用统计学总是与客观的对象联系在一起。统计的过程就是从客观对象中抽出其数量表现，得到有关数据，然后加以适当的运算，取得一定的结果。在此基础上，还要把这些结果返回到客观对象中去，寻求解释这些结果的意义，提供决策的事实依据。从研究方法看，数学的研究方法主要是逻辑推理和演绎论证的方法，从严格的定义、假设的命题和给定的条件出发，去推证有关的结论。而统计的方法本质上是归纳的方法，根据试验或调查观察到的大量情况，来归纳判断总体的情况。因此，数学家有可能凭借聪明的大脑，从一定的假设出发，冥思苦想开展研究。统计学家特别是应用统计学家则需要深入实际，进行调查或试验取得数据，研究时不仅要运用统计的方法，而且要掌握某一专门领域的知识，才能得到有意义的成果。从成果评价标准看，数学注意方法推导的严谨性和正确性，统计学则更加注意方法的适用性和可操作性。因此，有的学者说，数学对有关成果的评价结论是对或错，统计学对有关成果的评价结论则是好与差。

统计学中的应用统计学与相关的实质性学科如经济学等，有十分密切的联系。首先，统计学是开展经济研究不可或缺的重要工具。经济学对经济现象及其发展变化规律进行研究时，除了要做规范性的理论分析和定性分析外，还要进行实证的数量分析。由于社会经济现象所具有的特殊性，对其数量规律的认识只能通过统计观测去进行。因此，无论是宏观经济研究还是微观经济研究，都需要运用大量的统计方法。通过统计的实证研究，可以帮助人们认识有关的数量规律，同时检验经济学理论的真实性和完善程度。统计归纳分析所获得的新知识常常为实质性学科的研究开辟新的领域，这在经济学的发展历史上是屡见不鲜的。已经有多位经济学家因为在成功地将统计方法运用于经济问题的分析方面做出贡献，而获得诺贝尔经济学奖。其次，经济学等实质性学科对经济统计学等应用统计学起着十分重要的指导作用。不仅统计指标的设定和对统计结果的解释离不开实质性学科的指导，而且应用统计方法也在很大程度上受研究对象性质的影响。通常是实质性的学科提出了问题，统计学才提出相应的方法，并且才有其用武之地。

统计学与相关实质性学科也存在明显的区别。实质性学科研究该领域现象的本质关系并对有关规律做出合理的解释和论证。而统计学只是为实质性学科研究和认识数量规律提供专门的方法和工具，并不直接对规律产生的原因和机理做进一步分析。例如，利用统计方法对居民食品支出在总消费支出中所占比重（即恩格尔系数）的变动趋势进行分析，可以得出收入水平越高，恩格尔系数越低的结论，而为什么会出现这一趋势，仅仅依靠统计学是无法说明的，而必须由经济学和社会学的理论做出解释。

图 1－3 能够很好地说明统计学与数学、经济学之间的联系。由图 1－3 可以看出，数学、经济学和统计学是三门不同的学科，但其相互之间也有所交叉和重叠。其中，数学与统计学交叉重叠的部分为数理统计学，经济学与统计学交叉重叠的部分为经济统计学。无论是经济学还是数学，都无法涵盖所有的统计学。世界上确实存在不以数理统计为主要内容的经济统计学，同时也存在不以经济现象为研究对象的其他统计学。因此，统计学家未必是经济学家，经济学家也未必是统计学家，但经济统计学家应当既是统计学家又是经济学家。统计学家未必是数学家，数学家也未必是统计学家，但数理统计学家应当既是统计学家又是数学家。经济统计学家和数理统计学家都不能以经济学或数学的标准来要求和评价对方。不同类型的统计学家不仅要互相尊重，而且要互相欣赏，只有这样才能更好地推动统计学科的发展。

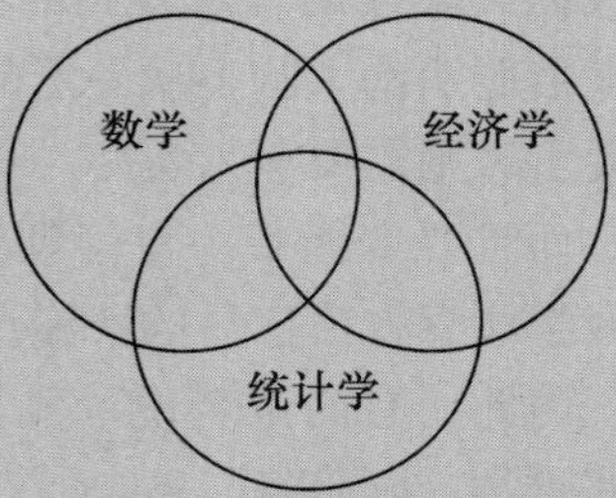

图 1－3　统计学与相关学科交叉重叠的关系

第三节 统计学的基本概念

一、总体与总体单位

如前所述，统计要研究客观现象总体的数量特征和数量关系。因此，首先要对统计总体有一个明确的认识。所谓**统计总体**，就是根据一定目的确定的所要研究的事物的全体。它是由客观存在的、具有某种共同性质的许多个别事物构成的整体。例如，要研究全国城镇居民的收支情况，就要以全国城镇居民作为一个总体。成千上万不同的城镇居民家庭可以结合在一起构成总体，这是因为它们具有共同的性质，即它们都是我国的城镇居民，都有一定的收入和支出，都要消费一定的商品和服务。有了这个总体，我们就可以研究全国城镇居民的各种数量特征，如人均收入、人均消费等。

同质性是确定统计总体的基本标准，它是根据统计的研究目的确定的。研究目的不同，则所确定的总体也不同，其同质性的意义也随之变化。例如，研究城镇居民户的生活状况，所有城镇居民户构成了统计总体，凡是城镇居民户都是同质的。如果研究的是城镇居民贫困户的生活状况，那么，贫困线以下的城镇居民户构成了统计总体，贫困线以下的城镇居民户都是同质的，而贫困线以上的城镇居民户就是非同质的。

统计总体还应具备大量性。统计对总体数量特征的研究，其目的是探索、揭示现象的规律，而现象的规律只有通过大量观察才能显示出来。因此，统计总体应该由足够数量的同质性单位构成。

总体单位（简称单位）是组成总体的各个个体。根据不同的研究目的，单位可以是人、物、机构等实物单位，也可以是一种现象或活动过程等非实物单位。

总体和单位的概念是相对而言的，随着研究目的不同，总体范围会发生变化。同一个研究对象，在一种情况下为总体，在另一种情况下又可能变成单位。例如，在研究全国各省区的人口情况时，全国为总体，各省区为总体单位；而当研究某省各县人口状况时，则该省变成了总体，各县又成了总体单位。

根据总体所包含的单位数量，总体可以分为有限总体和无限总体两类。**有限总体**是由有限量的单位构成的总体。例如，全国人口普查，尽管其包含的单位数量很大，但仍然是有限的，所以是有限总体。而当总体单位数难以确定，其数量有可能无限时，便构成了**无限总体**。例如，要检验某种新工艺是否真正能够改善产品的性能的问题。由于该新工艺有可能一直延续下去，利用该工艺制造的产品包括已经生产和将要生产的产品，其数量难以具体确定，因此属于无限总体。

二、样本

统计研究的目的是确定总体的数量特征。但是，当总体单位数量很多甚至无限时，不必要或不可能对构成总体的所有单位都进行调查。这时，需要采用一定的方式，从由作为研究对象的事物全体构成的**总体**（又称母体）中抽取一部分单位，作为总体的代表加以研究。这种由总体的部分单位组成的集合称为**样本**（又称子样）。样本也是由一定数量的单位构成的，样本所包含的总体单位数称为**样本容量**。

三、标志

总体各单位普遍具有的属性或特征称为**标志**。每个总体单位从不同方面考察，都具有许多属性和特征。例如，每个工人都具有性别、工种、文化程度、技术等级、年龄、工龄、工资等属性和特征，这些就是工人作为总体单位的标志。统计研究是从登记标志状况开始的，并通过对标志的综合反映总体的数量特征。

标志分为品质标志和数量标志两种。**品质标志**表明单位属性方面的特征，品质标志的表现只能用文字、语言来描述。例如，工人的性别是品质标志，其标志具体表现为男、女。**数量标志**表明单位数量方面的特征，可以用数值来表现。例如，职工的工龄是数量标志，其标志具体表现为年数。

尽管标志是总体各单位都具有的普遍属性，但各单位有关标志的具体表现却未必相同。而总体各单位在特定时间、地点条件下的具体表现正是统计所关注的问题。如果一个总体中各单位有关标志的具体表现都相同，称为**不变标志**。例如，在工人这一总体中，职业这一标志的具体表现都是工人，所以职业便是不变标志。在一个总体中，当一个标志在各单位的具体表现有可能不同时，这个标志便称为**变异标志**。例如，在工人总体中，各工人的工龄可能表现不同，所以工龄便是变异标志。在统计总体中，不变标志和变异标志各自发挥着重要的作用。一个总体至少要有一个不变标志，才能够使各单位结合成一个总体。例如，工人总体中职业的标志是不变的，才能使全体工人构成一个总体。所以，不变标志是总体同质性的基础。如果没有不变标志，那么总体将不存在。作为总体，同时必须存在变异标志，这表示所研究的现象在各单位之间存在差异，这才需要进行统计研究。上例中工人的职业标志是不变的，但又存在工资等变异标志，这才需要开展调查统计工作，并计算平均工资指标等。如果各工人的工资水平都一样，也就没有必要去统计工资，也不需要用统计方法测度平均工资水平了。

四、统计指标与指标体系

统计指标是反映统计总体数量特征的概念和数值。在《中国统计年鉴》中可以查阅到一系列指标。例如，2015 年我国国内生产总值 685 506 亿元，货物进出口总额 39 530 亿美元等。这些指标从某一侧面反映了我国国民经济的数量特征。由此可见，统计指标是由两项基本要素构成的，即指标的概念（名称）和指标的取值。指标的概念（名称）是对所研究现象本质的抽象概括，也是对总体数量特征的质的规定性。所以，确定统计指标必须有一定的理论依据，使之与社会经济或科学技术的范畴相吻合。同时，又必须对理论范畴和计算口径加以具体化，以便达到量化的目的。例如，工资的含义在经济学中是明确的，但在实际经济生活中，职工的奖金、津贴和劳保福利是不是应该纳入工资统计的范围，就必须加以具体规定。指标的数值反映所研究现象在具体时间、地点、条件下的规模和水平，不同时间、不同地点或不同条件下，指标的具体数值必然不同。所以，在观察指标数值时，必须了解其具体的时间状态、空间范围、计量单位、计量方法等限定，同时注意由于上述条件的变化而引起数值的可比性问题。总之，统计指标是统计研究对象的具体化，也是统计对客观事物认识过程的起点。

指标与标志之间存在密切的联系。标志反映总体单位的属性和特征，指标则反映总体的数量特征。标志和指标的关系是个别和整体的关系。需要通过对各单位标志的具体表现进行汇总和计算，才能得到相应的指标。由个体过渡到总体，由标志过渡到指标，是认识的深化和发展。因为各个个体的标志之间存在变异，只有通过大量个体标志的综合，才能通过统计指标获得个体难以显现的信息，反映现象本质的属性和特征。由于总体和单位的概念会随着研究目的不同而变化，因此指标与标志的概念也是相对而言的。例如，如果所要研究的是全国工业企业的情况，则各企业的职工人数、固定资产、工业增加值等都是总体单位（即各个企业）的标志，而如果研究目的变成研究某一企业的职工状况，则该企业变成一个总体，企业职工人数成为统计指标，每个职工的文化程度、技术等级、性别、年龄等就成为标志。

统计指标按其所反映的数量特点不同，可以分为数量指标和质量指标。凡是反映现象总规模、总水平的统计指标称为**数量指标**。例如，人口总数、企业总数、职工总数、工资总额、国内生产总值、商品流转额、商品进出口总额等，这些指标反映现象或过程的总规模和总水平，所以数量指标也称为总量指标，用绝对数来表示。凡是反映现象相对水平和工作质量的统计指标称为**质量指标**。例如，职工平均工资、人口密度、工人出勤率等。质量指标是总量指标的派生指标，用相对数或平均数来表示，以反映现象之间的内在联系和对比关系。

单个统计指标只反映总体某一个数量特征，说明现象某一侧面情况。客观现象是错综复杂的，要反映其全貌，描述现象发展的全过程，只靠单个统计指标是不够的，需要建立统计指标体系。**统计指标体系**是由一系列相互联系的统计指标所组成的有机整体，用以反映所研究现象各方面相互依存、相互制约的关系。例如，为了反映企业生产经营的全貌，需要设立产量、产值、品种、质量、职工人数、劳动生产率、工资总额、原材料、设备、财务成本等多项指标，来组成工业企业统计指标体系。指标体系的设置不但是客观现象的反映，而且是人们对客观现象认识的结果。随着客观形势的发展变化以及实践经验和理论研究的积累，指标体系也将不断改进更新、逐步完善。

五、统计数据

（一）变量与变量值

在统计中，说明现象的某一数量特征的概念也称为**变量**，变量的具体取值是**变**

量值。统计数据就是统计变量的具体表现。例如，每个企业所拥有的固定资产是不相同的，它是一个变量。各企业固定资产的具体数值可能是200万元，也可能是300万元，这些具体数值即变量值。为了区别，在本书中，凡是变量均用大写英文字母表示，而变量值则用小写英文字母表示。

根据变量值连续出现与否，变量可分为连续型变量和离散型变量。**连续型变量**是指变量的取值在数轴上连续不断，无法一一列举，即在一个区间内可以取任意实数值。例如，气象上的温度、湿度，零件的尺寸，电子元件的使用寿命等。**离散型变量**是指变量的数值只能用计数的方法取得，其取值是整数值，可以一一列举。例如，企业数、职工人数等。

根据变量的取值确定与否，变量又可分为确定性变量和随机变量。确定性变量是受确定性因素影响的变量，即影响变量值变化的因素是明确的，是可解释和可控制的。**随机变量**则是受许多微小的不确定因素（又称随机因素）影响的变量。变量的取值无法事先确定。社会经济现象既有确定性变量，也有随机变量。统计学所研究的主要是随机变量。

（二）数据的计量尺度

要对客观现象进行计量，必须弄清数据的计量尺度问题。根据对研究对象计量的不同精确程度，可以将计量尺度由低到高、由粗略到精确分为四个层次：定类尺度、定序尺度、定距尺度和定比尺度。

1. 定类尺度

定类尺度是最粗略、计量层次最低的计量尺度。它是按照客观现象的某种属性对其进行分类。这一场合所使用的数值只是作为各种分类的代码，并不反映各类的优劣、量的大小或顺序。例如，人口按性别分为男女，用“1”表示男性，用“0”表示女性。定类尺度的主要数学特征是“＝”或“≠”。在统计处理中，对于不同的类别，虽然可以计算单位数，但它不能表明第一类的一个单位可以相当于第二类的几个单位。

2. 定序尺度

定序尺度是对客观现象各类之间的等级差或顺序差的一种测度。利用定序尺度不仅可以将研究对象分成不同的类别，而且可以反映各类的优劣、量的大小或顺序。例如，学生成绩可以分为优、良、中、及格和不及格等五类。在这里，定序尺度虽然无法表明一个优等于几个良，但却能确切地表明优高于良，良又高于中，等等。定序尺度的主要数学特征是“＜”或“＞”。

3. 定距尺度

定距尺度是对现象类别或次序之间间距的测度。定距尺度不但可以用数表示现象各类别的不同和顺序大小的差异，而且可以用确切的数值反映现象之间在量方面的差异。定距尺度使用的计量单位一般为实物单位（自然或物理）或者价值单位。反映现象规模水平的数据必须以定距尺度计量，例如，产品产量、人口数、企业数、国内生产总值等都以定距尺度为计量尺度。定距尺度的主要数学特征是“＋”

或“一”。定距尺度在统计数据中占据重要的地位，统计中的总量指标就是运用定距尺度计量的。

4. 定比尺度

定比尺度是在定距尺度的基础上，确定相应的比较基数，然后将两种相关的数加以对比而形成相对数（或平均数），用于反映现象的结构、比重、速度、密度等数量关系。例如，将一个企业创造的增加值与该企业的职工人数对比，计算全员劳动生产率，以此反映该企业的生产效率。定比尺度的主要数学特征是“×”或“÷”。在统计的对比分析中，广泛地运用定比尺度进行计量。

（三）数据的类型

根据对客观现象观察的角度不同，统计数据可分为横截面数据、时间序列数据和面板数据。**横截面数据**又称为静态数据，它是指在同一时间对同一总体内不同单位的数量进行观察所获得的数据。**时间序列数据**又称为动态数据，它是指在不同时间对同一总体的数量表现进行观察所获得的数据。例如，2017 年全国各省、直辖市、自治区的地区生产总值就属于横截面数据。而“十二五”期间我国历年的国内生产总值就属于时间序列数据。**面板数据**则是同时在时间和截面空间上取得的二维数据。例如，2010—2015 年 31 个省区的农业总产值数据，从某一年份看，它是由 31 个农业总产值数字组成的截面数据；从某一省区看，它是由 6 年农业总产值数据组成的时间序列数据。面板数据则由 31 个省区 6 年的数据组成，共有 186 个观测值。

（四）数据的表现形式

统计数据的表现形式主要有以下三种。

1. 绝对数

现象的规模、水平一般以绝对数形式表现。绝对数的计量单位一般为实物单位或价值单位，有时也采用复合单位。实物单位可以是自然计量单位，也可以是物理计量单位，如人口数用人计量，机器数用台计量，对于一些化工产品和燃料，常常还折合成标准实物单位计量。价值单位是以货币形式进行计量，如国内生产总值、进出口总额等就是以价值单位为计量单位。复合计量单位是由两种或两种以上计量单位复合而成的，如以“吨公里”为货物周转量的计量单位，以“千瓦时”为用电量的计量单位。

2. 相对数

相对数由两个互相联系的数值对比求得。常用的相对数包括结构相对数、动态相对数、比较相对数、强度相对数、利用程度相对数、计划完成相对数等。关于这些相对数的含义及其计算，本书将在第十一章做详细介绍。

3. 平均数

平均数反映现象总体的一般水平或分布的集中趋势。关于这部分内容，本书将在第三章做详细介绍。

□ 本章小结

(1) 统计是人们认识客观世界总体数量变动关系和变动规律的活动的总称，统计的研究对象具有数量性、总体性与变异性。

(2) 统计学是研究如何测定、收集、整理、归纳和分析反映客观现象总体数量的数据，以帮助人们正确认识客观世界数量规律的方法论科学。统计学与统计实践活动的关系是理论与实践的关系。统计数据是统计实践活动的成果，人们对统计数据的要求是：客观性、准确性和及时性。

(3) 统计研究的全过程包括统计设计、收集数据、整理与分析和开发与应用等基本环节。统计设计不仅要有统计学的一般理论和方法为指导，而且要求设计者对所要研究的问题本身具有深刻的认识和相关的学科知识。收集统计数据的基本方式包括科学试验和统计调查。统计整理分析的方法可分为描述统计和推断统计两大类。统计资料的开发与应用必须将实质性学科的理论与统计方法相结合。

(4) 统计学发展过程中有重要影响的学派主要有：政治算术学派、国势学派、社会统计学派和数理统计学派。

(5) 近年来，统计学发展的新动向主要有：作为方法论科学的统计学与各实质性学科的结合越来越紧密；国际统计学界的主流也从原来的偏重数理统计学的研究向更加重视应用统计研究转变；统计学与计算机科学和信息科学的结合越来越紧密，一个被称为“大数据”的新时代正在向我们走来。

(6) 现代统计学可以分为两大类：一类是以抽象的数量为研究对象，研究一般的收集数据、整理数据和分析数据方法的理论统计学；另一类是以各个不同领域的具体数量为研究对象的应用统计学。前者是具有理学性质的通用方法论科学；后者是有具体对象的方法论，具有边缘交叉学科和复合型学科的性质。

(7) 数学为统计学提供数量分析方法的理论基础，但两者在研究对象和研究方法上存在本质区别，就整体而言统计学并不是数学的分支。

(8) 统计学为经济学和管理学等实质性学科提供数量分析工具，经济学和管理学等实质性学科对统计学在本领域的应用（包括统计指标的设定、统计方法的选择和统计分析）起理论指导作用。

(9) 统计总体是由客观存在的、具有某种共同性质的许多个别单位所构成的整体。总体应具备同质性和大量性。单位是组成总体的个体。总体和单位的概念是相对的。根据总体包括单位数量不同，总体可分为有限总体与无限总体。

(10) 样本是由总体抽出的部分单位构成的集合体，是总体的代表。

(11) 标志反映总体各单位的属性或特征。标志按所反映单位的特征不同，可分为品质标志和数量标志。标志按其在各单位的表现是否相同，分为变异标志和不变标志。

(12) 统计指标是通过对标志进行汇总计算得到的反映总体数量特征的概念和

数值，它由指标名称与指标数值两部分组成。指标的概念（名称）是对所研究现象本质的抽象概括，也是对总体数量特征的质的规定性。统计指标体系是由一系列相互联系的统计指标组成的有机整体，用以反映所研究现象各方面相互依存、相互制约的关系。

（13）统计数据是统计实践活动所取得的成果，也是开展统计分析的基础。说明现象的某一数量特征的概念称为变量，变量的具体取值是变量值，统计数据是统计变量的具体表现。根据变量取值的不同，变量可分为连续型变量和离散型变量。按对研究对象计量的不同精确程度，统计数据的计量尺度由低到高分为定类尺度、定序尺度、定距尺度和定比尺度。根据观察角度不同，统计数据可分为横截面数据、时间序列数据和面板数据。统计数据的具体表现形式有绝对数、相对数与平均数。

□ 思考与练习

一、判断题

1. 统计学是数学的一个分支。
2. 统计学是一门独立的社会科学。
3. 统计学是一门实质性科学。
4. 统计学是一门方法论科学。
5. 描述统计是用文字和图表对客观世界进行描述。
6. 对于有限总体不必应用推断统计方法。
7. 经济社会统计问题都属于有限总体的问题。
8. 理论统计学与应用统计学是两类性质不同的统计学。

二、单项选择题

1. 社会经济统计学的研究对象是（　　）。

A. 社会经济现象的数量方面　　B. 统计工作

C. 社会经济的内在规律　　D. 统计方法

2. 考察全国工业企业的情况时，以下标志中属于不变标志的有（　　）。

A. 产业分类　　B. 职工人数

C. 劳动生产率　　D. 所有制

3. 要考察全国居民的人均住房面积，其统计总体是（　　）。

A. 全国所有居民户　　B. 全国的住宅

C. 各省、直辖市、自治区　　D. 某一居民户

4. 最早使用统计学这一学术用语的是（　　）。

A. 政治算术学派　　B. 国势学派

C. 社会统计学派　　D. 数理统计学派

三、分析问答题

1. 试分析以下几种统计数据所采用的计量尺度属于何种计量尺度：人口数、民族、信教人数、进出口总额、经济增长率、受教育程度。

2. 请举一个实例说明品质标志、数量标志、质量指标、数量指标之间的区别与联系。

3. 请举一个实例说明统计总体、样本、单位的含义，并说明三者之间的联系。

请扫描二维码，获取资源：
参考1.3　第一章习题详解

第二章 Chapter 2 统计资料的收集、整理与显示

统计数据从何而来

2017 年 2 月，国家统计局发布的《中华人民共和国 2016 年国民经济和社会发展统计公报》显示，2016 年中国国内生产总值 744 127 亿元，比上年增长 6.7%。其中，第一产业增加值 63 671 亿元，增长 3.3%；第二产业增加值 296 236 亿元，增长 6.1%；第三产业增加值 384 221 亿元，增长 7.8%。第一产业增加值占国内生产总值的比重为 8.6%，第二产业增加值比重为 39.8%，第三产业增加值比重为 51.6%，比上年提高 1.4 个百分点。全年人均国内生产总值 53 980 元，比上年增长 6.1%。全年国民总收入 742 352 亿元，比上年增长 6.9%。政府统计部门发布的这些数据给我们提供了很多有用的信息。为了正确地使用和理解统计数据，常常需要了解这些数据是如何收集来的；到何处去取得所需要的数据；对于收集的数据，应当如何进行整理和归纳，以便更好地掌握其中所包含的信息。为此，本章将介绍收集、整理和显示统计数据的基本方法。

第一节 数据的收集

一、数据收集的方法

（一）数据收集的概念

所谓数据收集，是根据统计研究的目的，运用科学的方法，有计划、有组织地采集数据的过程。数据收集是统计工作的基础环节。

统计数据按来源不同，分为第一手资料和二手资料。**第一手资料**是通过专门的调查或试验，直接向需要观察的对象收集的反映其情况的统计资料，一般称为原始资料；**二手资料**是指对他人调查或试验取得的原始资料进行加工后得到的数据。对原始资料的收集，又称为统计调查。本节主要阐述统计调查的理论与方法，并对二手资料的主要来源做简要的介绍。

（二）统计调查方法

在日常工作中，统计工作者常常需要根据调查目的与调查对象的具体特点，选择合适的调查方法。常用的统计调查方法有直接观察法、报告法（通讯法）、登记法、采访法、试验法等。

1. 直接观察法

直接观察法是指由调查人员到现场对调查对象进行直接查看、测量和计量。例如，对农作物收获量进行调查时，调查人员到调查地块参加收割和计量。直接观察法取得的资料的准确性很高，但需要大量的人力、物力，这使它的应用受到很大的限制。

2. 报告法（通讯法）

报告法由统计工作机构将调查表格分发或电传给被调查者，被调查者根据填报要求填写，并将填写好的调查表格寄回。在被调查单位有健全的原始记录和核算制度、统计基础较好的条件下，利用报告法能够有效地取得资料。我国现行的统计报表制度采用的就是这种方法。

3. 登记法

登记法由有关的组织机构发出通告，规定当事人在规定事情发生后到该机构登记，填写所需材料。例如，人口的出生和死亡的统计就是采用登记法，要求当事人或有利害关系者到公安机关登记。

4. 采访法

采访法是根据被调查者的回答来收集统计资料。这种方法又可分为口头询问法和被调查者自填法两种。口头询问法是由调查人员对被调查者逐一采访，当面填答。被调查者自填法即调查人员把调查表交给被调查者，向被调查者说明填表的要求和方法，并对有关注意事项加以解释，由被调查者按实际情况一一填写，填好后交给调查人员审核收回。

5. 试验法

试验法的特点是可以将影响现象发生的其他因素控制不变，专门观察某一因素变化对现象的影响，它是用于收集测试某一新产品、新工艺或新方法使用效果的资料的方法。一般，对于可以通过科学试验取得资料的，采用试验法，而对于无法通过科学试验取得资料的，如社会现象，则要大量应用观察法。

6. 网络调查法

网络调查法是传统统计调查方法与网络的结合应用。在互联网普及程度越来越高的现代社会，网络调查法开始得到广泛的使用。

7. 电话访问法

电话访问法是调查人员通过电话向被调查者询问、交谈以获得所需资料。该方法在国外使用广泛，国外流行的有中心控制电话访谈法和电脑辅助电话访谈法（CATI）。近年来，电话访问法在国内客户满意度调查等领域大量使用，相关的配套软件也比较成熟。

随着现代信息技术的发展，计算机、网络、光电技术、卫星遥感、地理信息系统等高新技术已经或正在被广泛地引入统计调查领域，新的调查方法不断涌现，例如利用卫星高度分辨辐射计所提供的地面农作物颜色的资料来估计农业产量等。

二、统计调查方式与统计调查体系

（一）统计调查方式

统计调查方式是指组织收集调查数据的形式与方法。常用的统计调查方式主要有以下几种。

1. 普查

普查是一种专门组织的全面调查，它主要用来收集某些不能或不宜用定期报表收集的统计资料。对国情国力的调查一般采用普查。

普查有两个主要特点：第一，它是不连续调查，一般间隔较长时间才进行一次。例如，在我国每逢末尾数字为“0”的年份进行人口普查，每逢“3”和“8”的年份进行经济普查。第二，它是全面调查，比其他任何一种调查形式更能掌握大量、详细、全面的统计资料。

根据普查的特点，进行普查工作必须高度重视普查项目、调查时间和调查方法上的集中和统一。普查要求：(1) 统一规定调查资料所属的标准时间。所谓标准时间，即规定某日或某日的某一时刻作为登记普查对象有关资料的统一时间，这样才能避免收集资料时因为自然变动或机械变动而产生重复和遗漏现象。(2) 在普查范围内各调查单位应尽量同时进行调查，并尽可能在最短期限内完成，以便在方法和步调上取得一致，保证调查资料的真实性。(3) 调查项目一经统一规定，不能任意改变或增减，以免影响汇总综合，降低资料质量；同一种普查再次进行时，项目也应力求一致。

普查的组织形式有两种：一种是通过组织的普查机构，配备一定数量的普查人员，对调查单位直接进行登记，如我国人口普查就是采用这种形式；另一种是利用调查单位的原始记录和核算资料，结合库存盘点，由调查单位自行填报调查表格，如我国物资库存普查就是采用这种形式。

2. 统计报表制度

统计报表制度是依照国家有关法规，自上而下地统一布置，以原始记录为依据，按照统一的表式、统一的指标项目、统一的报送时间和报送程序，自下而上逐级地定期提供统计资料的一种调查方式。

统计报表的主要特点有：第一，报表资料的来源建立在各个基层单位的原始记录的基础上，基层单位也可利用其资料对生产、经营活动进行监督管理；第二，由于统计报表是逐级上报和汇总的，各级领导部门能获得管辖范围内的报表资料，从而了解本地区、本部门的经济和社会发展情况；第三，由于统计报表属于经常性（连续性）调查，调查项目相对稳定，有利于积累资料，并进行动态对比分析。

目前，我国的统计报表由国家统计报表、业务部门统计报表和地方统计报表组成。国家统计报表也叫国民经济基本统计报表，由国家统计部门统一制发，用以反映全国性的经济和社会基本情况，包括农业、工业、交通、基础设施建设、商业、对外贸易、劳动工资、物资、财政、金融等方面最基本的统计资料。业务部门统计报表是为了适应本部门业务管理的需要而制定的专业统计报表，在本系统内实行，用以收集有关部门的业务技术资料，作为国民经济基本统计报表的补充。地方统计报表是针对地区特点而补充规定的地区性统计报表，它为本地区的计划和管理服务。三者互相联系，其中国家统计报表是统计报表体系的基本部分。

3. 抽样调查

抽样调查是一种非全面调查。通常的抽样调查是指随机抽样调查，即按随机原则从调查对象中抽取部分单位作为样本进行观察，用以推算总体数量特征的一种调查方式。

抽样调查具有如下几个特点：第一，样本单位按随机原则抽取，排除了主观因素对选样的影响。第二，根据样本信息对总体的数量特征做出估计。根据数理统计原理，抽样调查中样本指标和总体指标之间存在内在联系，其误差分布也有规律可循。第三，抽样误差可以事先计算并加以控制。抽样误差可以根据有关资料事先加以计算，并且通过一定的途径来控制误差的范围，保证抽样推断结果达到预期的可靠程度。

抽样调查的适用范围主要有：第一，对一些不可能或不必要进行全面调查的社会现象，采用抽样调查。例如，灯泡的寿命测试无法对全部灯泡进行；再如，对民情民意的调查，不可能也没必要对所有居民逐一询问、经常记录。第二，对普查资料进行必要的核对与修正。普查涉及面广，工作量大，容易产生登记误差，即出现重复登记或遗漏。通常，在普查开始之后，做一次小规模的抽样调查，将抽样调查的结果同原来的普查资料进行核对，计算出差错（重复或遗漏）比率，然后以此作为修订系数，对普查资料进行修正。在普查工作完毕之后，还可利用抽样法对普查质量进行检查。

抽样调查方式有其明显的优越性：

（1）经济性。抽样调查的单位少，大大减少了工作量，对于范围很大、单位很多、情况复杂的总体，抽样调查更显优越性。

（2）时效性。抽样调查组织专业队伍，直接取样，现场观测，减少了中间环节，提高了时效，所以特别适宜时效性要求很高的调查项目。

（3）准确性。由于抽样调查是专门组织的调查，调查人员经过专门的培训，发生登记误差的可能性较小，同时不易受不当干扰。另外，样本的选取是根据随机原则，排除了主观因素的影响，使样本有比较高的代表性。因此，科学的抽样调查有可能取得比较准确的效果。而全面调查由于填报单位多，布置和汇总的层次多，受干扰的可能性较大，再加上基层核算制度不健全，统计人员培训不够，发生差错失实的可能性反而更大。

(4) 灵活性。抽样调查组织方便灵活，调查项目可多可少，考察范围可大可小，既适用于专题的研究项目，也适用于经常性的调查项目。

抽样调查必须遵循以下原则：首先是随机原则。只有按随机原则抽取调查单位，才能运用概率论和数理统计有关定理进行推断。其次是最大抽样效果原则。提高抽样调查结果精确度与节省调查费用往往是矛盾的。所谓最大的抽样效果，就是在既定的调查费用下使抽样估计误差最小，或者是在给定的精确度下，使调查费用最少。

4. 重点调查

重点调查是指在调查对象中只选择一部分重点单位进行的非全面调查。所谓重点单位，是着眼于现象的量的方面而言，尽管这些单位在全部单位中只是一部分，但它们在所研究现象的标志总量中却占有较大的比重，在总体中具有举足轻重的作用。对这些单位进行调查，能够从数量上反映整个总体在该标志总量方面的基本情况。

请扫描二维码，获取资源：参考2.1 全面调查是否一定比抽样调查准确可靠

由于重点调查选择的单位较少，因此调查项目就允许多一些，所了解的信息也可以详细一些。通常，当调查任务只要求掌握基本情况，而部分单位又能比较集中地反映研究的项目时，采用重点调查比较适宜。重点调查单位一般管理水平较高，统计基础工作较好，资料容易取得且质量较高，所以重点调查是节省人力、物力且效果较好的调查方法。

根据研究问题的需要，重点调查可能定期进行，也可能是一次性的。定期进行的重点调查，如定期调查重点企业的经济技术等方面指标。更多的重点调查则是由临时的专门组织进行的。

5. 典型调查

典型调查是一种专门组织的非全面调查。它是根据调查的目的，在对研究对象进行初步分析的基础上，有意识地选取若干具有代表性的单位进行调查和研究，以认识事物发展变化的规律。显然，典型调查单位的确定与其他非全面调查相比，更多地取决于调查者的主观判断与决策。

统计中的典型调查的主要作用在于通过深入实际，对所研究事物进行具体、细致的调查研究，详细观察事物的发展过程，具体了解现象发生的原因，并掌握现象各个方面的联系。当所选取的典型单位具有一般代表性时，典型调查获得的数据资料也可以成为科学推算的基础。

（二）统计调查体系

在计划经济体制下，我国统计调查方式以统计报表制度为主，是一种以全面调

查、层层汇总为特征的统计调查体系。改革开放以来，随着社会主义市场经济的发展，社会经济现象空前复杂和各部门对统计信息的新需求使得传统的统计体系受到挑战。因此，国家统计局已经提出要建立以必要的周期性的普查为基础，经常性的抽样调查为主体，同时辅之以重点调查、科学推算和部分全面报表综合运用的统计调查方法体系。

在这一新的统计调查体系中，普查是基础，这是因为只有通过普查，才能收集到全面和详细的数据，同时为开展抽样调查和统计推断提供必要的基础资料。但是，由于普查要耗费大量的人力、物力、财力和时间，无法及时反映社会经济现象日新月异的变化状况，因此，对大量的社会经济现象，必须采用抽样调查方式才能及时地获得各类信息。抽样调查的调查单位少，可以由经过专门训练的人员完成，同时便于对某一社会经济现象进行更深入的研究，这样既可以节省调查费用，又可以满足对统计时效和统计数据质量的要求。所以，新的统计调查体系要以经常性的抽样调查为主体。重点调查、典型调查和统计报表是我国过去统计实践中常用的方式，在新形势下仍发挥一定的作用。

在新的统计调查体系中，还要采用科学的推算方法。所谓统计推算，是在不可能或不必直接通过调查取得资料的情况下，根据已掌握的资料，运用各种统计方法进行科学的估计推算，以间接方式取得所需的资料。实践证明，它是取得统计数据的有效方法。

三、统计调查方案的设计

统计资料的获得是一项复杂的工作，必须有目的、有计划、有组织地进行。在着手调查之前，必须事先设计一个周密的调查方案。统计调查方案设计主要包括如下几项内容。

1. 确定调查目的和任务

也就是明确为什么要进行统计调查，要解决什么问题。只有明确调查目的，才能正确确定调查的内容和方法，收集真正需要的资料。

2. 确定调查对象和调查单位

有了明确的调查目的，可以据此确定调查对象。所谓调查对象，是指需要调查的现象总体，由性质相同的许多调查单位组成。所谓调查单位，是指所要调查的具体单位，它是进行调查登记的标志的承担者。例如，调查目的是取得国有工业企业的产品产量、成本和利税等资料，调查对象就是全部的国有工业企业，而具体的每一个工业企业就是调查单位。明确调查单位，还必须把它与报告单位区别开。报告单位亦称填报单位，它是负责向上报告调查内容、提交统计资料的单位。报告单位一般是在行政和经济上具有一定独立性的单位，而调查单位可以是个人、企事业单位，也可以是物。根据不同的调查目的，调查单位与报告单位有时是一致的，有时则不一致。例如进行工业设备普查，报告单位是工业企业，调查单位是单台设备，调查单位与报告单位是不一致的。但是，调查国有工业企业产品产量、成本、利税等情况时，调查单位与报告单位又是一致的。

3. 确定调查项目和设计调查表

调查项目就是所要调查的具体内容，即所要登记的调查单位的特征，也就是调查单位的基本标志，它由一系列品质标志和数量标志构成。

将各个调查项目按照一定的顺序排列在一定的表格上，就构成了调查表。调查表一般有一览表和单一表两种形式。一览表是把许多调查单位填写在一张表上，在调查项目不多时较为简便，而且便于合计和核对差错。单一表是每个调查单位填写一份，可容纳较多标志，一般用于调查项目较多的场合。

问卷调查是一种特殊的调查形式，即根据调查目的，在调查对象中随机选择或有意识地确定调查单位，以文字或表格形式了解被调查者的意见，被调查者自愿、自由地回答问卷中所提出的问题。调查表格和问卷的设计应简明扼要，以保证所收集资料的准确。

4. 确定调查时间和调查期限

调查时间是指调查资料所属的时间，又称客观时间。在统计调查中，如果所调查的是时期现象，就要明确规定调查资料所反映的起止日期。例如，调查 2017 年第一季度的工业增加值，则调查时间是从 1 月 1 日起至 3 月 31 日止的 3 个月。如果所要调查的是时点现象，调查时间就是规定的统一标准时点。例如，我国第六次人口普查的调查时点是 2010 年 11 月 1 日零时。调查期限是进行调查工作的时限，包括收集资料和报送资料的工作所需的时间，又称主观时间。例如，2010 年人口普查规定 2010 年 11 月 1 日至 11 月 10 日登记完毕，则调查期限为 11 月 1 日至 10 日共 10 天。任何调查都应尽可能缩短调查期限，以保证统计资料的时效性。

5. 确定调查的组织实施计划

要保证统计调查的顺利进行，必须制定严密细致的实施计划。调查组织工作包括确定调查机构，组织和培训调查人员，落实调查经费的来源和开支办法，确定调查资料的报送方法和公布调查结果的时间。

请扫描二维码，获取资源：参考 2.2　美国民意调查中的一次重大失误

四、间接统计数据的主要来源

对于应用统计的分析人员来说，相当一部分统计数据不必亲自进行统计调查，可取自有关统计部门和机构发布的统计资料。利用二手数据：第一，要注意引用数据的计算口径及其合理性；第二，一定要注明数据的来源，以尊重他人的劳动成果。

在我国，公开出版的社会经济统计数据主要来自国家和地方的统计部门。例如，公开的出版物有《中国统计年鉴》《中国统计摘要》《中国社会统计年鉴》《中国工业经济统计年鉴》《中国农村统计年鉴》《中国县（市）社会经济统计年鉴》《中国人口统计年鉴》《中国市场统计年鉴》《地方统计年鉴》《中国金融年鉴》等各类年鉴。提供世界各国社会和经济数据的出版物也有许多，如《国际统计年鉴》

《世界经济年鉴》《国外经济统计资料》，世界银行各年度的《世界发展报告》等。联合国的有关部门及世界各国也定期出版各种统计数据。各种年鉴一般反映年度数据，时效性略差。反映我国经济社会动态的数据可由《中国统计》《中国经济景气月报》《中国经济数据分析》等期刊获得。

在计算机与网络技术飞速发展的今天，互联网已成为获取统计数据的重要途径。目前，我国网上统计数据的来源主要包括：政府统计部门官网，如国家统计局官网（www.stats.gov.cn）；国内外科研机构官网，如中国经济信息网（www.cei.gov.cn）；国内外商业公司网站。除了从网上获取数据，还可以从有关数据库获得相关信息。

数据库建设是国家经济信息化建设的一项重要的基础性工作，由有关公司组织开发，向社会提供有偿服务。目前，大多数高等院校和科研院所都购买了国内外数据库，这些数据库往往侧重点不同，研究人员可以根据自己的研究目的在不同数据库中搜索相关数据并进行处理，数据检索已经成为科研人员必备的基本素质。

第二节　数据的整理

一、数据整理概述

（一）数据整理的意义

按照统计研究的要求，对调查所收集到的原始资料进行分组、汇总，使其条理化、系统化的工作过程，就是**统计数据整理**。统计数据整理是人们对社会经济现象从感性认识上升到理性认识的过渡阶段，既是统计调查阶段的继续和深入，又是统计分析阶段的基础，起着承前启后的作用。

（二）数据整理的内容

（1）统计资料的审核。在整理之前，检查原始数据的完整性与准确性。

（2）资料的分组和汇总。对全部调查数据资料，按其性质和特点，进行分组归类，综合汇总成各项统计指标。统计分组和统计指标是整理的核心工作。

（3）编制统计表或绘制统计图，描述整理的结果。

（4）统计资料的积累、保管和公布。

二、统计分组

（一）统计分组的概念与种类

1. 统计分组的概念

根据统计研究的目的和客观现象的内在特点，按某个标志（或几个标志）把研究的总体划分为若干个不同性质的组，称为**统计分组**。统计分组的标志既可以是品质标志，也可以是数量标志。

统计分组的关键在于分组标志的选择。分组标志作为将现象总体划分为各个不同性质的组的标准或依据，选择正确与否关系到能否正确地反映总体的性质特征和实现统计研究的目的。分组标志一经选定，必然突出了现象总体在此标志下的性质差异，而掩盖了总体在其他标志下的差异。缺乏科学根据的分组不但无法显示现象的根本特征，甚至会把不同性质的事物混淆在一起，歪曲社会经济的实际情况。

2. 统计分组的种类

统计分组可按不同标志进行分类，主要有如下几种。

(1) 按分组标志的多少，可分为简单分组和复合分组。简单分组是对研究现象按一个标志进行分组，它只能从某一方面说明和反映事物的分布状况和内部结构。许多简单分组从不同角度说明同一个总体，就构成一个平行的分组体系。

复合分组是用两个或两个以上标志分组，即先按一个标志分组，在此基础上再按第二个标志分小组，然后按第三个标志分成更小的组，以此类推。例如，对工业企业先按经济类型分组，再按轻重工业分组，在此基础上又按企业规模分组，最终形成如下复合分组体系（见图 2-1）。

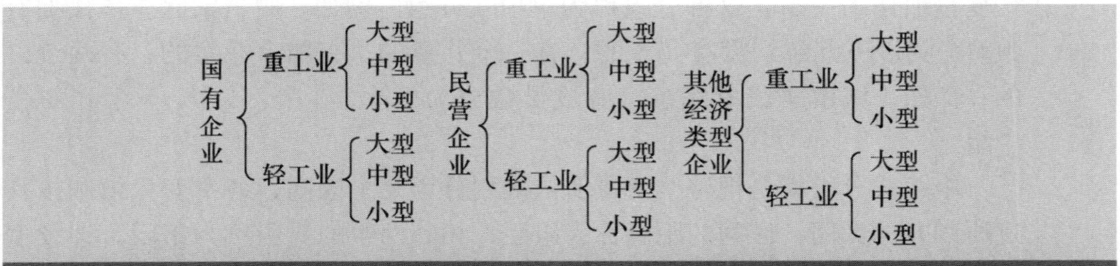

图 2-1

(2) 按分组标志的性质不同，可分为品质分组和数量分组。品质分组就是按品质标志进行分组。一般来说，对于以定类尺度或定序尺度计量的数据，常采用品质分组。例如，职工按性别分组，企业按经济类型分组等。数量分组就是按数量标志分组，也称为变量分组。例如，人口按年龄分组，企业按产值分组等。

(二) 统计分组的方法

要进行科学的分组，必须选择适当的分组标志。在对现象进行分析的基础上，应抓住具有本质性的区别并反映现象内在联系的标志进行分组。以工业生产统计为例，当研究目的是分析企业规模即大中小企业的生产情况时，应该选择产品数量或生产能力作为分组标志。当研究目的在于确定工业内部比例及平衡关系时，就要按部门分类，划分为重工业和轻工业或冶金、电力、化工、机械等工业部门。

在进行统计分组时，还要遵循两个原则——穷尽原则和互斥原则。穷尽原则，就是总体中的每一个单位都应纳入其中一组，不能遗漏参与分组的总体中的任何单位。互斥原则，就是在特定的分组标志下，总体中的任何一个单位只能归属于某一组，而不能同时归属于几个组。

分组标志确定之后，可以具体进行分组。如前所述，按分组标志的性质不同，分为品质分组和数量分组，这两种分组的具体处理方法具有不同特点。

1. 品质分组

有些品质分组比较简单，分组标志一经确定，组的名称和组数也随之确定。例如，人口按性别分为男女两组。有些品质分组还取决于统计分析对分组层次的不同要求。例如，我国把社会经济各部门划分为第一产业、第二产业和第三产业，第一产业还可细分为农业、林业、畜牧业和渔业等。这种类别繁多的分组又称为分类。对于社会经济中复杂的多层次的分组，统计工作中采用统一的分类标准或分类目录。这样具体规定分类（组）标准为统计整理提供了统一的依据。

2. 数量分组

按数量标志分组，应注意两个问题：首先，分组时各组数量界限的划分必须能反映事物质的差别；其次，应根据被研究的现象总体的数量特征，采用适当的分组形式。

（1）单项式分组与组距式分组。前面说过，变量有离散型和连续型之分。对于离散型变量，如果变量值变动幅度比较小，变量值的项数又很少，则可依次将每一个变量值作为一组，这种分组称为单项式分组。例如，职工家庭总体按拥有儿童的数量分为以下几组：没有儿童的、有一个儿童的、有两个儿童的、有两个以上儿童的；又如，城市居民家庭按家庭成员数分为2个、3个、4个、5个和6个以上各个组。

组距式分组就是把整个变量值依次划分为几个区间，各个变量值则按其大小确定所归并的区间。区间的距离称为组距；相邻两组的界限称为组限。连续型变量由于不能一一列举它的变量值，不能进行单项式分组，只能进行组距式分组。变动范围较大的离散型变量，也适宜采用组距式分组。例如，工人按工资分组，进行如下组距式分组：1 000～1 500元、1 500～2 000元、2 000～2 500元、2 500～3 000元、3 000元以上。

（2）间断组距式分组和连续组距式分组。在组距式分组中，凡是组限不相连的（或不相重叠的），称为间断组距式分组。例如，企业按工人人数的组距式分组：200～499人、500～999人、1 000～1 999人、2 000人以上。凡是组限相连（或相重叠的），即以同一数值作为相邻两组的共同界限的，称为连续组距式分组。例如，学生按语文成绩的组距式分组：60分以下、60～70分、70～80分、80～90分、90～100分。

在连续组距式分组中，存在以同一个数值作为相邻两组共同的界限，这违背了统计分组的“互斥原则”，因此，统计上规定，凡是总体某一个单位的变量值是相邻两组的界限值，这个单位归入作为下限值的那一组，即所谓“上限不在内”原则。依此惯例，对于离散型变量的组距式分组，既可以采用间断组距式分组，也可以采用连续组距式分组。上述按工人人数的组距式分组可以写成200～500人、500～1 000人、1 000～2 000人、2 000人以上。

（3）等距分组与异距分组。按数量标志进行组距式分组，还可分为等距分组和不等距（或称异距）分组。等距分组就是标志值在各组保持相等的组距，即各组的标志值变动都限于相同的范围。凡是在标志值变动比较均匀的情况下，都可采用等距分组。

异距分组即各组的组距不相等。一般，异距分组适用于如下几种场合：第一，标志值分布很不均匀的场合。第二，标志值相等的量具有不同意义的场合。例如，生命的每一个月对于新生婴儿和对于成年人是大不一样的，此时，若按年龄分组进行人口疾病研究，应采用异距分组。第三，标志值按一定比例发展变化的场合。这时，可以按等比的组距间隔来分组。例如，大城市的百货商场营业额的差别很大，年营业额从 50 万元到 5 亿元不等，就可以采用公比为 10 的分组：50 万～500 万元，500 万～5 000 万元，5 000 万～50 000 万元。

（三）组距式分组中相关指标的计算

1. 组距

组距式分组中，组距是上下限之间的距离。连续组距式分组的组距计算公式是：

$$组距=本组上限-本组下限 \tag{2.1}$$

对于间断组距式分组的组距大小的计算，采用如下公式：

$$组距=本组上限-前组上限 \tag{2.2}$$

或

$$组距=本组下限-前组下限 \tag{2.3}$$

连续组距式分组的组距大小也可根据公式（2.2）或公式（2.3）求得。

2. 组数

组数的多少与数据本身的特点及数据个数有关。组数的确定应以能够显示数据的分布特征和规律为目的，不宜过多或过少。若组数太少，数据的分布过于集中，组数太多，数据的分布就过于分散，不便于找出数据分布的特征和规律。在实际分组时，可以借助美国学者斯特杰斯（H. A. Sturges）提出的经验公式确定组数与组距：

$$n=1+3.3\lg N \tag{2.4}$$

$$d=\frac{R}{n}=\frac{x_{\max}-x_{\min}}{1+3.3\lg N} \tag{2.5}$$

式中，n 为组数；N 为总体单位数；d 为组距；R 为全距，即最大变量值 $x_{\max}$ 与最小变量值 $x_{\min}$ 之差。

根据上述公式，可以得出表 2－1 作为确定组数的参考标准。在实际运用时，要注意不能一味照搬公式，应结合数据本身的特点来确定组数。

表 2－1　分组组数参考表

N	15～24	25～44	45～89	90～179	180～359
n	5	6	7	8	9

3. 组中值

上下限之间的中点数值称为组中值。连续组距式分组的组中值的计算公式是：

$$组中值=\frac{下限+上限}{2} \tag{2.6}$$

对于间断组距式分组的组中值的计算，采用如下公式：

$$组中值=\frac{本组上限+前组上限}{2} \tag{2.7}$$

或

$$组中值=\frac{本组下限+前组下限}{2} \tag{2.8}$$

有时在组距式分组数列的两端会使用开放式的组距，即第一组用“多少以下”，最后一组用“多少以上”来表示，这样的组称为开口组。开口组的组中值和组距参照相邻组确定。例如，反映某工业企业工人生产定额完成情况，按生产定额完成程度分组，分为90%以下，90%～100%，100%～110%，110%以上。开口组的组距是以相邻组的组距为本组的组距，对于“90%以下”的组，因相邻组的组距为10%（=100%－90%），故该组可视为80%～90%，其组中值为（80%＋90%）÷2＝85%；“110%以上”组的组距以相邻组的组距10%为本组组距，视为110%～120%，组中值为（110%＋120%）÷2＝115%。

在计算平均指标或进行其他统计分析时，常以组中值来代表各组标志值的中等水平。当各组标志值均匀分布时，组中值就能较强地代表各组标志值的水平，因此，分组时应尽可能使组内各单位的标志值分布均匀。

三、频数分布

（一）频数分布

在统计分组的基础上，将总体所有的单位按组进行归类排列，形成各个单位在各组间的分布，称为**频数分布**，或次数分布。频数分布是统计整理的一种重要形式，通过对零乱的、分散的原始资料进行有次序的整理，形成一系列反映总体各组之间单位分布状况的数列，所以又称为分布数列或分配数列。根据分组标志特征的不同，分布数列可分为两类：按品质标志分组所形成的数列即**品质分布数列**，也称品质数列；按数量标志分组所形成的数列叫**变量分布数列**，也称变量数列。

（二）分布数列的两个要素

分布数列由两个要素构成：一个是总体按某标志所分的组；另一个是各组所出现的单位数，即频数，亦称次数。就变量数列而言，总体按数量标志分组，分组标志在各组有不同的数量表现，形成标志值数列，也称变量，一般用 x 表示；频（次）数用 f 表示。

(三) 变量数列的编制

现举例说明变量数列的编制过程。

【例 2-1】 根据抽样调查，2017 年某地区 50 户城镇居民家庭的月人均消费额（单位：元）的资料如下：

880	970	1 230	1 100	1 180	1 580	1 210	1 460	1 170	1 080
1 050	1 100	1 070	1 370	1 200	1 630	1 250	1 360	1 270	1 420
1 180	1 030	960	1 150	1 410	1 170	1 230	1 260	1 380	1 510
1 010	960	9 10	1 130	1 140	1 190	1 260	1 350	930	1 420
1 080	1 010	1 050	1 250	1 160	1 320	1 380	1 310	1 270	1 250

首先对上面的数据按大小进行排序，结果如下：

880	910	930	960	960	970	1 010	1 010	1 030	1 050
1 050	1 070	1 080	1 080	1 100	1 100	1 130	1 140	1 150	1 160
1 170	1 170	1 180	1 180	1 190	1 200	1 210	1 230	1 230	1 250
1 250	1 250	1 260	1 260	1 270	1 270	1 310	1 320	1 350	1 360
1 370	1 380	1 380	1 410	1 420	1 420	1 460	1 510	1 580	1 630

用最大值与最小值相减计算出全距为：

$$R=1\,630-810=820(\text{元})$$

对上述资料采用等距分组，分为 8 组，组距为 100，以 800 为第一组下限。经过整理，得出计算结果如表 2-2 所示。

表 2-2　50 户城镇居民家庭的月消费额分布数列

按月消费额分组（元）x	户数（频数）f_i	户数比重（%）（频率）$f_i/\sum f_i$
800～900	1	0.02
900～1 000	5	0.10
1 000～1 100	8	0.16
1 100～1 200	11	0.22
1 200～1 300	11	0.22
1 300～1 400	7	0.14
1 400～1 500	4	0.08
1 500 以上	3	0.06
合计	50	1.00

四、频数与频率

(一) 频数

频数是各组所具有的单位个数。表 2-2 中的户数即为频数，一般用 f_i 表示。在分布数列中，标志值构成的数列表示标志值变动的幅度，而频数构成的数列则表示相应标志值的作用程度。频数越大，组的标志值对全体标志水平所起的作用越大；反之，频数越小，则组的标志值所起的作用也越小。

（二）频率

频率即各组频数与总体单位总和之比，它反映了各组频数的大小对总体所起作用的相对强度。按顺序列出各组标志值范围（或以各组组中值来代表）和相应的频率形成的分布数列，也称频率分布。频率的计算公式如下：

$$频率 = \frac{f_i}{\sum f_i} \tag{2.9}$$

式中，f_i为第i组的频数。很显然，任何一个分布都必须满足：(1) 各组的频率都介于0～1之间。(2) 各组频率之和等于1（或100%）。

通过编制的变量数列，可以看出分散零乱的原始数据已呈现出一定的规律性。从表2-2中可以看出，月消费额在1 000～1 400元的居民家庭占总数的74%，而月消费额很低或很高的居民家庭所占比重较小，呈现出一种“两头小，中间大”的分布特征。

（三）频数密度与频率密度

在异距分组情况下，由于各组频数的多少还受到组距不同的影响，各组的频数可能会随着组距的扩大而增加，随着组距的缩小而减少。为消除异距分组所造成的这种影响，必须计算频数密度（或称次数密度）和频率密度，计算公式如下：

$$频数密度=\frac{频数}{组距} \tag{2.10}$$

$$频率密度=\frac{频率}{组距} \tag{2.11}$$

各组频数密度与各组组距乘积之和等于总体单位数；各组频率密度与各组组距乘积之和等于1。

五、累计频数与累计频率

（一）累计频数（率）分布数列

在研究频数和频率分布的时候，还常常需要编制累计频数数列和累计频率数列。累计频数（频率）可以是向上累计频数（频率），也可以是向下累计频数（频率）。

向上累计频数（频率）分布，其方法是先列出各组的上限，然后由标志值低的组向标志值高的组依次累计。向上累计频数表明某组上限以下的各组单位数之和是多少；向上累计频率表明某组上限以下的各组单位数之和占总体单位数的比重。当我们所关注的是标志值比较小的现象的频数分布情况时，通常用向上累计，以表明在这些数值以下所有数值所占的比重。

向下累计频数（频率）分布，其方法是先列出各组的下限，然后由标志值高的组向标志值低的组依次累计。向下累计频数表明某组下限以上的各组单位数之和是多少；向下累计频率表明某组下限以上的各组单位数之和占总体单位数的比重。当我们所关注的是标志值比较大的现象的频数分布情况时，通常用向下累计，以表明在这些数值以上所有数值所占的比重。

【例 2-2】 现仍以例 2-1 中 50 户城镇居民家庭月消费额的资料为例，进行向上和向下累计，其结果如表 2-3 所示。

表 2-3 50 户城镇居民家庭月消费额累计数列表

居民家庭月消费额分组上限	向上累计				居民家庭月消费额分组下限	向下累计			
	频数	累计频数	频率（%）	累计频率（%）		频数	累计频数	频率（%）	累计频率（%）
900	1	1	2	2	800	1	50	2	100
1 000	5	6	10	12	900	5	49	10	98
1 100	8	14	16	28	1 000	8	44	16	88
1 200	11	25	22	50	1 100	11	36	22	72
1 300	11	36	22	72	1 200	11	25	22	50
1 400	7	43	14	86	1 300	7	14	14	28
1 500	4	47	8	94	1 400	4	7	8	14
1 600	2	49	4	98	1 500	2	3	4	6
1 700	1	50	2	100	1 600	1	1	2	2
合计	50	—	100	—	合计	50	—	100	—

从表 2-3 可以看到，这 50 户居民家庭中消费额在 1 000 元以下的有 6 户，占总数的 12%；消费额在 1 200 元以下的有 25 户，占总数的 50%；消费额在1 300 元以上的有 14 户，占总数的 28%。

（二）累计频数（率）分布曲线

累计频数和累计频率不仅可以用表格形式表示，而且可以用图形表示。累计频数（频率）分布图包括向上累计频数（频率）分布图和向下累计频数（频率）分布图。不论是向上还是向下累计，均以分组变量为横轴，以累计频数（频率）为纵轴。在直角坐标系上将各组组距的上限与其相应的累计频数（频率）构成坐标点，依次用折线（或光滑曲线）相连，即是向上累计分布图；在直角坐标系上将各组组距下限与其相应累计频数（频率）构成坐标点，依次用折线（或光滑曲线）相连，即是向下累计分布图，如图 2-2 所示。

累计频数和累计频率可以简要、概括地反映总体各单位的分布特征。向上累计分布曲线呈上升状，向下累计分布曲线呈下降状。组的频数（频率）较少，曲线显得平缓；组的频数（频率）较密集，曲线显得较陡峭。

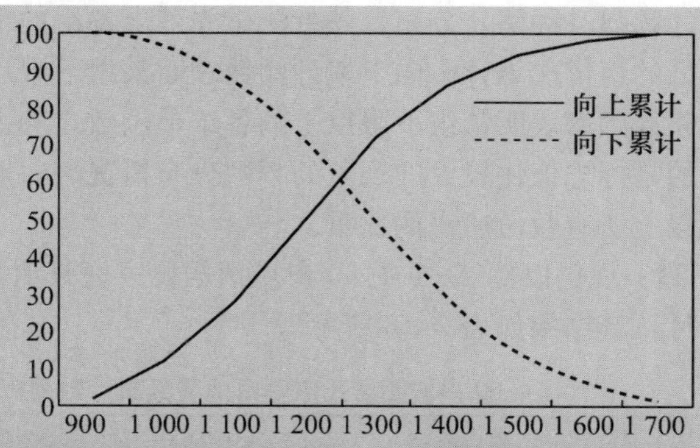

图 2-2 累计频数（频率）分布示意图

请扫描二维码，获取资源：参考 2.3 利用累计分布曲线确定应列入日常统计的工业企业规模

（三）洛伦兹曲线

累计频数（频率）分布曲线可用于研究财富、土地和工资收入的分配是否公平。这种累计分布曲线图最早由洛伦兹博士（Dr. M. O. Lorenz）提出，故又称洛伦兹曲线图。其绘制方法如下：

（1）将分配对象和接受分配者的数量均化成结构相对数并进行向上累计。

（2）纵轴和横轴均为百分比尺度，纵轴自下而上用以测定分配对象（如一国的财富、土地或收入等），横轴由左向右用以测定接受分配者（如一国的人口）。

（3）根据计算所得的分配对象和接受分配者的累计百分数，在图中标出相应的绘示点，连接各点并使之平滑，所得曲线即所要求的洛伦兹曲线。

【例 2-3】 现以某国某年家庭收入资料（见表 2-4）为例，说明洛伦兹曲线的绘制。

表 2-4 某国收入分配情况

按收入水平分组	人口			收入		累计收入		
	人口数（万人）(1)	结构（%）(2)	累计（%）(3)	月收入额（亿美元）(4)	结构（%）(5)	实际情况 (6)	绝对平等 (7)	绝对不平等 (8)
最低	128.5	12.85	12.85	1.57	5	5	12.85	0
中下等	348.0	34.80	47.65	4.08	13	18	47.65	0
中等	466.9	46.69	94.34	16.33	52	70	94.34	0
较高	45.6	4.56	98.90	7.54	24	94	98.90	0
最高	11.0	1.10	100.0	1.88	6	100	100.0	100
合计	1 000.0	100.0	—	31.40	100	—	—	—

在绘制分配曲线图时，先将人口、收入的数量（栏（1）、栏（4））计算成为结

构相对数（栏（2）、栏（5）），再求出累计百分比（栏（3）、栏（6）），然后以栏（3）和栏（6）成对的数据作为横坐标和纵坐标，在制好的比率曲线图格上标出坐标点，连接各坐标点即为分配曲线（见图 2-3）。

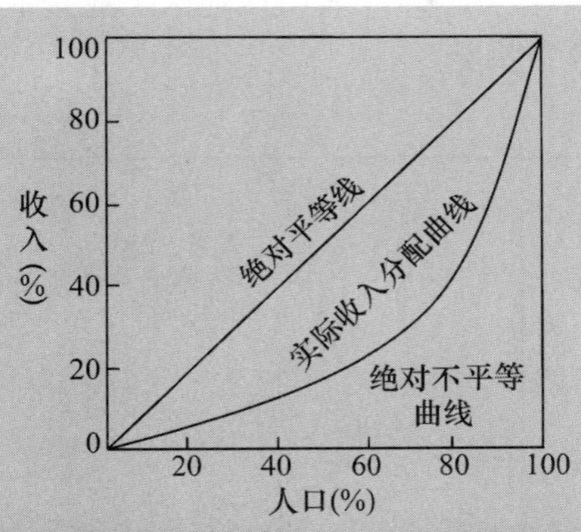

图 2-3　洛伦兹曲线示意图

图 2-3 中的曲线为实际收入分配曲线，对角线为绝对平等线。对实际收入分配线与绝对平等线或绝对不平等线进行对比，可衡量其不平等程度。离绝对平等线越远，分配越不平等；反之，越靠近绝对平等线，分配越平等。

我们还可以进一步考虑将洛伦兹曲线拓广用于研究现象总体各单位变量分布的均匀性或分布的集中程度，如测定城市人口的地域集中状况、地区或部门工业企业中各种指标的构成与分布情况等。这一场合的洛伦兹曲线也称为集中曲线，或标志曲线。对角线表示各组的频率同各组的标志总量对总体标志总量的比重完全对应，即现象总体标志（变量）呈线性均匀分布，不存在集中过程。集中曲线与对角线相距越远，表明集中程度越高。

【例 2-4】 假定某地区的有关资料如表 2-5 所示。

表 2-5　　工业企业工人数、产值和利润资料表

按产值分组（百万元）	对总计的百分数				累计百分数			
	企业数	工人数	产值	利润	企业数	工人数	产值	利润
1 以下	6.0	0.2	0.1	0.2	6.0	0.2	0.1	0.2
1～5	13.1	1.3	0.3	0.8	19.1	1.5	0.4	1.0
5～10	12.5	2.3	0.8	1.2	31.6	3.8	1.2	2.2
10～50	36.8	14.6	8.6	10.0	68.4	18.4	9.8	12.2
50～100	12.9	11.5	8.6	15.0	81.3	29.9	18.4	27.2
100～500	14.5	31.1	29.4	25.0	95.8	61.0	47.8	52.2
500～1 000	2.3	13.8	15.2	16.0	98.1	74.8	63.0	68.2
1 000 以上	1.9	25.2	37.0	31.8	100.0	100.0	100.0	100.0

绘制洛伦兹曲线，必须正确分辨给定的数据中哪一项是总体单位，哪些项是单位标志，并且明确前者放在横轴上，后者放在纵轴上。本例中，横轴表示累计频率，即各组企业数比重累计；纵轴表示标志总量比重累计，即各组工人数、产值和利润等指标比重累计。图 2－4 表明该地区工业企业的工人数、产值和利润指标的构成分布情况和集中状况。

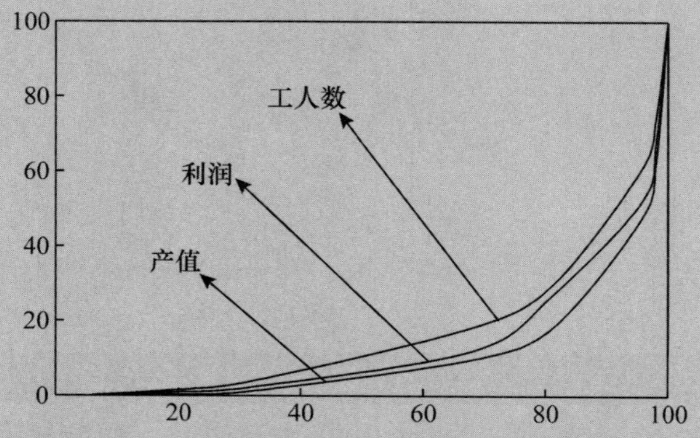

图 2－4　某地区工业企业的工人数、产值和利润指标的构成分布情况和集中状况

六、频数分布的类型

由于社会经济现象性质不同，各种统计总体各有不同的次数分布，形成不同类型的分布特征。概括起来，社会经济现象次数分布的类型大致有三种：钟形分布、U 形分布和 J 形分布。

（一）钟形分布

钟形分布的特征是“两头小，中间大”，即靠近中间的变量值分布的次数多，靠近两边的变量值分布的次数少，其曲线图宛如一口古钟，如图 2－5 所示。

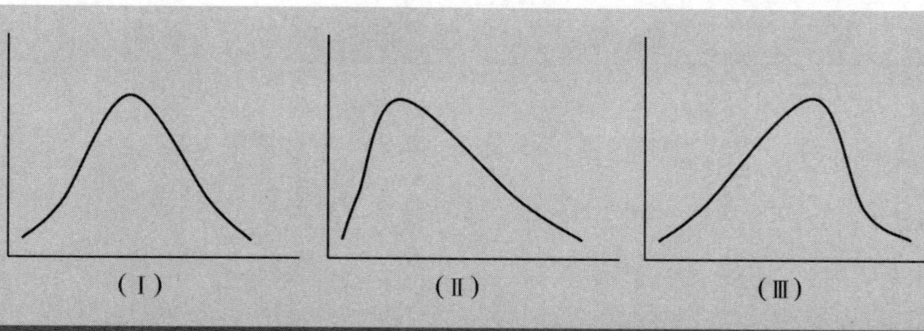

图 2－5　钟形分布示意图

钟形分布又可分为正态分布和偏态分布。正态分布是以标志变量为中心，左右两侧对称，两侧变量值分布的次数随着其与中间变量值距离的增大而渐次减少，如图 2－5（Ⅰ）所示。现实中，许多社会现象统计总体的分布都趋于对称的正态分

布，例如，农作物的单位面积产量的分布、零件公差的分布、商品市场价格的分布等。正态分布是描述统计中的一种重要分布，它在社会经济统计分析中具有重要的意义。关于正态分布的具体内容，我们将在第四章中专门介绍。偏态分布为非对称的钟形分布，它们各有不同方向的偏态，如图 2-5（Ⅱ）和（Ⅲ）所示。图（Ⅱ）曲线反映的分布是正偏分布，图（Ⅲ）曲线反映的是负偏分布。

(二) U 形分布

U 形分布的形状与钟形分布相反，靠近中间的变量值分布次数少，靠近两端的变量值分布次数多，形成“两头大，中间小”的状态。例如，人口死亡率按年龄的分布便是如此。人口总体中，幼儿和老年人死亡率高，而中青年死亡率低。图 2-6 是 U 形分布图。

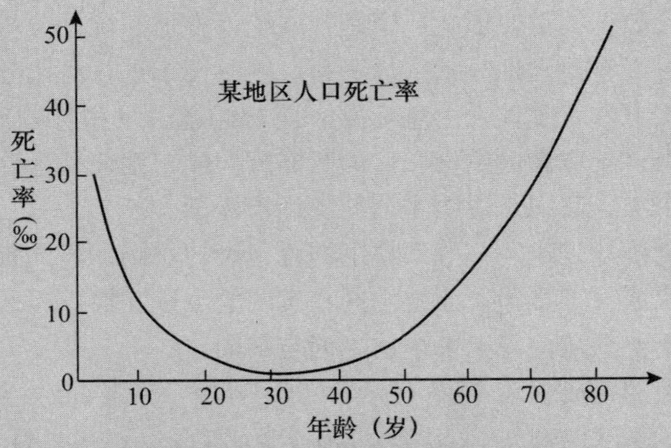

图 2-6　U 形分布示意图

(三) J 形分布

J 形分布有两种类型。一种是次数随着变量的增大而增多，呈正 J 形分布。例如，在人口总体中，信仰宗教的人数比例随年龄的增长而增加，是正 J 形分布。另一种是次数随着变量增大而减少，呈反 J 形分布。例如，在科研人员总体中，随着每个人完成的科研成果数增加，相应科研人员所占的比例下降。J 形分布如图 2-7 所示。

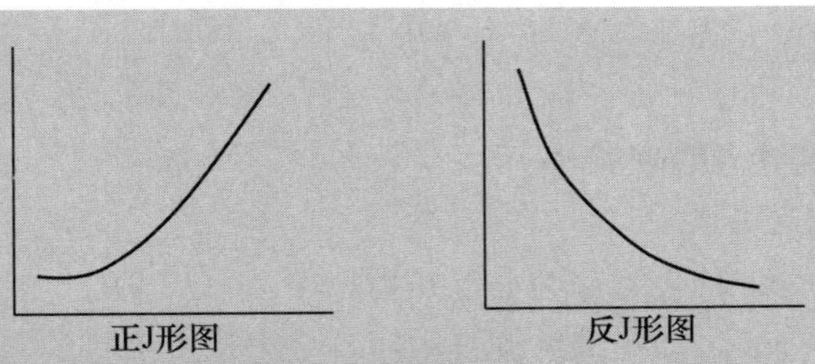

图 2-7　J 形分布示意图

研究变量数列频数分布类型的作用主要有：第一，可利用各种类型的频数分布特征，检验统计整理资料的准确性。第二，可利用频数分布类型特征，分析现象变化的原因。如果现象总体发生了异常变化，会产生通过整理得到的分布类型与社会现象的分布特征不符合的情况。

第三节 数据的显示

一、统计表

（一）统计表的定义和结构

把经过整理的统计数据按一定的顺序排列在表格中，就形成了**统计表**。统计表是显示统计数据的重要形式，也是开展统计整理和统计分析的一种重要工具。通过统计表，可以有条理地显示统计资料，同时便于进行对比分析。

从形式上看，统计表由总标题、横行标题、纵栏标题和指标数值四部分组成；从内容上看，统计表由主词和宾词两部分构成。**主词**是统计表要说明的总体或总体分成的多个组；**宾词**是说明主词的统计指标。

在编制统计表时，一般都将主词置于表的左侧，宾词置于表的右侧。但有时为了节省篇幅或便于排印，而把主词和宾词的位置互换，因此，阅读统计表时，应从内容上而不要只从位置上来辨别主词与宾词。

统计表的构成如表 2－6 所示。

表 2－6　　2016 年某省生产总值及构成⟶总标题

按行业产业分组	生产总值（亿元）	比重（%）
第一产业	777.87	12.85
第二产业	2 950.33	48.74
第三产业	2 324.94	38.41
合计	6 053.14	100.00

横行标题　纵栏标题　指标数值

主词栏　宾词栏

此外，必要时统计表还包括表外附加，主要有补充资料、注解、资料来源、填表单位、填表人等。

（二）统计表的分类

1. 按用途分类

按用途，统计表可分为如下几类：

（1）调查表，即在统计调查中用于登记调查项目的表格。

（2）整理表或汇总表，即在统计整理汇总过程中使用的表格和用于表现统计汇总或整理结果的表格。

（3）分析表，即用于统计分析的表格。这类表往往与整理表结合在一起，成为整理表的延续。

2. 按主词结构分类

按主词的结构分类，即根据主词是否分组和分组的程度，分为简单表、分组表和复合表。

（1）简单表。主词未经任何分组的统计表称为简单表。例如，主词由研究总体各单位清单组成的一览表，主词由地区、国家、城市等目录组成的区域表，主词由时间顺序组成的编年表，等等。表 2-7 是简单表的一个例子。

表 2-7　2001 年我国平均每天主要社会经济活动表

指标	计量单位	数量
国内生产总值	亿元	262.8
税收收入	亿元	21.4
财政支出	亿元	44.9
煤炭消耗	万吨	124.0
最终消费	亿元	161.5
资本形成总额	亿元	102.6
进出口总额	亿美元	14.0

（2）分组表。主词只按一个标志进行分组形成的统计表，也称简单分组表，如表 2-6 所示。利用简单分组表可以区分事物的类型，研究总体结构，分析现象之间的依存关系。

（3）复合表。主词按两个或两个以上标志进行分组的统计表，也称复合分组表。在一定分析任务要求下，复合表可以把更多标志结合起来，更深入地分析社会经济现象的特征和规律性。表 2-8 是一种复合表。以上所列举的简单表、分组表和复合表是使用同一原始资料设计的，读者可以比较分析它们之间的关系，特别是指标计算上的联系。

表 2-8　国内生产总值及其分组表

国内生产总值按产业和行业分组	国内生产总值（亿元）	比重（%）
第一产业		
第二产业		
工业		
建筑业		
第三产业		
交通仓储邮电通信业		
⋮		

3. 按宾词设计分类

统计表按宾词设计不同，可分为宾词简单排列、分组平行排列和分组层叠排列等三种。

（1）宾词简单排列是指宾词不加任何分组、按一定顺序排列在统计表上。

表2－9就是宾词简单排列表。

表2－9 2007—2009年我国中高等教育招生人数 单位：万人

年份	高等教育	中等职业教育	普通高中
2007	566	810	840
2008	608	812	837
2009	640	874	830

资料来源：中华人民共和国2009年国民经济和社会发展统计公报.

（2）宾词分组平行排列是指宾词栏中各分组标志彼此分开，平行排列。表2－10就是宾词分组平行排列表。

表2－10 某省各年度社会商品零售总额 单位：亿元

年份	按商品性质和用途分组		按城乡分组		按经济类型分组			
	消费品零售总额	农业生产资料销售额	城镇	乡村	国有	集体	个体	其他
2007								
2008								
2009								
2010								
合计								

（3）宾词分组层叠排列是指统计指标同时有层次地按两个或两个以上标志分组，各种分组层叠在一起，宾词的栏数等于各种分组的组数连乘积。例如表2－11中，各地区从业人员按三次产业分为3组，按性别分为2组，则分组层叠排列设计的宾词栏数共有3×2＝6栏（不包括小计栏）。

表2－11 各地区从业人员分布表 单位：万人

地区	合计	三次产业								
		第一产业			第二产业			第三产业		
		小计	男	女	小计	男	女	小计	男	女
北京										
天津										
河北										
⋮										
总计										

统计表的主词分组与宾词分组是有区别的。主词分组的结果使总体分成许多组成部分，它们是需要用统计指标（宾词）来描述和表现的。宾词分组的结果并不增加统计总体的组成部分，仅仅是比较详细地描述总体已有的各个组成部分。由此可见，主词分组具有独立的意义，而宾词分组从属于主词的要求，是为描述主词的数量特征而考虑的。

（三）统计表的设计

统计表设计总的要求是：简练、明确、实用、美观，便于比较。

1. 统计表形式设计注意事项

(1) 统计表应设计成由纵横交叉线条组成的长方形表格，长与宽之间保持适当的比例。

(2) 线条的绘制。表的上下端应以粗线绘制，表内纵横线以细线绘制。表格的左右两端一般不画线，采用“开口式”。

(3) 合计栏的设置。统计表各纵列若需合计，一般应将合计列在最后一行，各横行若需要合计，可将合计列在最前一列或最后一列。

(4) 栏数的编号。如果栏数较多，应当按顺序编号，习惯上主词栏部分分别编以甲、乙、丙、丁……为序号，宾词栏编以 (1)、(2)、(3)、(4) ……为序号。

2. 统计表内容设计注意事项

(1) 标题设计。统计表的总标题、横行标题、纵栏标题应简明扼要，以简练、准确的文字表述统计资料的内容、资料所属的空间和时间范围。

(2) 指标数值。表中数字应该填写整齐，对准位数。当数字因过小可略而不计时，可写上“0”；当缺某项数字资料时，可用符号“…”表示；不应有数字时用符号“—”表示。

(3) 计量单位。统计表必须注明数字资料的计量单位。当全表只有一种计量单位时，可以把它写在统计表的右上方。如果表中各栏的指标数值计量单位不同，可在横行标题后添一列计量单位。

(4) 注解或资料来源。为保证统计资料的科学性与严肃性，在统计表下应注明资料来源，以便查考。必要时，在统计表下还要加注解或说明。

二、统计图

统计图也是反映统计数据的一种重要形式。统计图的最大优点是，可以直观地反映统计数据的分布特征。常见的统计图主要有以下几种。

(一) 圆形图与条形图

圆形图和条形图主要用于定类数据的图示。

1. 圆形图

圆形图也称饼图，是用圆形及圆内扇形的面积来表示数值大小的图形。圆形图可以表示总体中各组成部分所占的比例，主要用于研究结构性问题。表 2-12 是我国 2001 年年末第二次全国基本单位普查得到的企业法人有关资料。用圆形图可将表 2-12 中的资料绘成图 2-8。

表 2-12 按企业组织形式分组的法人单位分布情况

企业组织形式分组	企业法人数（万个）	比重（%）
国有企业	36.9	12.2
集体企业	85.8	28.4
私营企业	132.3	43.7

续前表

企业组织形式分组	企业法人数（万个）	比重（%）
股份制企业	30.0	9.9
外商投资企业	5.7	1.9
港澳台投资企业	8.2	2.7
其他企业	3.7	1.2
合计	302.6	100.0

资料来源：国家统计局．第二次全国基本单位普查公报．2003.

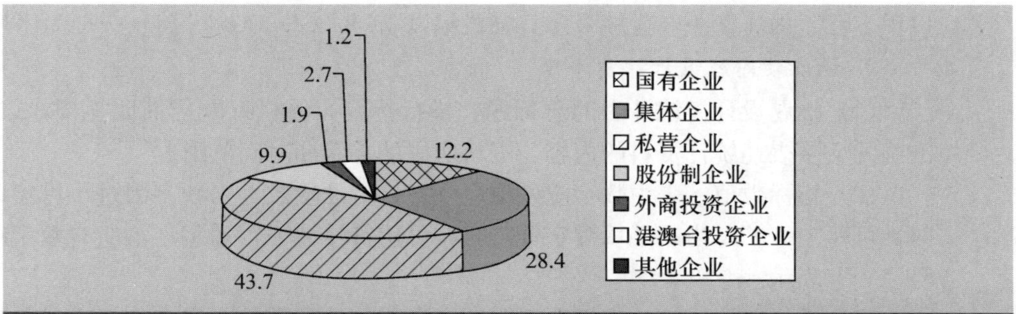

图 2－8 按企业组织形式分组的法人单位分布圆形图（%）

2. 条形图

条形图是用宽度相同的条形的长度或高度来表示数据类型的图形。例如，将表 2－12 用条形图显示如图 2－9 所示。

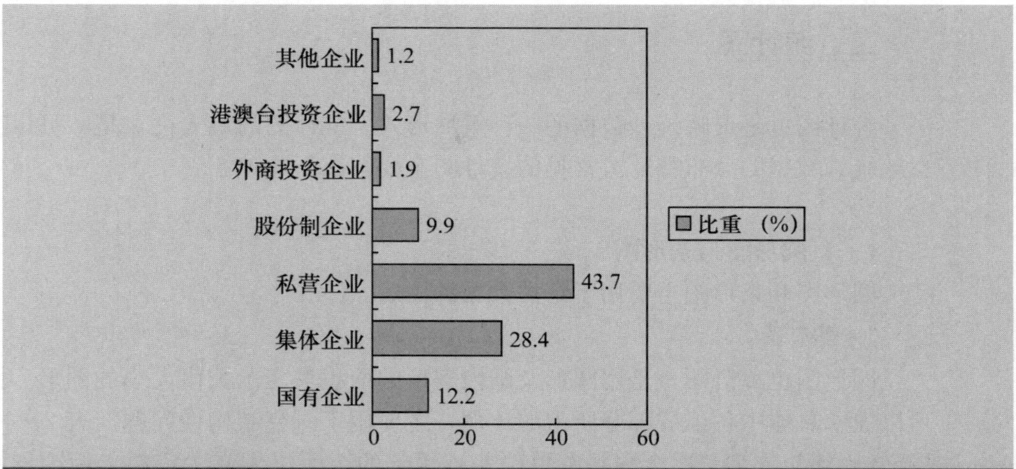

图 2－9 按企业组织形式分组的法人单位分布条形图

（二）直方图、折线图和曲线图

直方图、折线图和曲线图主要用于定距数据和定比数据分布数列的图示。

现以某地区 50 户城镇居民家庭的月消费额资料（见表 2－2）为例，说明如何采用图示法来描述城镇居民家庭的月消费额的分布状况。

1. 直方图

直方图是用直方形的宽度和高度来表示频数分布的图形。绘制直方图时，横轴表示各组组限，纵轴表示频数（一般标在左方）和比例（或频率，一般标在右方），没有比例的直方图只保留左侧的频数。依据各组的组距的宽度与频数的高度绘成直方形。根据表 2 - 2 的资料绘制的直方图如图 2 - 10 所示。

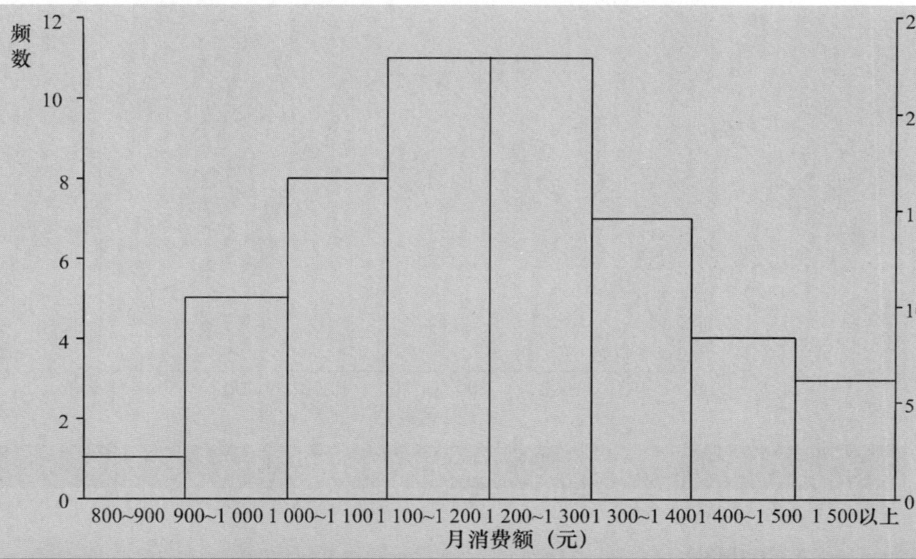

图 2 - 10　直方图

要注意的是，对于不等组距式变量数列，只有以频数密度（频率密度）为纵轴绘制直方图，才能准确地反映客观实际情况。

2. 折线图

折线图可以在直方图的基础上，利用各组的组中值与次数求得坐标点，再用折线将其连接而成。图 2 - 11 是根据表 2 - 2 绘制的折线图。

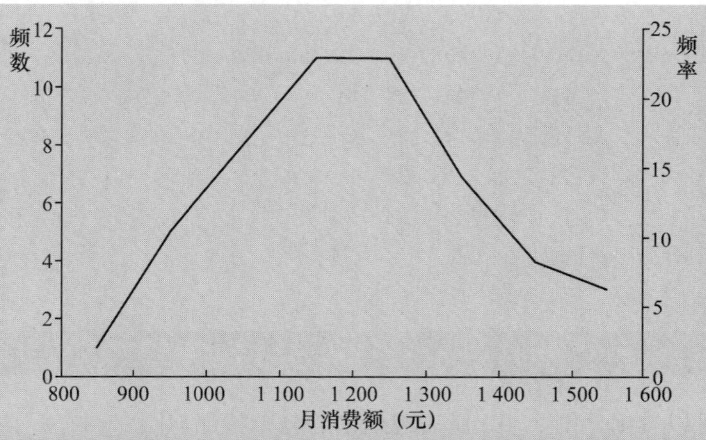

图 2 - 11　折线图

3. 曲线图

当变量数列的组数无限增多时，曲线便近似地表现为一条平滑曲线。曲线图的绘制方法与折线图基本相同，只是在连接各组次数坐标点时应当用平滑曲线，而不用折线。对图 2－11 中的折线平滑化，即得分布曲线图，如图 2－12 所示。

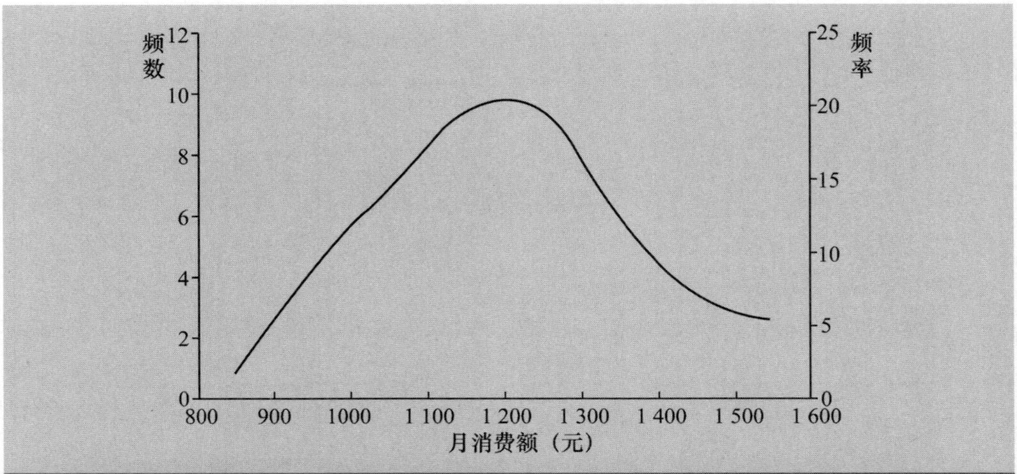

图 2－12　曲线图

（三）茎叶图

茎叶图通常用来显示未分组资料的分布特征，它既能显示数据的状态，又能给出每一个原始数值。茎叶图是将每一个数据分为两部分："茎"和"叶"。通常将数据的高位数值作为茎，低位数值作为叶而依附于茎之上。下面以例 2－1 中的数据来作茎叶图，结果如图 2－13 所示。

茎	叶										
8	80										
9	10	30	60	60	70						
10	10	10	30	50	50	70	80	80			
11	00	00	30	40	50	60	70	70	80	80	90
12	00	10	30	30	50	50	50	60	60	70	70
13	10	20	50	60	70	80	80				
14	10	20	20	60							
15	10	80									
16	30										

图 2－13　茎叶图

可以看出，图 2－13 所表现出来的分布特征与图 2－10 所示的直方图十分类似。

第四节　利用 Excel 进行统计整理与绘制统计图

一、编制分布数列

对于例 2－1，可以运用 Excel 来编制频数分布、累计频数分布，步骤如下：

（1）输入数据。如图 2－14 所示，A 列、B 列、C 列为原始输入数据（除最后一组上限用函数求得外），其他列为计算所得数据。消费额放在 A2：A51 单元格区域，表中未完全显示出来。B 列中的各个数据则是使用 Frequency 函数或直方图分析工具编制分布数列所必需的数据。

	A	B	C	D	E	F	G
1	消费额	分组上限	分组	频数	频率(%)	向上累计频数	向下累计频数
2	880	899.9	800~900	1	2	1	50
3	970	999.9	900~1000	5	10	6	49
4	1230	1099.9	1000~1100	8	16	14	44
5	1100	1199.9	1100~1200	11	22	25	36
6	1180	1299.9	1200~1300	11	22	36	25
7	1580	1399.9	1300~1400	7	14	43	14
8	1210	1499.9	1400~1500	4	8	47	7
9	1460	1630	1500以上	3	6	50	3
10	1170		合计	50			

图 2－14

（2）选定 D2：D9，输入公式“＝FREQUENCY(A2：A51，B2：B9)”，然后按 Ctrl＋Shift＋Enter 组合键，即可计算出各组的频数。该函数的第一个参数指定用于编制分布数列的原始数据，第二个参数指定每一组的上限。在 D10 中输入公式“＝SUM(D2：D9)”计算出频数的合计。

注意：在使用 Excel 的 Frequency 函数编制分布数列时，采用“上限在内”的原则，与本教材介绍的一般统计分组原则有别。若要遵循“上限不在内”原则，在确定 Frequency 函数所需的分组上限时，应用使其尽量接近统计分组中的上限，但又不与任何原始数据相同（请参见图 2－14 中 B 列数据）。此外，“1500 以上”这一组的上限可以使用原始数据的最大值，它可通过函数求得，在 B9 中输入公式“＝MAX(A2：A51)”即可。

（3）计算频率。在 E2 中输入公式“＝D2/D＄10＊100”，然后选定 E2：E9 区域，按 Ctrl＋D 组合键，即可将该公式复制到 E3：E9 区域。

（4）计算向上累计频数。在 F2 单元格中输入公式“＝D2”，在 F3 单元格中输入公式“＝D3＋F2”，再将公式复制到 F4：F9。

（5）计算向下累计频数。在 G9 中输入公式“＝D9”，在 G8 单元格中输入公式“＝G9＋D8”，再将公式复制到 G2：G7 单元格区域即可。可以采用向上填充的方法复制公式，即选定 G2:G8 单元格区域，然后点击菜单［开始］→［填充］→［向上］。

二、绘制统计图

借助 Excel 绘制统计图，以绘制直方图为例，其主要操作步骤如下：

（1）使用图 2-14 所示数据，直方图所需数据在 C1:E9 单元格区域，选定该区域。为了使图形更美观、更符合统计形式，可以将 C 列的分组上下限改成组中值。在［插入］选项卡的［图表］命令组中，点击［插入柱形图］→［簇状柱形图］，即可生成如图 2-15 所示的图表。注意，如果得到的图中有 3 个系列的柱形，请将 C1 中的文字删除，重新再执行一次上述操作。

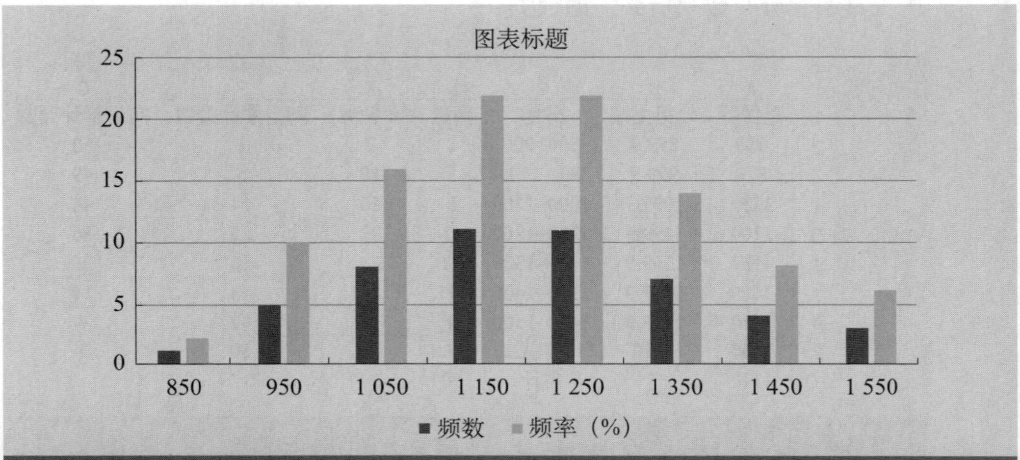

图 2-15

（2）对生成的图形进行修改，使其更符合统计上的表示形式。

1）去掉网格线，即 X 轴上面的几条横线。这些横线名称为“垂直（值）轴主要网格线”。选中图表后，菜单上会出现与图表有关的［设计］和［格式］选项卡。在［格式］选项卡最左边的“当前所选内容”命令组中，单击最上面的图表元素下拉框，选中“垂直（值）轴主要网格线”，或者单击图 2-15 中的某条横线（比如第 2 条或第 3 条），此时所有横线处于选中状态（所有横线两端都有一个圆点），直接按键盘上的 Delete 键即可删除这些横线。

2）生成次坐标轴，即生成另外一个 Y 轴，用来表示频率。右键单击频率柱形图（即相对较高的柱形图），在弹出的菜单中单击［设置数据系列格式］，在 Excel 界面右侧会出现“数据系列格式”对话框（见图 2-16）。在该对话框的［系列选项］中（默认就是），选中“次坐标轴”，即可生成频率坐标轴。

然后点击图标，切换到［填充线条］选项卡，点击［填充］→［无填充］，再点击［边框］→［无线条］，将频率柱形图隐藏起来，因为我们只想得到关于频率的次坐标轴。以上操作如图 2-17 所示。得到的结果如图 2-18 所示。

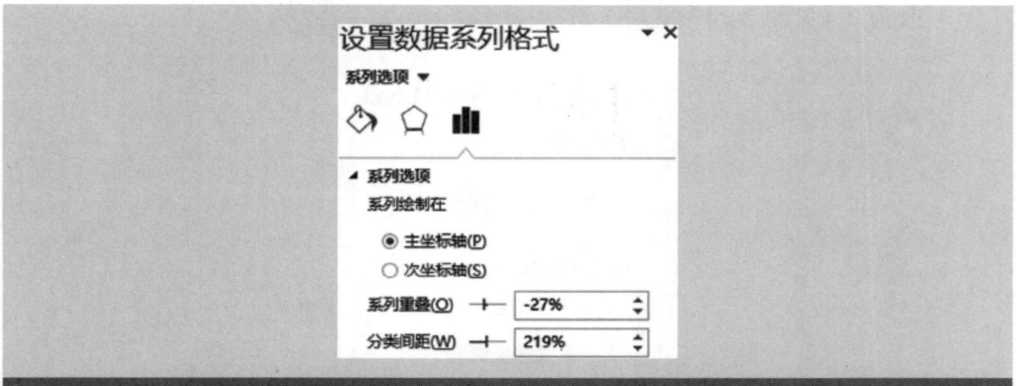

图 2-16

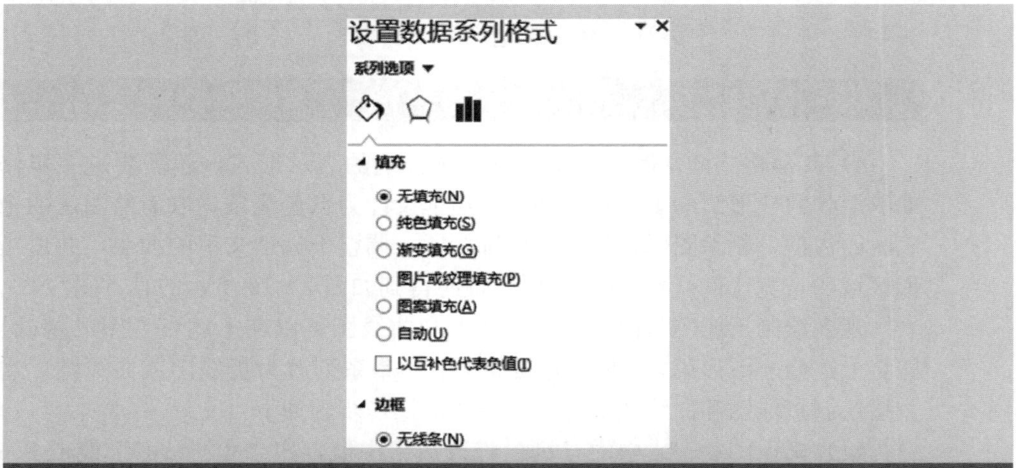

图 2-17

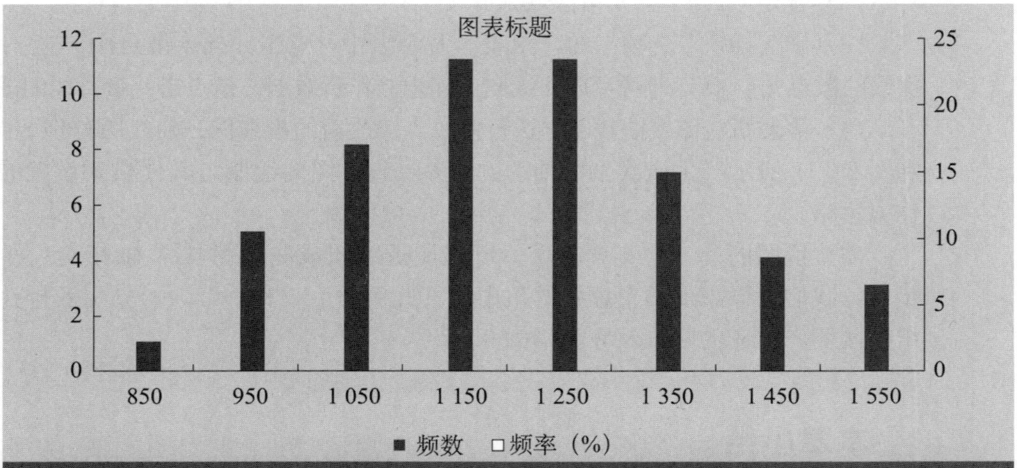

图 2-18

3）消除柱形图之间的间距。在图 2-16 或图 2-17 所示的界面上，点击“系列选项”右侧的三角形，在弹出的菜单中选中“系列‘频数’”，然后将“分类间距”

改为 0（见图 2－19）。

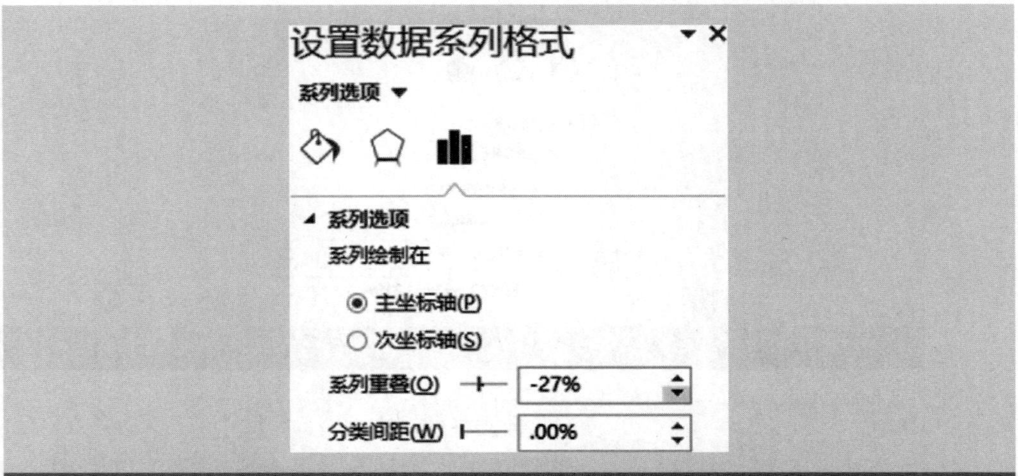

图 2－19

4）其他格式的修改。为了更符合统计上的表示形式，还需要进一步修改，比如取消频数柱形图的填充色，并将其边框设计为黑色线条，取消绘图区的边框、图表区的边框，删除图例，加上坐标轴标题，调整坐标轴文字的大小，并适当调整图形区域的长宽比例（具体操作略），最终得到如图 2－10 所示的直方图。

现在绘制折线图与曲线图。折线图和曲线图可以在上述直方图的基础上完成，即将上述修改图形第 2）步中隐藏起来的频率系列改为折线图或曲线图。这里介绍直接绘制折线图和曲线图的方法。主要的操作步骤如下：

（1）确保图 2－14 中的 C 列已经改成组中值，如“800～900”改成 850，其余类推。

（2）选定 C1:E9 单元格区域。

（3）在［插入］选项卡的［图表］命令组中，点击［插入散点图］→［带平滑线的散点图］，即可生成曲线图。如想制作折线图，请点击［带直线的散点图］。

（4）生成折线图或曲线图并进行修改，修改后的折线图、曲线图分别如图 2－11 和图 2－12 所示（生成次坐标轴的方法参见直方图的绘制，其他格式设置的具体操作方法略）。

需要说明的是，为美观起见，可以使折线图或曲线图与 X 轴相交。在第（1）步中，我们可以添加两个虚拟的组中值（此例为 750 和 1 650），分别安排在原有分组的两侧，对应的频数及频率均为 0。

□ 本章小结

（1）数据收集是根据统计研究的目的，运用科学的方法，有计划、有组织地采集数据的过程。数据收集是统计工作的基础环节。

(2) 统计数据按来源不同分为第一手资料和二手资料。第一手资料是通过专门的调查或试验，直接向需要观察的对象收集的反映其情况的统计资料，一般称为原始资料；二手资料是指对他人调查或试验取得的原始资料进行加工后得到的数据。

(3) 常用的统计调查方法有直接观察法、报告法（通讯法）、登记法、采访法、试验法等。

(4) 普查是一种专门组织的全面调查，它主要用于收集某些不能或不宜用定期报表收集的统计资料。对国情国力的调查一般采用普查。

(5) 统计报表制度是依照国家有关法规，自上而下地统一布置，以原始记录为依据，按照统一的表式、统一的指标项目、统一的报送时间和报送程序，自下而上、逐级定期地提供统计资料的一种调查方式。

(6) 抽样调查是一种非全面调查。抽样调查有如下几个特点：第一，样本单位按随机原则抽取，排除了主观因素对选样的影响；第二，根据样本信息对总体的数量特征做出估计；第三，抽样误差可以事先计算并加以控制。

(7) 重点调查是指在调查对象中，只选择一部分重点单位进行的非全面调查。

(8) 我国新的统计调查体系是以必要的周期性的普查为基础，经常性的抽样调查为主体，同时辅之以重点调查、科学推算和部分全面报表综合运用的调查体系。

(9) 间接统计数据的主要来源包括：统计机构出版的各种年鉴和其他出版物；互联网有关网站；各种数据库。

(10) 统计分组应遵循穷尽与互斥两个原则。数量分组有单项式分组和组距式分组，组距式分组又分为间断组距与连续组距、等距与异距分组。对于组距式分组，需计算组距、组数、组中值。开口组的组距是以相邻组的组距为本组的组距。

(11) 分布数列由两个要素构成：一个是总体按某标志所分的组；另一个是各组所出现的单位数，即频数，也称次数。频率是各组频数占总体单位数的百分比。频率具有以下性质：频率介于0～1之间，且各组频率之和等于1。按品质标志分组所形成的数列即品质分布数列，也称品质数列；按数量标志分组所形成的数列叫变量分布数列，也称变量数列。

(12) 为消除异距分组所造成的影响，需计算频数密度和频率密度。频数密度＝频数/组距，频率密度＝频率/组距。

(13) 向上累计频数（或频率）分布，其方法是先列出各组的上限，然后由标志值低的组向标志值高的组依次累计。向下累计频数（或频率）分布，其方法是先列出各组的下限，然后由标志值高的组向标志值低的组依次累计。

(14) 统计表是指分析和容纳各种统计资料的表格，它可以有条理地显示统计资料，直观地反映统计分布的特征。统计表的结构从形式上看，可分为总标题、横行标题、纵栏标题和指标数值四个部分；从内容上看，可分为主词栏和宾词栏两部分。

(15) 常用的统计图有直方图、折线图和曲线图。

(16) Excel在统计整理与统计图表中的应用体现在以下两个方面：1）利用Frequency函数或直方图分析工具编制分布数列；2）利用图表功能绘制各种统计图形。

□ 思考与练习

一、选择题

1. 统计调查方案设计的首要问题是（　　）。

A. 确定调查组织工作　　B. 确定调查任务和目的

C. 确定调查时间和地点　　D. 确定调查经费

2. 要对某企业的生产设备的实际生产能力进行调查，则该企业的“生产设备”是（　　）。

A. 调查对象　　B. 报告单位

C. 调查项目　　D. 调查单位

3. 对国有工业企业设备进行普查时，每个国有工业企业（　　）。

A. 是调查单位　　B. 是填报单位

C. 既是调查单位，又是填报单位　　D. 既不是调查单位，又不是填报单位

4. 为了解全国铁路运输的基本情况，对几个重要的铁路枢纽站进行调查，这种调查方式是（　　）。

A. 非全面调查　　B. 抽样调查

C. 重点调查　　D. 典型调查

5. 下列现象中适宜采用抽样调查的有（　　）。

A. 企业经营管理中出现的新问题　　B. 一批子弹的射程

C. 某市新增加的人口数　　D. 某地区森林的木材积蓄量

6. 下列按数量标志分组的有（　　）。

A. 教师按聘任职务分组　　B. 学生按所学专业分组

C. 职工按工资级别分组　　D. 商业企业按销售额分组

7. 在组距数列中，组中值（　　）。

A. 是上限和下限之间的中点数值　　B. 用来代表各组标志值的平均水平

C. 在开放式分组中无法确定　　D. 就是组平均数

E. 在开放式分组中，可以参照相邻组的组距来确定

二、计算题

1. 通过抽样调查，得到某城市64户居民家庭月收入和家庭金融资产的资料（按月收入分组），如表2-13所示。

表2-13

按收入分组（元）（甲）	户数		月收入		金融资产	
	比重（%）(1)	比重累计（%）(2)	比重（%）(3)	比重累计（%）(4)	比重（%）(5)	比重累计（%）(6)
500以下	4.7	4.7	1.1	1.1	0.7	0.7

续前表

按收入分组（元）（甲）	户数		月收入		金融资产	
	比重（%）(1)	比重累计（%）(2)	比重（%）(3)	比重累计（%）(4)	比重（%）(5)	比重累计（%）(6)
500～1 000	9.4	14.1	3.2	4.3	2.3	3.0
1 000～1 500	20.3	34.4	12.9	17.2	8.5	11.5
1 500～2 500	32.8	67.2	31.5	48.7	27.8	39.3
2 500～3 500	23.4	90.6	33.4	82.1	38.6	77.9
3 500 以上	9.4	100.0	17.9	100.0	22.1	100.0
合计	100.0	—	100.0	—	100.0	—

根据上面的数据绘制月收入和金融资产的洛伦兹曲线。

2. 某车间同一工种的 40 名工人完成个人生产定额（%）的数据如下：

97	88	123	115	119	158	112	146	117	108
105	110	107	137	120	136	125	127	142	118
103	87	115	114	117	124	129	138	100	103
92	95	113	126	107	108	105	119	127	104

要求：

（1）试根据上述资料编制频数分布数列。

（2）编制向上和向下累计频数、频率数列。

（3）根据所编制的向上（向下）累计频数（频率）数列绘制累计曲线图。

（4）根据所编制的频数分布数列绘制直方图、折线图与曲线图，并说明其属于何种分布类型。

（5）绘制茎叶图，并与直方图比较。

请扫描二维码，获取资源：

参考 2.4　第二章习题详解

第三章 数据分布特征的统计描述

Chapter 3

如何正确地反映居民的收入水平

前一段时间，网上有这么一段顺口溜，批评用平均收入来反映居民的收入水平："张庄有个张千万，九个邻居穷光蛋，加在一起求平均，个个收入超百万。"

这个批评既有正确之处，也可能存在一定误解。正确之处是：平均数受极端值的影响很大，简单地用平均收入反映居民的收入水平，有可能掩盖两极分化的现象。可能存在的误解则是：用很少出现的小样本计算的结果作为反对用平均收入反映居民收入水平的理由是不够充分的。事实上，统计中的居民平均收入并不是根据小样本计算的，而是根据大量观察的结果计算的，平均收入确实可以代表一定时期居民的收入水平。当然，为了更好地反映其代表性，还应当计算居民收入水平的方差和变异系数等指标。本章将介绍如何利用描述统计的方法，反映数据分布的集中趋势和离散程度。通过本章的学习，你将对上述问题有更全面深刻的认识。

第一节　分布集中趋势的描述

一、描述分布集中趋势的主要指标和作用

测度数据集中趋势的指标有两大类：一类是**数值平均数**，它们是根据全部数据计算得到的代表值，主要有算术平均数、调和平均数及几何平均数；另一类是**位置代表值**，是根据数据所处的位置确定的代表值，主要有众数和中位数。

这些指标主要有以下几个作用：

（1）反映总体各单位变量分布的集中趋势和一般水平。大部分社会现象，总体各单位某一变量从小到大形成一定的分布，标志值很小或很大的单位比较少，而靠近上述指标的单位数比较多，这就显示了总体各单位向中心靠近的趋势，也表明了总体的一般水平。

（2）便于比较同类现象在不同单位间的发展水平。不同单位同类现象一般水平的比较，不宜直接采用总量指标。例如，在比较两个同行业企业的职工工资水平时，因为工资总额会因企业职工人数的差异而不同，所以不能用两个企业的工资总额指标来对比。如果用人均工资进行比较，就可以比较客观地说明问题。

（3）能够比较同类现象在不同时期的发展变化趋势或规律。社会经济现象的变化易受偶然因素和现象规模的影响。用反映集中趋势的指标来分析，既可以消除偶然因素的作用，又能够避免规模的影响，从而比较确切地反映总体现象变化的基本趋势。

（4）用于分析现象之间的依存关系。分析现象之间的依存关系常借助上述指标。例如，将工业企业按照规模的大小进行分组，并计算不同规模工业企业的平均劳动生产率、利润率等指标，可以比较深入地分析企业规模的大小与劳动生产率或利润率之间的关系。

二、数值平均数

数值平均数是根据统计数列中的数据计算得到的代表值。数值平均数可分为以下几种。

（一）算术平均数

算术平均数的基本计算公式为：

$$\text{算术平均数}=\frac{\text{总体标志总量}}{\text{总体单位数}} \tag{3.1}$$

使用上述公式应注意：算术平均数是对同质总体中各单位的标志值进行平均，它要求总体标志总量和总体单位数之间严格对应，即总体标志总量必须是总体各单位标志值的总和，标志值和单位之间存在一一对应关系。例如，全国人均能源消费量指标是全国能源消费总量与全国人口数的比率，因为每个人都有能源消费这个标志，所以可以计算人均能源消费量。

算术平均数有两种具体形式：简单算术平均数和加权算术平均数。

1. 简单算术平均数

简单算术平均数适用于未分组的资料，可利用总体各单位标志值简单加总得到的标志总量除以总体单位总量求得。公式如下：

$$\bar{x}=\frac{x_1+x_2+\cdots+x_N}{N}=\frac{\sum_{i=1}^{N}x_i}{N} \tag{3.2}$$

式中，$\bar{x}$ 为算术平均数；x_i 为各单位标志值；N 为总体单位数。

2. 加权算术平均数

加权算术平均数适用于原始资料已经分组，并得出频数分布的场合。计算各组的标志总量时，必须先将各组标志值乘以相应的频数，求得各组的标志总量。加权算术平均数的计算公式为：

$$\bar{x}=\frac{x_1f_1+x_2f_2+\cdots+x_Nf_N}{f_1+f_2+\cdots+f_N}=\frac{\sum_{i=1}^{N}x_if_i}{\sum_{i=1}^{N}f_i} \tag{3.3}$$

或

$$\bar{x}=\sum_{i=1}^{N}x_i\frac{f_i}{\sum_{i=1}^{N}f_i} \tag{3.4}$$

式中，f_i为各组标志值出现的频数（次数）；$\frac{f_i}{\sum_{i=1}^{N}f_i}$ 为频率。

加权算术平均数的大小受两个因素影响：一是变量值大小的影响；二是各组权数的影响。权数有两种表现形式：绝对数形式和相对数形式。用各组的频数作为权数，即绝对数形式；用各组的频率作为权数，即相对数形式。权数在平均数计算中发挥了权衡轻重的作用，它是通过各组单位数占总体单位数的比重，也就是各组的频率的大小体现的。频率越大，该标志值计入平均数的份额也越大，对平均数的影响就越大；反之，频率越小，该标志值计入平均数的份额也越小，对平均数的影响就越小。

当各组的频数都一样，各标志值对平均数的影响都相同时，加权算术平均数就等于简单算术平均数。即当 $f_1=f_2=f_3=\cdots=f_N$时：

$$\bar{x}=\frac{\sum_{i=1}^{N}x_if_i}{\sum_{i=1}^{N}f_i}=\frac{f\sum_{i=1}^{N}x_i}{Nf}=\frac{\sum_{i=1}^{N}x_i}{N}$$

在计算相对指标的平均数时，常会遇到如何选择权数的问题。一般来说，各组的标志值、频数和各组的标志总量之间应存在以下关系：

$$\text{各组标志值}\times\text{各组频数}=\text{各组标志总量} \tag{3.5}$$

可利用上述关系去选择合适的指标作为权数。

【例3-1】 随机抽取某市制造行业中20个企业进行调查，其资本金利润率分组资料如表3-1所示，要求计算这20个企业的平均利润率。

表 3-1　　某市制造行业 20 个企业资本金利润率资料

资本金利润率（%）x_i	企业数	资本金总额（万元）f_i	利润总额（万元）$x_i f_i$
5	8	40	2
10	6	100	10
15	6	160	24
合计	20	300	36

解：在本例中，适当的权数并不是各组企业的个数。这是因为

各组的资本金利润率×各组的资本金总额＝各组的利润总额

要正确计算这 20 个企业的平均资本金利润率，必须以资本金额作为权数，即计算总的平均资本金利润率应采用下式：

$$\text{平均利润率}=\frac{\sum_{i=1}^{N}x_i f_i}{\sum_{i=1}^{N}f_i}=\frac{40\times5\%+100\times10\%+160\times15\%}{40+100+160}=\frac{36}{300}=12\%$$

3. 由组距数列计算算术平均数

当分组数据为组距数列时，计算算术平均数同样必须加权。不同的是，在组距数列中，各组变量值不是唯一的，而是一个区间范围，具体数据被掩盖了，各组的变量值通常只能用组中值来代表。

【例 3-2】 现以例 2-1 中的城镇居民家庭月消费额的资料为例，进一步说明如何由组距数列来计算加权算术平均数（见表 3-2）。

表 3-2　　50 户城镇居民家庭的人均月消费额计算

按人均月消费额分组（元）x	组中值 $\bar{x}_i$	户数（频数）f_i	户数比重（%）（频率）$f_i/\sum f_i$	$\bar{x}_i f_i$
800～900	850	1	0.02	850
900～1 000	950	5	0.10	4 750
1 000～1 100	1 050	8	0.16	8 400
1 100～1 200	1 150	11	0.22	12 650
1 200～1 300	1 250	11	0.22	13 750
1 300～1 400	1 350	7	0.14	9 450
1 400～1 500	1 450	4	0.08	5 800
1 500 以上	1 550	3	0.06	4 650
合计		50	1.00	60 300

用频率加权计算，也可以得到相同的结果。

$$\bar{x}=\frac{\sum_{i=1}^{n}\bar{x}_i f_i}{\sum_{i=1}^{N}f_i}=1\,206(\text{元})$$

应当指出，上述计算结果与利用简单算术平均法计算原始数据的平均数的结果是不同的。这是因为在以上计算中，实际上是以各组的组中值作为各组标志值平均数的代表，其前提条件是假定标志值在各组内均匀分布。而事实上，标志值的分布并不一定呈完全的均匀分布。

4. 是非标志的平均数

在第一章中，我们曾提到以定类尺度和定序尺度计量的数据资料。例如，从业人员按性别分为男、女两组，高中生的升学考试将考生分为文科和理科两组，企业生产的产品分为合格和不合格两组，等等。它们都是以品质标志把总体单位划分成两类，并且可以用“是”与“非”区分，故称为“是非标志”。

在一批产品中，若将合格品看作具有“是”的属性，那么不合格品就具有“非”的属性。设合格率为 p，不合格率为 q，以1作为“是”（合格品）的单位的标志值，以0作为“非”（不合格品）的单位的标志值，这样就把用文字表示的品质标志转化为数量标志。按加权算术平均数公式计算，得到

$$\bar{x}=\frac{\sum_{i=1}^{N}x_if_i}{\sum_{i=1}^{N}f_i}=\frac{1\times p+0\times q}{p+q}=p \tag{3.6}$$

p 也称为总体中具有某种属性的单位成数，所以成数是一种特殊的平均数，即是非标志的平均数。

【例3-3】 对某批产品进行质量抽检，抽取400件，其中不合格品8件，求合格品成数。

解：设400件产品合格率为 p。

$$p=\frac{400-8}{400}=98\%$$

则400件产品的合格品成数为98%。

5. 算术平均数的数学性质

算术平均数具有如下四个主要的数学性质。

（1）算术平均数与标志值个数的乘积等于各标志值的总和。

简单算术平均数：$N\bar{x}=\sum_{i=1}^{N}x_i$ (3.7)

加权算术平均数：$\sum_{i=1}^{N}f_i\bar{x}=\sum_{i=1}^{N}x_if_i$ (3.8)

这一性质表明，利用算术平均数可以推算相应的总量。同时也表明，当各个变量值相加的总和有意义时，求这些变量值的平均数就适合用算术平均数。这正是算术平均数应用最为广泛的一个重要原因。

（2）各个标志值与算术平均数离差之和等于零。

简单算术平均数：

$$\sum_{i=1}^{N}(x_i-\bar{x})=0$$

$$\because N\bar{x}=\sum_{i=1}^{N}x_i$$

$$\therefore \quad \sum_{i=1}^{N}(x_i-\bar{x})=\sum_{i=1}^{N}x_i-N\bar{x}=0 \tag{3.9}$$

加权算术平均数：

$$\because \sum_{i=1}^{N}f_i\bar{x}=\sum_{i=1}^{N}x_if_i$$

$$\therefore \quad \sum_{i=1}^{N}(x_i-\bar{x})f_i=\sum_{i=1}^{N}x_if_i-\sum_{i=1}^{N}f_i\bar{x}=0 \tag{3.10}$$

这一性质说明，算术平均数是一组数据的中心。

(3) 各标志值与算术平均数离差的平方和为最小值。

设 x_0 为任意常数，当 $x_0\neq\bar{x}$ 时：

$$\begin{aligned}\sum_{i=1}^{N}(x_i-x_0)^2&=\sum_{i=1}^{N}(x_i-\bar{x}+\bar{x}-x_0)^2\\&=\sum_{i=1}^{N}[(x_i-\bar{x})+(\bar{x}-x_0)]^2\\&=\sum_{i=1}^{N}[(x_i-\bar{x})^2+2(x_i-\bar{x})(\bar{x}-x_0)+(\bar{x}-x_0)^2]\\&=\sum_{i=1}^{N}(x_i-\bar{x})^2+N(\bar{x}-x_0)^2\end{aligned}$$

$$\because N(\bar{x}-x_0)^2>0$$

$$\therefore \quad \sum_{i=1}^{N}(x_i-x_0)^2>\sum_{i=1}^{N}(x_i-\bar{x})^2$$

$$\therefore \quad \sum_{i=1}^{N}(x_i-\bar{x})^2=\min \tag{3.11}$$

这一性质说明，若以离差平方来衡量各个变量值与数据分布中心的差异，算术平均数作为数据一般水平和中心位置的代表值是最理想的，因为从全部数据来看，算术平均数最接近所有的变量值。

(二) 调和平均数

调和平均数也称倒数平均数，同样有简单调和平均数和加权调和平均数两种。

1. 简单调和平均数

简单调和平均数是各个标志值 x_i 的倒数的算术平均数的倒数。计算公式如下：

$$H=\frac{1}{\dfrac{\dfrac{1}{x_1}+\dfrac{1}{x_2}+\cdots+\dfrac{1}{x_N}}{N}}=\frac{N}{\dfrac{1}{x_1}+\dfrac{1}{x_2}+\cdots+\dfrac{1}{x_N}}=\frac{N}{\sum\limits_{i=1}^{N}\dfrac{1}{x_i}} \tag{3.12}$$

式中，H 为调和平均数；N 为总体单位数。

2. 加权调和平均数

其计算公式如下：

$$H=\frac{m_1+m_2+\cdots+m_N}{\frac{m_1}{x_1}+\frac{m_2}{x_2}+\cdots+\frac{m_N}{x_N}}=\frac{\sum_{i=1}^{N}m_i}{\sum_{i=1}^{N}\frac{m_i}{x_i}} \tag{3.13}$$

式中，m 为各单位或各组的标志值对应的标志总量。

当各组标志总量相等，即 $m_1=m_2=m_3=\cdots=m_N$ 时，加权调和平均数可化简成简单调和平均数形式。所以，简单调和平均数是加权调和平均数的特例。

社会经济统计中应用的调和平均数往往是一个具有特定（经济）意义的指标，而不是纯粹反映一般水平的抽象数字，它的应用必须符合现象之间的内在关系，因此它通常是加权算术平均数的变形，即当已知各组的变量值 x_i 和算术平均数的分子数据（x_if_i）而缺少其分母数据（f_i）时，加权算术平均数通常可通过变形，利用以分子数据（x_if_i）为权数的调和平均数形式来计算。

【例 3-4】 某公司工人的月工资资料如表 3-3 所示，试计算其平均工资。

表 3-3　　**某公司职工月工资资料**

工资等级	月工资（元）x_i	工资总额（元）m_i	工人数 $f_i=m_i/x_i$
1	600	30 000	50
2	800	40 000	50
3	1 000	50 000	50
4	1 200	48 000	40
5	1 600	16 000	10
合计		184 000	200

解： 在本例中，已知各组工人的月工资和工资总额，即被平均的各组的标志值和对应标志总量，但不知各组的工人数，因此要应用调和平均数的计算公式来计算。

$$H=\frac{\sum_{i=1}^{N}m_i}{\sum_{i=1}^{N}\frac{m_i}{x_i}}=\frac{30\,000+40\,000+50\,000+48\,000+16\,000}{\frac{30\,000}{600}+\frac{40\,000}{800}+\frac{50\,000}{1\,000}+\frac{48\,000}{1\,200}+\frac{16\,000}{1\,600}}$$

$$=\frac{184\,000}{200}=920(\text{元})$$

（三）几何平均数

几何平均数是 N 项标志值连乘积的 N 次方根。几何平均数也有简单几何平均数和加权几何平均数两种。

1. 简单几何平均数

简单几何平均数就是 N 个标志值 x_i 连乘积的 N 次方根。计算公式为：

$$G=\sqrt[N]{x_1x_2\cdots x_N}=\left(\prod x_i\right)^{\frac{1}{N}} \tag{3.14}$$

式中，G 为几何平均数；x_i 为各项标志值；N 为总体单位数。

【例 3-5】 某产品需经三个车间加工，已知第一个车间加工合格率为 95%，第二个车间加工合格率为 90%，第三个车间加工合格率为 98%，求三个车间的平均加工合格率。

解： 由于产品是由三个车间连续加工完成的，第二个车间加工的是第一个车间完工的合格品，第三个车间加工的又是第二个车间完工的合格品，因此，三个车间总的合格率是三个车间相应合格率的连乘积，求三个车间的平均加工合格率就不能采用算术平均法，而应当采用几何平均法。

$$\begin{aligned}G&=\sqrt[3]{x_1x_2x_3}\\&=\sqrt[3]{95\%\times 90\%\times 98\%}\approx 94.275\%\end{aligned}$$

2. 加权几何平均数

当计算几何平均数的各个标志值的次数不相同时，应采用加权几何平均数。加权几何平均数是各标志值 f_i 次方的连乘积的 $\sum\limits_{i=1}^{N}f_i$ 次方根，计算公式为：

$$G=\sqrt[\sum_{i=1}^{N}f_i]{x_1^{f_1}x_2^{f_2}\cdots x_N^{f_N}}=\sqrt[\sum_{i=1}^{N}f_i]{\prod x_i^{f_i}} \tag{3.15}$$

【例 3-6】 设某笔为期 10 年的投资按复利计算收益，前 3 年的投资收益率为 10%，中间 4 年的投资收益率为 8%，最后 3 年的投资收益率为 6%，求整个投资期内的平均投资收益率。

请扫描二维码，获取资源：
参考 3.1　糊涂的将军

解： 由于这笔投资在 10 年后总的收益率（1＋投资收益率）为：

$$1.10^3\times 1.08^4\times 1.06^3=2.156\ 7\approx 215.67\%$$

整个投资期内总的平均收益率为：

$$\sqrt[10]{1.10^3\times 1.08^4\times 1.06^3}=\sqrt[10]{2.156\ 7}\approx 107.99\%$$

所以　平均投资收益率＝107.99%－100%＝7.99%

三、众数与中位数

（一）众数

1. 众数的含义

众数是指统计总体或分布数列中出现的频数最多、频率最高的标志值，用符号

Mo 表示。众数具有非常直观的代表性。从分布曲线的角度看，众数就是一个变量分布曲线的最高峰所对应的变量值。如果分布曲线没有明显的集中趋势或最高峰，则该变量无众数；如果分布曲线明显存在一个众数，该变量的分布称为单峰分布；如果有两个不邻近的数据具有相对较高的频数（即使频数不相等），该分布可称为双峰分布；有几个相对较高的频数的分布称为多峰分布。众数的示意图如图 3－1 所示。

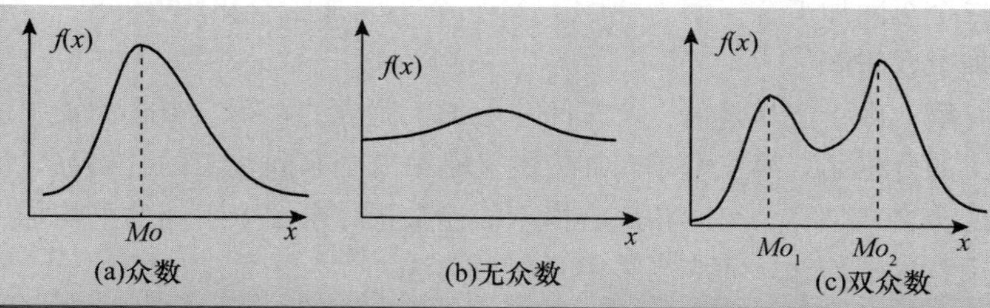

图 3－1 众数示意图

计算和应用众数有两个前提条件：(1) 数据项数必须众多，否则众数就不具有“最普遍值”的意义，而且其数值会很不稳定，只要有一两项数据变动，众数的值就可能有很大差异。(2) 数据具有明显的集中趋势。如果频数的差别不大，也就无所谓哪个值更具有普遍意义和代表性。

众数代表最常见的状况，是对现象集中趋势的度量。众数不仅可以度量定量变量（数值型数据）的集中趋势，也可以用来测度定性变量（非数值型数据）的集中趋势。因此，众数在社会经济现象的管理决策中有着十分广泛的应用。例如，为了掌握农贸市场上某一农产品的价格水平，不一定要全面登记该农产品每一次成交的价格，只要调查其最常见的成交价格即可。再如，制鞋厂在制定各种尺码鞋子的生产计划时，计划产量最多的尺码就应是在市场上销售量最大（众数）的尺码，等等。

2. 确定众数的方法

确定众数，必须先对资料进行整理，编制分布数列。由于分组有单项式分组和组距式分组，而组距式分组又有等距分组和异距分组之分，因而各种不同的资料条件确定众数的方法又有所不同。

(1) 由单项式分布数列确定众数。由单项式分布数列确定众数，方法比较简单，即出现次数最多的标志值就是众数。

【例 3－7】 上年某企业产品的各种规格和颜色的销售量如表 3－4 所示，试求该企业产品规格和颜色的众数。

表 3－4　不同规格和颜色产品的销售量　单位：百件

规格	颜色				合计
	白色	蓝色	红色	灰色	
大号	163	46	24	111	344
中号	348	166	98	180	792

续前表

规格	颜色				合计
	白色	蓝色	红色	灰色	
小号	165	124	81	64	434
合计	676	336	203	355	1 570

解：该企业产品中销售量最多的产品规格是“中号”，因此“规格”的众数为“中号”，即 $Mo=$“中号”。销售量最大的产品颜色是“白色”，所以该产品“颜色”的众数为“白色”，即 $Mo=$“白色”。

（2）由组距式分布数列确定众数。由组距式分布数列确定众数，应首先确定众数组，然后通过一定的公式计算众数的近似值。在等距分组条件下，众数组就是次数最多的那一组；在异距分组的条件下，众数组则是频数密度或频率密度最高的那一组。众数值是依据众数组的次数与众数组相邻的两组次数的关系来近似计算的（见图 3-2）。

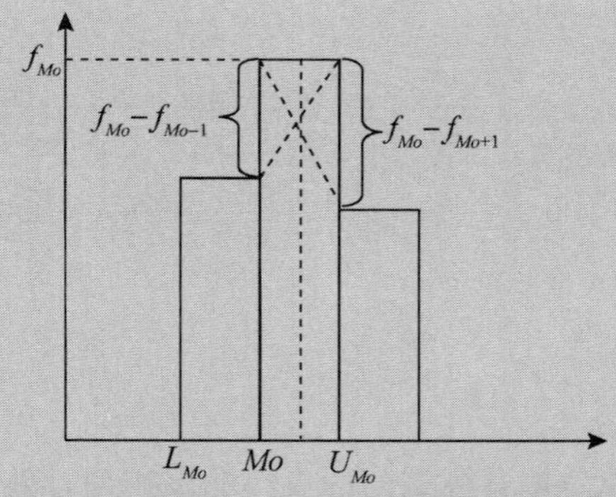

图 3-2 组距式分布数列众数的计算

根据图 3-2 可以得到以下两个公式：

下限公式：

$$Mo = L_{Mo} + \frac{f_{Mo} - f_{Mo-1}}{(f_{Mo} - f_{Mo-1}) + (f_{Mo} - f_{Mo+1})} \times d_{Mo} \tag{3.16}$$

上限公式：

$$Mo = U_{Mo} - \frac{f_{Mo} - f_{Mo+1}}{(f_{Mo} - f_{Mo-1}) + (f_{Mo} - f_{Mo+1})} \times d_{Mo} \tag{3.17}$$

式中，Mo 为众数；L_{Mo} 为众数组的下限；U_{Mo} 为众数组的上限；f_{Mo} 为众数组的次数；f_{Mo-1} 为众数组前一组的次数；f_{Mo+1} 为众数组后一组的次数；d_{Mo} 为众数组的组距。

【例 3-8】 某城市 A 社区 300 户居民月人均可支配收入的资料如表 3-5 所示，要求：确定居民月人均可支配收入的众数。

表3-5 居民月人均可支配收入资料表

月人均可支配收入（元）	居民户数
1 500 以下	16
1 500～1 700	32
1 700～1 900	60
1 900～2 100	96
2 100～2 300	42
2 300～2 500	34
2 500 以上	20
合计	300

解：
$$Mo = L_{Mo} + \frac{f_{Mo} - f_{Mo-1}}{(f_{Mo} - f_{Mo-1}) + (f_{Mo} - f_{Mo+1})} \times d_{Mo}$$
$$= 1\,900 + \frac{96 - 60}{(96 - 60) + (96 - 42)} \times 200 = 1\,980(\text{元})$$

或

$$Mo = U_{Mo} - \frac{f_{Mo} - f_{Mo+1}}{(f_{Mo} - f_{Mo-1}) + (f_{Mo} - f_{Mo+1})} \times d_{Mo}$$
$$= 2\,100 - \frac{96 - 42}{(96 - 60) + (96 - 42)} \times 200 = 1\,980(\text{元})$$

（二）中位数

1. 中位数的含义

将总体各个单位按其标志值的大小顺序排列，处于数列位次中点的单位的标志值即**中位数**，用符号 Me 表示。从中位数的概念可以看出，在数列中，标志值小于中位数的单位占一半，标志值大于中位数的单位也占一半。现实中，常用中位数来代表总体标志值的一般水平，以避免数列的平均水平受极端值的影响。例如，国际上在计算房价收入比时，为了避免少部分富人的收入拉高整个平均收入水平的影响，常用收入水平的中位数作为计算的依据。

2. 确定中位数的方法

（1）利用未分组资料确定中位数。公式如下：

$$Me = \begin{cases} x_{\frac{N+1}{2}}, & N\text{为奇数} \\ \dfrac{x_{\frac{N}{2}} + x_{\frac{N}{2}+1}}{2}, & N\text{为偶数} \end{cases} \tag{3.18}$$

（2）单项式分组资料确定中位数。单项式分组已经将资料的标志值序列化，这时总体单位数 $n = \sum f$，确定中位数的位置要通过累计次数计算。具体确定中位数的方法是：

$$Me=\begin{cases} x_{\frac{\sum f+1}{2}}, & \sum f \text{ 为奇数} \\ \dfrac{x_{\frac{\sum f}{2}}+x_{\frac{\sum f}{2}+1}}{2}, & \sum f \text{ 为偶数} \end{cases} \tag{3.19}$$

【例 3-9】 某村居民户按子女数分组资料如表 3-6 所示，求家庭子女数的中位数。

表 3-6　　某村居民户按子女数分组资料

子女数 x_i	0	1	2	3	4	合计
家庭户 f_i	50	122	155	306	18	651
累计家庭户	50	172	327	633	651	

解： 中位数位置 $=\dfrac{\sum f+1}{2}=\dfrac{651+1}{2}=326$

所以中位数为 2 个子女。

（3）组距式分组资料确定中位数。先根据组距式数列的累计资料确定中位数所在的组，再按以下公式计算中位数的近似值。

下限公式：

$$Me=L_{Me}+\frac{\frac{\sum f}{2}-S_{Me-1}}{f_{Me}}\times d_{Me} \tag{3.20}$$

上限公式：

$$Me=U_{Me}-\frac{\frac{\sum f}{2}-S_{Me+1}}{f_{Me}}\times d_{Me} \tag{3.21}$$

式中，Me 为中位数；L_{Me} 为中位数所在组的下限；U_{Me} 为中位数所在组的上限；S_{Me-1} 为向上累计至中位数所在组前一组的次数；S_{Me+1} 为向下累计至中位数所在组后一组的次数；f_{Me} 为中位数所在组的次数；d_{Me} 为中位数所在组的组距。

【例 3-10】 根据表 3-7 中的资料计算农户年均收入中位数。

表 3-7　　农户年均收入中位数计算表

农户年均收入（元）	户数（f）	向上累计	向下累计
4 000 以下	18	18	100
4 000～5 000	22	40	82
5 000～7 000	40	80	60
7 000～10 000	16	96	20
10 000 以上	4	100	4
合计	100		

解： 确定中位数所在组。因为 $\frac{\sum f}{2}=\frac{100}{2}=50$，所以中位数在 5 000～7 000 元这一组。根据公式计算中位数近似值：

$$Me = L_{Me} + \frac{\frac{\sum f}{2} - S_{Me-1}}{f_{Me}} \times d_{Me}$$

$$= 5\,000 + \frac{50-40}{40} \times 2\,000 = 5\,500(\text{元})$$

或

$$Me = U_{Me} - \frac{\frac{\sum f}{2} - S_{Me+1}}{f_{Me}} \times d_{Me} = 7\,000 - \frac{50-20}{40} \times 2\,000 = 5\,500(\text{元})$$

（三）众数、中位数和算术平均数的特点及其关系

算术平均数、众数和中位数都是度量数据中心位置（集中趋势）、代表一般水平的指标。但由于其计算方法不同，因而具有不同的特点和应用场合。

（1）算术平均数是数值平均数，它是利用全部数据加总来计算的平均数，综合反映了全部数据的信息。众数和中位数是根据数据出现的次数或分布的特定位置确定的测度值，它们未充分利用全部数据包含的信息。

（2）算术平均数和中位数在任何一组数据中都存在，而且具有唯一性。但并不是所有数据分布都存在众数，而且众数也不具有唯一性。

（3）算术平均数比较容易受数据中极端值的影响，而众数和中位数都不受极端值的影响。当数据分布偏斜程度较大（一端有极端值）时，不宜用算术平均数来代表数据的一般水平。为了排除极端值的干扰，可计算切尾算术平均数（切尾均值），即去掉数据中最大和最小的若干项数值后计算的均值。在歌唱比赛和体操比赛的评判中，经常要去掉一（两）个最高分和一（两）个最低分来计算选手的平均得分，这就是切尾均值的应用。实际上，切尾均值是将算术平均数与中位数两种指标取长补短的结果。

（4）利用算术平均数可以推算总体的有关指标，例如根据居民人均消费量推算居民消费总量。而中位数和众数则不宜用作此类推算。

算术平均数、众数和中位数三者之间的数量关系取决于数据分布的偏斜（非对称）程度。对于呈现单峰分布特征的数据，如果数据的分布是完全对称的，则三者相等，即 $\bar{x}=Me=Mo$；如果数据呈左偏（负偏）分布，数据中的极小值会使算术平均数偏向较小的一方，极小值的大小虽然不影响中位数，但其所占项数会影响数据的中间位置，从而略使中位数偏小，众数则完全不受极小值大小和位置的影响，因此一般情况下，三者的关系表现为 $\bar{x}<Me<Mo$；反之，如果数据呈右偏（正偏）分布，则一般有 $Mo<Me<\bar{x}$。三者的关系如图 3-3 所示。

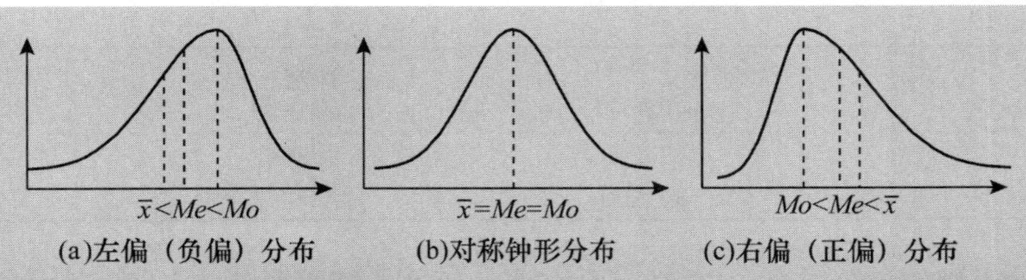

图 3－3　众数、中位数与算术平均数的关系示意图

著名的英国统计学家皮尔逊提出了一个经验公式：在数据分布呈轻微偏态时，算术平均数、众数和中位数三者之间存在如下近似关系：

$$\bar{x}-Mo \approx 3(\bar{x}-Me) \tag{3.22}$$

利用这个关系式，可以从两个已知的指标来近似推算另一个指标。

【例 3－11】 某车间生产的一批零件中，直径大于 402 毫米的占一半，众数为 400 毫米，试估计其平均数，并判定其偏斜方向。

解： 已知 $Me=402$，$Mo=400$。

$$\bar{x}-400 \approx 3(\bar{x}-402)$$
$$\bar{x}=403$$

因为 $Mo<Me<\bar{x}$，所以该零件的直径分布为右偏。

第二节　分布离散程度的度量

一、变异指标的含义与作用

数据的集中趋势和离散程度是数据分布最基本的两大特征。对于一组数据，我们不仅要研究其分布的中心位置，以概括反映这组数据的整体水平高低，还要测度数据的离散程度，说明数据之间差异程度的大小。测度离散程度的指标称为**变异指标**。

变异指标的主要作用有：

（1）衡量平均数的代表性。平均数是数据分布一般水平的代表值，其代表性强弱取决于变量的变异程度大小。数据分布越分散，离散程度越大，平均数的代表性就越弱；反之，数据分布越集中，离散程度越小，平均数的代表性就越强。

【例 3－12】 某公司所属的 3 个企业 3 年来的年销售额资料如表 3－8 所示。

表 3－8　**某公司 3 个企业销售额资料**　单位：万元

年份	企业 A 年销售额	企业 B 年销售额	企业 C 年销售额
1	1 100	700	1 600

续前表

年份	企业A 年销售额	企业B 年销售额	企业C 年销售额
2	1 200	2 000	1 200
3	1 300	900	800

解：该公司A，B，C三个企业，年平均销售额都是1 200万元。但对这三个企业各年销售额的变动情况进行分析，显然，年平均销售额1 200万元对各个企业的代表性是不同的，对A企业而言，其代表性最强；C企业次之；对于B企业，其代表性最弱。

（2）反映变量的稳定性和均衡性。数据之间差异越大，说明变量的稳定性或均衡性越差。在社会经济活动分析中，不仅经常需要从静态上分析不同个体之间的数量差异是否过大，而且要从动态上研究现象变化过程是否稳定，波动是否剧烈。例如，关于劳动者收入的研究通常要关注他们的收入差距是否合理，对不同时期生产经营成果的分析通常需要研究现象的变化是否比较均衡，这对于发现异常波动、分析现象的影响因素等都具有重要的作用。

（3）用于衡量统计推断效果。在统计推断中，变异指标常常还是判别统计推断前提条件是否成立的重要依据，也是衡量推断效果好坏的重要尺度。有关这部分内容，本书将在后面几章中予以介绍。

对数据的离散程度可以从不同角度、用不同方法来测度，因此变异指标有多种。常用的变异指标主要有两类：一类是用绝对数或平均数表示的，主要有极差、四分位差、平均差、标准差等，这类变异指标的计量单位与数据的计量单位相同；另一类是用相对数表示的，主要有离散系数、异众比率等，是没有量纲的比率。

二、极差、四分位差与平均差

（一）极差

极差也称全距，用R表示，它是最简单的变异指标，以变量数列中的两个极端的标志值之差表示，反映数列中标志值变动的范围。其计算公式为：

$$R = x_{\max} - x_{\min} \tag{3.23}$$

【例3-13】 根据例3-12中的数据计算3个企业销售额的极差。

解：$R_A = x_{\max} - x_{\min} = 1\,300 - 1\,100 = 200$(万元)

$R_B = x_{\max} - x_{\min} = 2\,000 - 700 = 1\,300$(万元)

$R_C = x_{\max} - x_{\min} = 1\,600 - 800 = 800$(万元)

计算结果表明，A企业销售额的变异程度最小，B企业的变异程度最大。

对于组距分布数列，全距的近似值为最高组的上限与最低组的下限之差。用公式表示为：

$$R=U_{max}-L_{min} \tag{3.24}$$

式中，U_{max}为最高组的上限；L_{min}为最低组的下限。

极差的优点是计算简便、直观、容易理解。不足之处是，它只以两个极端的标志值计算，而不考虑总体内部的分布状况，不能充分利用数列的全部信息，因此，它无法反映标志值变动的一般程度。

(二) 四分位差

四分位差是从变量数列中剔除最大和最小各 1/4 的单位，3/4 位次与 1/4 位次的标志值之差，通常以 $Q.D$ 表示。计算公式如下：

$$Q.D=Q_3-Q_1 \tag{3.25}$$

式中，Q_1表示分布数列中最小的 1/4 单位的标志值；Q_3表示分布数列中最大的 1/4 单位的标志值。四分位差避免了极差受数列中极端值的影响的弱点，可以说是对极差指标的一种改进。同样，它和极差的计算方法一样，也是只由两个标志值确定的，不能充分利用数列的全部信息，因此，也无法反映标志值变动的一般程度。

(三) 平均差

平均差是各个数据与其均值的离差绝对值的算术平均数，反映各个数据与其均值的平均差距，通常以 $A.D$ 表示。根据未分组数据计算的平均差是离差绝对值的简单算术平均数，其计算公式为：

$$A.D=\frac{\sum_{i=1}^{N}|x_i-\bar{x}|}{N} \tag{3.26}$$

根据已分组数据计算的平均差是离差绝对值的加权算术平均数，其计算公式为：

$$A.D=\frac{\sum_{i=1}^{N}|x_i-\bar{x}|f_i}{\sum_{i=1}^{N}f_i}$$

或
$$A.D=\sum_{i=1}^{N}|x_i-\bar{x}|\frac{f_i}{\sum_{i=1}^{N}f_i} \tag{3.27}$$

平均差含义清晰，计算结果容易理解。与极差、四分位差相比，平均差是利用全部数据信息计算的变异指标，所以它能够全面地概括反映数据之间的离散程度。但平均差为了避免离差正负抵消而取离差绝对值进行平均，这种形式使得数学处理上不够方便，同时在数学性质上也不是最优的，因此，在统计实践中，平均差的应用并不多见。

三、方差与标准差

方差（σ^2）与标准差（σ）是测定标志变异程度最常用的指标。**方差**是各标志值与其平均数离差平方的平均；**标准差**则是方差的平方根，也称均方差。它们是测定标志变异程度最灵敏的指标。方差或标准差都是根据全部数据计算的，因此它们能够充分利用全部数据的差异信息，全面反映数据的离散程度。由于对离差取平方进行计算，所以方差与标准差对较大偏差的反应更为灵敏。

（一）数量标志的方差与标准差

数量标志的方差与标准差计算公式为：

$$\sigma^2=\frac{\sum_{i=1}^{N}(x_i-\overline{x})^2}{N}$$

$$\sigma=\sqrt{\frac{\sum_{i=1}^{N}(x_i-\overline{x})^2}{N}} \tag{3.28}$$

或

$$\sigma^2=\frac{\sum_{i=1}^{N}(x_i-\overline{x})^2 f_i}{\sum_{i=1}^{N}f_i}$$

$$\sigma=\sqrt{\frac{\sum_{i=1}^{N}(x_i-\overline{x})^2 f_i}{\sum_{i=1}^{N}f_i}} \tag{3.29}$$

式（3.28）适用于未分组数据，式（3.29）则适用于分组数据。式中，σ^2 为方差；σ 为标准差；N 为总体单位数。标准差的计量单位与平均数相同。

【例 3－14】 管理学院某班学生统计学考试成绩分组资料如表 3－9 所示，试计算方差和标准差。

表 3－9　　学生成绩的方差和标准差计算表

按成绩分组	学生数 f_i	组中值 x_i	$x_i f_i$	$(x_i-\overline{x})^2$	$(x_i-\overline{x})^2 f_i$
60 分以下	7	55	385	400	2 800
60～70 分	21	65	1 365	100	2 100
70～80 分	25	75	1 875	0	0
80～90 分	19	85	1 615	100	1 900
90～100 分	8	95	760	400	3 200
合计	80	—	6 000	1 000	10 000

解: $\bar{x}=\dfrac{\sum xf}{\sum f}=\dfrac{6\,000}{80}=75$

$$\sigma^2=\frac{\sum_{i=1}^{5}(x_i-\bar{x})^2 f_i}{\sum f_i}=\frac{10\,000}{80}=125$$

$$\sigma=\sqrt{\frac{\sum_{i=1}^{5}(x_i-\bar{x})^2 f_i}{\sum f_i}}=\sqrt{\frac{10\,000}{80}}=\sqrt{125}\approx 11.18$$

（二）是非标志的方差与标准差

是非标志的平均数为 p，同样可以按照定义求它的方差与标准差（见表 3-10）。

表 3-10 是非标志的方差与标准差计算表

品质标志	标志值（x_i）	次数 f_i	$(x_i-\bar{x})^2 f_i$
是	1	N_1	$(1-p)^2 N_1$
非	0	N_0	$(0-p)^2 N_0$
合计	—	N	$q^2 N_1+p^2 N_0$

$$\begin{aligned}\sigma^2&=\frac{\sum_{i=1}^{N}(x_i-\bar{x})f_i}{\sum_{i=1}^{N}f_i} \qquad (3.30)\\&=\frac{(1-p)^2N_1+(0-p)^2N_0}{N}\\&=q^2p+p^2q\\&=pq(p+q)\\&=pq\\&=p(1-p)\end{aligned}$$

$$\sigma=\sqrt{p(1-p)} \qquad (3.31)$$

【例 3-15】 已知某产品的合格率为 98%，求其合格率的方差和标准差。

解：$\sigma^2=p(1-p)=98\%\times 2\%=1.96\%$

$\sigma=\sqrt{p(1-p)}=\sqrt{1.96\%}=14\%$

确定是非标志的平均数与方差，就是计算 0-1 分布的数值特征。当 $p=q=0.5$ 时，0-1 分布的方差达到最大可能值，即 0.25。这是 0-1 分布所特有的重要性质。

四、变异系数

极差、四分位差、标准差等各种变异指标都与其相应的平均指标具有相同的计量单位。这些变异指标的大小不仅取决于总体的变异程度，而且与标志值绝对水平的高低、计量单位的不同有关。所以，在对不同水平、不同计量单位的现象进行比较时，应当先做无量纲化处理再比较。

变异系数也称离散系数，是各变异指标与相应的平均指标的比值。例如，将极差与相应的平均数对比，得到极差系数；将标准差与相应的平均数对比，得到标准差系数。实践中，最常用的变异系数是标准差系数，其计算公式为：

$$V=\frac{\sigma}{\bar{x}}\times 100\% \tag{3.32}$$

【例 3-16】 某学校男子体操队 5 名队员的体重分别为 55 千克、54 千克、52 千克、52 千克、51 千克；女子体操队 6 名队员的体重分别为 46 千克、45 千克、44 千克、44 千克、43 千克、42 千克。试比较哪个队的队员体重更均匀。

解： $\sigma_{男}=\sqrt{\overline{x^2}-(\bar{x})^2}=\sqrt{2\,790-2\,787.84}\approx 1.47$（千克）

$$\sigma_{女}=\sqrt{\overline{x^2}-(\bar{x})^2}\approx\sqrt{1\,937.67-1\,936}\approx 1.29\text{(千克)}$$

$$V_{男}=\frac{\sigma}{\bar{x}}\times 100\%=\frac{1.47}{52.8}\approx 2.78\%$$

$$V_{女}=\frac{\sigma}{\bar{x}}\times 100\%=\frac{1.29}{44}\approx 2.93\%$$

从标准差看，男队体重的标准差比女队的大，但男队的体重水平比女队高，所以不能直接根据标准差来判断哪个队队员的体重更均匀，必须以标准差系数来判断。标准差系数的计算结果表明，男队的标准差系数比女队的标准差系数小，正确的结论应当是男队队员的体重比较均匀。

五、异众比率

异众比率是指非众数值的次数之和在总次数中所占比重，可用 V_{Mo} 表示，其计算公式为：

$$V_{Mo}=\frac{\sum_i f_i-f_{Mo}}{\sum_i f_i}=1-\frac{f_{Mo}}{\sum_i f_i} \tag{3.33}$$

式中，$\sum_i f_i$ 为总次数；f_{Mo} 为众数值的次数。

异众比率主要用于衡量一组数据以众数为分布中心的集中程度，即衡量众数代表一组数据一般水平的代表性。异众比率的数值越小，说明数据的集中程度越高，众数的代表性越大；反之，异众比率的数值越大，说明数据的集中程度越低，众数的代表性越小。

【例 3-17】 根据例 3-7 中表 3-4 的资料，用异众比率反映该企业产品规格和颜色的离散程度。

解：因为颜色是定类变量，其离散程度只能用异众比率来测度和比较。

规格的异众比率为：

$$V_{Mo}=1-\frac{f_{Mo}}{\sum_i f_i}=1-\frac{792}{1\,570}\approx 1-0.504=0.496$$

颜色的异众比率为：

$$V_{Mo}=1-\frac{f_{Mo}}{\sum_i f_i}=1-\frac{676}{1\,570}\approx 1-0.431=0.569$$

计算结果表明，该企业产品颜色的离散程度比规格的离散程度要大一些，换言之，规格的集中程度要高一些。或者说，中号作为规格的众数的代表性比白色作为颜色的众数的代表性更大。

请扫描二维码，获取资源：参考 3.2　教授打假

第三节　分布的偏度和峰度

一、统计动差

要全面了解数据分布的特点，除了要了解其集中趋势和离散程度，还需要知道数据频数分布曲线是否对称、偏斜的方向和程度及其顶端的尖峭或扁平的程度，等等。变量分布的偏度和峰度就是对这些分布特征的进一步描述。二者结合可判断数据的分布是否接近于正态分布。矩是测度分布的偏度和峰度的重要基础，为此，先引入矩的概念。矩又称为动差。

***k* 阶动差**的一般形式为 $\frac{\sum_{i=1}^{N}x^k f_i}{\sum_{i=1}^{N}f_i}$，通常称为**原点矩**，用 μ_k 表示。

显然，当 k 等于 1 时，即一阶的原点动差就是算术平均数；当 k 等于 2 时，二阶的原点动差就是平方的平均数。

如果把原点移到算术平均数的位置，就可以得到一个以频数分布各组标志值 x_i 对平均数 $\bar{x}$ 的 ***k* 阶中心动差**，或称**中心矩**，通常用 v_k 表示。

$$v_k=\frac{\sum_{i=1}^{N}(x_i-\bar{x})^k f_i}{\sum_{i=1}^{N}f_i} \tag{3.34}$$

当 $k=0$ 时，即零阶中心动差 $v_0=1$；当 $k=1$ 时，即一阶中心动差 $v_1=0$；当 $k=2$ 时，即二阶中心动差 $v_2=\sigma^2$。

二、偏度

将数据频数分布用图形表示，可以看出有些分布是对称的，称为对称分布；有的分布是不对称的，称为偏态分布。**偏度**是指数据分布的不对称程度或偏斜程度。前面曾提到，利用算术平均数、中位数和众数三者之间的关系可以判断数据分布是否对称。若数据分布是对称的，均值、中位数、众数三者相等。若分布是偏态的，三者不相等；偏态越严重，三者差距就越大。因此，根据算术平均数与众数之间的方向和距离可判断分布偏斜的方向和程度。由于均值与众数之差是一个绝对数，为了消除量纲和数据水平的影响，可以用标准差去除，将其转换为相对数来测度和比较，即有公式：

$$\frac{\bar{x}-Mo}{\sigma} \tag{3.35}$$

上式是测度偏态最简单的一种方法。其数值一般应在$-3\sim0$及$0\sim+3$之间。数值为0表示对称分布，-3表示极左偏态，$+3$表示极右偏态。

测定偏度最常用的方法是利用中心矩来计算偏度系数。如果分布是对称的，所有奇数阶中心矩都为0。反之，若分布不对称，则只有一阶中心矩为0，其余奇数阶中心矩都不为0。因此可以利用三阶以上的奇数阶中心矩来测度偏态。显然，最为简便的是利用三阶中心矩v_3，为消除量纲的影响，可用σ^3去除。于是得到偏度系数（SK）的计算公式如下：

$$SK=\frac{v_3}{\sigma^3} \tag{3.36}$$

如果一组数据的分布是对称的，则$SK=0$；如果一组数据的分布是左偏（负偏）的，则$SK<0$；如果一组数据的分布是右偏（正偏）的，则$SK>0$。偏斜程度越严重，SK的绝对值越大。

三、峰度

峰度是数据分布的另一个重要特点，它是指变量的集中程度和分布曲线的陡峭（或平坦）的程度。对峰度的度量通常以正态分布曲线为比较标准，一般将峰度分为正态峰度、尖顶峰度和平顶峰度三种。当变量分布曲线比正态分布曲线更加尖峭、更高更窄时，称为**尖顶峰度**；当变量分布曲线比正态分布曲线更为平缓、更低更扁平时，称为**平顶峰度**（见图3-4）。

分布曲线的尖峭程度与偶数阶中心矩的数值大小有直接关系。以四阶中心矩v_4为基础，为了消除量纲的影响，再除以标准差的四次方σ^4所得到的相对数即可用于衡量峰度。正态分布曲线的四阶中心矩m_4与其标准差的四次方σ^4之比等于

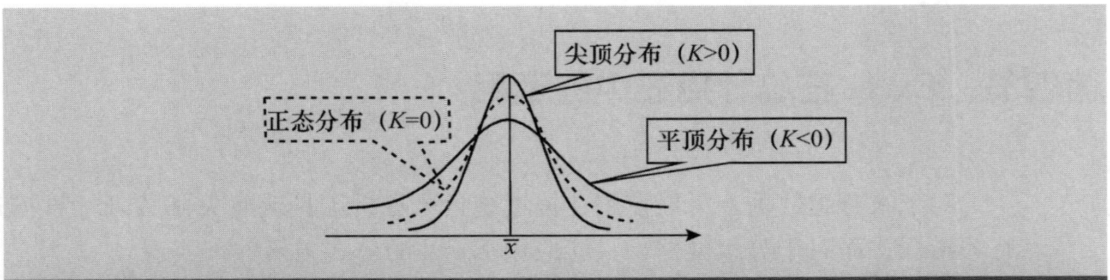

图 3-4　不同峰度的分布曲线示意图

3（$m_4/\sigma^4=3$），因此测定任一变量分布曲线的峰度可用下列公式计算出峰度系数（用 K 表示）：

$$K=\frac{v_4}{\sigma^4}-3 \tag{3.37}$$

当 $K=0$ 时，分布曲线为正态曲线。当 $K>0$ 时，为尖顶曲线，表示数据比正态分布更集中在均值附近；K 的数值越大，变量分布曲线的顶端越尖峭。当 $K<0$ 时，为平顶曲线，表示数据比正态分布更分散；K 的数值越小，变量分布曲线的顶端越平坦。

【例 3-18】 某品牌 100 只节能灯泡的使用寿命的测试数据如表 3-11 第 1 列和第 2 列所示（表中后四列为计算结果）。试计算这些灯泡使用寿命分布的偏度系数和峰度系数。

表 3-11　节能灯泡使用寿命的分组数据

使用寿命（小时）	数量（f_i）	组中值（x_i）	$x_i f_i$	$f_i/\sum f_i$	$x_i f_i/\sum f_i$
1 000 以下	2	900	1 800	0.02	18
1 000～1 200	8	1 100	8 800	0.08	88
1 200～1 400	16	1 300	20 800	0.16	208
1 400～1 600	35	1 500	52 500	0.35	525
1 600～1 800	23	1 700	39 100	0.23	391
1 800～2 000	12	1 900	22 800	0.12	228
2 000 以上	4	2 100	8 400	0.04	84
合计	100	—	154 200	1.00	1 542

解： $SK=\frac{v_3}{\sigma^3}=\frac{-113\,102\,400/100}{(259.684\,4)^3}=\frac{-1\,131\,024}{(259.684\,4)^3}\approx-0.064\,6$

$$K=\frac{v_4}{\sigma^4}=\frac{12\,993\,157\,712}{(259.684\,4)^4}-3\approx-0.142\,9$$

计算结果表明，偏度系数几乎为 0，说明该产品使用寿命的分布十分接近对称分布；峰度系数略小于 0，说明该产品使用寿命的分布要比正态分布略平坦一些。总的来说，该产品的使用寿命的分布非常接近正态分布。

第四节　Excel 在统计描述中的运用

对于未分组数据，可以使用［描述统计］分析工具或有关函数来计算描述统计有关指标。而对于分组数据，只能应用 Excel 的公式与函数来实现。

一、利用描述统计分析工具

【例 3-19】 50 名工人完成某一装配工序所需时间（单位：分钟）如下：

35	38	44	33	44	43	48	40	45	30
45	32	42	39	49	37	45	37	36	42
35	41	32	46	34	30	43	37	44	49
36	46	45	36	37	37	45	36	46	42
38	43	34	38	47	35	29	41	40	41

要求：对装配工时进行描述统计分析。

解： 主要操作步骤如下：

（1）输入数据。如图 3-6 所示，在 A2:A51 输入时间数据，在 A1 输入列标志“工时”。

（2）调出［描述统计］对话框，其主要选项的含义如下：

“输入区域”：在此输入待分析数据区域的单元格范围。本例输入区域为“$A$1:$A$51”。

“分组方式”：如果需要指出输入区域中的数据是按行还是按列排列，则单击［逐行］或［逐列］。本例分组方式为“逐列”。

标志位于第一行/列：如果输入区域的第一行中包含标志项（变量名），则选中［标志位于第一行］复选框，本例要选中该复选框；如果输入区域的第一列中包含标志项，则选中［标志位于第一列］复选框；如果输入区域没有标志项，则不选任何复选框，Excel 将在输出表中生成适宜的数据标志。

“输出区域”：在此框中可填写输出结果表左上角单元格地址，用于控制输出结果的存放位置。本例输出区域填“$C$1”，整个输出结果分为两列，左边一列包含统计标志项，右边一列包含统计值。根据所选择的“分组方式”选项的不同，Excel 将为输入表中的每一行或每一列生成一个两列的统计表。

“新工作表组”：单击此选项，可在当前工作簿中插入新工作表，并由新工作表的 A1 单元格开始存放计算结果。如果需要给新工作表命名，则在右侧编辑框中键入名称。

“新工作簿”：单击此选项，可创建新工作簿，并在新工作簿的新工作表中存放计算结果。

“汇总统计”：指定输出表生成下列统计结果，则选中此复选框。这些统计结果有：样本的平均值（$\overline{X}$）、抽样平均误差（$S/\sqrt{n}$）、组中值（Median）、众数（Mode）、样本标准差（S）、样本方差（S^2）、峰度值、偏度值、极差（Max－Min）、最小值（Min）、最大值（Max）、样本总和、样本容量（n）和一定显著水平下总体均值的置信区间。本例选中该复选框。

“平均数置信度”：若需要输出由样本均值推断总体均值的置信区间，则选中此复选框，然后在右侧的编辑框中输入所要使用的置信度。例如，置信度 95%可计算出的总体样本均值置信区间为 10，则表示在 5%的显著性水平下总体均值的置信区间为（$\overline{X}$－10，$\overline{X}$＋10）。本例平均数置信度为 95%。

“第 K 大/小值”：如果需要在输出表的某一行中包含每个区域的数据的第 k 个最大/小值，则选中此复选框，然后在右侧的编辑框中，输入 k 的数值。

本例［描述统计］对话框的填写如图 3－5 所示。

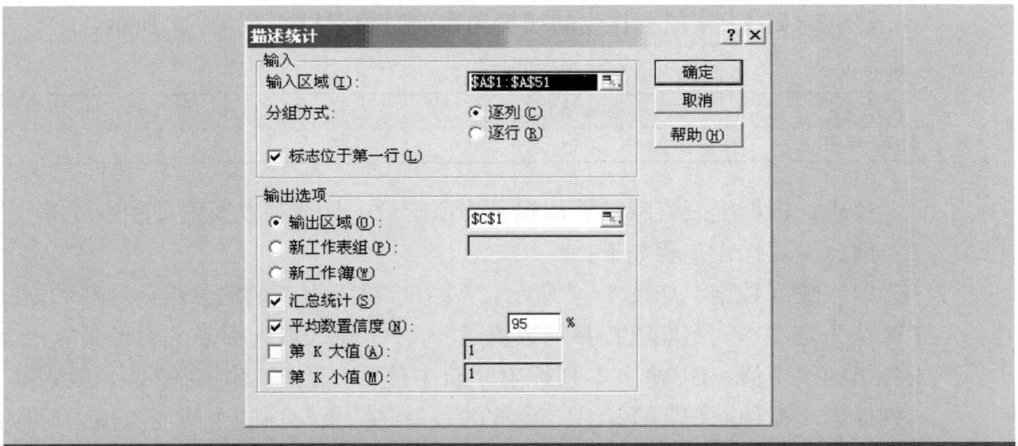

图 3－5

（3）［描述统计］对话框填写完成后，单击“确定”按钮，结果如图 3－6 所示。

	A	C	D	E
1	工时	工时		
2	35			
3	38	平均	39.74	=AVERAGE(A2:A51)
4	44	标准误差	0.745495315415275	=STDEV(A2:A51)/SQRT(COUNT(A2:A51))
5	33	中值	40	=MEDIAN(A2:A51)
6	44	模式	45	=MODE(A2:A51)
7	43	标准偏差	5.27144792872945	=STDEV(A2:A51)
8	48	样本方差	27.788163265306	=VAR(A2:A51)
9	40	峰值	-0.883316234068329	=KURT(A2:A51)
10	45	偏斜度	-0.141070083790798	=SKEW(A2:A51)
11	30	区域	20	=MAX(A2:A51)-MIN(A2:A51)
12	45	最小值	29	=MAX(A2:A51)
13	32	最大值	49	=MIN(A2:A51)
14	42	求和	1987	=SUM(A2:A51)
15	39	计数	50	=COUNT(A2:A51)
16	49	置信度(95.0%)	1.49812801662467	=TINV(0.05,COUNT(A2:A51)-1)*STDEV(A2:A51)/SQRT(COUNT(A2:A51))

图 3－6

以下几点需要注意：

（1）各种分析工具对话框输出选项中“输出区域”“新工作表组”“新工作簿”的含义基本相同，以下不再赘述。

（2）图 3-6 中指标的名称与统计中的习惯叫法不大一致，确切的指标名称如本例操作步骤第（2）步中所述。

（3）图 3-6 中各指标的 Excel 计算公式列在 E 列，公式中的“工时”是单元格区域 A2:A51 的名称，定义方法参见例 3-20 的步骤（2）。

二、利用统计函数

对于分组数据，不能直接用［描述统计］分析工具来计算描述统计有关指标，而应综合应用 Excel 的公式与函数来实现。

【例 3-20】 某粮食作物的产量和播种面积资料如表 3-12 所示。

表 3-12

亩产量 x	400～500	500～600	600～700	700～800	800～900	900～1 000	合计
播种面积 f	6	30	50	60	40	14	200

要求：根据上表资料计算加权平均亩产量、标准差以及偏度和峰度等。

解： 主要操作步骤如下：

（1）输入数据。如图 3-7 所示，A2:A7 输入亩产量的分组，这些数据在 Excel 中被认为是文本，不能直接参加数值运算，A1 输入本列标志“亩产量”。B2:B7 输入各组的组中值，B1 输入本列标志“组中值”。C2:C7 输入播种面积数据，C1 为本列标志“播种面积”。B9:B15 存放的是最终结果与一些中间变量值，对应的 A9:A15 则是它们的名称。

	A	B	C
1	亩产量	组中值	播种面积
2	400～500	450	6
3	500～600	550	30
4	600～700	650	50
5	700～800	750	60
6	800～900	850	40
7	900～1000	950	14
8			
9	加权平均亩产量	720	
10	标准差	122.882057	
11	三阶动差	-114000	
12	四阶动差	543970000	
13	偏度	-0.0614383	
14	峰度	-0.6142713	
15	众数	733.333333	

图 3-7

（2）定义变量名。先定义样本数据组中值及播种面积的变量名。选定 B1:C7，在［公式］选项卡“定义的名称”命令组中点击［根据所选内容创建］，然后在弹出的对话框中确保“首行”被选中（默认即是），最后点击［确定］按钮。再定义最终结果与中间变量的名称，选定 A9:B15，在［公式］选项卡“定义的名称”命令组中点击［根据所选内容创建］，然后在弹出的对话框中确保“最左列”被选中（默认即是），最后点击［确定］按钮。

（3）计算加权平均亩产量。在 B9 单元格输入如下公式：

=SUMPRODUCT(组中值*播种面积)/SUM(播种面积)

当然，如果没有定义变量名，则要使用单元格引用，公式如下：

=SUMPRODUCT(B2:B7*C2:C7)/SUM(C2:C7)

（4）计算其他指标。在 B10:B14 中，依次输入以下公式：

=SQRT(SUMPRODUCT((组中值—加权平均亩产量)^2*播种面积)/SUM(播种面积))
=SUMPRODUCT((组中值—加权平均亩产量)^3*播种面积)/SUM(播种面积)
=SUMPRODUCT((组中值—加权平均亩产量)^4*播种面积)/SUM(播种面积)
=三阶动差/标准差^3
=四阶动差/标准差^4—3

（5）计算结果如图 3-7 所示。这里有几点需要说明：

1）可参照本例的方法计算分组情况下的其他有关描述统计的指标，如方差、标准差等。

2）对于众数及中位数的计算，不需要特别的技巧，只要将统计中的计算公式输入 Excel 中实现即可。这时 Excel 更像一个普通的计算器，但 Excel 可记下公式，便于检查与修改，同时在数据量很大、分组很多时，借助 Excel 的相关函数可很快地找出众数组和中位数所在组。如本例众数的计算，首先确定众数组，为“700～800”这一组，然后根据等距分组的上限公式，在 B15 单元格输入公式“=700+(C5—C4)*100/((C5—C4)+(C5—C6))”即可，其中 700 为众数组下限，100 为组距，结果如图 3-7 所示。

□ 本章小结

（1）测度数据集中趋势的指标有两大类：一类是数值平均数，另一类是位置代表值。

（2）算术平均数有简单算术平均数和加权算术平均数两种。权数起权衡轻重的作用。当各组频数都相等时，权数不起作用。求相对指标的平均数应选择合适的权数。

（3）调和平均数是各标志值倒数的平均数的倒数，有简单调和平均数和加权调和平均数两种。

(4) 几何平均数适用于各个变量值之间存在连乘积关系的场合。它是 N 个变量值连乘积的 N 次方根。

(5) 众数是总体中最普遍出现的标志值。中位数是总体各单位按大小顺序序列化后，处在数列中点位置上的单位的标志值。对未分组的资料和组距式变量数列，众数和中位数各有不同的确定方法。

(6) 众数、中位数和算术平均数之间存在一定的数量联系。对称分布时，三者相等；适度正偏斜时，$Mo<Me<\bar{x}$；适度负偏斜时则相反。适度偏斜情形下，$\bar{x}-Mo\approx3(\bar{x}-Me)$。

(7) 极差是总体中两个极端标志值的差。四分位差则是剔除了最大和最小各1/4单位后的极差。

(8) 方差与标准差。方差是各标志值与其平均数离差平方的平均，标准差则是方差的平方根，它们都是测定总体标志变异程度最常用的指标。

(9) 极差、分位差和标准差都是绝对量指标，它们的计量单位与标志值相同。它们的大小不仅取决于总体的变异情况，也和标志值水平的高低、计量单位的不同有关。

(10) 比较标志值水平不同、计量单位不同的总体之间的变异情况，应采用相对变异指标。最常用的相对变异指标是标准差系数：$V=\frac{\sigma}{\bar{x}}$。

(11) 偏度是度量分布的不对称程度或偏斜程度的指标。偏度指标是三阶中心矩除以标准差三次方。峰度是测定分布的集中程度，即分布曲线的尖峭程度的指标。峰度指标是四阶中心矩除以标准差四次方再减去3。

(12) 在Excel中，可以利用［描述统计］分析工具计算分布的集中趋势、离散程度和偏度、峰度等有关指标，但该工具仅适用于没有分组的分布数列。对于分组的分布数列，要用相关统计和数学函数来计算相关描述统计指标。

□ 思考与练习

一、选择题

1. 今有 N 辆汽车在同一距离的公路上行驶的速度资料，确定汽车平均每小时行驶速度的平均数公式是（　　）。

A. $\frac{\sum x}{N}$　　B. $\frac{\sum xf}{\sum f}$　　C. $\frac{N}{\sum \frac{1}{x}}$　　D. $\frac{\sum m}{\sum \frac{m}{x}}$

2. 权数对加权算术平均数的影响取决于（　　）。

A. 权数所在组标志值的大小　　B. 权数的大小

C. 各组单位数的多少　　D. 总体单位数的多少

3. 是非标志不存在变异时，意味着（　　）。

A. 各标志值遇到同样的成数　　　　B. 所有单位都只具有某属性
C. 所计算的方差为 0　　　　　　　D. 所计算的方差为 0.25

4. 能够综合反映总体各个单位标志值的差异，对总体标志变异程度做全面客观评定的指标有（　　）。

A. 方差　　　B. 算术平均数　　　C. 标准差　　　D. 全距

二、判断题

1. 甲乙两地，汽车去程时速 20 千米，回程时速 30 千米，其平均速度为 25 千米。

2. 权数起作用的前提是各组的变量必须互有差异。

3. 变量同减某个数再同除以另一数然后求其方差，其方差等于原方差乘以除数的平方。

4. 与平均数相比，中位数比较不受极端值的影响。

三、计算题

1. 甲、乙两企业生产三种产品的单位成本和总成本资料如表 3-13 所示，试比较哪个企业的平均成本更高，并分析其原因。

表 3-13

产品	单位成本（元）	总成本（元）	
		甲企业	乙企业
A	15	2 100	3 255
B	20	3 000	1 500
C	30	1 500	1 500

2. 甲、乙两市场农产品价格及成交量资料如表 3-14 所示，试比较哪个市场的平均价格更高，并分析其原因。

表 3-14

品种	价格（元/千克）	甲市场成交额（万元）	乙市场成交量（万千克）
甲	1.2	1.2	2
乙	1.4	2.8	1
丙	1.5	1.5	1
合计	—	5.5	4

3. 某企业工人平均月工资为 1 440 元，月收入少于 1 280 元的占一半，试估计众数，并对该企业工人工资的分布情况做一简要说明。

4. 某城市对 3 000 户居民户月均食品支出进行调查，得到资料如表 3-15 所示。

表 3-15

居民户月均食品支出（元）	户数	比重（%）
200 以下	30	1
200～300	180	6
300～400	450	15

续前表

居民户月均食品支出（元）	户数	比重（%）
400～500	600	20
500～600	1 050	35
600～700	300	10
700～800	180	6
800～900	120	4
900～1 000	60	2
1 000 以上	30	1
总计	3 000	100

要求：

(1) 计算居民户总平均月食品支出；

(2) 计算居民户月均食品支出标准差和变异系数；

(3) 计算居民月均食品支出中位数、众数和异众比率；

(4) 分析平均数、中位数和众数之间的数量联系，并阐明分布的特征。

5. 某企业员工的月薪在 1 000～4 000 元之间。现董事会决定给企业全体员工加薪。如果给每个员工增加 200 元，则：

(1) 全体员工薪金的均值、中位数和众数将分别增加多少？

(2) 用极差、四分位差、平均差和方差、标准差分别来衡量员工薪金的差异程度，加薪前后各个变异指标的数值会有什么变化？

(3) 加薪前后员工薪金分布的偏度和峰度有无变化？

(4) 如果每个员工加薪的幅度是各自薪金的 5%，则上述三个问题的答案又有什么不同？

6. 某管理局下属 8 家企业的产品销售数据如表 3-16 所示，试比较其产品销售额和销售利润的离散程度。

表 3-16

企业	产品销售额（X_1）（万元）	销售利润（X_2）
1	170	8.1
2	220	12.5
3	390	18.0
4	430	22.0
5	480	26.5
6	650	40.0
7	950	64.0
8	1 000	69.0

7. 某高校学生参加英语四级考试的优秀率和合格率分别为 15%和 90%，试计算优秀率和合格率分布的方差和标准差。

8. 某粮食作物的产量和播种面积资料如表 3－17 所示，试测定其偏度和峰度。

表 3－17

亩产量 x	400～500	500～600	600～700	700～800	800～900	900～1 000	合计
播种面积 f	8	28	60	50	38	16	200

请扫描二维码，获取资源：
参考 3.3　第三章习题详解

第四章 概率基础

Chapter 4

概率论的由来

17 世纪中叶，在法国出现了对赌博问题的研究。有一次，爱好赌博的梅累向其好友、著名数学家帕斯卡提出了一个关于赌博的问题："两个赌徒约定赌若干局，且谁先赢 c 局便算赢家，若在一赌徒胜 a 局（$a<c$），另一赌徒胜 b 局（$b<c$）时便终止赌博，问应如何分赌本。"帕斯卡与费尔马通信讨论了这一问题，其中涉及独立概率事件和条件概率事件的概念。1657 年，荷兰数学家、物理学家惠更斯也试图解决帕斯卡和费尔马通信中所提出的问题。在他撰写的《论赌博中的计算》一书中，第一次提出了概率和数学期望的概念。在此之后，对概率理论的研究逐渐引起人们的关注，并成为研究随机现象统计规律的理论基础。

第一节　概率的基本概念

一、随机试验与随机事件

客观现象有两类：一类是在一定条件下必然出现（或不出现）某种结果的现象，称为**确定性现象**。例如，在一个标准大气压下，温度上升到 100℃ 时，水必然沸腾；早晨，太阳必定从东方升起。另一类现象在实际观察之前，无法预言其结果。例如，每年夏季长江流域的降水量、银行营业部每小时到达的顾客人数、每个月某只股票的平均价格等。我们把这种在给定的条件下不能确切预言其结果的现象叫作**随机现象**。

虽然随机现象每次出现的结果具有偶然性，但在相同的条件下进行大量观察或试验时，其出现的结果会呈现一定的规律性，例如多次重复抛掷同一枚色子，每个点出现的次数大约占抛掷次数的 1/6。我们称这种规律为统计规律。

对随机现象的观测称为**随机试验**，简称试验。它应满足下列条件：

（1）明确性，即试验的可能结果不止一个，但能确定所有的可能结果；

（2）随机性，即试验之前不能确定何种结果会出现；

（3）重复性，即试验可在相同条件下重复进行。

随机试验所有可能结果组成的集合称为样本空间，记作 Ω。样本空间的元素，即随机试验的直接结果，称为样本点或基本事件，记作 ω。在随机试验中，可能出现也可能不出现的结果，称为随机事件，简称事件。它是满足某些条件的样本点所组成的集合，即样本空间 Ω 的子集，记作 A，B，C，…。每次试验必定发生的事件，即全体样本点组成的事件，称为**必然事件**，用样本空间 Ω 表示。每次试验不发生的事件，即不包含任何样本点的事件，称为**不可能事件**，用空集 Φ 表示。

【例 4－1】 供应商把一批货物运送到公司，这批货包括 6 个部件，其中 2 个是次品，客户决定对货物进行抽样检验。如果对货物进行编号，编号为 1，2，3，4，5，6，其中 1，3 是次品，则客户可能要检验的货物的样本空间为 $\Omega=\{1，2，3，4，5，6\}$，样本点为 $\{1\}$，$\{2\}$，$\{3\}$，$\{4\}$，$\{5\}$，$\{6\}$。设 A 表示“正品”，则 $A=\{2，4，5，6\}$；设 B 表示“次品”，则 $B=\{1，3\}$。我们把“A 发生或 B 发生”事件记为 $A\cup B$；把“A 与 B 同时发生”事件记为 $A\cap B$，或 AB。$A\cup B=\Omega$，是必然事件；$AB=\Phi$，是不可能事件。

二、概率

（一）事件的概率

1. 概率的概念

现实生活中经常会有这样的表述，如某人射击命中目标的可能性有多大，某批设备出现故障的可能性有多大，等等。尽管随机事件具有随机性，但在一次试验中发生的可能性大小是客观存在的，并且是可以度量的。用来描述这个可能性大小的数量，称为事件的概率，记事件 A 的概率为 $P(A)$。这也称为**概率的描述性定义**。从现实生活中不难发现，人们理解概率最直观的方法就是进行重复试验，通过试验的频率来体现概率。

例如，不断重复地抛一枚均匀硬币，出现正面的频率会稳定在 1/2 附近。历史上，曾有人为此做过试验，结果如表 4－1 所示。①

① 复旦大学．概率论·第一册·概率论基础．北京：人民教育出版社，1979：9.

表 4-1　　频率试验结果

实验者	抛硬币的次数（n）	正面朝上的次数（m）	频率$=m/n$
Demorgan	2 048	1 061	0.518 1
Buffon	4 040	2 048	0.506 9
Pearson（1）	12 000	6 019	0.501 6
Pearson（2）	24 000	12 012	0.500 5

上述试验表明，试验次数越多，出现正面朝上的频率越接近 0.5。这是因为均匀的硬币抛出正面、反面的可能性是一样的。

下面给出概率的频率定义，也称**概率的统计定义**：进行 n 次重复试验，随机事件 A 发生的次数是 m 次，发生的频率是 m/n，当试验的次数 n 很大时，如果频率在某一数值 p 附近摆动，而且随着试验次数 n 的不断增加，频率的摆动幅度越来越小，则称 p 为事件 A 发生的概率，记为：

$$P(A)=p,\quad 0\leqslant p\leqslant 1 \tag{4.1}$$

从上面的定义不难理解，概率实际就是频率的稳定值。

这个抛硬币的试验具有两个特点：

（1）有限性，即所有可能的试验结果是有限的；

（2）等可能性，即每个试验结果在一次试验中出现是等可能的。

我们把具有这两个特点的试验称为古典概型。在古典概型中，设样本空间 Ω 中的样本点总数为 n，事件 A 含有 m 个样本点，那么事件 A 的概率 $P(A)$ 定义为：

$$P(A)=\frac{\text{事件 }A\text{ 中所包含的样本点数}}{\text{样本空间 }\Omega\text{ 中样本点总数}}=\frac{m}{n} \tag{4.2}$$

【例 4-2】 某便利店的顾客中有 60%持有牡丹信用卡，在某时段到店的 10 位顾客中任选 3 位，调查持卡情况，其中恰有 2 位顾客持有牡丹信用卡的概率有多大?

解：从 10 人中抽出 3 人组成样本，共有 $n=C_{10}^3=120$ 种可能结果，这是样本点总数；选出的 3 个人中 2 人持有牡丹卡，说明这 2 个人在持卡的 6 个人中产生，另外 1 个人在没持卡的 4 个人中产生，随机事件 A："选出的 3 人中有 2 人持有牡丹卡"所含样本点数 $m=C_6^2\cdot C_4^1=60$。因此

$$P(A)=\frac{m}{n}=\frac{60}{120}=0.5$$

2. 概率的性质

性质 1：$0\leqslant P(A)\leqslant 1$（非负性）。

性质 2：$P(\Omega)=1$（规范性）。

性质 3：$P(\Phi)=0$。

性质 4：若 $AB=\Phi$，则 $P(A\cup B)=P(A)+P(B)$。

性质 5：$P(A\cup B)=P(A)+P(B)-P(AB)$。

性质 6：$P(\overline{A})=1-P(A)$。

3. 主观概率

以上给出的经典统计对概率的解释，是指在重复进行某个试验的情况下，对事件频率的一种度量。然而，不可重复的试验在现实生活中也是普遍存在的，特别是在经济领域和决策分析中更为常见。如某企业家预测已开发的新产品上市后盈利的概率为0.7。这里，新产品上市后的表现无法预知，且试验不可重复。因此，其给出的实际上是一种主观概率。**主观概率**是依据经验和感觉判定的概率。主观概率是否可靠，依赖于人们对知识的积累、理解力和经验。如询问某石油公司的董事，在两星期内把石油从沙特阿拉伯运抵中国的概率。作为一个曾经安排过多次运输的经营者，他会了解沙特阿拉伯的政治、近期天气情况和经济情况，并依此判断出船将会定期抵达的概率。再如，一个有经验的飞机机械师可以估计出未来某飞机发生某种机械故障的概率，等等。

（二）条件概率与事件的独立性

1. 条件概率

以上对事件概率的讨论没有涉及事件间的相互影响，但是在实际问题中，随机事件出现的概率是有联系、有制约的。例如，甲、乙两企业存在既竞争又合作的关系，在已知乙企业推出新产品概率的条件下判断甲推出新产品的概率与不知该条件单独判断甲企业推出新产品的概率是不相同的。

已知事件 B 发生，则在此条件下事件 A 发生的概率是多少。这时所求的概率称为**条件概率**，记为 $P(A \mid B)$，其计算公式为：

$$P(A|B)=\frac{P(AB)}{P(B)} \tag{4.3}$$

从条件概率公式（4.3）可以得到以下乘法公式：

$$\begin{aligned} P(AB)&=P(B)P(A|B) \\ P(AB)&=P(A)P(B|A) \end{aligned} \tag{4.4}$$

【例 4-3】 生命表是人身保险精算的重要依据，据统计，某时期个体在50岁存活的概率为90.781%，个体在50～51岁之间死亡的概率为0.583%，则50岁的人死亡的概率为多少？

解： 设事件 A 表示个体在50岁存活，事件 B 表示个体在50～51岁之间死亡。此时，由题意可知 $AB=B$。因此，$P(AB)=P(B)=0.005\,83$。所以，50岁的人死亡的概率为：

$$P(B|A)=\frac{P(AB)}{P(A)}=\frac{0.005\,83}{0.907\,81}\approx 0.006\,42$$

【例 4-4】 某研究协会为纳斯达克股票市场所做的研究表明，43%的美国成年人持有股票。另外，这项研究还发现，美国持有股票的成年人中，75%的人有大学文凭。随机选取一个成年人，这个成年人持有股票并且有大学文凭的概率是多少？

解：设事件A表示美国成年人持有股票，事件B表示美国成年人有大学文凭。由题意可知，$P(B \mid A)=0.75$，则选取成年人持有股票且有大学文凭的概率为：

$$P(AB)=P(A)P(B|A)=0.43\times 0.75=0.322\,5$$

2. 全概率公式

请扫描二维码，获取资源：参考4.1 门后的世界：蒙提·霍尔问题

在现实生活中，有时需要根据事件的不同原因或不同情况，计算某一较复杂的事件的结果的概率。比如，到店的n个顾客轮流抽取一张奖券，求第k个人中奖的概率；市场上有三家工厂生产同一品牌的产品，已知三家工厂各自的市场占有率和次品率，求市场上该品牌产品的次品率；等等。我们称这一类问题为全概率问题。下面给出一般情况下的全概率公式。

设事件A_1，A_2，…，A_n两两互斥，且$P(A_i)>0$（$1\leqslant i\leqslant n$），事件B满足

$$B=\bigcup_{i=1}^{n} BA_i \tag{4.5}$$

则有

$$P(B)=\sum_{i=1}^{n} P(A_i)P(B|A_i) \tag{4.6}$$

【例4-5】 为了解一只股票未来一定时期内价格的变化，人们往往会去分析影响股票价格的基本因素，比如利率的变化。现在假设人们经分析估计，利率下调的概率为60%，利率不变的概率为40%。根据经验，人们估计，在利率下调的情况下，该只股票价格上涨的概率为80%，而在利率不变的情况下，其价格上涨的概率为40%。求该只股票价格上涨的概率。

解：设事件A为“利率下调”，事件B为“股票价格上涨”。根据题意，可知$P(A)=60\%$，$P(\overline{A})=40\%$，$P(B \mid A)=80\%$，$P(B \mid \overline{A})=40\%$，于是

$$\begin{aligned}P(B)&=P(A)P(B|A)+P(\overline{A})P(B|\overline{A})\\&=60\%\times 80\%+40\%\times 40\%=64\%\end{aligned}$$

3. 贝叶斯公式

全概率公式是由“原因”推断“结果”。现实生活中，需要考虑与全概率公式相反的问题：观察到一个事件已经发生，考察所观察的事件发生的各种原因、情况或途径。比如，市场上有三家工厂生产同一品牌的产品，随机抽取一该品牌产品为合格品，求它是由三家工厂中某一指定工厂生产的概率；医学统计中，要求血液检验呈阳性的患者的确患病的概率；等等。贝叶斯公式就是计算这类条件概率问题的公式。计算公式如下：

设事件A_1，A_2，…，A_n两两互斥，且$P(A_i)>0$（$1\leqslant i\leqslant n$），事件B满足

$$B=\bigcup_{i=1}^{n} BA_i$$

且 $P(B)>0$，则

$$P(A_i|B)=\frac{P(A_iB)}{P(B)}=\frac{P(A_i)P(B|A_i)}{\sum_{i=1}^{n}P(A_i)P(B|A_i)} \tag{4.7}$$

贝叶斯公式是条件概率的一个扩展，它由汤姆斯·贝叶斯（1702—1761）建立。统计学者通常根据新的信息来修正原先给出的概率。

【例 4-6】 某品牌牙膏厂商对新推出的产品的调查表明，32%的牙膏消费者收看了新推出的全效牙膏的广告。在收看广告的人中，40%的人在最初 10 个月内至少购买了一次全效牙膏。在那些没有看过广告的人中，有 12%的人在最初的 10 个月内至少购买了一次全效牙膏。现随机选取一个消费者，发现这个消费者在最初 10 个月购买了全效牙膏。计算这个人是看过广告的消费者的概率。

解：设事件 A 为“牙膏消费者看到了全效牙膏的广告”，事件 B 为“牙膏消费者在最初 10 个月内至少购买一次牙膏”，根据题意，可知 $P(A)=32\%$，$P(\bar{A})=68\%$，$P(B\mid A)=40\%$，$P(B\mid \bar{A})=12\%$，于是

$$\begin{aligned}P(B)&=P(A)P(B|A)+P(\bar{A})P(B|\bar{A})\\&=32\%\times40\%+68\%\times12\%\\&=20.96\%\end{aligned}$$

$$P(A|B)=\frac{P(A)P(B|A)}{P(B)}=\frac{0.128}{0.2096}\approx0.6107$$

4. 事件的独立性

条件概率 $P(A\mid B)$ 反映了 B 事件对 A 事件的影响。一般，$P(A\mid B)\neq P(A)$，即事件 B 发生与否对事件 A 有影响。但是，也有一些例外的情况，比如产品检验员有放回地抽检一批产品，前次抽检的结果对后面抽检的结果没有影响，即各次抽检结果相互独立；对某公司员工的工作情况的调查中，员工对自动售货机的看法和对团队精神的看法相互独立，两个调查结果不会相互影响；等等。这时，$P(A\mid B)=P(A)$，即事件 B 发生与否对事件 A 没有影响，说明事件 A 与事件 B 两者的出现存在某种独立性，所以，由乘法公式可知，$P(AB)=P(B)P(A)$。因此事件间的独立性可以从数学上定义为：对于事件 A 与 B，若 $P(AB)=P(B)P(A)$，则称它们是统计独立的，简称**相互独立**。

第二节 随机变量及其概率分布

一、随机变量与随机分布的概念

（一）随机变量的概念

在上一节，我们只是静态地研究了随机现象的一个一个孤立事件的表现。然

而，对于种类繁多的随机事件，我们更希望总结它们出现的规律，并且能动态地把握整个随机现象的统计规律。我们知道，无论随机试验的结果本身与数量有无联系，都可把试验的结果数量化。对随机试验来说，在每次试验之前无法断言会出现何种结果，因而也就无法确定它会取什么值，即它的取值具有随机性，称这样的变量为随机变量。事实上，随机变量就是随试验结果的不同而变化的量。因此可以说，随机变量是试验结果的函数。

例如，一家银行的营业部记录了每小时来到营业部办理业务的顾客人数 C 是一个随机变量，它的取值范围为 0，1，2，…。又如，某品牌瓶装饮料的标准容量为 250 毫升，允许的容量偏差为 250±10 毫升。出厂时每瓶饮料的实际容量 V 是一个随机变量，容量合格的标准为 $240\leqslant V\leqslant 260$。

第一个例子中，随机变量所有可能的取值能够一一列举，这种随机变量称为**离散型随机变量**。第二个例子中，随机变量的全体可能取值不能一一列举，其可能的取值在数轴上是连续的，这种随机变量称为**连续型随机变量**。

（二）随机分布的概念

随机变量的各种可能的取值都有一定的概率与之对应。随机变量所有可能值的集合（值域）及其相对应的概率叫作**随机变量的概率分布**。随机变量的统计性质可由它的概率分布来表征。

二、概率分布的类型

（一）离散型随机变量的概率分布

设离散型随机变量 X 的所有可能取值为 x_1，x_2，…，x_n，…，相应的概率为 $p(x_1)$，$p(x_2)$，…，$p(x_n)$，…。用表格统一表示有：

X	x_1	x_2	…	x_n	…
P	$p(x_1)$	$p(x_2)$	…	$p(x_n)$	…

这称为离散型随机变量 X 的概率分布。可简记为：

$$P(X=x_i)=p(x_i),\quad i=1,2,\cdots \tag{4.8}$$

该概率分布具有以下性质：

(1) $0\leqslant p(x_i)\leqslant 1$，$i=1，2，\cdots$；

(2) $\sum_i p(x_i)=1$。

【例 4-7】 某厂对一批产品进行抽检，该批产品含有 10 件正品及 3 件次品。设每次抽取时，各件产品被抽到的可能性相等。一件一件抽取产品进行检验，每次抽取的产品都不放回该批产品中，求直到抽得正品为止所需次数 X 的分布律。

解： 由于每次抽取的产品不再放回，因此，离散型随机变量 X 的可能取值为 1，2，3，4。

$$P(X=1)=\frac{10}{13}$$

$$P(X=2)=\frac{3\times10}{13\times12}=\frac{5}{26}$$

$$P(X=3)=\frac{3\times2\times10}{13\times12\times11}=\frac{5}{143}$$

$$P(X=4)=\frac{3\times2\times1\times10}{13\times12\times11\times10}=\frac{1}{286}$$

X 的分布律为：

X	1	2	3	4
P	$\frac{10}{13}$	$\frac{5}{26}$	$\frac{5}{143}$	$\frac{1}{286}$

（二）连续型随机变量的概率分布

对于连续型随机变量 X，由于它的取值不能一一列出，因此其概率分布形式不能通过表格形式全部显示。但是，对任意的实数 x，由随机变量的定义知，$X<x$ 是一随机事件，可以对它求概率，记 $F(x)=P(X<x)$，该函数就是随机变量的分布函数。分布函数的导数称为密度函数，记作 $f(x)$。通过对密度函数积分，可得到随机变量 X 在点 x 附近或在一个区间上取值的概率。注意，连续型随机变量取一个固定的点的概率为 0。

连续型随机变量的密度函数具有以下性质：

(1) $f(x)\geqslant0$；

(2) $\int_{-\infty}^{+\infty}f(x)\mathrm{d}x=1$；

(3) $P(a<X<b)=\int_{a}^{b}f(x)\mathrm{d}x$。

其中，$P(a<X<b)$ 表示事件 $a<X<b$，即随机变量 X 的取值落在区间（a，b）内的概率。连续型随机变量在（a，b）区间上定积分的几何意义就是由 x 轴、被积函数 $f(x)$、直线 $x=a$ 和 $x=b$ 所围成的面积，如图 4－1 所示。

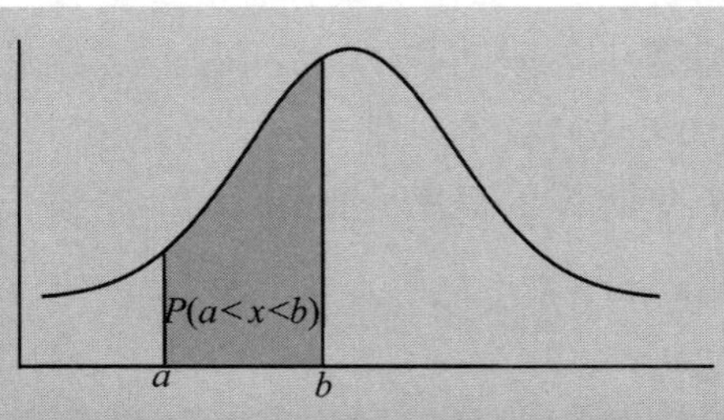

图 4－1　概率的几何意义

【例 4－8】　某电子产品的使用寿命为随机变量，其概率密度函数为：

$$f(x)=\begin{cases}K\mathrm{e}^{-0.3x}, & x>0\\ 0, & x\leqslant 0\end{cases}$$

要求：(1) 试确定常数 K；(2) 求 $P(X>1)$。

解：(1) 由于 $\int_{-\infty}^{+\infty}f(x)\mathrm{d}x=1$，即

$$\int_{-\infty}^{+\infty}f(x)\mathrm{d}x=\int_{0}^{+\infty}K\mathrm{e}^{-0.3x}\mathrm{d}x=\frac{K}{-0.3}\mathrm{e}^{-0.3x}\bigg|_{0}^{+\infty}=\frac{K}{0.3}=1$$

得

$$K=0.3$$

于是 X 的概率密度为：

$$f(x)=\begin{cases}0.3\mathrm{e}^{-0.3x}, & x>0\\ 0, & x\leqslant 0\end{cases}$$

(2) $P(X>1)=\int_{1}^{+\infty}f(x)\mathrm{d}x=\int_{1}^{+\infty}0.3\mathrm{e}^{-0.3x}\mathrm{d}x\approx 0.7408$

三、随机变量的数字特征

在许多实际问题中，我们往往只对分布的少数几个特征指标感兴趣。例如，在研究某天股票价格时，既要看股票的平均价格，又要看股票价格是否出现异常波动；检验棉花质量时，既要看纤维的平均长度，又要看纤维长度与平均长度的偏离程度；等等。随机变量的数字特征大多是概率分布中的参数，这样一旦知道了数字特征，也就知道了其对应的概率分布。这里主要研究随机变量的数学期望、方差、标准差和协方差。

（一）随机变量的数学期望

日常生活中使用最多的一个数字特征就是平均数，如平均产值、平均价格、平均成绩等。它对判断事物、做出决策都有很重要的作用。数学期望实际上是以概率为权数的加权平均值。

1. 离散型随机变量的数学期望

设离散型随机变量 X 的概率分布为：

$$P(X=x_k)=p(x_k),\quad k=1,2,\cdots$$

若级数 $\sum_{k=1}^{\infty}x_kp_k$ 绝对收敛，则称其为随机变量 X 的**数学期望或均值**，记为 $E(X)=\sum_{k=1}^{\infty}x_kp_k$；若级数 $\sum_{k=1}^{\infty}|x_kp_k|$ 发散，则称随机变量 X 的数学期望不存在。

【例 4－9】 10 月 1 日某商场准备搞促销活动。统计资料表明，如果在商场内

搞促销活动，可获得经济效益 3 万元；在商场外搞促销活动，如果不遇到雨天可获得经济效益 12 万元，如果遇到雨天则有经济损失 5 万元。天气预报称当天当地有雨的概率为 40%，那么商场应该选择哪种促销方式？

解：显然，在商场外搞促销活动的经济效益 X 是一个随机变量，其概率分布为：

$$P(X=12)=0.6,\ P(X=-5)=0.4$$

要做出决策就要将此时的平均效益与 3 万元进行比较。这时，平均效益就是 X 的数学期望，即

$$E(X)=12\times 0.6+(-5)\times 0.4=5.2$$

因此，应该在商场外搞促销活动。

2. 连续型随机变量的数学期望

设连续型随机变量 X 的分布密度函数为 $f(x)$，若积分 $\int_{-\infty}^{+\infty}xf(x)\mathrm{d}x$ 绝对收敛，则称其为 X 的数学期望或均值，记为 $E(X)$，即 $E(X)=\int_{-\infty}^{+\infty}xf(x)\mathrm{d}x$。

【例 4-10】 某商店经销商品的利润率 X 的概率密度为：

$$f(x)=\begin{cases}2(1-x), & 0<x<1\\ 0, & x\leqslant 0\end{cases}$$

求 $E(X)$。

解：$E(X)=\int_{0}^{1}x\cdot 2(1-x)\mathrm{d}x=\dfrac{1}{3}$

3. 随机变量函数的数学期望

设 Y 为随机变量 X 的函数：$Y=g(X)$（g 是连续函数）。

（1）X 是离散型随机变量，分布律为：

$$p_k=P(X=x_k),\quad k=1,2,\cdots$$

若级数 $\sum\limits_{k=1}^{\infty}g(x_k)p_k$ 绝对收敛，则有 $E(Y)=E[g(X)]=\sum\limits_{k=1}^{\infty}g(x_k)p_k$。

（2）X 是连续型随机变量，它的分布密度为 $f(x)$，若积分 $\int_{-\infty}^{+\infty}g(x)f(x)\mathrm{d}x$ 绝对收敛，则有 $E(Y)=E[g(X)]=\int_{-\infty}^{+\infty}g(x)f(x)\mathrm{d}x$。

【例 4-11】 某公司代理某品牌机器设备，该设备无故障工作时间 X（单位：万小时）有密度函数

$$f(x)=\begin{cases}\dfrac{1}{x^2}, & x\geqslant 1\\ 0, & x<1\end{cases}$$

公司每售出一台设备可获利 1 600 元。若设备售出后使用 1.2 万小时之内出故障，

应予以更换，每台亏损1 200元；若在1.2万～2万小时出故障，则予以维修，由公司负担维修费400元；在使用2万小时以后出故障，则用户自己负责。求该公司售出每台设备的平均获利。

解：设Y表示售出一台设备的获利，则Y是X的函数，即

$$Y=g(X)=\begin{cases}-1\,200, & 0\leqslant X\leqslant 1.2\\ 1\,200, & 1.2<X\leqslant 2\\ 1\,600, & X>2\end{cases}$$

于是

$$\begin{aligned}E(Y)&=E[g(X)]\\&=\int_1^{1.2}(-1\,200)\cdot\frac{1}{x^2}\mathrm{d}x+\int_{1.2}^{2}1\,200\cdot\frac{1}{x^2}\mathrm{d}x+\int_2^{\infty}1\,600\cdot\frac{1}{x^2}\mathrm{d}x=1\,000\end{aligned}$$

因此，该公司售出每台设备平均获利1 000元。

4. 数学期望的性质

(1) 设c是常数，则有$E(c)=c$。

(2) 设X是随机变量，设c是常数，则有$E(cX)=cE(X)$。

(3) 设X，Y是随机变量，则有$E(X+Y)=E(X)+E(Y)$（该性质可推广到有限个随机变量之和的情况）。

(4) 设X，Y是相互独立的随机变量，则有$E(XY)=E(X)E(Y)$（该性质可推广到有限个随机变量之积的情况）。

（二）随机变量的方差和标准差

随机变量取值的稳定性是判断随机现象性质的重要指标。如考察射击选手的水平，发挥稳定性是一个很重要的指标，即要看弹着点的范围是否小，数据波动是否小；经济指标的数据波动过大，预示着将有重大事件发生；等等。随机变量的方差就是平均偏离均值的程度。

1. 方差的定义

设X是随机变量，$E\{[X-E(X)]^2\}$存在，就称其为X的**方差**，记为$D(X)$（或$\mathrm{Var}(X)$），即$D(X)=E\{[X-E(X)]^2\}$。称$\sqrt{D(X)}$为**标准差**，记为$\sigma(X)$。

2. 方差的计算

(1) $D(X)=E(X^2)-[E(X)]^2$ (4.9)

(2) X是离散型随机变量，分布律为：

$$p_k=P(X=x_k),\quad k=1,2,\cdots$$

则

$$D(X)=\sum_{k=1}^{\infty}[x_k-E(X)]^2p_k \tag{4.10}$$

(3) X 是连续型随机变量，它的分布密度为 $f(x)$，则

$$D(X)=\int_{-\infty}^{+\infty}[x-E(X)]^2 f(x)\mathrm{d}x \tag{4.11}$$

3. 方差的性质

(1) 设 c 是常数，则有 $D(c)=0$。

(2) 设 c 是常数，则有 $D(cX)=c^2D(X)$。

(3) 设 X，Y 是相互独立的随机变量，则有 $D(X+Y)=D(X)+D(Y)$。

(4) 设 X_1，X_2，…，X_n是相互独立的随机变量，则

$$D\left(\sum_{i=1}^{n}C_iX_i\right)=\sum_{i=1}^{n}C_i^2D(X_i)$$

【例 4-12】 在例 4-10 中我们求出了某商店经销商品的利润率 X 的 $E(X)$，现进一步求 $D(X)$。

解：由于 $E(X^2)=\int_0^1 x^2\cdot 2(1-x)\mathrm{d}x=\frac{1}{6}$，所以

$$D(X)=E(X^2)-[E(X)]^2=\frac{1}{6}-\left(\frac{1}{3}\right)^2=\frac{1}{18}$$

(三) 随机变量的协方差

在现实生活中，我们不仅对单个随机变量的统计规律性感兴趣，往往还对多个变量相互联系的统计规律性感兴趣。例如，某种商品的销量不仅与该商品的价格有关系，还与市场饱和度、消费者偏好、居民收入水平、营销方式等多个因素有关。了解商品销量与各因素的相关程度，对商品销售商制定销售策略具有重要意义。协方差正是刻画随机变量之间联系紧密程度的重要的数字特征。

1. 协方差的定义

设有二维随机变量 (X, Y)，如果 $E[X-E(X)][Y-E(Y)]$存在，则称 $E[X-E(X)][Y-E(Y)]$为随机变量 X 与 Y 的**协方差**，记为 $\mathrm{Cov}(X, Y)$，即

$$\mathrm{Cov}(X,Y)=E[X-E(X)][Y-E(Y)] \tag{4.12}$$

2. 协方差的性质

(1) $\mathrm{Cov}(X, Y)=\mathrm{Cov}(Y, X)$。

(2) $\mathrm{Cov}(X, Y)=E(XY)-E(X)E(Y)$。

(3) $D(X\pm Y)=D(X)+D(Y)\pm 2\mathrm{Cov}(X, Y)$。

(4) $\mathrm{Cov}(aX, bY)=ab\mathrm{Cov}(X, Y)$。

(5) $\mathrm{Cov}(X_1+X_2, Y)=\mathrm{Cov}(X_1, Y)+\mathrm{Cov}(X_2, Y)$。

(6) 若 X 与 Y 相互独立，则 $\mathrm{Cov}(X, Y)=0$，即 X 与 Y 不相关；反之，若 X 与 Y 不相关，X 与 Y 不一定相互独立。

(7) $[\mathrm{Cov}(X,Y)]^2=D(X)D(Y)$。

【例 4-13】 两种证券 A 和 B 的收益率为 r_A，r_B，人们常用收益率的方差来衡

量证券的风险，收益率的方差为正的证券称为风险证券。已知 r_A 和 r_B 的协方差阵为：

$$V=\begin{pmatrix}16 & 6\\ 6 & 9\end{pmatrix}$$

现将一笔资金按比例 x，$1-x$ 分别投资于证券 A 和 B，形成一个投资组合 P，记其收益率为 r_P。求D_{r_P}。

解：由于证券收益率 $r_P=xr_A+(1-x)r_B$，其方差为：

$$\begin{aligned}D_{r_P}&=x^2D_{r_A}+(1-x)^2D_{r_B}+2x(1-x)\mathrm{Cov}(r_A,r_B)\\&=13x^2-6x+9\end{aligned}$$

第三节　几种常见的概率分布

一、离散型分布

(一) 两点分布

如果 X 的分布律为：

X	0	1
概率	$1-p$	p

其中 $0<p<1$，则称 X 的分布为**两点分布**或**0-1分布**。此时，$E(X)=p$，$D(X)=p(1-p)$。

如果把随机试验的所有结果划分成对立的两类（可以是两个基本事件，也可以是两个复合事件），习惯上把一种结局叫作“成功”，把另一种结局叫作“失败”，这样的随机试验叫作贝努里试验。现实生活中，凡试验只有两个结果，常用两点分布来描述，如产品抽检是否合格，人口的性别统计，系统是否正常，电力消耗是否超标，等等。

(二) 二项分布

把一个贝努里试验在完全相同的条件下独立地重复 n 次，称作 n 重贝努里试验。n 重贝努里试验应符合下列三个条件：(1) 每次试验只有“成功”和“失败”两种对立的结局；(2) 每次试验“成功”的概率相同（均为 p）；(3) 每次试验相互独立。

以随机变量 X 表示 n 重贝努里试验中“成功”的次数，则 X 可能取的值为 0，1，…，n，且 X 取 k 值的概率为：

$$P(X=k)=C_n^kp^k(1-p)^{n-k},\quad k=0,1,\cdots,n \tag{4.13}$$

因此，X 的分布律为：

X	0	1	…	k	…	n
概率	$(1-p)^n$	$C_n^1 p(1-p)^{n-1}$	…	$C_n^k p^k(1-p)^{n-k}$	…	p^n

称这个离散型分布为参数为 n，p 的**二项分布**，记作 $X \sim B(n, p)$。此时，$E(X)=np$，$D(X)=np(1-p)$。

在生活中，很多随机现象都可以用二项分布来描述。例如在次品率为 p 的一批产品中，有放回地任取 n 件产品，以 X 表示取出的 n 件产品中的次品数，则 X 服从参数为 n，p 的二项分布 $B(n, p)$；如果这批产品的批量很大，则无放回抽取 n 件产品时，也可以认为 X 服从参数为 n，p 的二项分布。

【例 4-14】 人口普查的研究结果表明，某市有 6%的工人失业。随机进行电话调查，则 20 个人中有 2 个或 2 个以下的人失业的概率是多少？

解： 设 X 表示 20 个被调查者中的失业人数，则 $X \sim B(20, 0.06)$，根据二项分布可得

$$
\begin{aligned}
P(X \leqslant 2) &= P(X=0)+P(X=1)+P(X=2) \\
&= C_{20}^0 (0.06)^0 (0.94)^{20} + C_{20}^1 (0.06)^1 (0.94)^{19} + C_{20}^2 (0.06)^2 (0.94)^{18} \\
&\approx 0.2901 + 0.3703 + 0.2246 \\
&= 0.8850
\end{aligned}
$$

（三）泊松分布

设随机变量 X 的分布律为：

$$P(X=k)=\frac{\lambda^k}{k!}e^{-\lambda}, \quad k=0,1,2,\cdots \tag{4.14}$$

则称随机变量 X 服从参数为 λ（$\lambda>0$）的**泊松分布**，并记泊松分布为 $P(\lambda)$。此时，$E(X)=\lambda$，$D(X)=\lambda$。

二项分布 $B(n, p)$ 中，当 n 很大，p 很小，且 np 适中时，可用泊松分布 $P(\lambda)$ 做近似计算，其中 $\lambda \approx np$。泊松分布考虑在某一时间段或空间段出现的次数，不像二项分布那样有确定的试验数。例如，某时间段随机到达商场的顾客数、某企业每分钟接到的电话数、某石油企业每季度大规模漏油事件的次数、生产中每条牛仔裤上缝纫的瑕疵数、一本书一页上的印刷错误数等。

【例 4-15】 周一早晨一般每 4 分钟只有 3.5 个顾客到达某银行，可以由一个业务员办理存取款业务。周一早晨到达银行的顾客数服从泊松分布。求某周一早晨 4 分钟内恰有 5 个顾客光临的概率为多少？

解： 设 X 为 4 分钟内到达银行的顾客数，根据题意 $\lambda=3.5$，则周一早晨 4 分钟内恰有 5 个顾客光临的概率为：

$$P(X=5)=\frac{3.5^5}{5!}e^{-3.5} \approx 0.1322$$

二、连续型分布

（一）均匀分布

如果随机变量 X 的概率密度为：

$$f(x)=\begin{cases}\frac{1}{b-a}, & a<x<b \\ 0, & 其他\end{cases} \tag{4.15}$$

则称 X 服从 (a, b) 上的**均匀分布**，其中 a，b 为两个参数，并记为 $X \sim R(a, b)$（或 $U(a, b)$）。此时，$E(X)=(a+b)/2$，$D(X)=(b+a)^2/12$。

均匀分布是一种最简单的连续型分布。它用来描述一个随机变量在一个区间上取每一个值的可能性均等的分布规律，即在该区间上每一点的概率密度相同，取值落在该区间中每一个子区间上的概率与子区间的长度成正比，而与区间位置无关。

【例 4-16】 根据保险协会统计，某个国家用于汽车保险的年平均成本是 691 美元。假设该国汽车保险费用服从均匀分布，变化范围是 200～1 182 美元。如果某个人在该国的汽车保险费用介于 410～825 美元之间，那么这种情况发生的概率是多少？

解：设 X 为汽车保险费用，则 $X \sim R(200, 1\,182)$，其概率密度为：

$$f(x)=\begin{cases}\frac{1}{1\,182-200}, & 200<x<1\,182 \\ 0, & 其他\end{cases}$$

汽车保险费用介于 410～825 美元之间的概率为：

$$P(410 \leqslant X \leqslant 825)=\int_{410}^{825} \frac{1}{1\,182-200} \mathrm{d}x \approx 0.422\,6$$

也就是说，该国大约有 42.26%的人会支出这笔费用。

（二）指数分布

如果随机变量 X 的概率密度为：

$$f(x)=\begin{cases}\lambda \mathrm{e}^{-\lambda x}, & x>0 \\ 0, & 其他\end{cases} \tag{4.16}$$

其中 $\lambda>0$ 为常数，则称随机变量 X 服从参数为 λ 的**指数分布**，记为 $X \sim E(\lambda)$。此时，$E(X)=1/\lambda$，$D(X)=1/\lambda^2$。

指数分布在实际中有重要的应用，通常用来描述对某事件发生的等待时间，也称作寿命分布。如乘客在公共汽车站候车的时间、电子元件的使用寿命、两名顾客到达商场的时间间隔等。

【例 4-17】 一个公司一直进行统计质量控制，对生产过程中的组件进行随机抽取并测试。从测试记录来看，一件样品残次部分的发生服从泊松分布，在生产线上平均每 20 分钟就产生 1.38 个残次品。求任意两个残次品之间产生时间少于 15 分钟的概率。

解： 设 X 为任意两个残次品之间产生时间，根据题意 $X \sim E(\lambda)$，$\lambda = 1.38/20 = 0.069$，其概率密度为：

$$f(x)=\begin{cases}0.069\mathrm{e}^{-0.069x}, & x>0\\ 0, & 其他\end{cases}$$

则任何两个残次品之间产生时间少于 15 分钟的概率为：

$$P(0<X<15)=\int_0^{15}0.069\mathrm{e}^{-0.069x}\mathrm{d}x\approx 0.6448$$

（三）正态分布

如果随机变量 X 的概率密度为：

$$f(x)=\frac{1}{\sqrt{2\pi}\sigma}\mathrm{e}^{-\frac{1}{2\sigma^2}(x-\mu)^2},\quad -\infty<x<+\infty \tag{4.17}$$

式中，$\sigma>0$，σ，μ 为常数，则称 X 服从参数为 σ，μ 的**正态分布**，记为 $X \sim N(\mu,\sigma^2)$。

正态分布的密度函数图形一般称为**正态曲线**，它是一条以均值为中心的对称钟形曲线，如图 4-2 所示。

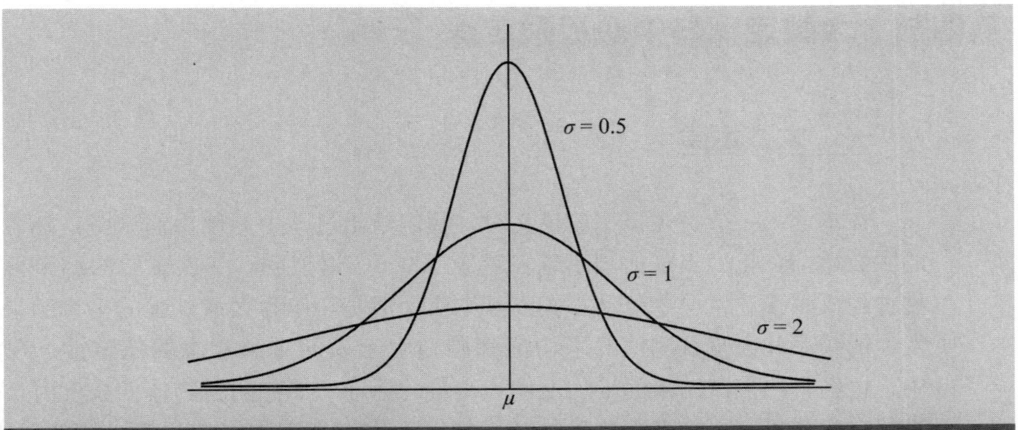

图 4-2　正态曲线

从图 4-2 可看到，μ 是该分布的中心；σ 是标准差，反映分布的离散程度。σ 越大，分布曲线越平缓，离散程度越大；σ 越小，分布曲线越陡峭，说明分布越集中。

正态分布是应用最广泛的一种分布，它符合人类许多特点的计量，如身高、智商、速度、学习成绩、寿命期望等。商业及工业中很多变量也服从正态分布，如家庭保险的年花费、租用场地的费用、机器生产、灌装产品等。特别地，当 $\mu=0$，

$\sigma^2=1$ 时，称 X 服从**标准正态分布**。为了和一般正态变量有所区别，这里用大写字母 Z 来表示标准正态变量，用小写字母 z 表示它的取值。它的概率密度函数式为：

$$f(z)=\frac{1}{\sqrt{2\pi}}e^{-\frac{z^2}{2}},\quad -\infty<z<+\infty \tag{4.18}$$

一般的正态分布都可以通过随机变量的标准化变换为标准正态分布。把服从一般正态分布的随机变量与它的数学期望相减，再除以该随机变量的标准差（方差的平方根），就可以得到服从标准正态分布的随机变量

$$\frac{x_1-E(X)}{\sqrt{D(X)}}=z_1 \tag{4.19}$$

本书的附录给出了标准正态分布函数的数值表，通过标准变换，利用该表可以求解服从一般正态分布的随机变量落在某一取值区间的概率。

【例4-18】 某商场经统计发现，顾客对某商品的日需求量 X 服从正态分布，且日平均需求量为40件，标准差为10件，求这种商品销售量为30～50件的概率。

解：由于 $X\sim N(\mu,\sigma^2)$，根据题意，$\mu=40$，$\sigma=10$，则

$$\begin{aligned}P(30\leqslant X\leqslant 50)&=\Phi\left(\frac{50-40}{10}\right)-\Phi\left(\frac{30-40}{10}\right)\\&=2\Phi(1)-1\\&=0.682\,6\end{aligned}$$

第四节 大数定律与中心极限定理

一、大数定律

在本章第一节讲述概率的定义时，我们给出过一个抛硬币的试验，随着抛硬币的次数增加，正面出现的频率越来越接近0.5。这说明，一次试验的结果可能由于种种随机因素产生一些波动，偏离其本质。但是，作为大量试验的平均结果，事件发生的频率和大量观测值的平均值都有独立于人的主观意志的稳定性。现实生活中，也经常用多次结果的平均值作为衡量的标准。如在测量物体的长度时，一般要进行多次测量，再将多次测量的结果加以平均作为该物体的长度；在朗诵比赛中，将各个评委的打分加以平均作为最后成绩，且参评的评委越多，平均分越接近选手的真实成绩。大数定律为日常生活中所应用的这种大量观测值的平均值的稳定性问题提供了理论依据。

贝努里大数定律：设 m 是 n 重贝努里试验中事件 A 发生的次数，p 是事件 A 在每次试验中发生的概率，则对于任意正整数 ε，有

$$\lim_{n\to\infty}P\left(\left|\frac{m}{n}-p\right|<\varepsilon\right)=1 \tag{4.20}$$

此定律表明当 n 很大时，事件发生的频率与概率有较大偏差的可能性很小。当试验次数很大时，就可以利用事件发生的频率来近似地代替事件的概率。贝努里试验中的随机变量是相互独立、服从同一个 0-1 分布的随机变量序列。我们不难将其推广到更一般的情形，得到下面的定理。

切比雪夫大数定律：设相互独立的随机变量 X_1，X_2，…，X_n，…分别具有均值 $E(X_1)$，$E(X_2)$，…，$E(X_n)$，…及方差 $D(X_1)$，$D(X_2)$，…，$D(X_n)$，…，若存在常数 C，使 $D(X_k)\leqslant C$ ($k=1, 2, \cdots$)，则对于任意正整数 ε，有

$$\lim_{n\to\infty}P\left(\left|\frac{1}{n}\sum_{k=1}^{n}X_k-\frac{1}{n}\sum_{k=1}^{n}E(X_k)\right|<\varepsilon\right)=1 \tag{4.21}$$

由切比雪夫大数定律可以看出，无论随机现象的个别结果如何，大量相互独立的随机现象的平均结果实际上不受随机现象个别结果的影响，平均后的随机变量将比较紧密地聚集在其期望的附近。

二、中心极限定理

在统计分析中，对于受多个因素影响的随机现象，除了找出影响问题的主要因素之外，往往还要考虑各个因素的综合影响。例如，对产品性能、商品价格、测量误差等问题进行定量分析。我们知道描述随机现象的各个因素的综合影响可以由各随机变量的和来构成，但要给出其精确分布却很困难。事实上，虽然每一个因素在总的变化里不起显著的作用，但描述这个随机现象的各随机变量的和近似服从正态分布。中心极限定理研究的就是在适当的条件下随机变量的部分和的分布收敛于正态分布的问题。这里给出的是中心极限定理中比较特殊的情形——独立同分布的随机变量和。

德莫佛-拉普拉斯中心极限定理：设 X_1，X_2，…是一个独立同分布的随机变量序列，且 $X_i\sim B(1, p)$ ($i=1, 2, \cdots$)，$Y_n=\sum_{i=1}^{n}X_i$，则对任意一个 x ($-\infty<x<+\infty$)，总有

$$\lim_{n\to\infty}P\left(\frac{Y_n-np}{\sqrt{np(1-p)}}\leqslant x\right)=\frac{1}{\sqrt{2\pi}}\int_{-\infty}^{x}\mathrm{e}^{-\frac{t^2}{2}}\mathrm{d}t \tag{4.22}$$

这个定理表明，二项分布的极限分布是正态分布。一般来说，当 n 较大时，二项分布的概率计算起来非常复杂，这时就可以用正态分布来近似地计算二项分布。如果在德莫佛-拉普拉斯中心极限定理中去掉 $X_i\sim B(1, p)$ 分布的限制，只保留 X_i ($i=1, 2, \cdots$) 独立同分布，则有下面的定理。

林德伯格-列维中心极限定理：设 X_1，X_2，…是一个独立同分布的随机变量序列，且 $E(X_i)=\mu$，$D(X_i)=\sigma^2$ ($i=1, 2, \cdots$)，则对任意一个 x ($-\infty<x<+\infty$)，总有

$$\lim_{n\to\infty}P\left[\frac{\sum_{i=1}^{n}X_i-n\mu}{\sqrt{n}\sigma}\leqslant x\right]=\frac{1}{\sqrt{2\pi}}\int_{-\infty}^{x}\mathrm{e}^{-\frac{t^2}{2}}\mathrm{d}t \tag{4.23}$$

这个定理表明，只要 n 比较大，随机变量 $\dfrac{\sum_{i=1}^{n}X_i-n\mu}{\sqrt{n}\sigma}$ 就近似服从标准正态分布。因而，$\sum_{i=1}^{n}X_i$ 近似服从正态分布 $N(n\mu,\ n\sigma^2)$。

不难看出，大数定律定性地指出了许多独立的随机因素叠加的平均结果收敛于常数而趋于稳定，而中心极限定理则定量地给出了这个叠加结果的极限分布。

【例 4-19】 某保险公司多年的统计资料表明，在索赔中被盗索赔户占 20%，以 X 表示在随机抽查的 100 个索赔户中，因被盗向保险公司索赔的户数。求被盗索赔户不少于 14 户且不多于 30 户的概率近似值。

解： 由题意，有 $X\sim B(100,\ 0.2)$，又根据德莫佛-拉普拉斯中心极限定理 $X\overset{\text{近似}}{\sim}N(20,\ 16)$，则被盗索赔户不少于 14 户且不多于 30 户的概率为：

$$\begin{aligned}P(14\leqslant X\leqslant 30)&\approx\Phi\left(\frac{30-20}{4}\right)-\Phi\left(\frac{14-20}{4}\right)\\&=\Phi(2.5)+\Phi(1.5)-1\\&=0.927\end{aligned}$$

【例 4-20】 检验员对某产品进行逐个检验，每检验一个需用 10 秒钟。有的产品需重复检验一次，再用去 10 秒钟。若产品需要重复检查的概率为 0.5，求检验员在 8 小时内检验的产品多于 1 900 个的概率。

解： 设 X 为检查 1 900 个产品所用的时间，X_k 为检查第 k 个产品所用的时间，则

X_k	10	20
概率	0.5	0.5

有 $E(X_k)=15$，$D(X_k)=25$，其中 X_1，X_2，…，$X_{1\,900}$ 独立同分布，且 $X=\sum_{k=1}^{1\,900}X_k$，$E(X)=28\,500$，$D(X)=47\,500$，$X\overset{\text{近似}}{\sim}N(28\,500,\ 47\,500)$，从而检验员在 8 小时内检验的产品多于 1 900 个的概率为：

$$\begin{aligned}P(10\times 1\,900\leqslant X\leqslant 3\,600\times 8)&\approx\Phi\left(\frac{28\,800-28\,500}{\sqrt{47\,500}}\right)-\Phi\left(\frac{19\,000-28\,500}{\sqrt{47\,500}}\right)\\&=\Phi(1.376)+\Phi(-43.589)\\&=0.916\,2\end{aligned}$$

第五节 利用 Excel 计算概率

Excel 为我们提供了较为丰富的概率计算的函数，其中涉及多种类型的概率分布，这里主要介绍几种常用的概率分布利用 Excel 的计算。此外，Excel 所提供的排列组合以及阶乘等函数也可以帮助我们计算古典概型的概率。

一、二项分布的概率计算

在 Excel 中，利用 BINOM. DIST 函数计算二项分布，即

BINOM. DIST(number_s，trials，probability_s，cumulative)

式中，参数 number _ s 为试验成功的次数；trials 为独立试验的次数；probability _ s 为每次试验中成功的概率；cumulative 为逻辑值，取 FALSE 为概率密度函数值，取 TRUE 为分布函数值。

设随机变量 $X \sim B(n, p)$，则

$$P(X=k)=C_n^k p^k(1-p)^{n-k}=\text{BINOM. DIST}(k, n, p, \text{FALSE})$$

$$P(X \leqslant k)=\sum_{i=0}^{k} C_n^i p^i(1-p)^{n-i}=\text{BINOM. DIST}(k, n, p, \text{TRUE})$$

在例 4－14 中，我们直接计算累计概率比较麻烦，但利用 Excel 计算就简单得多。此例中所求的 20 个人中有 2 个或 2 个以下的人失业的概率为：

$$P(X \leqslant 2)=\text{BINOM. DIST}(2, 20, 0.06, \text{TRUE})$$

得到的计算结果是 0. 885 0。如果此例中所求的是多于 2 个人失业的概率，则为：

$$P(X>2)=1-P(X \leqslant 2)=1-\text{BINOM. DIST}(2, 20, 0.06, \text{TRUE})$$

得到的结果是 0. 115 0。

二、泊松分布的概率计算

在 Excel 中，利用 POISSON 函数计算泊松分布，即

POISSON. DIST(x，mean，cumulative)

式中，参数 x 为事件数；mean 为期望值；cumulative 为逻辑值，取 FALSE 为概率密度函数值，取 TRUE 为分布函数值。

设随机变量 $X \sim P(\lambda)$，则

$$P(X=k)=\frac{\lambda^k}{k!}e^{-\lambda}=\text{POISSON. DIST}(k, \lambda, \text{FALSE})$$

$$P(X \leqslant k)=\sum_{i=0}^{k} \frac{\lambda^{i}}{i!} \mathrm{e}^{-\lambda}=\text{POISSON. DIST}(\mathrm{k}, \lambda, \mathrm{TRUE})$$

在例 4－15 中，也可以利用 Excel 计算泊松分布的概率。此例中周一早晨 4 分钟内恰有 5 个顾客光临的概率为：

$P(X=5)=$POISSON. DIST(5，3.5，FALSE)

得到的结果是 0.132 2。如果此例中所求的是 4 分钟内不多于 5 个顾客光临的概率，则为：

$P(X\leqslant 5)=$POISSON. DIST(5，3.5，TRUE)

得到的结果是 0.857 6。

三、指数分布的概率计算

在 Excel 中，利用 EXPONDIST 函数计算指数分布，即

EXPON. DIST(x,lambda,cumulative)

式中，x 为函数的数值；lambda 为参数值；cumulative 为逻辑值，取 FALSE 为概率密度函数值，取 TRUE 为分布函数值。

设随机变量 $X\sim E(\lambda)$，则

$$P(X \leqslant x)=\int_{0}^{x} \lambda \mathrm{e}^{-\lambda t} \mathrm{d} t=\text{EXPON. DIST}(\mathrm{x}, \lambda, \mathrm{TRUE})$$

在例 4－17 中，利用 Excel 计算指数分布的概率。此例中求任意两个残次品之间产生时间少于 15 分钟的概率，则

$P(0<X<15)=$EXPON. DIST(15，0.069，TRUE)

得到的结果是 0.644 8。

四、正态分布的概率计算

在 Excel 中，利用 NORM. DIST 函数计算正态分布，即

NORM. DIST(x,mean,standard_dev,cumulative)

式中，参数 x 为需要计算其分布的数值；mean 为期望值；standard _ dev 为标准差；cumulative 为逻辑值，取 FALSE 为概率密度函数值，取 TRUE 为分布函数值。

设随机变量 $X\sim N(\mu, \sigma^2)$，则

$$P(X \leqslant x)=\int_{-\infty}^{x} \frac{1}{\sqrt{2 \pi} \sigma} \mathrm{e}^{-\frac{1}{2 \sigma^{2}}(t-\mu)^{2}} \mathrm{d} t=\text{NORM. DIST}(\mathrm{x}, \mu, \sigma, \mathrm{TRUE})$$

对于标准正态分布，有

$$P(X \leqslant x)=\int_{-\infty}^{x} \frac{1}{\sqrt{2\pi}} \mathrm{e}^{-\frac{t^2}{2}} \mathrm{d}t = \text{NORM. DIST(x，0，1，TRUE)}$$

或

$$\text{NORM. S. DIST(x，TRUE)}$$

在例 4-18 中，利用 Excel 计算正态分布的概率。此例中求这种商品销售量为 30～50 件的概率，则

$$P(30 \leqslant X \leqslant 50) = \text{NORM. DIST(50，40，10，TRUE)} - \text{NORM. DIST(30，40，10，TRUE)}$$

得到的结果是 0.682 7。由于计算精度，与前面的结果略有差异。

□ 本章小结

（1）随机现象是在给定的条件下不能确切预言其结果的现象。对随机现象的观测称为随机试验。随机试验应具有明确性、随机性和重复性。在随机试验中，可能出现也可能不出现的结果，称为随机事件。

（2）在概率的描述性定义中，概率被定义为随机事件发生可能性大小的数量。在概率的统计定义中，概率被定义为频率的稳定值。当试验不能重复进行时，依据经验和感觉判定的概率称为主观概率。

（3）本章主要介绍了条件概率、全概率公式、贝叶斯公式和事件的独立性的计算。其中由条件概率还推出了可用来计算两个积事件概率的乘法公式。全概率公式是已知“原因”推断“结果”的概率计算公式，而贝叶斯公式是已知“结果”推断“原因”的概率计算公式。事件的独立性是指一个事件的发生对另一事件没有影响。

（4）随机变量就是随试验结果的不同而变化的量。随机变量所有可能值的集合及其相对应的概率叫作随机变量的概率分布。随机变量的统计性质可由它的概率分布来表征。随机变量又分为离散型随机变量和连续型随机变量两种类型。

（5）随机变量的数字特征是对随机变量的某一个方面的统计特性的概括描述。主要包括数学期望、方差、标准差和协方差。数学期望是以概率为权数的随机变量的加权平均值。方差表示随机变量平均偏离均值的程度。协方差刻画了随机变量之间联系的紧密程度。

（6）本章介绍了几种常见的概率分布。主要的离散型分布有两点分布、二项分布、泊松分布；主要的连续型分布有均匀分布、指数分布、正态分布。运用有关的概率函数可以进行概率计算。

（7）大数定律与中心极限定理都是讨论随机变量序列的极限定理。贝努里大数定律的本质是随机事件发生的频率具有稳定性；切比雪夫大数定律的本质是大量测量值的算术平均值具有稳定性。中心极限定理的本质是随机变量是由大量的相互独立的随机因素共同作用形成的，而其中每一个因素所起的作用都很小，则这种随机

变量往往近似服从正态分布。

(8) 利用 Excel 计算概率主要是利用相关统计函数进行计算。

□ 思考与练习

一、判断分析题

1. 写出下列随机试验的样本空间：

(1) 抛一枚硬币3次，观察正面出现的次数；

(2) 观察总机每天9：00—10：00接到的电话次数；

(3) 观察某地区每天最高温度和最低温度。

2. 设某超市有奖销售，投放 n 张奖券，只有1张有奖。每位顾客可抽取1张。问第 k 位顾客是否中奖与抽奖顺序是否有关？

3. 小李参加智力问答游戏，他能答出甲、乙两类问题的概率分别是0.6和0.2，两类问题都能答出的概率是0.1，为什么不是 0.6×0.2？

4. 若随机事件 A 发生的概率 $P(A)$ 很小，即个别试验中事件 A 实际上是不可能发生的，在实际问题中小概率事件是否都是可以忽略的？

二、选择题

1. 设事件 A，B，$A\supset B$，则以下等式关系总成立的是（　　）。

A. $P(A\mid B)=P(A)$　　B. $P(A\mid \bar{B})=P(A)$

C. $P(\bar{A}-\bar{B})=P(\bar{A})$　　D. $P(\bar{A}\cup\bar{B})=P(\bar{B})$

2. 设随机变量 X 的密度函数为 $f(x)=\dfrac{c}{1+x^2}$ $(-\infty<x<+\infty)$，则常数 c 的值为（　　）。

A. $\dfrac{1}{\pi}$　　B. 1

C. $\dfrac{1}{2\pi}$　　D. 2π

3. 已知随机变量 X 与 Y，则下列表示式总成立的是（　　）。

A. $E(XY)=E(X)E(Y)$　　B. $E(X+Y)=E(X)+E(Y)$

C. $D(X+Y)=D(X)+D(Y)$　　D. $D(XY)=D(X)D(Y)$

三、计算题

1. 有关小公司为其员工提供的福利情况的统计信息表明，有42%的小公司提供养老保险，61%的小公司提供医疗保险。假设33%的公司两项都提供。随机抽取一个公司，已知该公司提供养老保险，则该公司提供医疗保险的概率是多少？抽取的公司两项保险至少提供一项的概率是多少？

2. 交通部门对百姓出行选择的调查表明，40%的人选择火车，30%的人选择汽车，30%的人选择飞机，火车、汽车、飞机晚点的概率分别为20%，25%，40%。若一个人出行时到达目的地晚点了，则他乘坐火车的概率是多少？

3. 国际市场上每年对我国某种商品的需求量（单位：吨）服从［2 000，4 000］上的均匀分布。若每出售 1 吨可获得外汇 3 万美元；如果销售不出去，则会造成该商品积压，每吨需要保管费 1 万美元。求应组织多少货源，才能使平均收益最大？

4. 在夏季，宾馆和雨伞店的利润取决于天气。某市每年夏季，20%是雨天，80%是晴天。两行业夏季的利润情况如表 4－2 所示。

表 4－2　　宾馆和雨伞店的利润　　单位：元

天气	宾馆利润	雨伞店利润
雨天	−1 000	4 500
晴天	2 000	−500

求每年夏季宾馆获得利润和雨伞店获得利润的协方差。

5. 某商店出售某种物品，根据以往的经验，每月销售量 X 服从参数为 4 的泊松分布，问在月初进货时，要进多少才能以 99%的概率充分满足顾客的需要？

6. 设某个市民去行政大厅办理业务，在窗口等待的时间服从参数为 0.2 的指数分布，如果等待超过 10 分钟，他就会离开。该市民某天去行政大厅，他未等到服务就离开的概率是多少？

7. Runzheimer 国际公司出版了有关世界各城市旅游所需费用的资料，并给出了在世界各地出差所需的津贴总额。其中，在阿根廷布宜诺斯艾利斯出差，有 86.65%的所需津贴少于 449 美元。如果出差津贴的标准差是 36 美元，这里假定出差津贴服从正态分布，那么在布宜诺斯艾利斯出差，其出差津贴的平均值是多少？

8. 某新开业的餐馆要在步行街上发放广告宣传单，已知每个路过的人接受宣传单的概率为 1/3，求当发出 100 份宣传单时路过的人数为 280～320 人的概率。

9. 某项调查表明，65%的金融业顾客对他们的主要金融服务机构非常满意。假设随机抽取 40 个顾客，利用 Excel 计算其中恰好有 23 个顾客对他们的主要金融服务机构满意的概率。

请扫描二维码，获取资源：
参考 4.3　第四章习题详解

第五章 参数估计

Chapter 5

调查公司的调查结果是否可信

某商家推出新产品之前，想了解消费者对新产品的接受程度和满意程度，为预测产品市场前景及设计相应市场策略提供依据。该商家委托调查公司对销售区域的消费者展开调查。调查公司随机抽取了 10 个主要城市的 1 000 名消费者进行调查，样本数据显示 75%的受访者能接受新产品，其中 28%的消费者表示非常满意。那么调查公司这一调查结果可信吗？能不能根据这个调查结果估计新产品的全国市场容量？为了进行这样的估计，应该具备哪些前提条件？通过本章的学习，读者能够了解和掌握解决这一问题的基本方法。

第一节　抽样分布

一、抽样的基本概念

请扫描二维码，获取资源：参考 5.1　怎样统计超常的“大数据”？全面调查还是抽样调查

引例中，商家想要了解新产品全国的潜在市场容量，那么最直接的方法就是在全国范围内对所有该产品的消费者进行调查，但是进行全面调查的成本很高，而且要花费很长时间，因此调查公司随机选择了 10 个主要城市的 1 000 名消费者作为样本进行调查，以这些调查者的行为来推断全国所有消费者的行为。这样的过程称为抽样。

下面介绍抽样推断涉及的基本概念。

（一）样本容量与样本个数

1. 样本容量

样本是从总体中抽出的部分单位的集合，这个集合中包含的单位个数称为**样本容量**，一般用 n 表示。样本容量的大小与样本估计总体特征的可靠度成正比，然而，样本容量的增大也会带来抽样成本的增加。一般，样本容量大于 30 的样本称为大样本，不超过 30 个的样本称为小样本。在引例中，抽取的样本容量为 1 000。

2. 样本个数

样本个数又称样本可能数目，它指从一个总体中可能抽取的多少个样本。样本个数的多少与抽样方法有关。例如针对同一个总体，采用放回抽样与不放回抽样的方法，样本个数不同。

（二）总体参数与样本统计量

1. 总体参数

总体的数量特征就是总体的参数，例如总体均值、总体成数（比率）、总体方差与标准差等。它们是反映总体分布特征的重要指标。总体参数是常数。

2. 样本统计量

样本统计量反映样本的数量特征，与总体参数相对应。常见的样本统计量有样本平均数、样本成数、样本方差等。由于每次抽取的样本有可能不同，因此样本统计量是样本的一个函数，是随机变量。

在以后章节中，计算总体参数时，用小写字母 x 表示总体各单位标志值；计算样本统计量时，用大写字母 X 表示样本单位标志值。同理，总体单位数用大写字母 N 表示；样本容量用小写字母 n 表示。计算总体参数的公式中使用的权数是整个总体分组资料下的权数；计算样本统计量所使用的权数是样本分组资料下的权数。

（三）放回抽样与不放回抽样

1. 放回抽样

放回抽样（或重置抽样）是指从总体 N 个单位中分 n 次抽出一个容量为 n 的样本。每次抽出一个单位并记录其标志值后，又将其放回总体中继续参加下一轮单位的抽取。放回抽样的特点是：第一，n 个单位的样本是由 n 次相互独立的随机试验结果构成的。第二，每次试验是在相同条件下进行的，即每个单位在每次试验中被抽中的机会（概率）是相同的。在放回抽样中，样本个数是 N^n。

2. 不放回抽样

不放回抽样（或不重置抽样）是指从总体中分 n 次抽取 n 个样本单位，但每次抽取完一个单位后，该单位不放回原总体，下一次抽取时只能从余下的总体单位中抽取样本。因此，不放回抽样相当于从总体中同时抽取 n 个样本。其特点是：第一，n 个单位的样本是由 n 次不相互独立的试验结果构成的。第二，每个单位在多次试验中被抽中的机会是不等的。在不放回抽样中，若考虑单位顺序，样本个数为 $\frac{N!}{(N-n)!}$；若不考虑单位顺序，其样本个数为 $\frac{N!}{(N-n)!\,n!}$。

二、抽样分布

如前所述，样本统计量是随机变量，因此有其自身的分布特点。从同一总体中抽出样本容量相同的所有可能样本后，计算每个样本的统计量取值及相应的概率，就构成了样本统计量的抽样分布。因此，**抽样分布**就是样本统计量的概率分布。抽样分布是开展统计推断的理论依据，具有重要的作用。

（一）样本平均数的抽样分布

样本平均数是根据所抽取的样本观测值计算的平均数。假定总体单位数为 N，其均值为 μ，方差为 σ^2，从总体中抽出的样本为 X_1，X_2，…，X_n，样本平均数的数学期望记为 $E(\overline{X})$，样本平均数的方差记为 $\sigma^2(\overline{X})$（或$\sigma_{\overline{X}}^2$）。由于统计量的取值与抽样方式相关，因此我们分别考虑放回抽样和不放回抽样下的抽样分布。

1. 放回抽样的样本平均数分布

（1）当总体服从正态分布时，根据正态分布再生定理，样本平均数服从正态分布。

（2）当总体不服从正态分布时，根据中心极限定理，当 n 充分大时（通常要求 $n\geqslant30$），样本平均数近似服从正态分布。

由于样本中的每个 X_i（$i=1, 2, \cdots, n$）都是从总体中随机抽出的，与总体同分布且相互独立，因此样本平均数的期望值与方差分别是：

$$
\begin{aligned}
E(\overline{X})&=E\left(\frac{X_1+X_2+\cdots+X_n}{n}\right)=\frac{1}{n}[E(X_1)+E(X_2)+\cdots+E(X_n)]=\mu \\
\sigma^2(\overline{X})&=\sigma^2\left(\frac{X_1+X_2+\cdots+X_n}{n}\right)=\frac{1}{n^2}[\sigma^2(X_1)+\sigma^2(X_2)+\cdots+\sigma^2(X_n)]=\frac{\sigma^2}{n}
\end{aligned}
\tag{5.1}
$$

式（5.1）说明，第一，样本平均数分布的中心与总体分布的中心完全相同；第二，样本平均数分布的方差是总体分布方差的 $1/n$。样本平均数分布比总体分布更为集中。

由于样本均值是随机变量，因此任何一次抽样计算得到的样本平均数与总体均值之间可能存在一定误差。这种误差可以用抽样平均数的标准差来反映，即抽样平均数与总体平均数的平均误差程度，称为**抽样平均误差**，通常记为$\sigma_{\overline{X}}$，即

$$
\sigma_{\overline{X}}=\frac{\sigma}{\sqrt{n}} \tag{5.2}
$$

式（5.2）说明，一般情况下，抽样平均误差比总体标准差小得多。抽样平均

误差随样本容量增大而减小。

因此，在一定条件下，放回抽样的样本平均数抽样分布为：

$$\overline{X} \sim N\left(\mu, \frac{\sigma^2}{n}\right)$$

【例 5-1】 某班组有 8 名工人，他们的单位工时组装零件个数分别是 20，26，18，20，19，22，21，18 个，现用放回抽样方式从 8 名工人中抽出 4 名，计算样本的单位工时平均计件数的抽样平均误差。

解： 总体分布的平均数与方差分别为：

$$\mu = \frac{\sum x}{N} = \frac{20+26+18+20+19+22+21+18}{8} = 20.5$$

$$\sigma^2 = \frac{\sum (x-\mu)^2}{N} = \frac{(20-20.5)^2+(26-20.5)^2+\cdots+(18-20.5)^2}{8} = 6$$ ①

抽样平均误差为：

$$\sigma_{\overline{X}} = \frac{\sigma}{\sqrt{n}} = \frac{\sqrt{6}}{\sqrt{4}} \approx 1.22$$

2. 不放回抽样的样本平均数分布

不放回抽样下样本平均数的分布形式与放回抽样相似，运用正态分布的再生定理和极限分布定理，可知其服从或近似服从正态分布。

数学上可以证明，在不放回抽样下，样本平均数的期望、方差及抽样平均误差分别为：

$$E(\overline{X}) = \mu$$

$$\sigma^2(\overline{X}) = \frac{\sigma^2}{n}\frac{N-n}{N-1}$$

$$\sigma_{\overline{X}} = \frac{\sigma}{\sqrt{n}}\sqrt{\frac{N-n}{N-1}} \approx \frac{\sigma}{\sqrt{n}}\sqrt{1-\frac{n}{N}} \tag{5.3}$$

从直观上讲，由于不放回抽样排除了"每次抽出的都是极端值"的可能，有利于降低抽样误差，因此不放回抽样的抽样误差小于放回抽样。

在实际应用中，当总体单位数 N 很大，而样本容量占总体比重很小时，修正系数近似为 1，不放回抽样可以近似用放回抽样方式处理。

因此，在一定条件下，不放回抽样的样本平均数抽样分布为：

$$\overline{X} \sim N\left(\mu, \frac{\sigma^2}{n}\frac{N-n}{N-1}\right)$$

（二）样本成数的抽样分布

总体成数 ρ 是指具有某种特征的单位在总体中的比重，**样本成数** P 是指具有此种

① 利用 Excel 计算时，其方差为实际样本方差，与此处计算有差别。

特征的单位占所有样本单位的比重。总体成数可以表现为 0－1 分布的平均数。设随机变量 X 为 0－1 变量，当总体单位具有该特征时，变量 X 取 1，否则取 0。假设总体单位数为 N，具有某种特征的单位数为 N_1，则变量 X 的均值 μ 和方差 σ^2 分别为：

$$\mu=\frac{N_1}{N}=\rho$$
$$\sigma^2=\rho(1-\rho) \tag{5.4}$$

1. 放回抽样下样本成数的抽样分布

抽取的样本中具有某类特征的样本单位数是 n_1，则样本成数为：

$$P=\frac{n_1}{n} \tag{5.5}$$

根据概率分布理论，总体中抽出一个容量为 n 的样本时，样本中具有某种特征的单位数 x 服从二项分布，即有 $x\sim B(n,\ \rho)$，因而样本成数 $P=x/n$ 也服从二项分布。根据中心极限定理，当样本容量充分大时，二项分布趋于正态分布。所以在大样本下，样本成数近似服从正态分布。

样本成数的均值、方差及抽样平均误差分别为：

$$E(P)=\mu=\rho$$
$$\sigma^2(P)=\frac{\sigma^2}{n}=\frac{\rho(1-\rho)}{n}$$
$$\sigma_P=\sqrt{\frac{\rho(1-\rho)}{n}} \tag{5.6}$$

在实际中，总体成数 ρ 常常是未知的，但只要样本充分大，计算样本成数的期望值与方差时，可以用样本成数 P 观测值来代替。

2. 不放回抽样下样本成数的抽样分布

同上，大样本下不放回抽样的样本成数近似服从正态分布，由于总体参数通常并不知道，所以可以用样本成数来近似判断。

样本成数的期望与方差分别为：

$$E(P)=\rho$$
$$\sigma^2(P)=\frac{\rho(1-\rho)}{n}\frac{N-n}{N-1} \tag{5.7}$$

同样，不放回抽样下的抽样平均误差也需要一定调整，公式为：

$$\sigma_P\approx\sqrt{\frac{\rho(1-\rho)}{n}\left(1-\frac{n}{N}\right)} \tag{5.8}$$

当样本容量 n 仅占总体单位很小比例时，修正系数近似 1，不放回抽样可按放回抽样处理。

【例 5－2】 某大学想了解本校在读大学生的兼职比例，现采用放回抽样方式抽查 400 人，其中有过兼职经历或正在兼职的比例为 70%，求样本兼职比例的抽样平均误差。

解：由题意知，$P=0.7$，则

$$\sigma_P=\sqrt{\frac{P(1-P)}{n}}=\sqrt{\frac{0.7\times0.3}{400}}\approx2.29\%$$

第二节　点估计与估计量的评价标准

一、点估计

点估计就是直接以样本统计量作为相应总体参数的估计量，因此也称为定值估计。点估计的优点在于直接简便，在已知样本统计量时便可得到总体参数的估计值。在统计中经常使用的点估计量有：

$$\begin{cases}\hat{\mu}=\overline{X}\\ \hat{\rho}=P\\ \hat{\sigma}^2=S^2=\dfrac{\sum(X-\overline{X})^2}{n-1}\end{cases}\tag{5.9}$$

式中，$\hat{\mu}$，$\hat{\rho}$，$\hat{\sigma}^2$ 分别表示总体均值、总体成数与总体方差的点估计量。

二、估计量的优良标准

在利用点估计方法估计总体均值时，可以使用样本平均数，也可以用样本中位数或样本众数进行估计。但哪一个估计量最优？这就需要对这些样本统计量进行评价，即估计量的优良标准。优良估计量应符合以下三个标准。

（1）**无偏性**。即估计量的期望等于被估计参数。用 θ 表示总体的待估计参数，$\hat{\theta}$ 是估计 θ 的样本统计量，无偏性指：

$$E(\hat{\theta})=\theta\tag{5.10}$$

无偏性要求样本统计量的分布是以总体参数真值为中心，对所有可能样本而言，估计量的均值等于总体参数真值。

（2）**有效性**。即优良估计量的方差应比其他估计量的方差小。现有 $\hat{\theta}_1$ 和 $\hat{\theta}_2$ 都是总体参数 θ 的无偏估计量，如果 $\sigma^2(\hat{\theta}_1)<\sigma^2(\hat{\theta}_2)$，说明估计量 $\hat{\theta}_1$ 比 $\hat{\theta}_2$ 更有效。有效性说明 $\hat{\theta}_1$ 的抽样分布更为集中，对总体参数的推断更为可靠。

（3）**一致性**。指随着样本容量不断增大，样本统计量收敛于总体参数真值的概率将不断增大。用公式表示就是：

$$\lim_{n\to\infty}P(|\hat{\theta}-\theta|<\varepsilon)=1\tag{5.11}$$

式中，ε 为任意小的数。它说明，当 n 充分大时，$\hat{\theta}$ 与 θ 之间的偏差能在很大概率保证下控制在任意给定的范围之内。

可以证明，样本平均数、样本成数都具有上述优良性质。

第三节 简单随机抽样的区间估计

上一节介绍的点估计虽然简单，但由于只提供了一个估计值，无法提供关于估计值与总体参数接近程度的信息。本节介绍的**区间估计**则通过给出参数估计的上下限，以及该区间成立的概率，弥补了点估计的上述不足。

设 $\hat{\theta}_1$ 和 $\hat{\theta}_2$（$\hat{\theta}_1<\hat{\theta}_2$）分别作为总体参数 θ 区间估计的下限和上限，则要求有

$$P(\hat{\theta}_1\leqslant\theta\leqslant\hat{\theta}_2)=1-\alpha \tag{5.12}$$

式中，α（$0<\alpha<1$）称为区间估计的**显著性水平**，其取值大小由实际问题确定，通常取1%，5%和10%。$1-\alpha$ 称为**置信度**，它表示区间估计的可靠性。因此，$[\hat{\theta}_1, \hat{\theta}_2]$ 是置信度为 $1-\alpha$ 的 θ **置信区间**。一般来讲，估计的准确性与可靠性是一对矛盾，在样本容量不变的条件下，要缩小置信区间，提高准确性，必然要求减少置信度，降低可靠性。

一、总体均值的置信区间

在简单随机抽样下，总体均值的区间估计有以下三种情况。

（一）总体服从正态分布，且方差 σ^2 已知

当总体服从正态分布时，样本平均数 $\overline{X}\sim N(\mu, \sigma_{\overline{X}}^2)$。将 $\overline{X}$ 标准化后得到服从标准正态分布的 Z 统计量，即

$$Z=\frac{\overline{X}-\mu}{\sigma_{\overline{X}}}\sim N(0,1) \tag{5.13}$$

Z 统计量分布密度函数如图5-1所示。

根据前面区间估计的定义，从图中可以构造总体均值 μ 的置信区间。对于给定的显著性水平 α，有

$$P(-z_{\alpha/2}\leqslant Z\leqslant z_{\alpha/2})=1-\alpha \tag{5.14}$$

将式（5.13）代入上式，得

$$P\left(-z_{\alpha/2}\leqslant\frac{\overline{X}-\mu}{\sigma_{\overline{X}}}\leqslant z_{\alpha/2}\right)=1-\alpha$$

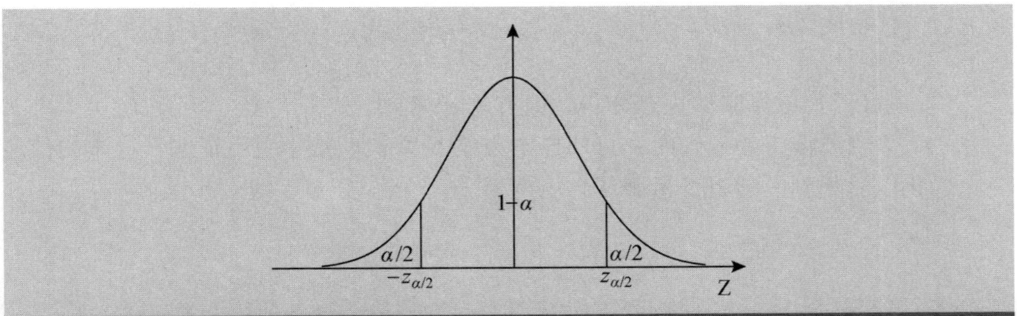

图 5-1　标准正态分布的双侧临界值

对上式括号内做不等式的等价变换后，得

$$P(\overline{X}-z_{\alpha/2}\sigma_{\overline{X}}\leqslant\mu\leqslant\overline{X}+z_{\alpha/2}\sigma_{\overline{X}})=1-\alpha \tag{5.15}$$

于是，置信度 $1-\alpha$ 下 μ 的置信区间的上下限为：

$$[\overline{X}-z_{\alpha/2}\sigma_{\overline{X}},\overline{X}+z_{\alpha/2}\sigma_{\overline{X}}] \tag{5.16}$$

将抽样平均误差的计算公式（5.2）或式（5.3）代入式（5.16），可得置信度为 $1-\alpha$ 的总体均值置信区间公式：

放回抽样时：$\overline{X}\pm z_{\alpha/2}\dfrac{\sigma}{\sqrt{n}}$　　(5.17)

不放回抽样时：$\overline{X}\pm z_{\alpha/2}\dfrac{\sigma}{\sqrt{n}}\sqrt{\dfrac{N-n}{N-1}}$　　(5.18)

其中，临界值 $z_{\alpha/2}$ 可以查正态分布表得到。临界值 $z_{\alpha/2}$ 与显著性水平 α、置信度 $1-\alpha$ 之间密切相关。如果增大置信度，α 就要相应地减小，临界值 $z_{\alpha/2}$ 增大；反之，区间估计的可靠性减小，α 增加，临界值也减小。

【例 5-3】 某银行想对本月银行储户提取的现金平均数做估计，现采用随机不放回抽样方式在现有的 2 000 名储户中抽取 400 名储户的提现记录，测得样本的平均提现额度为 1 000 元。已知储户提现额度服从正态分布，且标准差为 150 元。试以 95%的置信度估计本月该行储户的平均提现额度的置信区间。

解： 已知 $\overline{X}=1\,000$ 元，$n=400$，$\sigma=150$，$1-\alpha=95\%$，$\alpha=5\%$。这时查标准正态分布表，可得临界值为：

$$z_{\alpha/2}=z_{0.025}=1.96$$

由于总体服从正态分布，不放回抽样，置信区间上下限是：

$$\overline{X}\pm z_{\alpha/2}\frac{\sigma}{\sqrt{n}}\sqrt{\frac{N-n}{N-1}}$$

$$=1\,000\pm1.96\times\frac{150}{\sqrt{400}}\sqrt{\frac{2\,000-400}{2\,000-1}}\approx1\,000\pm13.15$$

因此，在置信度 95%下，该行储户的平均提现额度的置信区间为 986.85～

1 013.15 元。

（二）总体服从正态分布，但方差 σ^2 未知

当总体方差未知时，可用样本方差 S^2 替代。数学上可证明，样本均值经过标准化以后得到的随机变量服从自由度为 $n-1$ 的 t 分布，即

$$t=\frac{\overline{X}-\mu}{S/\sqrt{n}}\sim t(n-1) \tag{5.19}$$

t 分布是类似正态分布的对称分布，总体均值的置信区间为：

$$\text{放回抽样时：}\overline{X}\pm t_{\alpha/2,n-1}\frac{S}{\sqrt{n}} \tag{5.20}$$

$$\text{不放回抽样时：}\overline{X}\pm t_{\alpha/2,n-1}\frac{S}{\sqrt{n}}\sqrt{\frac{N-n}{N-1}} \tag{5.21}$$

临界值 $t_{\alpha/2,n-1}$ 要查 t 分布表（自由度为 $n-1$）得到。在大样本场合，t 分布与标准正态分布非常接近，可直接从标准正态分布表中查临界值 $z_{\alpha/2}$ 来代替 $t_{\alpha/2,n-1}$。

【例 5-4】 某社区便利店在 4 星期内抽查 25 位顾客的消费额（元）如下，求置信度为 90%的顾客平均消费额的估计区间。

15	24	38	34	30
18	30	25	46	34
44	20	24	26	34
48	18	46	19	22
36	42	24	32	31

解：第一步：通过 Excel 进行统计计算（具体计算过程参见上一章）可得

$$\overline{X}=30.4,\ S=9.73,\ \sigma_{\overline{X}}=S/\sqrt{n}\approx 1.95$$

第二步：根据给定的置信度 $F(z)=90\%$，查 t 分布概率表得

$$t_{\alpha/2,24}=1.71$$

第三步：计算估计区间的上下限。

$$\text{平均消费额下限}=\overline{X}-1.71\,\sigma_{\overline{X}}\approx 27.07(\text{元})$$
$$\text{平均消费额上限}=\overline{X}+1.71\,\sigma_{\overline{X}}\approx 33.73(\text{元})$$

因此，置信度为 90%的社区便利店顾客的平均消费额置信区间为 27.07～33.73 元。

（三）非正态总体

当总体为非正态时，数学上可以证明，当样本容量 n 足够大时，若总体方差已

知，总体均值的置信区间估计公式为 $\overline{X} \pm z_{\alpha/2}\frac{\sigma}{\sqrt{n}}$；若方差总体未知，总体均值的置信区间估计公式为 $\overline{X} \pm z_{\alpha/2}\frac{S}{\sqrt{n}}$。一般，$n>30$ 就可认为样本容量足够大。

二、总体成数的置信区间

这里只讨论大样本情况下的估计问题。总体成数的区间估计类似于总体均值的估计：

放回抽样时：$P \pm z_{\alpha/2}\sqrt{\frac{\rho(1-\rho)}{n}}$　(5.22)

不放回抽样时：$P \pm z_{\alpha/2}\sqrt{\frac{\rho(1-\rho)}{n}}\sqrt{\frac{N-n}{N-1}}$　(5.23)

在实践中，由于总体成数 ρ 常常未知，通常用样本成数 P 来代替。

【例 5-5】 某保险公司欲了解本地区汽车保险的出险情况。随机抽查了 100 辆机动车过去一年的保单，其中有 25 份保单有出险记录。试以 95%的置信度估计该地区汽车保险出险率的置信区间。

解： 已知 $n=100$，样本出险率 $P=25/100=25\%$，置信度 $1-\alpha=95\%$，$\alpha=5\%$，查正态分布表有 $z_{\alpha/2}=1.96$，因此总体成数的置信区间为：

$$\left[P-z_{\alpha/2}\sqrt{\frac{P(1-P)}{n}},P+z_{\alpha/2}\sqrt{\frac{P(1-P)}{n}}\right]$$

$$=\left[0.25-1.96\times\sqrt{\frac{0.25\times0.75}{100}},0.25+1.96\times\sqrt{\frac{0.25\times0.75}{100}}\right]$$

$$\approx[16.51\%,33.49\%]$$

故该地区机动车的出险率在 95%置信度下的估计区间为 16.51%～33.49%。

三、两个总体均值及两个总体成数之差的置信区间

(一) 两个总体均值之差的置信区间

在实践中，经常会遇到这样的问题：某连锁餐饮企业需要比较两家加盟店的平均日销售额，以确定新产品首先在哪里销售；某报业集团需要对旗下两份报纸的发行量进行比较，以确定加大对哪一份报纸的资金投入；等等。这就需要对两个总体的均值之差做出估计。

1. 两个总体的方差 σ_1^2，σ_2^2 已知情况下的估计

不论两总体是否服从正态分布，若两总体方差已知，在大样本下，可以证明，两个独立样本算出的 $\overline{X}_1-\overline{X}_2$ 的抽样分布近似服从

$$\overline{X}_1-\overline{X}_2 \sim N\left(\mu_1-\mu_2,\frac{\sigma_1^2}{n_1}+\frac{\sigma_2^2}{n_2}\right)　(5.24)$$

进而可有，两总体均值之差 $\mu_1-\mu_2$ 在 $1-\alpha$ 置信度下的置信区间为：

$$(\overline{X}_1-\overline{X}_2)\pm z_{\alpha/2}\sqrt{\frac{\sigma_1^2}{n_1}+\frac{\sigma_2^2}{n_2}} \tag{5.25}$$

【例5-6】 某百货集团公司负责人想知道最近一个月两家分店的顾客平均每人来店消费之差。他从两家分店各抽取了一个由36名顾客组成的随机样本。样本平均值如下：A分店为4 500元/人，B分店为3 250元/人。设已知两个总体方差分别为 $\sigma_A^2=2\ 500$ 和 $\sigma_B^2=3\ 600$，且两家分店顾客的消费均服从正态分布。试求在置信度95%下 $\mu_A-\mu_B$ 的区间估计。

解： 依题意有

$$\overline{X}_A\sim N(\mu_A,2\ 500),\ \overline{X}_B\sim N(\mu_B,3\ 600)$$
$$\overline{X}_A=4\ 500,\ \overline{X}_B=3\ 250,\ n_A=n_B=36$$

因而 $\mu_A-\mu_B$ 的置信度为95%的置信区间为：

$$(\overline{X}_A-\overline{X}_B)\pm z_{\alpha/2}\sqrt{\frac{\sigma_A^2}{n_A}+\frac{\sigma_B^2}{n_B}}=(4\ 500-3\ 250)\pm 1.96\times\sqrt{\frac{2\ 500}{36}+\frac{3\ 600}{36}}$$
$$\approx 1\ 250\pm 25.51=(1\ 224.49,1\ 275.51)$$

2. 两个总体方差 σ_1^2，σ_2^2 未知情况下的估计

（1）两个总体均服从正态分布，且 $\sigma_1^2=\sigma_2^2$。这一情形下，σ^2 可由以下联合估计量估计：

$$S_P^2=\frac{(n_1-1)S_1^2+(n_2-1)S_2^2}{n_1+n_2-2} \tag{5.26}$$

可以证明，样本统计量（$\overline{X}_1-\overline{X}_2$）服从自由度为（$n_1+n_2-2$）的 t 分布，其中，分布中心为（$\mu_1-\mu_2$），标准差为：

$$\hat{\sigma}_{\overline{X}_1-\overline{X}_2}=S_{\overline{X}_1-\overline{X}_2}=S_P\sqrt{\frac{1}{n_1}+\frac{1}{n_2}}$$

变换后可得到两个总体均值之差 $\mu_1-\mu_2$ 的 $1-\alpha$ 置信度的置信区间为：

$$(\overline{X}_1-\overline{X}_2)\pm t_{\alpha/2}(n_1+n_2-2)S_P\sqrt{\frac{1}{n_1}+\frac{1}{n_2}} \tag{5.27}$$

【例5-7】 某连锁超市有两家分店，一家靠近商业区，一家靠近住宅区；同样的商品，在两家分店的销量有所不同。经理认为可能与两个地区顾客人群的差异有关。假定经理要求调查顾客平均年龄的差异，从两家分店收集到的样本数据如下：

商业区：样本顾客数15，样本顾客的平均年龄40，样本标准差3；

住宅区：样本顾客数16，样本顾客的平均年龄35，样本标准差5。

假定两区域顾客的年龄分布服从正态分布，且方差相等。试在置信度为95%的条件下，估计两分店顾客平均年龄差异的置信区间。

解：由题意知，两总体均服从正态分布，方差相等但具体数值未知，有

$$\overline{X}_1=40,\ \overline{X}_2=35,\ S_1^2=9,\ S_2^2=25,\ n_1=15,\ n_2=16$$

σ 的联合估计量为：

$$S_P=\sqrt{\frac{(n_1-1)S_1^2+(n_2-1)S_2^2}{n_1+n_2-2}}=\sqrt{\frac{(15-1)\times 9+(16-1)\times 25}{15+16-2}}\approx 4.16$$

查表得

$$t_{\alpha/2}(n_1+n_2-2)=t_{0.025}(29)=2.045$$

依公式，$\mu_1-\mu_2$ 的置信度为 $1-\alpha$ 的置信区间为：

$$(\overline{X}_1-\overline{X}_2)\pm t_{\alpha/2}(n_1+n_2-2)S_P\sqrt{\frac{1}{n_1}+\frac{1}{n_2}}=(40-35)\pm 2.045\times 4.16\times\sqrt{\frac{1}{15}+\frac{1}{16}}$$

从而所求置信区间为［1.94，8.06］。该结果显示，在 95%的置信度下商业中心与住宅区顾客平均年龄的差值在 2～8 岁之间。

（2）两个总体均服从正态分布，且$\sigma_1^2\neq\sigma_2^2$。这一情形下，样本统计量$\overline{X}_1-\overline{X}_2$的方差估计为$\left(\frac{S_1^2}{n_1}+\frac{S_2^2}{n_2}\right)$，其抽样分布近似服从自由度为 f 的 t 分布。f 的计算公式为：

$$f=\frac{\left(\frac{S_1^2}{n_1}+\frac{S_2^2}{n_2}\right)^2}{\frac{(S_1^2/n_1)^2}{n_1}+\frac{(S_2^2/n_2)^2}{n_2}} \tag{5.28}$$

若 f 不是整数，则取与 f 最接近的整数作为自由度的取值。

在置信度 $1-\alpha$ 下 $\mu_1-\mu_2$ 的近似估计区间为：

$$(\overline{X}_1-\overline{X}_2)\pm t_{\alpha/2}(f)\sqrt{\frac{S_1^2}{n_1}+\frac{S_2^2}{n_2}} \tag{5.29}$$

（3）两总体不服从正态分布，且总体方差σ_1^2和σ_2^2未知。该情形只考虑大样本下的均值差区间估计。若 n_1 和 n_2 很大，可运用中心极限定理，并将 S_1 和 S_2 分别作为 σ_1 和 σ_2 的估计值，构造 $\mu_1-\mu_2$ 在 $1-\alpha$ 置信度下的近似置信区间为：

$$(\overline{X}_1-\overline{X}_2)\pm z_{\alpha/2}\sqrt{\frac{S_1^2}{n_1}+\frac{S_2^2}{n_2}} \tag{5.30}$$

（二）两个总体成数之差的置信区间

假设分别从两个总体中随机抽取容量为 n_1 和 n_2 的样本，并计算两个样本的成数 P_1 和 P_2。可以证明，当 n_1 和 n_2 都很大，而且总体成数不太接近 0 或 1 时，P_1-P_2 的抽样分布近似服从

$$P_1-P_2\sim N\left(\rho_1-\rho_2,\frac{\rho_1(1-\rho_1)}{n_1}+\frac{\rho_2(1-\rho_2)}{n_2}\right) \tag{5.31}$$

从而在 $1-\alpha$ 置信度下，总体成数差 $\rho_1-\rho_2$ 的置信区间为：

$$(P_1-P_2)\pm z_{\alpha/2}\sqrt{\frac{\rho_1(1-\rho_1)}{n_1}+\frac{\rho_2(1-\rho_2)}{n_2}} \tag{5.32}$$

但由于 ρ_1，ρ_2 均未知，实际计算时用样本成数 P_1 和 P_2 代替。

【例5-8】 某饮料公司对其所做的报纸广告在两个城市的效果进行了比较，它从两个城市中分别随机调查了1 000个成年人，其中看过该广告的样本成数分别为 $P_1=0.18$ 和 $P_2=0.14$，试求两个城市成年人中看过该广告的成数之差的95%的置信区间。

解：由于样本容量 $n_1=n_2=1\,000$，该样本属于大样本。由题意知

$$P_1=0.18,\ 1-P_1=0.82,\ P_2=0.14,\ 1-P_2=0.86,\ 1-\alpha=0.95$$

$$z_{\alpha/2}=1.96$$

请扫描二维码，获取资源：参考5.2 如何正确解读置信区间

故置信区间为：

$$(0.18-0.14)\pm 1.96\times\sqrt{\frac{0.18\times 0.82}{1\,000}+\frac{0.14\times 0.86}{1\,000}}$$

即 [0.007 9，0.072 1]。因此，我们以95%的把握估计两个城市成年人中看过该广告的成数差在0.79%～7.21%之间。

第四节 样本容量的确定

一、问题的提出

我们知道，在一定的样本容量下，抽样估计结论的精度与可靠性存在矛盾，当精度提高时，必然要以牺牲可靠性为条件；反之亦然。同时，在抽样过程中，增大样本容量 n 可以相应减少抽样误差，但如果 n 选得过大，则有可能超过抽样成本的预算。因此，样本容量 n 究竟应取多少，是一个值得思考的问题。

样本容量的大小主要取决于两个考虑：第一，估计精度的高低，即希望估计值与真值接近到什么程度，具体可表现为置信区间的宽窄；第二，可靠性的大小，即有多大的把握可以使估计值落入给定的置信区间内。

二、估计总体均值样本容量的确定

（一）放回抽样

当总体方差已知时，置信区间的估计公式为：

$$\overline{X} \pm z_{\alpha/2}\frac{\sigma}{\sqrt{n}}$$

令 $\Delta = z_{\alpha/2}\frac{\sigma}{\sqrt{n}}$，表示**极限误差**，即用样本均值估计总体均值所允许的最大绝对误差。将极限误差公式两边平方整理后，可得

$$n = \frac{z_{\alpha/2}^2\sigma^2}{\Delta^2} \tag{5.33}$$

由上式可以清楚地看出，需要的样本容量 n 与极限误差、置信度以及总体标准差有以下关系：

（1）一般而言，总体标准差越大，需要的样本容量 n 越大。

（2）在置信度（通过 $z_{\alpha/2}$ 反映）给定的条件下，要减少极限误差，就需要增大样本容量。

（3）需要的样本容量 n 与置信度成正比，即要求的可靠程度越高，$z_{\alpha/2}$ 就越大，需要的样本容量也会相应增大。

【例 5-9】 某企业想估计本企业职工上个月上下班花在路途上的平均时间。经验表明，总体标准差为 4.3 分钟。以置信度 95%的置信区间进行估计，并使估计值处在真正平均值附近 1 分钟的误差范围之内。该企业应抽取多大的样本？

解： 已知 $\sigma=4.3$，$\alpha=0.05$，$z_{\alpha/2}=1.96$，$\Delta=1$，则

$$n = z_{\alpha/2}^2\frac{\sigma^2}{\Delta^2} = \frac{(1.96)^2\ (4.3)^2}{1^2} = 71.03 \approx 72$$

因此，该企业至少应抽取 72 名职工为样本。

说明：当公式计算的结果带有小数时，样本容量应取比这个数大的最小整数。

（二）不放回抽样

总体方差已知，总体均值估计的极限误差为 $\Delta = z_{\alpha/2}\frac{\sigma}{\sqrt{n}}\sqrt{1-\frac{n}{N}}$，两边平方进行整理，得

$$n = \frac{Nz_{\alpha/2}^2\sigma^2}{N\Delta^2 + z_{\alpha/2}^2\sigma^2} \tag{5.34}$$

该公式表示在不放回抽样下，已知极限误差和概率度的必要样本容量。

三、估计总体成数样本容量的确定

（一）放回抽样

估计总体成数时，放回抽样的极限误差为：

$$\Delta = z_{\alpha/2}\sqrt{\frac{1}{n}\rho(1-\rho)} \tag{5.35}$$

在实际应用中，总体的方差与成数一般都未知。这时可利用相关资料替代：一是用历史资料已有的方差与成数代替；二是在进行正式抽样调查前进行几次试验性调查，用试验中方差的最大值代替总体方差；三是成数方差在完全缺乏资料的情况下，就用成数方差的最大值 0.25 代替。

用样本成数 P 代替 ρ，式（5.35）两边同时平方，经整理后可得

$$n=z_{\alpha/2}^2\frac{\rho(1-\rho)}{\Delta^2}\approx z_{\alpha/2}^2\frac{P(1-P)}{\Delta^2} \tag{5.36}$$

【例 5-10】 一家公司想估计某地区拥有彩色电视机的家庭所占的比例。该公司希望对 ρ 的估计误差不超过 0.05，要求置信度为 95%，这时应取多大容量的样本?

解： 根据相关知识，当 $P=0.5$ 时，样本成数方差达到最大值。因此，在无法得到 P 值时，可以用 $P=0.5$ 计算。这样得出的必要样本容量虽然可能比实际需要的容量大一些，但可以充分保证有足够高的置信度和尽可能小的置信区间。

已知 $\alpha=0.05$，$z_{\alpha/2}=1.96$，$\Delta=0.05$，因此必要的样本容量为：

$$n=z_{\alpha/2}^2\frac{P(1-P)}{\Delta^2}\approx\frac{(1.96)^2\times0.5\times(1-0.5)}{(0.05)^2}\approx385$$

因此，为了以 95% 的置信度保证估计误差不超过 0.05，应抽取 385 户进行调查。

（二）不放回抽样

同理，可由不放回抽样总体成数的置信区间估计公式推得

$$n=\frac{Nz_{\alpha/2}^2P(1-P)}{N\Delta^2P+z_{\alpha/2}^2P(1-P)} \tag{5.37}$$

式中，用样本成数 P 代替了未知的总体成数。

第五节 利用 Excel 进行参数估计

本节重点介绍如何利用 Excel 进行总体参数的区间估计。我们以例 5-4 的求解为例，说明利用 Excel 进行区间估计的具体步骤。

1. 构造工作表

如图 5-2 所示，首先在各个单元格输入以下内容。其中，A2:A26 单元格为样本数据，即观察样本在便利店的消费额。B2:B11 单元格为计算过程中要用到的样本统计量、置信水平、中间变量及最终结果的名称。C2:C11 单元格为对应的计算公式，其中置信水平由用户直接输入。

	A	B	C
1	消费额	总体平均数的估计	
2	15	样本个数	COUNT(消费额)
3	24	样本均值	AVERAGE(消费额)
4	38	样本标准差	STDEV(消费额)
5	34	置信水平	0.9
6	30	抽样标准误差	样本标准差/SQRT(样本个数)
7	18	自由度	样本个数-1
8	30	t值	TINV((1-置信水平),自由度)
9	25	置信区间半径	t值*样本标准差
10	46	置信区间上界	样本均值-置信区间半径
11	34	置信区间下界	样本均值+置信区间半径
12	44		

图 5-2

2. 各统计量的计算

先定义样本数据的变量名。选定 A1:A26 单元格，在［公式］选项卡“定义的名称”命令组中，点击［根据所选内容创建］，然后在弹出的对话框中，确保“首行”被选中（默认即是），最后点击［确定］按钮。

再将 B2:B11 单元格的名称定义为 C2:C11 单元格各个公式计算结果的变量名。选定 B2:C11 单元格，在［公式］选项卡“定义的名称”命令组中，点击［根据所选内容创建］，然后在弹出的对话框中，确保“最左列”被选中（默认即是），最后点击［确定］按钮，即可得到图 5-3 所示的结果。

	A	B	C	D
1	消费额	总体平均数的估计		
2	15	样本个数	25	
3	24	样本均值	30.4	
4	38	样本标准差	9.72967968	
5	34	置信水平	0.9	
6	30	抽样标准误差	1.945935936	
7	18	自由度	24	
8	30	t值	1.71088208	
9	25	置信区间半径	3.329266921	
10	46	置信区间上界	27.07073308	
11	34	置信区间下界	33.72926692	
12	44			

图 5-3

可以看出，该便利店顾客平均消费额的置信区间为 27.07～33.73 元。

在总体方差已知的情况下，可借助函数 CONFIDENCE. T 或 CONFIDENCE. NORM 进行区间估计。

□ 本章小结

（1）抽样涉及的基本概念有：

1）样本容量与样本个数：样本容量指样本中包含的单位数；样本个数指从总体中抽取的样本可能数目。

2）总体参数与样本统计量：总体参数反映总体分布的数量特征；样本统计量反映样本的数量特征。

3）重复抽样与不重复抽样：按照是否将已抽出的样本放回总体，简单随机抽样可分为重复抽样与不重复抽样。

（2）样本平均数抽样分布的性质：

1）$E(\overline{X})=\mu$

2）$\sigma_{\overline{X}}=\begin{cases}\dfrac{\sigma}{\sqrt{n}}, & \text{重复抽样}\\ \dfrac{\sigma}{\sqrt{n}}\sqrt{\dfrac{N-n}{N-1}}, & \text{不重复抽样}\end{cases}$

（3）样本成数抽样分布的性质：

1）$E(P)=\rho$

2）$\sigma_P=\begin{cases}\sqrt{\dfrac{\rho(1-\rho)}{n}}, & \text{重复抽样}\\ \sqrt{\dfrac{\rho(1-\rho)}{n}}\sqrt{\dfrac{N-n}{N-1}}, & \text{不重复抽样}\end{cases}$

（4）参数估计。参数估计分为点估计与区间估计两种。在点估计时，要注意估计方法的优良性要求，即无偏性、有效性与一致性要求。在区间估计时，要注意给出估计的置信度的特殊要求。

单样本的区间估计的主要内容可归纳为图5-4。

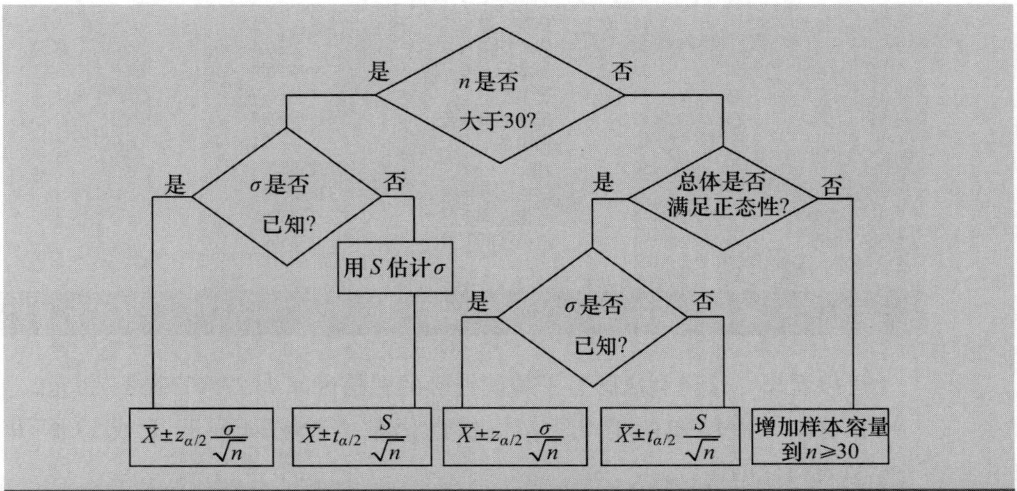

图5-4

双样本的区间估计可归纳为图5-5。

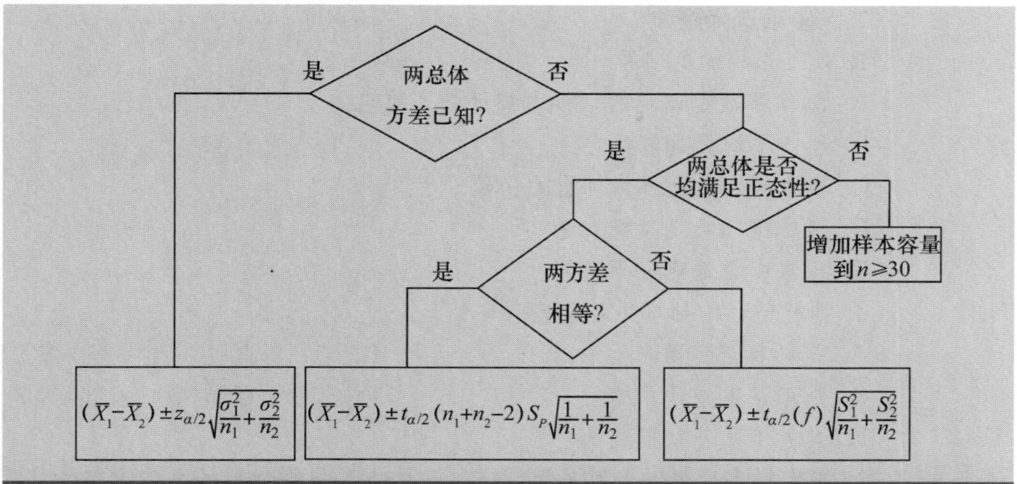

图 5-5

□ 思考与练习

一、单项选择题

1. 在其他条件不变的情况下，如果允许误差缩小为原来的 1/2，则样本容量（　　）。

A. 扩大为原来的 2 倍　　B. 扩大为原来的 4 倍

C. 缩小为原来的 1/2　　D. 缩小为原来的 1/4

2. 当样本单位数充分大时，样本估计量充分地靠近总体指标的可能性趋于 1，称为抽样估计的（　　）。

A. 无偏性　　B. 一致性　　C. 有效性　　D. 充分性

3. 抽样平均误差的实质是（　　）。

A. 总体标准差　　B. 抽样总体的标准差

C. 抽样误差的标准差　　D. 样本平均数的标准差

4. 不放回抽样平均误差（　　）。

A. 总是大于放回抽样平均误差　　B. 总是小于放回抽样平均误差

C. 总是等于放回抽样平均误差　　D. 以上情况都可能发生

5. 设 X_1，X_2，…，X_n为来自总体 X 的样本，$E(X)=\mu$，$D(X)=\sigma^2$，以下结论错误的是（　　）。

A. $\hat{\mu}_1=\overline{X}$ 是 μ 的无偏估计

B. $\hat{\mu}_2=(X_1+X_2)/2$ 是 μ 的有偏估计

C. $\hat{\mu}_1$ 比 $\hat{\mu}_2$ 有效

D. $\frac{1}{n}\sum_{i=1}^{n}(X_i-\overline{X})^2$ 是 σ^2 的无偏估计

二、多项选择题

1. 以下正确的论述是（　　）。

A. 总体参数是确定的，样本统计量是随机的

B. 总体平均数是常数

C. 样本统计量是样本变量的函数

D. 样本平均数是随机变量

E. 样本成数是确定不变的

2. 抽样估计的抽样平均误差（　　）。

A. 是不可避免要产生的　　B. 是可以通过改进调查方法消除的

C. 是可以事先计算的　　D. 只有调查结束之后才能计算

E. 其大小是可以控制的

3. 确定样本容量时，可采用（　　）的方法取得近似的总体方差估计值。

A. 参考以往调查的经验资料

B. 以试点调查的样本方差来估计

C. 在做成数估计时，用成数方差最大值0.25来代替

D. 根据总体的分布及其数学性质加以推算

E. 假定总体不存在标志变异，方差为零

4. 抽样推断中，常用的总体参数有（　　）。

A. 统计量　　B. 总体均值

C. 总体成数　　D. 总体方差

E. 总体标准差

三、计算题

1. 某厂商提供了5台家用电器，其使用寿命数据（年）分别为6.5，8.0，7.4，7.0，5.0，现在用不放回抽样的方法从中抽出2台构成样本，观察其使用寿命。要求：

（1）计算总体零部件的平均寿命和标准差；

（2）列出样本平均寿命的抽样分布；

（3）计算样本平均寿命的平均数，并检验是否等于总体平均寿命；

（4）计算样本平均寿命的标准差；

（5）按公式计算抽样平均误差，并验证是否等于（4）的结果。

2. 某地区的统计年鉴公布了各个行业从业人员的平均年收入。其中，服务业的从业人员平均年收入为50 000元。假定该结果是建立在一个由250名服务业从业人员组成的样本基础上，且样本标准差为400元。计算服务业从业人员总体平均年收入置信度为95%的区间估计。

3. 某一居民小区共有居民500户，小区管理者准备采取一项新的供水措施，想了解居民是否赞成。采取放回抽样的方式随机抽取了50户，其中有32户赞成，18户反对。

（1）求总体中赞成该项新措施的户数比例的置信区间，要求置信度为95%。

（2）如果小区管理者预计估计误差不超过 0.1，应该抽取多少户进行调查？

4. 已知广告时间总体具有正态分布。选取 12 个主要卫星电视晚上 8：00 最佳时段播出的电视节目组成样本，从中得到广告时间（单位：分钟）的代表性数据：

6.0　7.0　6.6　5.8　7.2　7.3　6.0　6.3　5.7　6.2　7.0　6.8

计算在晚上 8：00 最佳时段内平均广告时间的点估计和 95%的置信区间。

5. 由两个老师教的两个班的统计学课程期末考试分数构成的样本如表 5－1 所示。对于 5%的显著性水平，检验得出的结果能否支持两个班级平均分数不同的结论？假定两班统计学期末考试成绩均服从正态分布。

表 5－1

教师 A	教师 B
$n_1=12$	$n_2=15$
$\overline{X}_1=72$	$\overline{X}_2=78$
$S_1^2=64$	$S_2^2=100$

6. 从某企业工人中随机抽选部分进行调查，所得工资分布数列如表 5－2 所示。

表 5－2

工资水平（元）	600	700	800	900	1 000
工人数（人）	5	10	11	20	4

（1）以 95.45%的置信度估计该企业工人平均工资的置信区间，以及该企业工人中工资不少于 800 元的工人所占比重的置信区间。

（2）如果要求估计平均工资的允许误差范围不超过 30 元，估计工资不少于 800 元的工人所占比重的允许误差范围不超过 10%，置信度仍为 95.45%，试问至少应抽取多少工人？

请扫描二维码，获取资源：
参考 5.3　第五章习题详解

第六章 假设检验

Chapter 6

汽车销售商的促销计划是否有效

面对激烈的市场竞争，某品牌汽车考虑实施促销计划，以提高本品牌汽车的销售量。从各经销商的平均销售数据来看，目前该品牌汽车的每月平均销售量为 15 辆。在实施了 4 周的促销计划以后，对选定的若干经销商的销售数据进行收集。样本数据显示，在过去的一个月中，这些汽车经销商的平均销售量增加了 6 辆。这一结果能否说明该促销计划确实使销售量有所增加？该促销计划是否确实有效？为了解决这个问题，需要用到统计学中的“假设检验”方法。学完本章的内容，读者就会对这类问题有完整的了解。

第一节 假设检验的基本原理

一、假设检验的基本原理

假设检验与区间估计都属于统计推断的范畴，二者的共同之处在于：都是通过样本数据对总体的特征进行推断；差别主要在于：区间估计是以大概率为标准，推断出总体参数的取值范围，而假设检验是以小概率原理为标准，对总体参数或分布形式的假设进行判断。

这里提到的**小概率原理**，是指概率很小的事件在一次试验中通常是不可能发生的。若在原假设成立的前提下，通过一次抽样就使小概率事件得以发生，可以认为原假设是不正确的，应予以否定；反之，则不能否定原假设。这就是假设检验判断的基本逻辑。举例来说，在10 000件产品中，如果只有1件是次品，那么随机抽取1件产品，正好抽到次品的概率为0.01%，这个概率是非常小的。如果从这批产品中随机抽取1件，却碰到是次品，那么，我们就有理由怀疑该批产品的次品率是否真的有这么低。也就是说，我们有足够的理由否认该批产品的次品率很低的假设。

在假设检验的应用中，通常以显著性水平 α（$0<\alpha<1$）作为小概率的界限。一般，α 取0.05（5%）；对于一些比较严格的情况，例如在一些高精密质量检验的假设检验中，它可以取0.01或者更小。α 越小，做出拒绝原假设判断的说服力就越强。

二、假设检验的规则与两类错误

（一）假设检验的规则

综合上面假设检验的原理分析，给出假设检验的步骤：

（1）根据实际应用问题确定合适的假设。假设包括两种：一种是原假设，用 H_0 表示；另一种是备择假设，用 H_1 表示。**原假设**是事先给定的关于总体参数的假设。**备择假设**是与原假设互相对立的假设。如果原假设被否定，备择假设就会自然成立。例如，在引例中我们想了解促销计划实施以后，汽车的销售量是否有所变化。此时的假设应为 H_0：$\mu=15$，H_1：$\mu\neq15$，称这样的检验为**双侧检验**；如果我们想了解的是通过促销汽车销售量是否有所增加，那么此时的假设应为 H_0：$\mu\leqslant 15$，H_1：$\mu>15$，称为**右侧检验**；如果在引例中，样本数据显示该计划实行后销售量反而下降，此时想要了解该情况是否属实，设定的假设形式应为 H_0：$\mu\geqslant15$，H_1：$\mu<15$，该检验称为**左侧检验**。

（2）确定检验统计量。通过数理统计分析确定统计量及其抽样分布。

（3）给定显著性水平 α 确定临界值。在原假设成立的条件下，由检验统计量的抽样分布情况求出相应的临界值，该临界值为原假设的接受域与拒绝域的分界值。

（4）由样本资料计算检验的统计量值，并与临界值比较。若样本统计量落入拒绝域，则拒绝原假设；若样本统计量落入接受域，则不能拒绝原假设。

所谓**拒绝域**，即检验统计量取值的小概率区域。图6-1的阴影部分分别显示了双侧检验、左侧检验、右侧检验的拒绝域。拒绝域与接受域的分界点称为临界值，如图6-1中的 $\pm z_{\alpha/2}$ 和 $\pm z_{\alpha}$。在实践中，通常是通过查相关的统计表得到临界值后，确定拒绝域。

另一种假设检验的判断依据是 ***P* 值检验**。其原理如下：在假定原假设成立的情况下，可以计算出检验统计量超过或者小于（还要依照分布的不同，单侧检验、双侧检验的差异而定）由样本计算出的检验统计量值的概率 P；将此 P 值与显著性水平 α 进行比较，如果 P 值小于 α，说明小概率事件发生，可以否定原假设；如果 P 值大于 α，就不能否定原假设。P 值检验在很多统计软件中得到应用。

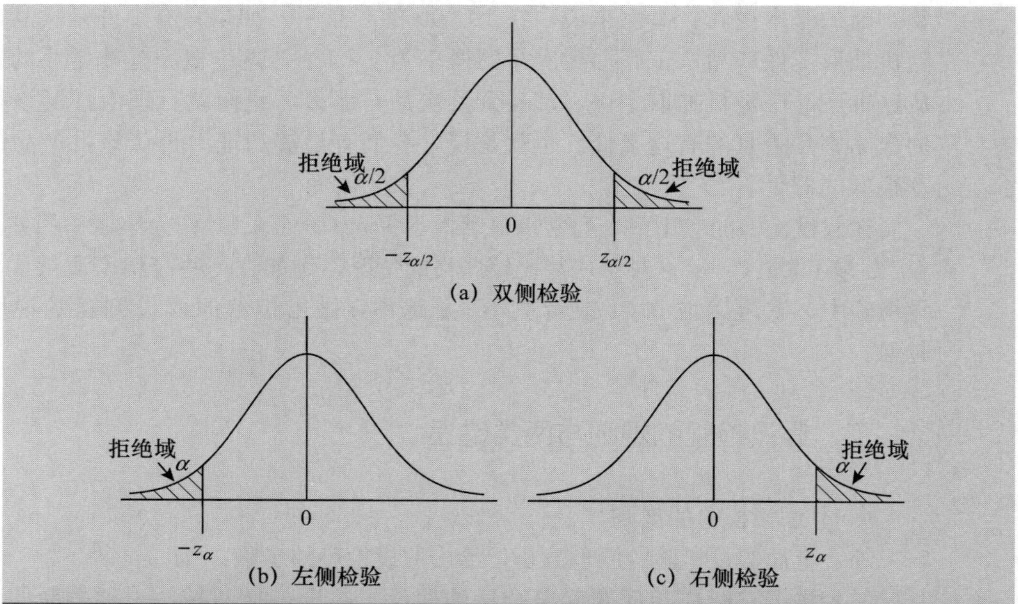

图6-1 双侧检验与单侧检验

（二）两类错误

如前所述，假设检验是根据统计量落入的区域做出判断的。由于检验统计量是随机变量，由此做出的判断不可能完全正确，可能出现以下两类错误。

(1) **第一类错误（弃真错误）**，指错误地拒绝了真实的原假设。在原假设为真的情况下，统计量恰巧落入了小概率的拒绝区域，因而拒绝了原假设。显著性水平 α 是犯第一类错误的概率。

(2) **第二类错误（纳伪错误）**，指错误地接受了错误的原假设。在原假设为假的情况下，统计量落入了接受域，未拒绝原假设。犯第二类错误大小的概率用 β 表示。

$$\alpha=P(Z>z_\alpha \mid H_0 \text{ 为真})$$
$$\beta=P(Z<z_\alpha \mid H_0 \text{ 为假})$$

无论是第一类错误还是第二类错误，都是检验结论失真的表现，都应尽可能避免。然而，对于一定的样本容量 n，二者不能同时变小，减小 α 必然导致 β 增大，反之，减小 β 必然导致 α 增大。以右侧检验情况为例，它们之间的关系如图6-2所示。

若增大样本容量，可使两类错误发生的概率减小。但样本容量也不能无限制增加。因此，在假设检验中，就存在一个对两类错误进行控制的问题。在应用中通常的做法是，首先控制犯第一类错误的大小。由于 α 被控制在一个较小的概率水平，所以当拒绝原假设时，能够以较大的把握肯定备择假设成立；而当接受原假设时，纳伪错误 β 并没有得到控制，其取值大小也不可计算，因此并不知道能以多大的把握肯定原假设确实成立，只能说“没有充分的理由拒绝原假设”。至于原假设成立与否，尚需进一步验证。

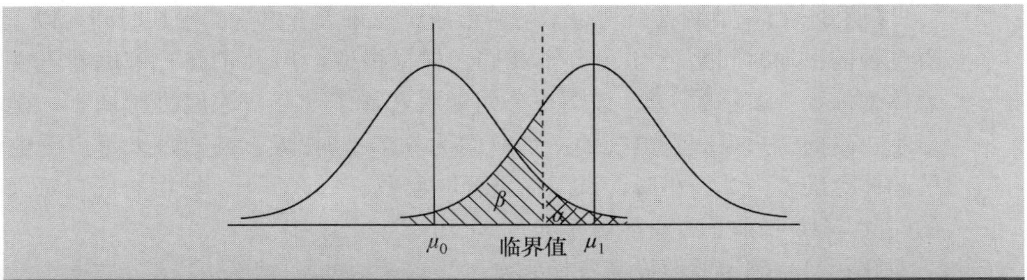

图 6-2　α 与 β 关系示意图

三、检验功效

由于 β 表示接受不真实原假设结论的概率，那么 $1-\beta$ 就是拒绝不真实原假设的概率。若 $1-\beta$ 的数值接近于 1，表明不真实的原假设几乎都能够被拒绝。反之，若 $1-\beta$ 接近于 0，表明犯第二类错误的可能性很大。因此，$1-\beta$ 可以用作表示假设检验工作好坏的一个指标，称为**检验功效**。在 α 给定的条件下，$1-\beta$ 越大，检验的功效越好。

β 的大小除了与 α 和样本容量有关外，还与原假设的参数值 μ_0 与总体参数的真实值 μ 之间的差异有关。差异越大，就越容易鉴别出样本来自哪一总体，犯第二类错误的概率会降低，从而提高检验的功效。

请扫描二维码，获取资源：参考 6.1　假设检验原理在生活中的应用

第二节　总体参数假设检验

一、总体均值的假设检验

（一）总体标准差已知

根据抽样分布理论可知，以下情形的样本平均数服从正态分布：

（1）总体服从正态分布；

（2）总体分布状况未知，但样本容量 n 充分大。

针对具体问题，我们设定不同形式的原假设与备择假设；当 H_0 为真，且总体标准差已知时，构造服从标准正态分布的检验统计量 Z：

$$Z=\frac{\overline{X}-\mu_0}{\sigma/\sqrt{n}}\sim N(0,1) \tag{6.1}$$

式中，μ_0 为原假设设定的总体均值。

通过样本数据计算 Z 统计量，根据其是否落入拒绝域做出判断。

【例6-1】 某调查公司想了解城市居民户每天看电视的平均时间，以了解人们看电视的平均时间是否与10年前相同。根据报道，10年前每户家庭看电视时间的总体均值为7.5小时/天。该调查公司随机选择了200户家庭进行调查，样本数据显示，目前每户家庭看电视的平均时间为6.7小时/天。已知每天每户看电视时间的总体标准差为2.5小时，试问在显著性水平$\alpha=0.05$下，城市居民户每天看电视的时间与10年前是否有显著差异？

解：（1）确定原假设与备择假设。

$$H_0: \mu = 7.5, H_1: \mu \neq 7.5$$

本例中，我们所关心的是城市居民每天看电视的时间均值与以前有无显著差异，因此使用双侧检验。

（2）构造检验统计量。

在H_0为真的假定下，总体标准差已知且样本容量较大，构造Z统计量。

$$Z=\frac{\overline{X}-7.5}{\sigma/\sqrt{n}}$$

（3）根据显著性水平，确定拒绝域。

$\alpha=0.05$，双侧检验，拒绝域在两边，查标准正态分布表得临界值$z_{\alpha/2}=1.96$，拒绝域是$(-\infty, -1.96] \cup [1.96, +\infty)$。

（4）计算检验统计量的样本观测值。

$$Z_0=\frac{\overline{X}-7.5}{\sigma/\sqrt{n}}=\frac{6.7-7.5}{2.5/\sqrt{200}}\approx -4.53$$

（5）判断。

$Z_0=-4.53<-1.96$，检验统计量的样本取值落入拒绝域。拒绝原假设，从而认为目前城市居民看电视的平均时间与10年前有显著差异。

（二）总体标准差未知

在正态总体条件下，用样本标准差替代总体标准差后，样本均值的抽样分布服从自由度为$n-1$的t分布。因而，构造的检验统计量称为t统计量。

$$t=\frac{\overline{X}-\mu_0}{S/\sqrt{n}} \sim t(n-1) \tag{6.2}$$

式中，S为样本标准差。

需要注意的是，在大样本下，t分布与标准正态分布近似，此时可以用Z统计量代替t统计量。

【例6-2】 某糖果生产基地，生产的标准是每袋糖果的净重为500克。今从一批产品中抽出10袋，实际测得每袋糖果的净重（克）为：

512 503 498 507 496 489 499 501 496 506

给定显著性水平$\alpha=0.01$，假定生产的糖果净重服从正态分布，试问该批产品的重量是否显著高于标准？

解：（1）确定原假设与备择假设。

$$H_0: \mu \leqslant 500,\ H_1: \mu > 500$$

该检验为右侧检验。

（2）确定临界值。单侧检验仅有一个临界值；$n=10$，自由度为 $n-1=9$，$\alpha=0.01$，查表得

$$t_\alpha(n-1)=t_{0.01}(9)=2.821$$

（3）计算样本统计量。在计算样本统计量之前，需要先计算样本均值和样本标准差。

样本均值为：

$$\overline{X}=\frac{\sum X}{n}=\frac{5\,007}{10}=500.7(\text{克})$$

样本标准差为：

$$S=\sqrt{\frac{\sum(X-\overline{X})^2}{n-1}}=\sqrt{\frac{392.1}{10-1}}\approx 6.601(\text{克})$$

样本的检验统计量为：

$$t_0=\frac{\overline{X}-\mu_0}{S/\sqrt{n}}=\frac{500.7-500}{6.601/\sqrt{10}}\approx 0.335$$

（4）判断。由于样本统计量 $t_0=0.335<$ 临界值 $t_{0.01}(9)=2.821$，所以不能拒绝原假设，因而认为该批产品的重量并没有显著地高于规定的标准。

二、两个总体均值之差的检验

在两个总体的假设检验中，可以进行独立抽样，也可以进行配对抽样。独立抽样时，要求两样本彼此独立；配对抽样时，要求两样本形成配对关系。下面举例说明。

某车间有两种加工方法供工人完成任务，现想确认哪种方法最有效，故选择两组样本进行比较。

（1）独立样本方案。从工人中抽取样本容量为 n_1 的简单随机样本，每个工人使用加工方法 1；再从剩余工人中抽取样本容量为 n_2 的简单随机样本，每个工人使用加工方法 2，同时记录两组工人完成任务的时间。

（2）配对样本方案。从工人中抽取一个容量为 n 的简单随机样本，每个工人先使用一种方法，后用另一种方法，即每个工人提供两个数据，一个是使用方法 1 的任务完成时间，一个是使用方法 2 的任务完成时间。

（一）独立样本的均值检验

1. 总体标准差已知

设两总体分别是 $\xi_1 \sim N(\mu_1, \sigma_1^2)$，$\xi_2 \sim N(\mu_2, \sigma_2^2)$，分别从这两个总体中独立抽样，得到两组样本，它们的容量分别是 n_1 和 n_2，均值分别是 $\overline{X}_1$ 和 $\overline{X}_2$。可知，$\overline{X}_1 - \overline{X}_2 \sim N\left(\mu_1-\mu_2, \dfrac{\sigma_1^2}{n_1}+\dfrac{\sigma_2^2}{n_2}\right)$。可以使用 Z 统计量进行检验：

$$Z=\frac{(\overline{X}_1-\overline{X}_2)-(\mu_1-\mu_2)}{\sqrt{\dfrac{\sigma_1^2}{n_1}+\dfrac{\sigma_2^2}{n_2}}} \sim N(0,1) \tag{6.3}$$

按备择假设的不同，存在三种情形：

（1）H_0：$\mu_1=\mu_2$，H_1：$\mu_1 \neq \mu_2$，双侧检验；

（2）H_0：$\mu_1 \geqslant \mu_2$，H_1：$\mu_1 < \mu_2$，左侧检验；

（3）H_0：$\mu_1 \leqslant \mu_2$，H_1：$\mu_1 > \mu_2$，右侧检验。

【例 6-3】 为了研究商学院学生和工学院学生在毕业之后平均收入的高低，从某学校中抽查了 30 名商学院毕业生和 24 名工学院毕业生，测得收入的平均值分别为 2 100 元和 1 800 元，假定两学院毕业生的薪金均服从正态分布，且已知总体标准差分别为 250 元和 300 元。试问抽样结果是否支持“商学院毕业生的薪金比工学院毕业生更高”这一观点（$\alpha=0.05$）？

解：记 X_1，X_2 分别是商学院毕业生和工学院毕业生薪金的样本数据，μ_1，μ_2 和 σ_1^2，σ_2^2 分别是两样本总体均值和方差。由题意知：$\overline{X}_1=2\ 100$，$\overline{X}_2=1\ 800$，$\sigma_1^2=250^2$，$\sigma_2^2=300^2$，两样本容量分别是 $n_1=30$，$n_2=24$。检验步骤如下：

（1）建立原假设和备择假设。

$$H_0: \mu_1 \leqslant \mu_2, \quad H_1: \mu_1 > \mu_2$$

（2）确定拒绝域。根据备择假设选右侧检验。显著性水平为 $\alpha=0.05$，查标准正态分布表得临界值 $z_\alpha=1.645$，拒绝域是 $[1.645, +\infty)$。

（3）假定 H_0 为真，计算检验统计量的样本观测值。

$$Z_0=\frac{\overline{X}_1-\overline{X}_2}{\sqrt{\dfrac{\sigma_1^2}{n_1}+\dfrac{\sigma_2^2}{n_2}}}=\frac{2\ 100-1\ 800}{\sqrt{\dfrac{250^2}{30}+\dfrac{300^2}{24}}} \approx 3.928$$

（4）判断。$Z_0=3.928>1.645$，样本值落入拒绝域，因而有理由拒绝原假设，因此在 5% 的显著性水平下，商学院毕业生的平均薪金水平显著高于工学院毕业生。

2. 总体标准差未知，但相等

由于总体标准差未知，但两总体标准差相等，因此可用样本的联合标准差估计总体标准差。此时样本均值差的抽样分布服从自由度为（n_1+n_2-2）的 t 分布。我们构造相应的检验统计量，即 t 统计量，其计算公式是：

$$t=\frac{\overline{X}_1-\overline{X}_2-(\mu_1-\mu_2)}{\sqrt{\frac{S_P^2}{n_1}+\frac{S_P^2}{n_2}}}\sim t(n_1+n_2-2) \tag{6.4}$$

式中，$S_P^2=\frac{\sum(X_1-\overline{X}_1)^2+\sum(X_2-\overline{X}_2)^2}{(n_1-1)+(n_2-1)}=\frac{(n_1-1)S_1^2+(n_2-1)S_2^2}{n_1+n_2-2}$，是两样本方差的加权平均。

【例 6-4】 某公司研究两家原材料供应商的送货时间，较短的平均送货时间将获得较高的满意度。目前来看，该公司对供应商 A 基本满意，如果其平均送货时间等于或小于供应商 B，则公司将继续与供应商 A 合作，否则公司将从供应商 B 购买材料。现分别从供应商 A 和供应商 B 处订购 23 份和 19 份产品，从送货时间来看，供应商 A 的平均送货时间为 12.5 天/份，标准差为 3 天；供应商 B 的平均送货时间为 14 天/份，标准差为 2 天。现假定供应商 A 与供应商 B 送货时间的总体标准差相同，试问在 5%的显著性水平下，供应商 A 的送货时间是否显著比供应商 B 更短？公司应如何选择？

解： 记 μ_1 和 μ_2 分别是 A，B 两供应商送货时间的总体均值，且假定 $\sigma_1=\sigma_2$。依题意有：$\overline{X}_1=12.5$，$\overline{X}_2=14$，样本容量分别是 $n_1=23$，$n_2=19$，联合标准差的估计为：

$$S_P^2=\frac{(n_1-1)S_1^2+(n_2-1)S_2^2}{n_1+n_2-2}=\frac{22\times9+18\times4}{40}=6.75$$

检验步骤如下：

（1）建立原假设和备择假设。

$$H_0: \mu_1\geqslant\mu_2, \ H_1: \mu_1<\mu_2$$

（2）确定拒绝域。根据备择假设，选左侧检验。自由度为 40，显著性水平 $\alpha=0.05$，查 t 分布表得临界值 $-t_\alpha=-1.68$，拒绝域是 $(-\infty, -1.68]$。

（3）在 H_0 为真的假定下，计算检验统计量的样本观测值。

$$t_0=\frac{\overline{X}_1-\overline{X}_2}{\sqrt{\frac{S_P^2}{n_1}+\frac{S_P^2}{n_2}}}=\frac{12.5-14}{\sqrt{6.75\times(\frac{1}{23}+\frac{1}{19})}}\approx-1.86$$

（4）判断。$t_0=-1.86<-1.68$，样本观测值落入拒绝域，故应拒绝原假设 H_0。可以认为在 0.05 的显著性水平下，供应商 A 的平均送货时间少于供应商 B，因此公司应继续选择供应商 A 作为供货对象。

（二）配对样本的均值检验

设配对样本观察值为 (x, y)，其差值是 $d=x-y$。差值的总体均值记为 μ_d，标准差记为 S_d。由数理知识可推得，差值平均数 $\bar{d}=\frac{\sum d}{n}$ 的抽样分布服从自由度为

（$n-1$）的t分布，且$E(\bar{d})=\mu_d$，$S_{\bar{d}}=\frac{S_d}{\sqrt{n}}=\sqrt{\frac{\sum d^2-(\sum d)^2/n}{n(n-1)}}$。

配对样本的均值检验假设为：

$$H_0:\mu_d=\mu_0,\ H_1:\mu_d\neq\mu_0$$

构造的检验统计量为：

$$t=\frac{\bar{d}-\mu_0}{S_d/\sqrt{n}}\sim t(n-1) \tag{6.5}$$

【例6-5】 某厂商生产两种型号洗衣机，一款为豪华型，一款为经济型。厂商在4周内分别从同时销售两款洗衣机的7个零售商那里获取销售资料，以了解两种型号洗衣机的市场受欢迎度是否相同。数据记录如表6-1所示。

表6-1　　两款洗衣机销售效果调查表　　单位：千元

零售商	1	2	3	4	5	6	7
豪华型销售额	90	88	92	103.5	70	78.5	94.5
经济型销售额	85	93.5	98	96	69	80.5	92
销售额差	5	−5.5	−6	7.5	1	−2	2.5

试在显著性水平0.05下，检验调查结果是否支持“厂家认为两款洗衣机有相同的市场受欢迎度”的观点。

解： 表中最后一行是配对数据差d，$\bar{d}=0.357$，$S_d=5.129$。假设它服从正态分布。该正态分布的标准差未知，需用样本数据估计。检验步骤如下：

（1）建立原假设和备择假设。

$$H_0:\mu_d=0,\ H_1:\mu_d\neq 0$$

（2）确定拒绝域。根据备择假设，选双侧检验。自由度为6，显著性水平$\alpha=0.05$，查t分布表得临界值$t_{\alpha/2,6}=2.447$，拒绝域是$[2.447,+\infty)$。

（3）当H_0为真时，计算检验统计量的样本观测值。

$$t_0=\frac{\bar{d}}{S_d/\sqrt{n}}=\frac{0.357}{5.129/\sqrt{7}}=0.18$$

（4）判断。$t_0=0.18<2.447$，样本统计量未落入拒绝域，故不能拒绝原假设。通过样本数据，我们可以在5%的显著性水平下，认为两种型号的洗衣机受欢迎程度没有显著差异。

三、总体成数的假设检验

根据抽样分布理论，样本成数服从二项分布，在大样本下，近似服从正态分布，由此得到，当H_0为真时，服从标准正态分布的检验统计量Z：

$$Z=\frac{P-\rho_0}{\sqrt{\frac{\rho_0(1-\rho_0)}{n}}}\sim N(0,1) \tag{6.6}$$

式中，ρ_0 为原假设中设定的总体成数；P 为样本成数。

总体成数的假设形式也有三种情形：

(1) H_0：$\rho=\rho_0$，H_1：$\rho\neq\rho_0$，双侧检验；

(2) H_0：$\rho\geqslant\rho_0$，H_1：$\rho<\rho_0$，左侧检验；

(3) H_0：$\rho\leqslant\rho_0$，H_1：$\rho>\rho_0$，右侧检验。

【例 6-6】 某企业声明有 30%以上的消费者对其产品质量满意。如果随机调查 600 名消费者，表示对该企业产品满意的有 220 人。试在显著性水平 0.05 下，检验调查结果是否支持企业的自我声明。

解：(1) 建立原假设和备择假设。

$$H_0: \rho\leqslant 30\%, H_1: \rho>30\%$$

上面的备择假设是企业自我声明的结论，我们希望证实该企业说的是实话，因此使用右侧检验。

(2) 确定拒绝域。由于是右侧检验，查标准正态分布表得临界值 $z_{0.05}=1.645$，拒绝域是 $[1.645, +\infty)$。

(3) 计算检验统计量的样本观测值。计算样本成数 $P=220/600\approx0.37$，在 H_0 为真的假设下，由样本数据计算的 Z 统计量为：

$$Z_0=\frac{P-0.3}{\sqrt{\frac{0.3\times(1-0.3)}{600}}}\approx3.74$$

(4) 判断。由于 $Z_0=3.74>1.645$，落入拒绝域。因此拒绝原假设：$\rho\leqslant30\%$，从而认为该企业的声明“30%以上的消费者对产品质量感到满意”属实。

四、正态总体方差的假设检验

方差用于反映现象在数量上的变异程度，因此在生产应用中，控制方差有助于保证产品质量。对于正态总体方差的检验假设主要有以下三种：

(1) H_0：$\sigma^2=\sigma_0^2$，H_1：$\sigma^2\neq\sigma_0^2$，双侧检验；

(2) H_0：$\sigma^2\leqslant\sigma_0^2$，$H_1=\sigma^2>\sigma_0^2$，右侧检验；

(3) H_0：$\sigma^2\geqslant\sigma_0^2$，$H_1=\sigma^2<\sigma_0^2$，左侧检验。

在参数估计中，样本方差 $S^2=\frac{\sum(X-\overline{X})^2}{n-1}$ 是总体方差 σ^2 的无偏估计。可以证明：从一个正态分布中任意抽取样本容量为 n 的样本，有 χ^2 统计量：

$$\chi^2=\frac{(n-1)S^2}{\sigma^2}=\frac{\sum(X_i-\overline{X})^2}{\sigma^2} \tag{6.7}$$

在原假设 H_0成立的条件下，χ^2统计量的抽样分布服从自由度为 $n-1$ 的 χ^2分布，即

$$\chi^2=\frac{(n-1)S^2}{\sigma^2}\sim\chi^2(n-1) \tag{6.8}$$

χ^2分布曲线全部处于第一象限，曲线形状随自由度而变化。当自由度大于 30 时，分布曲线接近于正态分布。图 6 - 3 为 χ^2分布曲线的图示。图中阴影为在显著性水平 α 下的右侧检验拒绝域。临界值$\chi^2_\alpha(n-1)$ 可查 χ^2分布表得到。若为双侧检验时，应查表得两侧临界值$\chi^2_{1-\alpha/2}$和$\chi^2_{\alpha/2}$，拒绝域为（$-\infty$，$\chi^2_{1-\alpha/2}$］∪［$\chi^2_{\alpha/2}$，$+\infty$）。

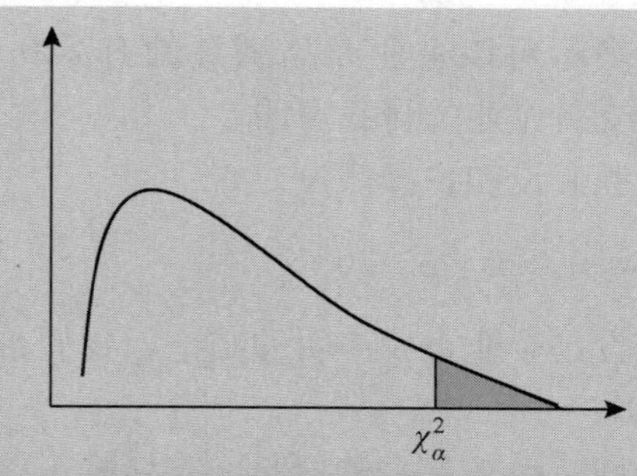

图 6 - 3　χ^2 分布图

【例 6 - 7】　《财富》杂志做了一次调查，发现订阅该杂志的人拥有一辆或租用一辆汽车数的方差为 0.94。假设另一份杂志的订阅者拥有或租用的车辆数如下所示：2，1，2，0，3，2，2，1，2，1，0，1。试问：在 10%的显著性水平下，该杂志订阅者的车辆数方差是否与《财富》的方差 $\sigma^2=0.94$ 相同？①

解： 由样本数据可以计算出样本标准差 $S=0.900$，该假设检验的过程如下：

（1）建立原假设与备择假设：由于想了解杂志车辆数方差与 0.94 是否相同，采用的检验方式为双侧检验。

$$H_0: \sigma^2=0.94, H_1: \sigma^2\neq 0.94$$

（2）确定临界值与拒绝域。$\alpha=0.1$，自由度为 $(n-1)=11$，查 χ^2分布表可得到双侧临界值$\chi^2_{1-0.05}(11)=4.575$，$\chi^2_{0.05}(11)=19.675$，拒绝域为（0，4.575］∪［19.675，$+\infty$）。

（3）在 H_0为真的前提下，计算样本统计量。

$$\chi^2_0=\frac{(n-1)S^2}{\sigma^2}=\frac{11\times 0.9^2}{0.94^2}\approx 10.08$$

（4）判断。由于样本数据计算得到的检验统计量 $\chi^2_0=10.08$，恰好落入接受域，因此不能拒绝原假设，从而可以认为该杂志读者拥有或租用的车辆数方差与《财富》杂志调查得到的方差没有显著差异。

① 戴维·安德森，等．商务与经济统计：第 10 版．北京：机械工业出版社，2010.

五、两个正态总体方差比的检验

现假定有两个样本，分别从各自的正态总体中抽取：$X_1 \sim N(\mu_1，\sigma_1^2)$，$X_2 \sim N(\mu_2，\sigma_2^2)$，两样本容量分别为 n_1 和 n_2，且相互独立。其中，μ_1，μ_2，σ_1^2，σ_2^2 分别为两正态分布总体的均值和方差。而且在一般情形下，两总体均值 μ_1，μ_2 未知。S_1^2，S_2^2 分别为两样本方差，且 $S_1^2 > S_2^2$。以下对方差比 $\frac{\sigma_1^2}{\sigma_2^2}$ 进行检验。

当两总体均值未知时，我们用样本方差去估计两总体的方差 σ_1^2，σ_2^2，即

$$S_1^2 = \frac{1}{n_1 - 1}\sum_{i=1}^{n_1}(X_{i1} - \overline{X}_1),\ S_2^2 = \frac{1}{n_2 - 1}\sum_{i=1}^{n_2}(X_{i2} - \overline{X}_2)$$

式中，$\overline{X}_1$，$\overline{X}_2$ 分别为两样本平均值。

由于已知 $\frac{(n_1-1)S_1^2}{\sigma_1^2} \sim \chi^2(n_1-1)$，$\frac{(n_2-1)S_2^2}{\sigma_2^2} \sim \chi^2(n_2-1)$，由数理相关知识，可构造检验 F 统计量：

$$F = \frac{S_1^2/\sigma_1^2}{S_2^2/\sigma_2^2} \sim F(n_1-1, n_2-1) \tag{6.9}$$

设定的假设检验形式如下：

(1) H_0：$\sigma_1^2 = \sigma_2^2$，H_1：$\sigma_1^2 \neq \sigma_2^2$。用于检验两总体方差是否有显著差异，是双侧检验。当样本统计量 $F_0 < F_{1-\frac{\alpha}{2}}(n_1-1，n_2-1)$ 或 $F_0 > F_{\frac{\alpha}{2}}(n_1-1，n_2-1)$ 时，拒绝原假设；反之则不能拒绝。

(2) H_0：$\sigma_1^2 \leqslant \sigma_2^2$，$H_1$：$\sigma_1^2 > \sigma_2^2$。用于检验总体 1 的方差是否显著大于总体 2 的方差。据以判断的临界值为 $F_\alpha(n_1-1，n_2-1)$。由于我们用总体 1 代表方差较大的总体，拒绝域将始终在 F 分布右侧，因此略去了左侧检验的情形。

【例 6-8】 生产过程的方差可以衡量生产质量的优劣。现有一家销售公司欲从两家厂商选择进货来源，以两家厂商生产的同类产品的重量方差为选择依据。重量方差越小，说明质量越稳定，该公司将选取该厂商为进货来源。分别抽取两家厂商 8 个批次的产品，测得样本数据如表 6-2 所示（假设产品重量都服从正态分布）。

表 6-2　两厂商同类产品不同批次的平均重量　单位：克

批次	1	2	3	4	5	6	7	8
甲厂商	100	102	98	96.8	103.5	101	97.4	100
乙厂商	109.2	101	100	102	98.5	96.2	101.5	94.1

在 5%的显著性水平下，试问甲厂商生产的产品方差是否显著小于乙厂商？可否选择甲厂商作为进货来源？

解： 依题意，本题检验的对象为甲厂商产品方差是否显著小于乙厂商，因此采用单侧检验。如前所述，我们令乙厂商抽取的产品样本来源于总体 1，甲厂商的产品样本来源于总体 2，且 $n_1 = 8$，$n_2 = 8$，通过计算得到两个样本的标准差：$S_1 =$

4.51，$S_2=2.33$。

（1）建立原假设和备择假设。

$$H_0:\sigma_1^2\leqslant\sigma_2^2,\ H_1:\sigma_1^2>\sigma_2^2$$

（2）查表得临界值并确定拒绝域。从 F 分布表中查得临界值为 $F_\alpha(n_1-1,\ n_2-1)=3.79$，拒绝域为 $[3.79,\ \infty)$。

请扫描二维码，获取资源：参考 6.2 “英雄难过美人关”是真的吗

（3）样本统计量的计算及判断。在 H_0 为真的条件下，由样本数据计算 F 统计量的值为：

$$F_0=\frac{S_1^2}{S_2^2}=\frac{4.51^2}{2.33^2}\approx3.75<3.79$$

由于 F_0 未落入拒绝域，因此不能拒绝原假设 H_0：$\sigma_1^2\leqslant\sigma_2^2$，从而不能肯定甲厂商生产的产品平均重量方差较小，质量更为稳定。

第三节　自由分布检验

一、自由分布检验概述

上一节所介绍的检验是在对总体分布形状进行假定后，对总体参数进行的假设检验，因此称为参数检验或限定分布检验。本节介绍的检验称为**自由分布检验**，也称**非参数检验**。应当指出，这里的“非参数”是指不对检验统计量服从的分布及其参数做出限制，并不意味着在检验中“不涉及参数”或“不对参数进行检验”。

相比限定分布检验，自由分布检验具有以下优点：首先，检验条件比较宽松。它适用于处理非正态、方差不等或分布形状未知的数据。其次，检验方法比较灵活，用途广泛。它可运用于定类数据与定序数据。最后，自由分布检验的计算相对简单、直观、易理解。

但自由分布检验也存在缺点，例如对原始数据中包含的信息利用不够充分，检验的功效相对较弱等。例如，对于一批资料，可同时使用参数的 t 检验、非参数的秩和检验和符号检验。其检验功效是，t 检验最好，秩和检验次之，符号检验最差。这主要是由于符号检验对信息的利用最不充分。

可以说，限定分布检验与自由分布检验是针对不同情况提出的两种统计方法，它们各有优缺点，可互为补充。

下面简单介绍几种最常用的自由分布检验方法。

二、秩和检验与 χ^2 检验

（一）秩和检验

所谓**秩和检验**，是通过样本的排序来检验相关总体特性的检验方法。秩和检验

用于判断两个总体的分布是否一致。具体的检验步骤为：

（1）建立原假设与备择假设。

$$H_0: F(X)=F(Y),\ H_1: F(X)\neq F(Y)$$

（2）确定各样本单位的秩。设分别从两个独立未知总体 X，Y 中随机抽取样本容量为 n_1，n_2 的两个样本，$n_1+n_2=n$，不妨假设 $n_1<n_2$。将两组样本混合，按升序对所有样本值排序，每个样本单位对应的序号即为该样本单位的秩。相同数值的样本单位具有相同的秩，都等于它们的次序平均值。

（3）构造检验统计量 T。将取自总体 X 的样本单位的秩加总，记为 T，该统计量为秩和检验的检验统计量。T 的取值范围如下：

当 X 的样本单位都排在 Y 的样本单位的前面时，T 取最小值，有

$$T_{\min}=1+2+\cdots+n_1=\frac{n_1(n_1+1)}{2}$$

当 X 的样本单位都排在 Y 的样本单位的后面时，T 取最大值，有

$$T_{\max}=(n_2+1)+(n_2+2)+\cdots+(n_2+n_1)=n_1n_2+\frac{n_1(n_1+1)}{2}$$

如果原假设成立，则 T 值将靠近最大值和最小值的中间，有

$$\overline{T}=\frac{T_{\min}+T_{\max}}{2}=\frac{n_1(n+1)}{2}$$

因此，当 T 的实际值超过中间值一定范围时，就可以拒绝两总体的分布没有显著差异的原假设。

由于 T 的分布与 n_1，n_2 的大小都有关，因此秩和检验中的临界值的确定有两种方法。第一种方法是，当 n_1 和 n_2 都不超过 10 时，查秩和检验表确定临界值。第二种方法是，当 n_1 和 n_2 都超过 10 时，秩和 T 服从正态分布：

$$T\sim N\left(\frac{n_1(n+1)}{2},\frac{n_1n_2(n+1)}{12}\right) \tag{6.10}$$

先对 T 进行标准化变换，得 Z 统计量为：

$$z=\frac{T-\overline{T}}{\sigma_T}$$

式中，$\sigma_T=\sqrt{\dfrac{n_1n_2(n+1)}{12}}$。

再利用标准正态分布表，确定检验的临界值。

【例 6-9】 某小学将一年级学生随机分为两组，对其中一组运用新型的教学方式，称为新型组；另一组仍沿用传统的教学方式，称为传统组。6 个月后，对该年级学生进行成绩测试。从新型组抽取 6 名学生，从传统组抽取 7 名，各组学生的成

绩如下：

新型组 X：81　85　90　87　93　83

传统组 Y：79　80　82　83　91　80　78

在显著性水平5%下，比较两组学生的成绩是否有显著差异。

解：（1）设定原假设与备择假设。

$$H_0: F(X)=F(Y),\ H_1: F(X)\neq F(Y)$$

原假设是两组学生的成绩没有差异；备择假设是两组学生的成绩总体的分布不一样。

（2）求秩和。将样本混合并排列如下：

数据：	78	79	80	80	<u>81</u>	82	<u>83</u>	83	<u>85</u>	<u>87</u>	<u>90</u>	91	<u>93</u>
秩号：	1	2	3.5	3.5	5	6	7.5	7.5	9	10	11	12	13

有下划横线的数据为新型组学生成绩。由于新型组样本容量小，看作总体1，$n_1=6$。传统组学生成绩是总体2，$n_2=7$。总体1的秩和为：

$$T=5+7.5+9+10+11+13=55.5$$

（3）确定拒绝域。显著性水平 $\alpha=0.05$，进行双侧检验，查秩和检验表，$n_1=6$，$n_2=7$，得临界值 $T_1(\alpha)=30$，$T_2(\alpha)=54$。

（4）比较与判断。结果是：$55.5>54$，T 大于临界值。样本落入拒绝域，应拒绝原假设，从而可以认为新型的教学方式有助于提高学生的成绩。

（二）χ^2 检验

1. 分布拟合检验

χ^2 检验是利用 χ^2 分布检验某总体分布是否与指定分布吻合，因此又称拟合度检验。检验步骤如下：

（1）建立该检验的原假设和备择假设。

$$H_0: F(X)=F_0(X),\ H_1: F(X)\neq F_0(X)$$

其中，$F_0(X)$ 是某个事先假定的总体分布函数。

（2）将样本资料数据值按区间进行适当的划分：分为 m 个区间，各个区间的分界值为 X_j（$1\leqslant j\leqslant m-1$），同时应保证各个区间互不相容。

（3）计算在各个样本区间内的实际频数 f_i（$1\leqslant i\leqslant m$），即样本数值落在各个区间的样本个数。当原假设 H_0 为真时，计算落在各个区间的理论概率值

$$p_i=P(X_{i-1}<x\leqslant X_i)=F(X_i)-F(X_{i-1})$$

从而计算出各个区间的理论频率数为 np_i。其中，n 为样本容量。

（4）调整区间。由于该检验要求样本容量 n 足够大，以及 np_i 不能太小。根据经验，一般要求 $n\geqslant 50$，$np_i>5$。如果 $np_i\leqslant 5$，则将 $np_i\leqslant 5$ 的样本合并。

(5) 构造并计算统计量。当原假设为真时，样本实际频数 f_i 应该与理论频数 np_i 接近，即 $|f_i-np_i|$ 不应太大。根据皮尔逊的研究，可以构造如下检验统计量

$$\chi^2=\sum_{i=1}^{m}\frac{(f_i-np_i)^2}{np_i}\sim\chi^2(m-k-1) \tag{6.11}$$

式中，k 为待估计的参数个数。其余符号含义同上。

(6) 计算临界值。在给定显著性水平 α 下，查 χ^2 分布表得到临界值 $\chi^2_\alpha(m-k-1)$，拒绝域为 $\chi^2>\chi^2_\alpha(m-k-1)$。

(7) 进行判断。如果计算的样本统计量 χ^2 确实大于 $\chi^2_\alpha(m-k-1)$，那么就可以拒绝原假设，否则不能拒绝原假设。

【例 6-10】 某航空公司每年都会向旅客征询其对公司服务的评价。去年的调查结果显示，非常满意的旅客占 3%，满意的旅客占 28%，基本满意的旅客占 45%，不满意的旅客占 24%。今年航空公司选择了 400 名乘客做满意度调查，结果为：非常满意 36 人，满意 84 人，基本满意 220 人，不满意 60 人。试问在 5%的显著性水平下，可否认为今年的服务评价比例情况与去年相同?

解： 记各类评价出现的次数为 X，按评价的类型 X 又可分为 X_A，X_B，X_C，X_D。A 类表示对航空服务非常满意，其他据此类推。依据题意可以对其分布建立假设，即

H_0：今年的服务评价比例与去年一样，即 X 的分布满足

$P_A=3\%$，$P_B=28\%$，$P_C=45\%$，$P_D=24\%$

H_1：今年的服务评价比例与去年不一致，分布不满足 H_0

表 6-3　　各类评价出现的次数表

	非常满意	满意	基本满意	不满意	合计
出现的频数	36	84	220	60	400
频数的期望值	12	112	180	96	
期望与实际频数差	24	−28	40	−36	

根据 χ^2 统计量的计算公式可得

$$\chi^2=\frac{24^2}{12}+\frac{28^2}{112}+\frac{40^2}{180}+\frac{36^2}{96}=77.389$$

查表得到临界值为 $\chi^2_{0.05,3}=7.815$。样本数据计算的 χ^2 统计量远大于 7.815，因而，拒绝原假设，可以认为今年乘客对航空公司的评价比例不同于去年。

2. 独立性检验

该检验可用于定序数据、定类数据的变量间关联性的判断。在检验之前，需要将资料整理成列联表的形式。列联表是多行多列纵横交错所形成的一个表体。下面举例说明列联表的形式以及将独立性检验转化为列联表并进行检验分析的程序。

【例 6-11】 A，B，C 三家供应商提供了各自的零件质量数据（见表 6-4）。

表 6-4 各供应商零件质量数据

供应商	质量			合计
	良好	微小缺陷	特大缺陷	
A	90	3	7	100
B	170	18	7	195
C	135	6	9	150

试问在5%的显著性水平下，此调查结果能否说明供应商与零件质量是相互独立的？

解：根据调查结果，可将数据整理成列联表，如表6-5所示。

表 6-5 各供应商零件质量数据列联表

供应商	质量			合计	比重
	良好	微小缺陷	特大缺陷		
A	90 (88.76)	3 (6.07)	7 (5.17)	100	0.225
B	170 (173.09)	18 (11.83)	7 (10.08)	195	0.438
C	135 (133.15)	6 (9.10)	9 (7.75)	150	0.337
合计	395	27	23	445	
比重	0.888	0.060	0.052		1

列联表中，括号内的数值为该处的期望值，其计算方法为：该格所对应的行合计与列合计的乘积，再除以总合计。例如，A供应商生产部件质量为良好的预期频数为$\frac{100\times395}{445}=88.76$，其他各格对应的期望值也如此计算得到。

具体的检验步骤如下：

（1）建立原假设和备择假设。

H_0：供应商类别与零部件质量相互独立

H_1：供应商类别与零部件质量不相互独立

（2）由样本数据记录列联表每个单元格的频数和预期频数。具体步骤如前，不赘述。

（3）计算检验统计量的值。依公式有

$$\begin{aligned}\chi^2 &= \sum_{i,j}\frac{(f_{ij}-nP_{ij})^2}{nP_{ij}}\\ &= \frac{(90-88.76)^2}{88.76}+\frac{(3-6.07)^2}{6.07}+\frac{(7-5.17)^2}{5.17}+\cdots+\frac{(9-7.75)^2}{7.75}\\ &\approx 7.715\end{aligned}$$

（4）确定临界值和拒绝域。由于列联表有n行m列，所以当所有种类的预期频数都大于等于5时，检验统计量χ^2服从自由度为$(n-1)(m-1)$的χ^2分布。对本例，

从 χ^2 分布表可查到临界值为 $\chi^2_{0.05,4}=9.488$，其中自由度为 $(n-1)(m-1)=4$。比较可得到样本 χ^2 值小于临界值，所以不能否定原假设，认为供应商类别与零部件质量不相互独立。

三、符号检验与游程检验

(一) 符号检验

符号检验是自由分布检验中一种最简单的检验方法。该方法以正负符号表示样本数据，并与假设参数值差进行比较来进行检验，因此称为**符号检验**。该方法既适用于单样本场合，也适用于配对样本场合。

1. 单样本的符号检验

单样本的符号检验主要对总体的中位数是否在某一指定位置进行判断。

假设总体中位数真值为 A，有

$$H_0: Me=A,\ H_1: Me\neq A$$

每个样本观测值都减去 A，只记录其差数的符号。当 $x_i>A$ 时，记正号；当 $x_i<A$ 时，记负号；当 $x_i=A$ 时，将此数据剔除，不记录。设正号个数是 n^+，负号个数是 n^-。中位数检验的基本原理是：当原假设为真时，总体的中位数与 A 非常接近，那么 n^+ 与 n^- 应该很接近；若两者相差太远，就有理由拒绝原假设。该检验中所用的判别标准是由二项分布临界值提供的，在大样本下，可由正态分布来逼近。

【例 6-12】 某调查机构发布报告，认为近年来本地区居民的月收入水平有很大提高，且居民月收入的平均水平在 5 400 元。为进一步了解本地区居民月收入的平均水平，随机从本地居民户随机抽取 20 户，测得收入水平数据（元）如下：

4 500　5 600　4 700　6 100　5 700　4 300　5 400　5 100　5 800　4 800
3 200　6 400　5 300　5 800　4 100　3 700　4 900　6 000　6 200　5 200

给定显著性水平 $\alpha=0.1$，用符号检验判定中位数是否与 5 400（元）有显著差异。

解：(1) 建立原假设和备择假设。

$$H_0: Me=5\,400,\ H_1: Me\neq 5\,400$$

(2) 计算检验参数。将各个数据均减去原假设所设定的中位数 5 400，并记录各个正负号。如果数据与中位数一致，则以 0 表示（见表 6-6）。

表 6-6

−	+	−	+	+	−	0	−	+	−
−	+	−	+	−	−	−	+	+	−

由表 6-6 可得

$$n^+=8,\ n^-=11,\ n=n^++n^-=19$$

(3) 计算临界值。由于是双侧检验，显著性水平为 $\alpha=0.05$，查二项分布临界值表，当 $n=19$ 时，临界值为 15。

(4) 进行判断。由于 $\max(n^+, n^-)=11<15$，所以不能拒绝原假设，从而可以认为本地区居民户总体收入水平的中位数为 5 400 元。

2. 配对样本的符号检验

符号检验也可以用于检验两总体的差异性。设从两个总体中分别抽取一个容量相等的样本，然后将两样本的数据进行一一配对，得到一组配对值。再将各对配对值相减，记录差数的符号，计算“+”的个数 n^+ 与“−”的个数 n^-。如果两个样本的总体差异不显著，配对值之差的正负号出现的概率应为 1/2，n^+ 与 n^- 应非常接近；如果 n^+ 与 n^- 相差太大的话，说明两总体存在显著差异。

【例 6-13】 为评价某一特定广告方案的有效性，某市场调查公司选择 10 个城市作为样本。在广告发布前和广告发布后分别收集各城市的销售量，数据如表 6-7 所示。

表 6-7　　10 个城市销售量表　　单位：万元

	1	2	3	4	5	6	7	8	9	10
广告发布前	7.9	8.8	8.6	9.1	8.4	9.0	8.9	8.7	8.0	9.1
广告发布后	8.2	9.0	7.9	9.3	9.0	9.0	8.6	8.8	8.4	9.3
差值的符号	−	−	+	−	−	0	+	−	−	−

试用符号检验法检验广告发布后销售量是否比广告发布前有所增加（$\alpha=0.05$）。

解：(1) 提出原假设和备择假设。

H_0：广告发布后的销售量小于等于广告发布前的销售量

H_1：广告发布后的销售量大于广告发布前的销售量

该检验为右侧检验。

(2) 计算相关检验参数。根据上述方法，将各城市广告发布前和发布后销售量差值的符号列在表 6-8 的最后一行，从而有

$$r^+=2,\ r^-=7,\ \max(r^+,r^-)=7$$

(3) 确定临界值并判断。在 $\alpha=0.05$ 的显著性水平下，$n=10$ 时，查单侧检验的二项分布表，得临界值 $r_{10,0.05}=9$。由于 $r=7<9$，因此不能拒绝原假设，即根据目前的样本数据没有充分的理由拒绝“该广告方案没有对销售量增加产生显著影响”的观点。

（二）游程检验

游程检验可用来检验一个样本是否“随机”地来自总体。所谓**游程**，是指依时间或其他顺序排列的有序数列中，具有相同的事件或符号的连续部分。同一类的游程出现的次数，称为游程数。我们通过“游程”的概念来反映样本分布的特征。

设一组样本的观测值存在两种不同类型的单位：一类记为 a，单位数为 n_1；另一类记为 b，单位数为 n_2。把样本按某一顺序（如观测序号）进行排列，可以得到一个由 a 或 b 组成的字符串。样本的随机与否即可反映出字符串中 a 与 b 的分布是有规律的，还是很零乱的。

假设一个由 8 个 a 和 7 个 b 组成的字符串，排列后的顺序呈现出下列四种典型结果：

第一种情形：a　a　a　a　a　a　a　a　b　b　b　b　b　b　b

第二种情形：a　a　a　a　b　b　b　b　a　a　a　a　b　b　b

第三种情形：a　b　b　a　a　a　b　a　b　b　b　a　b　a　a

第四种情形：a　b　a　b　a　b　a　b　a　b　a　b　a　b　a

在第一种情形中，a 的游程只有一个，它的游程数（记为 R^1）是 1；b 的游程也只有一个，其游程数（记为 R^2）也是 1，总游程数记为 R，$R=R^1+R^2=2$。第二种情形中，a 的游程有两个，它的游程数 $R^1=2$；b 的游程也有两个，其游程数 R^2 也是 2，总游程数记为 $R=R^1+R^2=4$。同理，第三种情形中，$R^1=5$，$R^2=4$，$R=R^1+R^2=9$。第四种情形中，$R^1=8$，$R^2=7$，$R=15$。

显然，总游程数 R 的最小值是 2，在 n_1 与 n_2 不相等时，R 的最大值是 $2\min(n_1, n_2)+1$；在 $n_1=n_2$ 时，R 的最大值是 n_1+n_2。当 R 取得最大值或最小值时，字符串的排列是最有规律的。R 取值适中时，字符串的排列就较乱。

从上面的例子来看，第二、第三种情形是较为零乱的排列情形。由于 R 的取值多少可以反映数列的排序情形，因此，可将 R 作为检验样本随机性的统计量。

根据数理分析，可知统计量 R 的分布。当序列中各类事件或字符出现的次数均较小时（一般小于 20），可以直接从游程表得出临界值。在大样本场合（各类事件或字符出现的次数大于 20），总游程数 R 近似服从正态分布，因而可以用正态分布统计量来确定临界值。R 的均值以及方差分别为：

$$E(R)=\frac{2n_1n_2}{n_1+n_2}+1 \tag{6.12}$$

$$\sigma^2(R)=\frac{2n_1n_2(2n_1n_2-n_1-n_2)}{(n_1+n_2)^2(n_1+n_2-1)} \tag{6.13}$$

构造 Z 统计量：

$$Z=\frac{R-E(R)}{\sigma(R)} \tag{6.14}$$

【例 6-14】 某学校开设两门公选课，分别是摄影技巧和网络制作。由于资源有限，学生只能从这两门课程中选择一门作为选修。待全部学生选课结束后，从中抽出 16 名学生进行调查，按学生编号进行排列，选课的结果如下（以 1 代表选择摄影技巧课程，2 代表选择网络制作课程）：

1　2　2　1　2　2　2　1　1　2　1　2　2　1　1　1

试以 0.05 的显著性水平，判断样本在课程选择上是否具有随机性。

解：（1）建立原假设和备择假设。

H_0：样本是随机样本，H_1：样本不具有随机性

（2）求游程总和 R。

$R^1=5$，$R^2=4$，$R=9$

（3）确定拒绝域。显著性水平 $\alpha=0.05$，进行双侧检验，查游程检验 R 临界值表（$n_1=8$，$n_2=8$），得临界值 $R_1(\alpha)=4$，$R_2(\alpha)=14$。

（4）比较及判断。结果是：$4<9<14$，即 $R_1(\alpha)<R<R_2(\alpha)$。检验统计量落入接受域，因此不能拒绝原假设，从而可以认为样本具有随机性。

第四节　利用 Excel 进行假设检验

一、参数检验

对于单个总体的假设检验，可以利用 Excel 的数学、统计函数和公式功能进行。对于两个总体，Excel 有 4 种现成的假设检验分析工具。总体标准差已知的独立样本均值检验可以用“z 检验：双样本均值分析”这一分析工具；总体标准差未知但相等（或不等）的独立样本均值检验可以使用“t 检验：双样本等方差（或异方差）假设”这一工具；配对样本的均值检验可以使用“t 检验：平均值的成对二样本分析”。当然，这些分析工具要求知道原始数据，如果只知道样本平均数、样本容量等中间数据，就只能和单个总体的检验一样，使用相关函数和公式进行计算了。至于 P 值，则可以使用有关分布的概率函数进行计算。

【例 6-15】　（单总体均值检验）某城镇去年居民家庭平均每人每月生活费收入为 275 元。根据抽样调查，今年该城镇 50 户居民家庭平均每人每月生活费收入如下：

367	322	294	273	237	398	327	298	276	246
311	355	240	275	296	324	382	229	264	288
235	271	291	319	360	226	262	286	309	352
337	222	260	284	304	343	217	259	283	303
200	253	281	301	329	212	257	281	303	332

试问该城镇居民家庭平均每人每月生活费收入今年与去年相比是否明显提高（$\alpha=0.05$）？

解：分析步骤如下：

（1）输入数据。在 A2:A51 中输入生活费收入数据，在 A1 中输入该列数据的列标志“Y”。接着选定 A1:A51，在［公式］选项卡“定义的名称”命令组中，点击［根据所选内容创建］，然后在弹出的对话框中，确保“首行”被选中（默认即是），最后点击［确定］按钮，将该区域命名为“Y”。

(2) 计算 t 统计量的样本观测值。在任一个空单元格内，输入如下公式：

=(AVERAGE(Y)−275)/(STDEV. S(Y)/SQRT(COUNT(Y)))

(3) 计算临界值。在另一个空单元格内，输入如下公式：

=T. INV. 2T(2 * 0.05,COUNT(Y)−1)

(4) 根据上述计算结果做出判断。

【例 6-16】 某商店销售的商品来自甲、乙两家厂商，为了考察商品性能的差异，从甲、乙两家厂商的产品中分别抽取了 8 件和 9 件，测定其性能指标，得到如下数据：

甲厂产品 X：0.30，0.12，0.18，0.25，0.27，0.08，0.19，0.13

乙厂产品 Y：0.28，0.30，0.11，0.14，0.35，0.26，0.14，0.31，0.20

根据以往的经验，两厂产品的性能指标服从相同方差的正态分布。试问在显著性水平 0.1 下，两厂产品的性能是否存在明显的差异？

(1) 输入数据。如图 6-4 所示，在 A，B 列输入产品 X 和 Y 的性能数据，第一行是列标志。

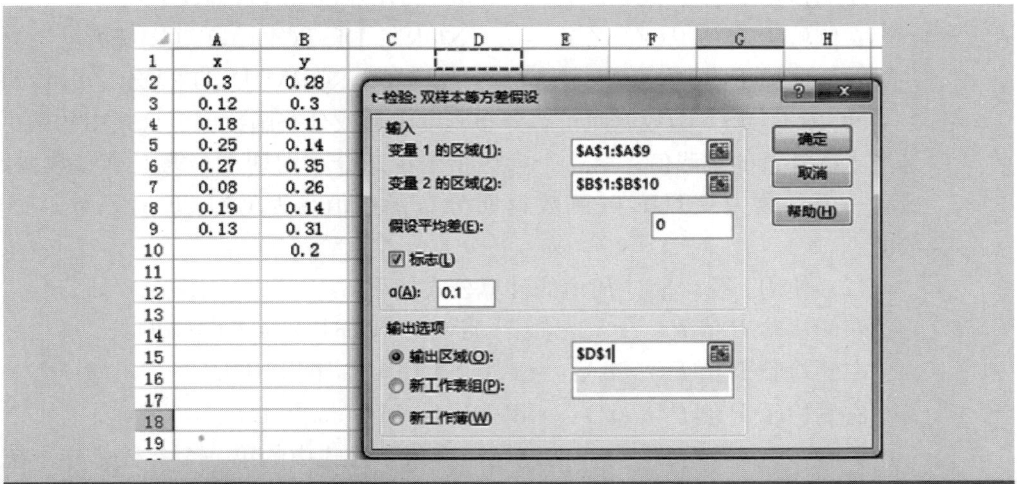

图 6-4

(2) 使用分析工具进行计算。点击菜单［数据］→［数据分析］，在弹出的对话框中选择“t 检验：双样本等方差假设”，再点击“确定”，得到如图 6-4 所示的对话框，按图填写。选中“标志”是因为性能数据第一行是列标志（即变量名），“假设平均差”后方框内输入 0，是因为所要检验的是两厂产品的性能是否存在差异。填写完毕，点击“确定”，即可得到如下结果：

	x	y
平均	0.19	0.232 222
方差	0.006 114	0.007 569
观测值	8	9

续前表

	x	y
合并方差	0.006 89	
假设平均差	0	
df	15	
t Stat	−1.046 79	
P(T<=t) 单尾	0.155 885	
t 单尾临界	1.340 606	
P(T<=t) 双尾	0.311 77	
t 双尾临界	1.753 05	

（3）结果分析。输出结果中的“t Stat”给出了 t 统计量的样本观测值（由于计算精度的原因，电脑输出结果与此略有差异），“t 双尾临界”给出了双侧检验的临界值。由此可做出判断。此外，由“P(T<=t) 双尾[①]”可以知道 P 值为 0.312，大于给定的显著性水平 0.1，因此可直接判断不能拒绝原假设。

【例 6-17】 P 值的计算。

（1）使用 Z 统计量时 P 值的计算公式（包括等号的部分）如下：

左侧检验 P 值 $P(Z<Z_0)$：=NORM.DIST(Z_0,0,1,TRUE)

右侧检验 P 值 $P(Z>Z_0)$：=1−NORM.DIST(Z_0,0,1,TRUE)

双侧检验 P 值 $P(|Z|>|Z_0|)$：=2*NORM.DIST($|Z_0|$,0,1,TRUE)

NORM.DIST 函数返回正态分布密度函数或分布函数值。公式中的第一个参数是样本统计量的观测值；第二个参数指定正态分布的期望；第三个参数指定方差；最后一个参数为 TRUE 时函数返回分布函数值，为 FALSE 时函数返回密度函数值。

（2）使用 t 统计量时 P 值的计算公式如下：

双侧检验 P 值 $P(|t|>|t_0|)$：=T.DIST.2T($|t_0|$,df)

左侧检验 P 值 $P(t<t_0)$：=T.DIST($|t_0|$,df,TRUE)

右侧检验 P 值 $P(t>t_0)$：=T.DIST.RT($|t_0|$,d2)

T.DIST 函数返回 t 分布的左尾概率值。公式中的第一个参数是样本统计量的观测值；第二个参数指定自由度；第三个参数为 TRUE 时返回左尾概率值，为 FALSE 时返回概率密度函数值。T.DIST.RT 函数返回 t 分布的右尾概率值，T.DIST.2T 函数返回 t 分布的双尾概率值。比如求例 6-16 中的双侧 P 值，在一个空单元格内输入“=T.DIST.2T(1.04679,15)”即可。

二、非参数检验

Excel 并没有专门的非参数检验分析工具，非参数检验可以通过 Excel 的有关函数和公式进行。

① Excel 的输出提示不太恰当，“P(|T|>=t) 双尾”更好。

【例 6-18】　（单样本场合符号检验）例 6-12 的 Excel 分析步骤如下：

（1）输入数据。如图 6-5 所示，A2:A21 输入收入水平，A1 输入列标志“居民月收入”。

	A	B	C
1	居民月收入		
2	4500	n+	8
3	5600	n-	11
4	4700	n	19
5	6100	临界值	15
6	5700		
7	4300		
8	5400		

图 6-5

（2）计算 n^+。在 C2 单元格输入公式“=COUNTIF(A2:A21,">5400")”，该函数表示统计 A2:A21 单元格中大于 5 400 的数据点的个数。

（3）计算 n^-。在 C3 单元格输入公式“=COUNTIF(A2:A21,"<5400")”。

（4）计算 n。在 C4 单元格输入公式“=C2+C3”。

（5）计算拒绝域的临界值。二项分布临界值可用 Excel 的分布函数求得。在 C5 单元格中输入公式“=BINOM. INV(C4，0.5，0.975)+1”。其中，第一个参数存放的是 n；第二个参数是一次试验中成功的概率，根据二项分布临界值表的要求，固定为 0.5；第三个参数是概率保证度的临界值，对于单侧检验，它等于 $1-\alpha$，对于双侧检验，它等于 $1-\alpha/2$。因为 BINOM. INV 返回的是使累计二项分布概率大于等于 $1-\alpha$（或 $1-\alpha/2$）的最小值，所以根据符号检验的要求，应在上述公式中加 1。计算结果如图 6-5 所示。

（6）判断。$\max(n^+, n^-)=11<15$，样本观测值落入接受域，所以不能拒绝原假设。

【例 6-19】　（配对样本的符号检验）本章例 6-13 的 Excel 分析步骤如下：

（1）输入数据。将广告发布前的销售量数据输入 A1:A11，广告发布后的销售量数据输入 B1:B11。

（2）计算 n^+。在任一空单元格输入如下公式：

=SUM(IF(A2:A11−B2:B11>0,1,0))

然后按 Ctrl+Shift+Enter 组合键。该组合键表示输入的数组公式，此时公式编辑栏上显示的公式两端是一对花括号“{ }”，这是数组公式的标志。

（3）计算 n^-。在任一空单元格输入如下公式：

=SUM(IF(A2:A11−B2:B11<0,1,0))

然后按 Ctrl+Shift+Enter 组合键。

后续计算可参照例 6-18 进行。

【例 6-20】　（秩和检验）以例 6-9 说明 Excel 的操作步骤。

(1) 构造检验工作表。如图 6－6 所示，图中 A 列为输入数据，其他为计算所得数据。横线上方是新型组学生的数据。

	A	B	C
1	样本	秩	T
2	81	5	55.5
3	85	9	
4	90	11	
5	87	10	
6	93	13	
7	83	7.5	
8	79	2	
9	80	3.5	
10	82	6	
11	83	7.5	
12	91	12	
13	80	3.5	
14	78	1	

图 6－6

(2) 计算秩次。在 B2 单元格中输入公式"＝RANK.AVG(A2,A$2:A$14,1)"，选定 B2:B14，按 Ctrl＋D 组合键，将 B2 单元格中的公式复制到 B3:B14 区域。

RANK.AVG 函数返回一个数据在数据列表中的排位，如果多个值具有相同的排位，则返回平均排位。第一个参数是数据列表中需要找到排位的某个数据；第二个参数指定参与排位的所有数据；第三个参数指定数据列表排序的方式，1 为升序，0 为降序。

(3) 求检验统计量 T。由于新型组样本的容量较小，所以只要将新型组样本单位对应的秩次相加，在 C2 中输入公式"＝SUM(B2:B7)"即可。

(4) 查表得到临界值，并据此判断。

【例 6－21】 （游程检验）以例 6－14 说明 Excel 的操作步骤。

(1) 输入数据。选课结果在 A2:A17（见图 6－7）。

(2) 判断游程。结果放在 B 列。在 B2 中输入公式"＝IF(A2＝A1,0,1)"，然后选定 B2:B17，按 Ctrl＋D 键，将公式复制到 B3:B17 区域。

(3) 计算游程总和。第（2）步中的 IF 函数的原理是，将 A 列连续部分的第一个数标记为 1，其他数标记为 0，如此，对 B 列求和正好符合游程数的定义。在 C2 中输入公式"＝SUM(B:B)"或"＝SUM(B2:B17)"均可求得游程总和。

如果要分别求出两类选课结果的游程，可以在任意两个空白单元格中分别输入以下公式：

＝SUMIF(A:A,1,B:B)

＝SUMIF(A:A,2,B:B)

SUMIF 为条件求和函数。上述第一个公式表示，对于 A 列选课结果为 1 的同学，计算其 B 列对应行的和。

	A	B	C
1	选课结果	游程	游程数
2	1	1	9
3	2	1	
4	2	0	
5	1	1	
6	2	1	
7	2	0	
8	2	0	
9	1	1	
10	1	0	
11	2	1	
12	1	1	
13	2	1	
14	2	0	
15	1	1	
16	1	0	
17	1	0	

图 6-7

计算结果如图 6-7 所示，可以看出，游程数 $R=9$。查游程检验临界值表，并据此判断。

□ 本章小结

（1）假设检验的基本原理是小概率原理，它认为小概率事件在一次试验中一般不可能发生。检验中如果通过一次抽样就使小概率事件得以发生，则可以认为原假设是不正确的，应予以否定。假设检验还涉及以下几组基本概念：原假设与备择假设、单侧检验与双侧检验、纳伪错误与弃真错误、检验功效等。原假设是有待检验的结论；备择假设是在原假设被拒绝时拟接受的结论。单侧、双侧检验是指拒绝域是安排在一侧还是两侧的问题。纳伪错误是原假设不真时检验结果却接受原假设而产生的错误；弃真错误是原假设为真时检验结果却拒绝原假设而产生的错误。检验功效是用作表示假设检验工作好坏的一个指标，指拒绝不真实原假设的概率。

（2）假设检验可分为两种：参数检验与非参数检验。参数检验是先对样本所属总体的性质做出限定，然后对总体有关参数进行假设检验；非参数检验在检验时并不对总体分布的形状加以限制，因而也称为自由分布检验。

（3）假设检验的步骤如下：1）根据实际应用问题确定合适的原假设与备择假设；2）构造检验统计量；3）给定显著性水平确定临界值与拒绝域；4）根据样本数据计算检验统计量的数值；5）比较临界值与检验统计量数值并做出判断。

（4）P 值检验是通过直接计算检验统计量在样本数据下发生的概率，来检验原假设是否成立。该检验形式在统计分析软件中经常使用。

（5）本章中出现的检验方法可归纳为表 6-8。

表 6 - 8　　假设检验总结表

类型	检验目标		检验统计量或检验方法	服从的分布
参数检验	单样本	① σ 已知条件下对正态总体均值的检验 ② 大样本场合总体均值检验	$Z=\frac{\overline{X}-\mu_0}{\sigma/\sqrt{n}}$	$N(0,1)$
		σ 未知条件下对正态总体均值的检验	$t=\frac{\overline{X}-\mu_0}{S/\sqrt{n}}$	$t(n-1)$
		对总体成数指标的检验（大样本）	$Z=\frac{P-\rho_0}{\sqrt{\frac{\rho_0(1-\rho_0)}{n}}}$	$N(0,1)$
		对总体方差的检验	$\chi^2=\frac{(n-1)s^2}{\sigma^2}$	$\chi^2(n-1)$
	双样本	总体标准差已知，两总体均值之差的检验（独立样本）	$Z=\frac{(\overline{X}_1-\overline{X}_2)-(\mu_1-\mu_2)}{\sqrt{\frac{\sigma_1^2}{n_1}+\frac{\sigma_2^2}{n_2}}}$	$N(0,1)$
		总体标准差未知但相等的两总体均值之差的检验（独立样本）	$t=\frac{\overline{X}_1-\overline{X}_2-(\mu_1-\mu_2)}{\sqrt{\frac{S_P^2}{n_1}+\frac{S_P^2}{n_2}}}$	$t(n_1+n_2-2)$
		两总体方差之比的检验	$F=\frac{S_1^2/\sigma_1^2}{S_2^2/\sigma_2^2}$	$F(n_1-1,n_2-1)$
非参数检验	① 单样本场合检验总体中位数是否在某一指定位置 ② 双样本场合检验两组配对样本是否有显著差异		符号检验	
	检验两独立样本是否来自同一总体，或判断不同总体是否存在显著差异		秩和检验	
	检验某总体分布是否与指定分布吻合或判别定类或定序变量间的独立性		χ^2 检验	
	检验样本的随机性		游程检验	

□ 思考与练习

一、单项选择题

1. 假设检验的概率依据是（　　）。

A. 小概率原理　　B. 最大似然原理

C. 大数定理　　D. 中心极限定理

2. 检验功效定义为（　　）。

A. 原假设为真时将其接受的概率

B. 原假设不真时将其舍弃的概率

C. 原假设为真时将其舍弃的概率

D. 原假设不真时将其接受的概率

3. 显著性水平为5%，下面的表述正确的是（　　）。

A. 接受H_0时的可靠性为95%

B. 接受H_1时的可靠性为95%

C. H_1为真时被拒绝的概率为5%

D. H_0为假时被接受的概率为5%

4. 适合应用t检验的场合是（　　）。

A. 样本为小样本，且总体方差已知

B. 样本为大样本，且总体方差已知

C. 样本为小样本，且总体方差未知

D. 样本为大样本，且总体方差未知

5. 在一次假设检验中当显著性水平为5%时，原假设被拒绝，则当显著性水平为1%时，（　　）。

A. 一定会被拒绝　　B. 一定不会被拒绝

C. 有可能拒绝原假设　　D. 需要重新检验

二、多项选择题

1. β错误（　　）。

A. 是在原假设不真实的条件下发生的

B. 是在原假设真实的条件下发生的

C. 取决于原假设与真实值之间的差距

D. 原假设与真实值之间的差距越大，犯β错误的可能性就越小

E. 原假设与真实值之间的差距越小，犯β错误的可能性就越大

2. 下面对符号检验和秩和检验的描述准确的是（　　）。

A. 符号检验只考虑样本差数的符号

B. 秩和检验只考虑样本差数的顺序

C. 秩和检验除了考虑样本差数的符号，还考虑其顺序

D. 符号检验比秩和检验利用数据信息更加充分

E. 秩和检验的检验功效比符号检验更强

三、计算题

1. 某调查公司研究表明，10～20岁的青少年每去一次速食店（如麦当劳、肯德基等）的平均消费为50元。现在某二线城市随机抽取100名这个年龄段的青少年作为样本，测得该样本平均消费水平为56元，样本标准差为15元。试问在显著性水平5%下，该调查公司的结论是否成立？

2. 据媒体报道，某地区公寓的平均月租金为1 350元，假定租金总体为正态分布，现从中抽取25间公寓作为样本以验证该报道的真实性。样本平均值为1 500元，样本标准差为250元。试以显著性水平$\alpha=0.05$，检验该地区公寓月租金的均值是否确如报道所述。

3. 某软件公司设计的浏览器工具颇受市场欢迎。有人预计该款浏览器至少被70%上网者使用。现随机抽取300名上网者了解使用浏览器的情况，样本数据表明有75%的上网者使用该款浏览器。在显著性水平$\alpha=0.05$下，检验该款浏览器是否有超过70%的上网者使用。

4. 有两个关于工商管理专业的硕士和学士个人年薪的独立随机样本（见表6-9）。

表6-9

硕士	学士
样本容量=20	样本容量=25
样本平均年薪=60 000元	样本平均年薪=45 000元
样本标准差=2 000元	样本标准差=1 500元

假定两总体标准差相同，试在5%的显著性水平下，检验工商管理硕士的个人年薪较工商管理学士是否有显著增加。

5. 健体中心为了宣传该公司的减肥健美效果，抽取了6名客户对其参加健身前和健身后体重进行数据收集（见表6-10）。试在5%的显著性水平下，检验健体中心的减肥效果结论是否成立。

表6-10

客户	体重（斤）	
	健身前	健身后
1	140	132
2	160	158
3	210	195
4	148	152
5	190	180
6	170	164

6. 一台笔记本电脑的平均寿命为5年，标准差为1.6年。取30台台式电脑的寿命组成一个样本，其样本标准差为1.8年。在显著性水平5%下，检验台式电脑寿命的标准差是否显著大于笔记本电脑寿命的标准差。

7. 一般而言，汽车的维修费与汽车的使用时间成正比。那么汽车每年维修费的方差是否也与汽车的使用年限成正比呢？现分别从使用时间为2年和4年的汽车中随机抽取25辆样本，测得2年组汽车的维修费样本标准差为210元，4年组汽车的维修费样本标准差为320元。试在0.05的显著性水平下检验使用时间较长的汽车维修费方差是否比使用时间短的汽车维修费方差大。

8. 某月某上市公司的股价涨跌情况如下：

涨　跌　跌　跌　涨　涨　跌　跌　跌　跌　涨　涨　涨　跌　跌

涨　涨　涨　跌　涨　跌　跌　跌　涨　涨　跌　跌　涨　涨　涨

在显著性水平5%下，请检验该公司当月的股价涨跌是否随机。

9. 一个零件样本给出的按生产班次划分的零件质量的数据如表6-11所示。

表 6-11

班次	正品个数	次品个数
早班	368	32
中班	285	15
晚班	176	24

在 5%的显著性水平下检验零件质量与生产班次的独立性。

请扫描二维码，获取资源：
参考 6.3　第六章习题详解

第七章 方差分析

Chapter 7

能否采用更为简单的方法进行检验

某乳品公司机械化灌装容量为 1 升的盒装奶。一些顾客反映实际容量不足 1 升。经过技术部门的抽样检验，确认是灌装设备出了故障，需要更换新设备。生产部的王经理与 3 家奶品灌装设备提供商联系，设备商提供了试用机会。经过对 3 家的设备进行评估，王经理发现这 3 台设备其他性能和价格几乎是一样的，因此，着重就 3 台机器灌装过程所需要的时间是否存在显著差异进行检验。王经理在每台设备运行过程中抽取了 6 个样本数据，记录每灌装 10 盒奶所需时间。王经理打算利用这些样本数据两两检验每对机器灌装过程的时间差异，但从商学院毕业的大学生小刘建议用方差分析的方法来一次性检验 3 台机器灌装过程的时间是否显著不同，这样的检验过程显然简单得多。本章将介绍方差分析的原理、计算方法和具体应用。

第一节 方差分析方法引导

一、问题的提出

方差分析法简称 ANOV（analysis of variance）。为了具体引入方差分析的问题，我们以引例中的抽样数据进行说明。

【例 7－1】 引例中的 6 个样本数据如表 7－1 所示，三台设备平均灌装时间分别是 15.82 秒、16.67 秒和 14.97 秒。试用样本数据检验这三台机器灌装过程的时间是否存在显著不同，以便对设备的购买做出决策（$\alpha=0.05$）。

表 7-1　　三台设备抽样数据表　　单位：秒

抽样	设备一	设备二	设备三
1	14.8	17.1	15.1
2	17.2	15.8	15.7
3	14.9	18.1	14.5
4	16.1	15.7	15.2
5	15.6	16.9	14.9
6	16.3	16.4	14.4

如果检验结果接受原假设，则样本数据表明三台设备的平均灌装时间没有显著差异，选择任何一家提供商的设备对生产时间没有显著影响；如果拒绝原假设，则样本数据表明设备不同，平均灌装时间不同，为了提高灌装速度与效率，应倾向选择平均灌装时间少的设备提供商。具体情况如图 7-1 所示。

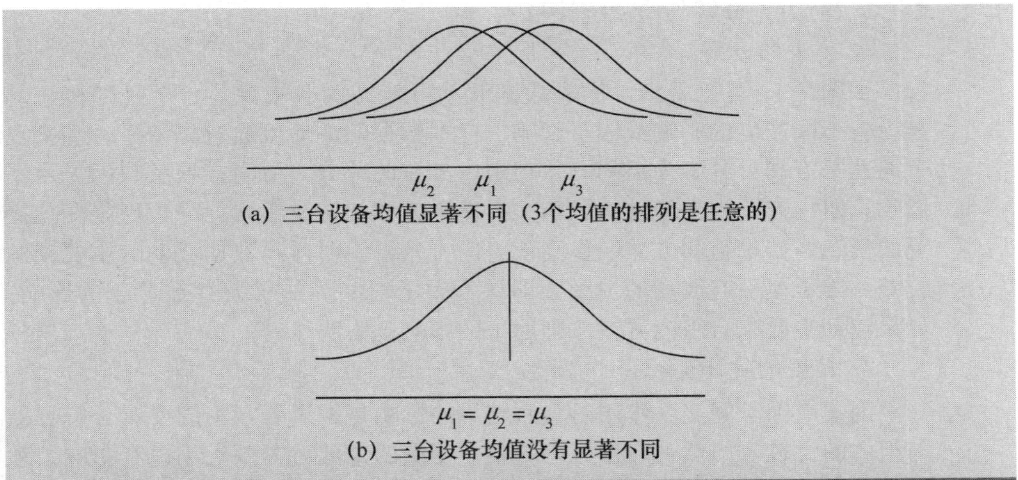

图 7-1

下面先介绍方差分析的基本方法，并利用该方法解决此例中所提出的检验问题。

请扫描二维码，获取资源：参考 7.1　化繁为简：肥力梯度的困惑

二、方差分析的原理

（一）方差分析的基本概念

在具体应用方差分析方法之前，我们先介绍方差分析中的基本概念。

1. 因素

因素又称因子，是在试验中或抽样时发生变化的“量”，通常用 A，B，C，…表示。例 7-1 中的不同提供商的设备就是一个变化的因素，这个因素是对灌装 10 盒奶所需时间可能产生影响的因子。**方差分析**的目的就是分析因子对试验或抽样的结果有无显著影响。如果在试验中变化的因素只有一个，这时的方差分析称为**单因素**

方差分析；在试验中变化的因素不止一个时，称为**多因素方差分析**。双因素方差分析是多因素方差分析的最简单情形。

2. 水平

因子在试验中的不同状态称作**水平**。如果因子 A 有 r 个不同状态，就称它有 r 个水平，可用 A_1，A_2，…，A_r 表示。我们针对因素的不同水平或水平的组合，进行试验或抽取样本，以便了解因子的影响。

3. 交互影响

当方差分析的影响因子不唯一时，这些因子间是否独立，是否存在相互影响，是有必要注意的问题。如果因子间存在相互作用，称为**交互影响**；如果因子间是相互独立的，则称为无交互影响。交互影响有时也称为交互作用，可以看成是对试验结果产生作用的一个新因素，分析过程中有必要将它单独分离开来。

（二）方差分解与检验统计量

1. 方差的分解

从图 7-1 可以看出，样本数据波动可能有两个来源：一个是随机波动；一个是设备不同产生的影响或因子影响。样本数据的波动可通过离差平方和来反映，这个离差平方和可分解为组间方差与组内方差两部分。组间方差反映因子水平不同的影响；组内方差则是纯随机影响。离差平方和的构成形式为分析现象变化提供了重要的信息。如果组间方差明显高于组内方差，说明样本数据波动的主要来源是组间方差，因子是引起波动的主因，即认为因子对实验的结果存在显著的影响；反之，如果波动主要来自组内方差，则因子的影响就不明显。

2. F 检验统计量

因子或因子间交互作用对观测结果的影响是否显著，关键要看分解方差在组间与组内的比较。当然，产生方差的独立变量的个数对方差大小也有影响，独立变量个数越多，方差就有可能越大；独立变量个数越少，方差就有可能越小。为了消除独立变量个数对方差大小的影响，用独立变量个数去除方差，得到**均方差**（mean square），作为不同来源方差比较的基础。引起方差的独立变量的个数，称作**自由度**。因此，我们得到检验因子影响是否显著的统计量是一个 F 统计量：

$$F=\frac{\text{组间均方差}}{\text{组内均方差}} \tag{7.1}$$

F 统计量越大，说明组间方差是主要的方差来源，因子影响越显著；F 统计量越小，说明随机方差是主要的方差来源，因子的影响越不显著。

第二节　单因素方差分析

一、单因素条件下离差平方和的分解

单因素指的是因子唯一。为了检验该因子的不同水平下的总体均值是否有显著差异，可针对因子的不同水平进行试验或抽样，即把因子处在不同水平上抽得的样本看作来自不同总体的样本，然后检验这些不同总体的均值是否相等。假设表 7－2 是在因子 A 的不同水平下抽样的结果。

表 7－2 单因素方差分析数据表

因素水平	样本					
	1	2	…	n	合计	均值
A_1	X_{11}	X_{12}	…	X_{1n}	X_1	$\overline{X}_1$
A_2	X_{21}	X_{22}	…	X_{2n}	X_2	$\overline{X}_2$
⋮	⋮	⋮		⋮	⋮	⋮
A_r	X_{r1}	X_{r2}	…	X_{rn}	X_r	$\overline{X}_r$
合计					X	$\overline{X}$

表中的 X_{ij} 是在 A_i 水平上第 j 个样本单位的数据。另外

$$X_{i.} = \sum_{j=1}^{n} X_{ij}, \quad X_{..} = \sum_{i=1}^{r}\sum_{j=1}^{n} X_{ij}$$

$$\overline{X}_{i.} = \frac{X_{i.}}{n}, \quad \overline{X} = \frac{X_{..}}{nr}$$

式中，$i=1$，2，…，r。

即 $\overline{X}_{i.}$ 为在因素水平 A_i 上的平均数；$\overline{X}$ 为样本总平均。

总离差平方和记为 SST（sum of squares for total），则

$$SST = \sum\sum (X_{ij} - \overline{X})^2 \tag{7.2}$$

它反映了样本数据的总波动。按前面的平方和分解思路，有

$$\begin{aligned}\sum\sum (X_{ij} - \overline{X})^2 &= \sum\sum[(X_{ij} - \overline{X}_{i.}) + (\overline{X}_{i.} - \overline{X})]^2 \\ &= \sum\sum (X_{ij} - \overline{X}_{i.})^2 + \sum\sum (\overline{X}_{i.} - \overline{X})^2 \\ &\quad + 2\sum\sum (X_{ij} - \overline{X}_{i.})(\overline{X}_{i.} - \overline{X})\end{aligned}$$

上式中，交叉项之和为零，即

$$\begin{aligned}\sum_{i=1}^{r}\sum_{j=1}^{n}(X_{ij} - \overline{X}_{i.})(\overline{X}_{i.} - \overline{X}) &= \sum_{i=1}^{r}(\overline{X}_{i.} - \overline{X})\sum_{j=1}^{n}(X_{ij} - \overline{X}_{i.}) \\ &= \sum_{i=1}^{r}(\overline{X}_{i.} - \overline{X}) \times 0 = 0\end{aligned}$$

进一步记

$$SSA = \sum\sum (\overline{X}_{i.} - \overline{X})^2 = \sum n(\overline{X}_{i.} - \overline{X})^2 \tag{7.3}$$

$$SSE = \sum\sum (X_{ij} - \overline{X}_{i.})^2 \tag{7.4}$$

SSA（sum of squares among groups）表示的是组间方差总和，是由各组均值差异引起的；SSE（sum of squares for error）表示的是组内方差部分，由随机误差

产生。因此，可以得到离差平方和的分解式：

$$SST=SSE+SSA \tag{7.5}$$

二、因素作用的显著性检验

检验因子作用的显著性实质上就是检验以下假设：

$$H_0: \mu_1=\mu_2=\cdots=\mu_r \tag{7.6}$$

$$H_1: \mu_1,\mu_2,\cdots,\mu_r \text{ 不全相等} \tag{7.7}$$

原假设是否为真，关键是看 SSA 与 SSE 两者间的相对比较；在两者比较时，要剔除引起各种方差的独立变量个数——自由度的影响。

SST 是由于 X_{ij} 的波动引起的方差，但是，这里所有的 nr 个变量并不独立，它们必须满足的一个约束条件是：$\sum\sum(X_{ij}-\overline{X})=0$，真正独立的变量只有 $nr-1$ 个，自由度是 $nr-1$。SSA 是因子在不同水平上的均值 $\overline{X}_{i.}$ 变化而产生的方差。但是，r 个均值 $\overline{X}_{i.}$ 并不是独立的，它们必须满足约束条件：$\sum n(\overline{X}_{i.}-\overline{X})=0$，因此也丢失一个自由度，它的自由度是 $r-1$。SSE 是由所有的 X_{ij} 在各因素水平上围绕均值波动产生的，但是它们必须满足的约束条件是：$\sum(X_{ij}-\overline{X}_{i.})=0$（$i=1, 2, \cdots, r$），一共 r 个，失去了 r 个自由度，所以 SSE 的自由度是 $nr-r$。SST，SSA 和 SSE 的自由度满足如下关系：

$$nr-1=(r-1)+(nr-r) \tag{7.8}$$

将各方差除以各自的自由度，就得到相应的均方差，即

$$MSA=\frac{SSA}{r-1}$$

$$MSE=\frac{SSE}{nr-r} \tag{7.9}$$

式中，MSA 与 MSE 分别是 SSA 与 SSE 的均方差。

有了均方差，就可以构造 F 统计量来检验原假设（7.6）是否为真。

$$F=\frac{MSA}{MSE}\sim F(r-1,nr-r) \tag{7.10}$$

F 值越大，越说明总的方差波动中，组间方差是主要部分，有利于拒绝原假设，接受备择假设；反之，F 值越小，越说明随机方差是主要的方差来源，有利于接受原假设。因此，检验的拒绝域安排在右侧。对于给出的显著性水平 α，查 F 分布表得临界值 $F_\alpha(r-1, nr-r)$，当 $F>F_\alpha$ 时，拒绝原假设，认为所检验因素对总体有显著影响；当 $F<F_\alpha$ 时，接受原假设，认为样本不支持因子对总体有显著影响。也可以通过比较 F 统计量的 P 值与显著性水平 α 的大小做出决策：P 值 $<\alpha$，拒绝原假设；P 值 $>\alpha$，接受原假设。

现在，我们使用Excel中的“方差分析：单因素方差分析”工具来求解例7-1中提出的问题（具体计算请参考本章第四节），输出结果如表7-3所示。

表7-3　Excel输出的方差分析表

差异源	SS	df	MS	F	P-value	F crit
组间	8.67	2	4.335	6.950 828	0.007 307	3.682 32
组内	9.355	15	0.623 667			
总计	18.025	17				

由上表可知，$SST=18.025$，$SSA=8.67$，$SSE=9.355$，$MSA=4.335$，$MSE=0.623\ 667$，样本的统计量$F=4.335/0.623\ 667=6.95$，临界值$F_{\alpha}=3.682\ 32$，P值为0.007 3。P值小于显著性水平0.05，拒绝H_0。即三台设备的平均灌装时间存在显著差异，设备三的平均灌装时间是14.97秒，为最小，可以考虑选购该设备。

三、单因素方差分析中的几个问题

使用单因素方差分析时，应注意以下问题。

（1）方差分析需满足的假设条件。方差分析实质上是对各总体均值相等假设进行检验，为了得到检验统计量的精确分布，要求满足以下前提条件：

1）样本是独立的随机样本；

2）各样本皆来自正态总体；

3）总体方差具有齐性，即各总体方差相等。

满足以上的条件，式（7.10）才满足第一个自由度为$r-1$，第二个自由度为$nr-r$的F分布。一般情况下，我们总认为上述假定条件都是满足的或近似满足的。这一点对多因素分析也有效。

（2）在前面的数据结构中，因素各水平下的样本容量都相等，是为了方便公式推导。在实际问题中，各总体的样本容量可以相等，也可以不等，分析过程和结论都不受影响。在利用计算机软件进行方差分析时，计算机也能自动判断各样本的容量大小。

（3）方差分析将所有样本结合在一起，使数据数量增多，提高了分析结果的稳健性（robustness）。但是，方差分析也存在自己的不足之处，比如，当检验结果是拒绝原假设时，我们认为各总体的均值不等。至于哪个总体均值大，哪个总体均值小，方差分析本身不能立即得出结论。想要得到各总体均值大小的排序信息，还需要借助其他方法。限于篇幅，这里不做介绍，有兴趣的读者可参考其他资料。

第三节　双因素方差分析

一、无交互作用的方差分析

设A与B是可能对试验结果有影响的两个因素，相互独立，无交互作用。设在双因素各种水平的组合下进行试验或抽样，得到的数据结构如表 7－4 所示。

表 7－4　　无交互作用双因素方差分析数据表

		因素 B				均值
		B_1	B_2	…	B_n	
因素 A	A_1	X_{11}	X_{12}	…	X_{1n}	$\overline{X}_{1.}$
	A_2	X_{21}	X_{22}	…	X_{2n}	$\overline{X}_{2.}$
	⋮	⋮	⋮		⋮	⋮
	A_r	X_{r1}	X_{r2}	…	X_{rn}	$\overline{X}_{r.}$
均值		$\overline{X}_{.1}$	$\overline{X}_{.2}$	…	$\overline{X}_{.n}$	$\overline{X}$

由于 A，B 两因子相互独立，以上数据从横向看代表 A 在不同水平上试验的结果，从纵向看又代表 B 在不同水平上试验的结果，因此，同一批数据可以同时检验 A，B 两个因子的影响情况。

表中每行的均值$\overline{X}_{i.}$（$i=1，2，\cdots，r$）是在因素 A 的各个水平上试验结果的平均数；每列的均值$\overline{X}_{.j}$（$j=1，2，\cdots，n$）是在因素 B 的各种水平上试验结果的平均数。以上数据的离差平方和分解形式为：

$$SST=SSA+SSB+SSE \tag{7.11}$$

式中

$$SST=\sum\sum(X_{ij}-\overline{X})^2 \tag{7.12}$$

$$SSA=\sum\sum(\overline{X}_{i.}-\overline{X})^2=\sum n(\overline{X}_{i.}-\overline{X})^2 \tag{7.13}$$

$$SSB=\sum\sum(\overline{X}_{.j}-\overline{X})^2=\sum r(\overline{X}_{.j}-\overline{X})^2 \tag{7.14}$$

$$SSE=\sum\sum(X_{ij}-\overline{X}_{i.}-\overline{X}_{.j}+\overline{X})^2 \tag{7.15}$$

SSA 表示因素 A 的组间方差总和，SSB 表示因素 B 的组间方差总和，都是各因素在不同水平下各自均值差异引起的；SSE 仍是组内方差部分，由随机误差产生。各个方差的自由度是：SST 的自由度为 $nr-1$，SSA 的自由度为 $r-1$，SSB 的自由度为 $n-1$，SSE 的自由度为 $nr-r-n+1=(r-1)(n-1)$。

各个方差对应的均方差是：

对因素 A 而言：$MSA=\dfrac{SSA}{r-1}$　　(7.16)

对因素 B 而言：$MSB=\dfrac{SSB}{n-1}$　　(7.17)

对随机误差项而言：$MSE=\dfrac{SSE}{nr-r-n-1}$　　(7.18)

由此得到检验因素 A 与 B 影响是否显著的统计量分别为：

$$F_A=\frac{MSA}{MSE}\sim F(r-1,(r-1)(n-1)) \tag{7.19}$$

$$F_B=\frac{MSB}{MSE}\sim F(n-1,(r-1)(n-1)) \tag{7.20}$$

【例 7-2】 研究原料的三个不同产地与四种不同的生产工艺对某种化工产品纯度的影响，现针对各种组合进行一次试验，测得产品纯度数据如表 7-5 所示。

表 7-5　　某化工产品试验数据——纯度（%）

产地	工艺			
	B_1	B_2	B_3	B_4
A_1	94.5	97.8	96.1	95.4
A_2	95.8	98.6	97.2	96.4
A_3	92.7	97.1	97.7	93.9

试以 0.05 的显著性水平检验不同的原料产地、不同的生产工艺下产品纯度是否有显著差异。

解： 通过 Excel 的“方差分析：无重复双因素分析”工具可以得到如表 7-6 所示的输出结果。

表 7-6　　Excel 输出的无重复双因素分析方差表

差异源	SS	df	MS	F	P-value	F crit
行	5.58	2	2.79	3.416 327	0.102 213	5.143 253
列	23.06	3	7.686 667	9.412 245	0.010 971	4.757 063
误差	4.9	6	0.816 667			
总计	33.54	11				

请扫描二维码，获取资源：参考 7.2　牙膏的品牌与货架摆放位置对销量有无影响

表中，差异源“行”表示产地，“列”表示工艺。从 P 值大小可以看出，对于 0.05 的显著性水平，产地因素对纯度的影响不显著，而工艺因素对纯度存在显著影响。

二、有交互作用的方差分析

当两个因素不一定独立，可能存在交互作用时，需要在各个因素水平组合下，进行重复试验，才能看交互影响是否真的存在，因此，此时方差分析的数据结构不同于无交互作用情形。设因素 A 与因素 B 每一对水平搭配下重复试验的次数都是 m，得到试验数据结构如表 7-7 所示。

表 7-7　　有交互作用双因素方差分析数据表

因素 A	因素 B			
	B_1	B_2	…	B_n
A_1	X_{111} X_{112} ⋮ X_{11m}	X_{121} X_{122} ⋮ X_{12m}	…	X_{1n1} X_{1n2} ⋮ X_{1nm}

续前表

因素 A	因素 B			
	B_1	B_2	…	B_n
A_2	X_{211} X_{212} ⋮ X_{21m}	X_{221} X_{222} ⋮ X_{22m}	…	X_{2n1} X_{2n2} ⋮ X_{nm}
⋮	⋮	⋮		⋮
A_r	X_{r11} X_{r12} ⋮ X_{r1m}	X_{r21} X_{r22} ⋮ X_{r2m}	…	X_{rn1} X_{rn2} ⋮ X_{rnm}

表中，X_{ijl}表示在因素水平组合（A_i，B_j）下第 l 次试验的结果。在此组合下试验结果的平均值为：

$$\overline{X}_{ij.}=\frac{l}{m}\sum_{l=1}^{m}X_{ijl} \tag{7.21}$$

进一步记

$$\overline{X}_{i..}=\frac{l}{nm}\sum_{j=1}^{n}\sum_{l=1}^{m}X_{ijl} \tag{7.22}$$

$$\overline{X}_{.j.}=\frac{l}{rm}\sum_{i=1}^{r}\sum_{l=1}^{m}X_{ijl} \tag{7.23}$$

$$\overline{X}=\frac{l}{rnm}\sum\sum\sum X_{ijl} \tag{7.24}$$

则类似地，有以下离差平方和分解形式：

$$SST=SSA+SSB+SSAB+SSE \tag{7.25}$$

式中

$$SST=\sum\sum\sum(X_{ijl}-\overline{X})^2 \tag{7.26}$$

$$SSA=nm\sum(\overline{X}_{i..}-\overline{X})^2 \tag{7.27}$$

$$SSB=rm\sum(\overline{X}_{.j.}-\overline{X})^2 \tag{7.28}$$

$$SSAB=m\sum\sum(\overline{X}_{ij.}-\overline{X}_{i..}-\overline{X}_{.j.}+\overline{X})^2 \tag{7.29}$$

$$SSE=\sum\sum\sum(X_{ijl}-\overline{X}_{ij.})^2 \tag{7.30}$$

与无交互作用的双因素方差分析相比，这里多出了一项 $SSAB$，它刚好反映了两个因素交互作用的结果。离差平方和 SST，SSA，SSB，$SSAB$ 和 SSE 的自由度分别是$rnm-1$，$r-1$，$n-1$，$(r-1)(n-1)$ 和 $rn(m-1)$。我们得到如下的均方差：

$$MSA=\frac{SSA}{r-1} \tag{7.31}$$

$$MSB=\frac{SSB}{n-1} \tag{7.32}$$

$$MSAB=\frac{SSAB}{(r-1)(n-1)} \tag{7.33}$$

$$MSE=\frac{SSE}{rn(m-1)} \tag{7.34}$$

则检验因素 A 与 B 影响是否显著的统计量分别是：

$$F_A=\frac{MSA}{MSE}\sim F(r-1,rnm-rn) \tag{7.35}$$

$$F_B=\frac{MSB}{MSE}\sim F(n-1,rnm-rn) \tag{7.36}$$

检验交互影响是否显著的统计量是：

$$F_{AB}=\frac{MSAB}{MSE}\sim F[(r-1)(n-1),rnm-rn] \tag{7.37}$$

【例 7-3】 为了分析光照因素 A 与噪声因素 B 对工人生产有无影响，光照效应与噪声效应有交互作用，在此两因素不同的水平组合下做试验，结果如表 7-8 所示（表中数据为产量）。

表 7-8　　有交互作用双因素产量数据表

因素 A	因素 B								
	B_1			B_2			B_3		
A_1	15	15	17	19	19	16	16	18	21
A_2	17	17	17	15	15	15	19	22	22
A_3	15	17	16	18	17	16	18	18	18
A_4	18	20	20	15	16	17	17	17	17

解：通过 Excel“方差分析：可重复双因素分析”的分析工具可得到如表 7-9 所示的结果。

表 7-9　　Excel 输出的可重复双因素分析方差表

差异源	SS	df	MS	F	P-value	F crit
样本	28.388 889	2	14.194 4	9.462 96	0.000 93	3.402 83
列	2.083 333 3	3	0.694 44	0.462 96	0.710 77	3.008 79
交互	63.833 333	6	10.638 9	7.092 59	0.000 2	2.508 19
内部	36	24	1.5			
总计	130.305 56	35				

表中，差异源的“样本”指的是 B 因素，即噪声；“列”指的是 A 因素，即光照。从上表可知，光照对产量的影响不显著（P 值为 0.710 77，不宜拒绝原假设 H_{01}），噪声对产量的影响显著（P 值为 0.000 93，拒绝原假设 H_{02}），交互影响对

产量的影响显著（相应的 P 值为 0.000 2，拒绝原假设 H_{03}）。

第四节　利用Excel进行方差分析

Excel中有专门的方差分析工具，可进行单因素方差分析和双因素方差分析（有交互作用或无交互作用）。

一、单因素方差分析

【例7-4】 用Excel求解例7-1中提出的问题。

解： 操作步骤如下：

（1）输入数据（见图7-2）。

	A	B	C	D
1	抽样	设备一	设备二	设备三
2	1	14.8	17.1	15.1
3	2	17.2	15.8	15.7
4	3	14.9	18.1	14.5
5	4	16.1	15.7	15.2
6	5	15.6	16.9	14.9
7	6	16.3	16.4	14.4

图7-2　单因素方差分析

（2）调出［方差分析：单因素方差分析］对话框，按图7-3所示填写。

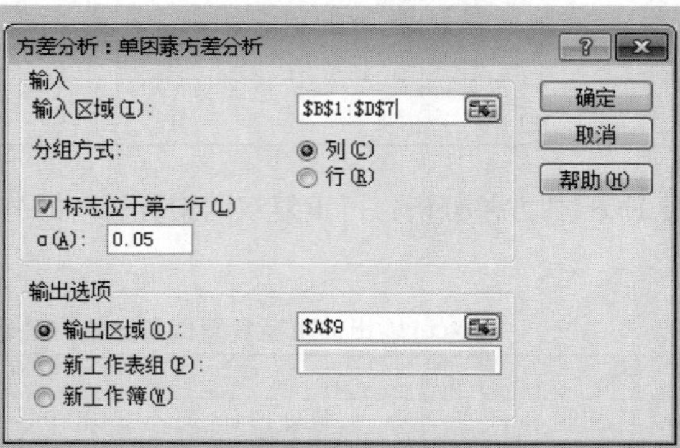

图7-3　单因素方差分析对话框

"输入区域"：指定待分析数据的单元格区域，该区域必须由两个或两个以上按列或行组织的相邻数据区域组成。本例输入区域是"$B$1:$D$7"，注意不要填写为"$A$1:$D$7"，即不要将抽样序号所在的列包括在内。

"分组方式"："组"的含义与方差分析恒等式的组间/内方差中"组"的含义是相同的。对于本例来讲，三台设备的抽样数据是按列存放的，因而分组方式选择"列"。

“标志位于第一行/列”：如果输入区域的第一行中包含标志项，请选中［标志位于第一行］复选框；如果输入区域的第一列中包含标志项，请选中［标志位于第一列］复选框；如果输入区域没有标志项，则该复选框不会被选中，Excel 将在输出表中生成适宜的数据标志。

“α”：在此输入检验的显著性水平。

（3）单击“确定”按钮，即可得到方差分析的结果。输出结果包括两个部分：第一部分是每一组数据的观察值个数、总和、平均和方差（略）；第二部分是方差分析表（见表 7－3）。

二、双因素方差分析

【例 7－5】 无交互作用的双因素方差分析。用 Excel 实现例 7－2 的检验过程。

解： 操作步骤如下：

（1）输入数据（见图 7－4）。

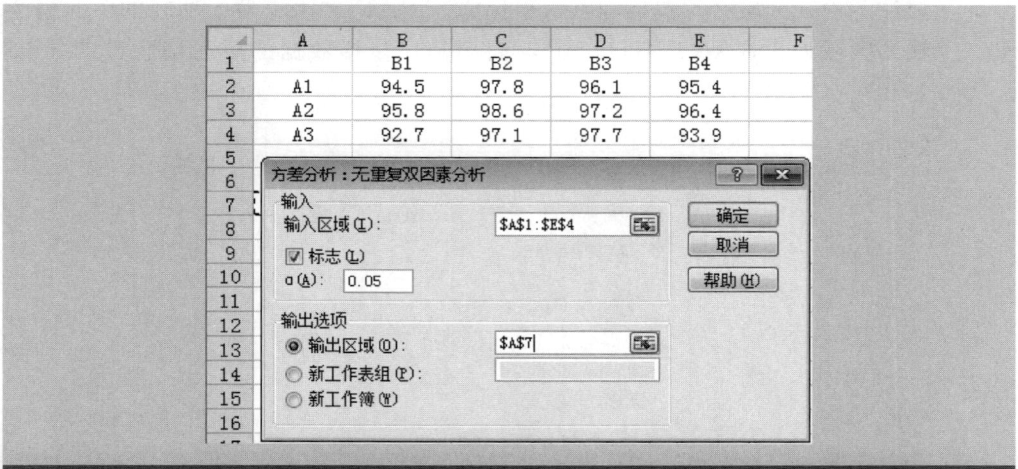

图 7－4　无交互作用双因素方差分析

（2）调出［方差分析：无重复双因素分析］对话框，按图 7－4 所示填写。该工具对话框设置与单因素方差分析类似。注意，本例中［标志］复选框被选中，输入区域必须包括产地代号（A1，A2 等）和工艺代号（B1，B2 等）所在的单元格区域，也即输入区域为“＄A＄1:＄E＄4”，而不是只包括数据的单元格区域“＄B＄2:＄E＄4”。

（3）单击“确定”按钮，得到方差分析表（见表 7－6）。

【例 7－6】 有交互作用的双因素方差分析。用 Excel 实现例 7－3 的检验过程。

解： 主要操作步骤如下：

（1）输入数据（见图 7－5）。其中，B2:B4 单元格存放的是在“A1”与“B1”因素水平共同作用下，进行 3 次试验所得的结果；D5:D7 单元格存放的是在“A3”与“B2”因素水平共同作用下，进行 3 次试验所得的结果，其余类推。

	A	B	C	D	E
1		A1	A2	A3	A4
2	B1	15	17	15	18
3		15	17	17	20
4		17	17	16	20
5	B2	19	15	18	15
6		19	15	17	16
7		16	15	16	17
8	B3	16	19	18	17
9		18	22	18	17
10		21	22	18	17

图 7-5　有交互作用双因素方差分析

(2) 调出［方差分析：可重复双因素分析］对话框，按图 7-6 所示填写。该分析工具对话框与单因素方差分析对话框基本相同，只是多了一个“每一样本的行数”编辑框，其中输入包含在每个样本中的行数。本例中，在每种不同因素水平组合下，分别进行了 3 次试验，因此“每一样本的行数”为“3”。每个样本必须包含同样的行数。另外，在该分析工具对话框中去掉了“标志位于第一行”复选框，但要注意输入区域必须包括因素水平标志（“A1”“B2”等）所在的单元格区域，即输入区域为“$A$1:$E$10”，而不是只包括数据的单元格区域“$B$2:$E$10”。

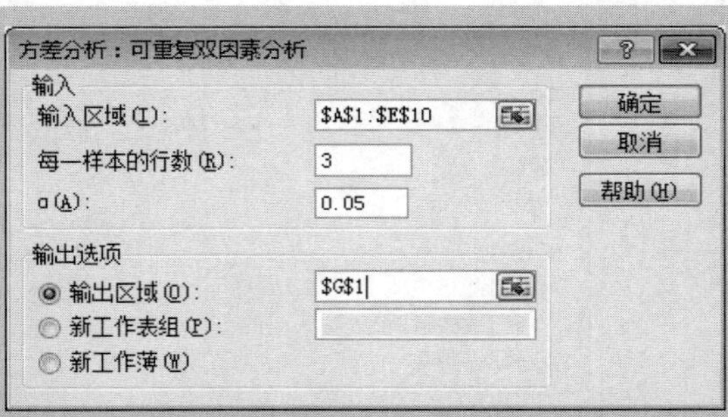

图 7-6　有交互作用双因素方差分析对话框

(3) 单击“确定”按钮，得到方差分析表（见表 7-9）。注意，Excel 给出的原始的方差分析表中，差异源项目是：样本、列、交互、内部。根据图 7-5，本例的“样本”指的是 B 因素，即噪声；“列”指的是 A 因素，即光照。

□ 本章小结

(1) 方差分析的基本概念：在实验或抽样中引起变量变化的因素称为因子，因子的不同取值称为因子的水平。方差分析按因子个数分为单因子方差分析与双因子方差分析。在双因子场合，还要考虑因子间的交互作用。

(2) 单因子方差分析表如表 7-10 所示。

表 7-10

差异源	平方和	自由度	均方	F 统计量	$Pr>F$
组间	SSA	$r-1$	MSA	$F=\frac{MSA}{MSE}$	
组内	SSE	$nr-r$	MSE		
总计	SST	$nr-1$			

(3) 双因子无交互作用方差分析表如表 7-11 所示。

表 7-11

差异源	平方和	自由度	均方	F 统计量	$Pr>F$
A 因素	SSA	$r-1$	MSA	$F_A=\frac{MSA}{MSE}$	
B 因素	SSB	$n-1$	MSB	$F_B=\frac{MSB}{MSE}$	
误差	SSE	$(r-1)(n-1)$	MSE		
总计	SST	$nr-1$			

(4) 双因子有交互作用方差分析表如表 7-12 所示。

表 7-12

差异源	平方和	自由度	均方	F 统计量	$Pr>F$
A 因素	SSA	$r-1$	MSB	$F_A=\frac{MSA}{MSE}$	
B 因素	SSB	$n-1$	MSA	$F_B=\frac{MSB}{MSE}$	
交互作用	$SSAB$	$(r-1)(n-1)$	$MSAB$	$F_{AB}=\frac{MSAB}{MSE}$	
内部	SSE	$rn(m-1)$			
总计	SST	$rnm-1$			

(5) 从以上方差分析表中的 F 统计量或 $Pr>F$ 的 P 值就可以方便地对原假设进行判断。

(6) Excel 中方差分析工具有三种：单因素方差分析、可重复双因素和无重复双因素。利用这些工具可以方便地展开分析。

□ 思考与练习

一、单项选择题

1. 利用方差分析表进行方差分析时，该表不包括的项目有（　　）。

A. 方差来源　　B. 离差平方和及其分解

C. 检验统计量　　D. 原假设的统计判断

2. 以下对方差分析叙述正确的是（　　）。

A. 方差分析可以分别对若干平均值是否相等同时进行检验

B. 进行方差分析要求各水平下的样本容量相同

C. 离差平方和能分解为组内方差与组间方差的和

D. 方差分析方法只在社会科学领域大有用武之地

3. 双因素方差分析有两种类型：一种是有交互作用的，一种是无交互作用的。区别的关键是看这对因子（　　）。

A. 是否独立　　B. 是否都服从正态分布

C. 水平是否相同　　D. 是否有相同的自由度

二、多项选择题

1. 方差分析针对不同情况，可分为（　　）。

A. 单因素方差分析　　B. 多因素方差分析

C. 双因素方差分析　　D. 双因素无交互影响方差分析

E. 双因素有交互影响方差分析

2. 对方差分析的基本原理描述正确的有（　　）。

A. 通过方差的比较，检验各因子水平下的均值是否相等

B. 方差比较之前应消除自由度的影响

C. 方差比较的统计量是 F 统计量

D. 方差分析的实质是对总体均值的统计检验

E. 方差分析的因子只能是定量的，否则无从进行量化分析

三、计算题

1. 某农场为了比较四种不同的肥料对农作物产量的影响，进行了试验，得到如下的数据（见表7-13）。

表7-13

肥料种类	收获量 X				平均收获量
A	98	96	91	66	87.75
B	60	69	50	35	53.50
C	79	64	81	70	73.50
D	90	70	79	88	81.75

试根据以上数据推断肥料对该农作物的收获量有无显著作用（显著性水平取0.05）。

2. 某厂商在五个地区销售自己生产的产品。包装部门欲了解不同的外包装对各地消费者的消费有无影响，要求销售部门提供销售资料如下（见表7-14）。

表7-14

地区	包装		
	A_1	A_2	A_3
B_1	41	45	34
B_2	53	51	44
B_3	54	48	46
B_4	55	43	45
B_5	43	39	51

得到数据资料后，包装设计部门以 0.05 的显著性水平，对该产品的包装不同与地区的不同是否影响销售额进行检验。

3. 某企业有三台不同型号的设备，生产同一产品，现有五名工人轮流在这三台设备上操作，他们的日产量如表 7－15 所示。试根据方差分析说明这三台设备和五名工人对日产量的影响是否显著（α＝0.05）。

表 7－15

	工人一	工人二	工人三	工人四	工人五
设备 A	64	72	63	81	78
设备 B	75	66	61	73	80
设备 C	78	67	80	69	71

请扫描二维码，获取资源：
参考 7.3　第七章习题详解

第八章 Chapter 8 简单线性相关与回归分析

在证券投资分析中如何估计贝塔系数

在证券投资分析中，经常会提到贝塔系数 β。这是衡量某只股票价格变动与总的股票市场（大盘）价格变动之间关系的相对指标。β 大于 1 表明该股票价格变动与总的股票市场价格变动方向一致，且变动幅度大于大盘的变动幅度。β 小于 1 表明该股票价格变动虽然与总的股票市场价格变动方向一致，但变动幅度小于大盘的变动幅度。β 小于 0 则表明该股票价格变动与大盘变动方向相反。开展证券投资分析时，一般利用单只股票资产的价格变动率对同期大盘股价指数变动率进行一元回归分析，从而估计出该股票的贝塔系数。本章将介绍有关简单相关分析和回归分析的基本理论与方法。通过本章的学习，你将懂得相关与回归分析的基本原理，并利用统计方法解决上述问题。

第一节　相关与回归分析的基本概念

一、函数关系与相关关系

客观现象总是普遍联系和相互依存的。客观现象之间的数量联系存在两种不同的类型：一种是函数关系；另一种是相关关系。

当一个或几个变量取一定的值时，另一个变量有确定值与之相对应，称这种关系为确定性的函数关系。例如，某种商品的销售收入 Y 与该商品的销售量 X 以及该商品的平均单价 P 之间的关系可用 $Y=PX$ 表示，这就是一种函数关系。一般把作为影响因素的变量称为自变量，把发生对应变化的变量称为因变量。在上例中，Y 是因变量，P 与 X 则是自变量。

当一个或几个相互联系的变量取一定数值时，与之相对应的另一变量的值虽然不确定，但它仍按某种规律在一定的范围内变化。变量间的这种相互关系称为具有不确定性的相关关系。例如，劳动生产率与工资水平的关系、投资额和国内生产总值的关系、商品流转规模与流通费用的关系等，都属于相关关系。

变量之间的函数关系和相关关系在一定条件下，是可以互相转化的。本来具有函数关系的变量，当存在观测误差时，其函数关系往往以相关的形式表现出来。而具有相关关系的变量之间的联系，如果我们对其有了深刻的规律性认识，并且能够把影响因变量变动的因素全部纳入方程，这时的相关关系也可能转化为函数关系。另外，相关关系也具有某种变动规律性，所以，相关关系经常可以用一定的函数形式去近似地描述。客观现象的函数关系可以用数学分析的方法去研究，而研究客观现象的相关关系必须借助统计学中的相关与回归分析方法。

二、相关关系的种类

客观现象的相关关系可以按不同的标志加以区分。

（一）完全相关、不完全相关和不相关

这是按照相关程度的不同进行划分。当一种现象的数量变化完全由另一种现象的数量变化确定时，称这两种现象间的关系为**完全相关**。例如，在价格不变的条件下，某种商品的销售总额与其销售量总是成正比例关系。在这种场合，相关关系便成为函数关系。因此，也可以说函数关系是相关关系的一个特例。当两种现象彼此互不影响，其数量变化各自独立时，称为**不相关现象**。例如，通常认为股票价格的高低与气温的高低是不相关的。两种现象之间的关系介于完全相关和不相关之间，称为**不完全相关**。一般的相关现象都是指这种不完全相关。

（二）正相关和负相关

这是按照相关的方向进行划分。当一种现象的数量增加（或减少），另一种现象的数量也随之增加（或减少）时，称为**正相关**。例如，消费水平随收入的增加而提高。当一种现象的数量增加（或减少），而另一种现象的数量朝相反方向变动时，称为**负相关**。例如商品流转的规模越大，平均流通费用水平则越低。

（三）线性相关和非线性相关

这是按相关的形式进行划分。当两种相关现象之间的关系大致呈现为线性关系时，称为**线性相关**。例如，人均消费水平与人均收入水平通常呈线性关系。如果两种相关现象之间并不表现为直线的关系，而是近似于某种曲线方程的关系，则这种

相关关系称为**非线性相关**。例如，产品的平均成本与产品总产量之间的关系就是一种非线性相关。

（四）单相关、复相关和偏相关

这是按所研究的变量多少进行划分。两个变量之间的相关，称为**单相关**。当所研究的是一个变量对两个或两个以上其他变量的相关关系时，称为**复相关**。例如，某种商品的需求与其价格水平以及收入水平之间的相关关系便是一种复相关。在某一现象与多种现象相关的场合，假定其他变量不变，专门考察其中两个变量的相关关系，称为**偏相关**。例如，在假定人们的收入水平不变的条件下，某种商品的需求与其价格水平的关系就是一种偏相关。

三、相关分析与回归分析

相关分析和回归分析是研究现象之间相关关系的两种基本方法。所谓**相关分析**，就是用一个指标来表示现象间相互依存关系的密切程度。所谓**回归分析**，就是根据相关关系的具体形态，选择一个合适的数学模型，来近似地表达变量间的平均变化关系。

相关分析和回归分析有着密切的联系，它们不仅具有共同的研究对象，而且在具体应用时，常常必须互相补充。相关分析需要依靠回归分析来表明现象数量相关的具体形式，回归分析则需要依靠相关分析来表明现象数量变化的相关程度。只有当变量之间高度相关时，进行回归分析寻求其相关的具体形式才有意义。由于上述原因，回归分析和相关分析在一些统计学的书籍中被合称为相关关系分析。

但是，应当指出，相关分析与回归分析之间在研究目的和方法上是有明显区别的。相关分析研究变量之间相关的方向和相关的程度。但是，相关分析无法从一个变量的变化来推测另一个变量的变化情况。回归分析则是研究变量之间相互关系的具体形式，它对具有相关关系的变量之间的数量联系进行测定，确定一个相关的数学表达式，根据这个数学表达式可以从已知量来推测未知量，从而为估算和预测提供一种重要的方法。因此，相关分析可以不必确定变量中哪个是自变量，哪个是因变量，其所涉及的变量可以都是随机变量。而回归分析必须事先研究确定具有相关关系的变量中哪个是自变量，哪个是因变量。一般来说，回归分析中因变量是随机的，而把自变量作为研究时给定的非随机变量。

相关分析与回归分析可以加深人们对客观现象之间相关关系的认识，因而是对客观现象进行分析的有效方法。但是，相关分析和回归分析只是定量分析的手段。通过相关分析与回归分析虽然可以从数量上反映现象之间的联系形式及其密切程度，但是无法准确地判断现象内在联系的有无，也无法单独以此来确定何种现象为因，何种现象为果。只有以实质性科学理论为指导，并结合实际经验进行分析研究，才能正确判断事物的内在联系和因果关系。如果对本来没有内在联系的现象，

请扫描二维码，获取资源：参考 8.1 教堂数与监狱服刑人数同步增长

仅凭数据进行相关分析和回归分析，就可能是一种“伪相关”或“伪回归”，这样不仅没有实际的意义，而且会导致荒谬的结论。

对于相关分析和回归分析，既可以从描述统计的角度，也可以从推断统计的角度来说明。本章采用后一种方式。这不仅是因为后者可以将前者的内容包含在内，还因为在有关现实经济和管理问题的定量分析中，作为推断统计的相关分析与回归分析具有更加广泛的应用价值。

四、相关图

相关图又称散点图，它是以直角坐标系的横轴代表变量 X，纵轴代表变量 Y，将两个变量间相对应的变量值用坐标点的形式描绘出来，反映两个变量之间相关关系的图形。相关图是研究相关关系的直观工具，一般在进行详细的定量分析之前，可以先利用它对现象之间存在的相关关系的方向、形式和密切程度做大致的判断。

例如，从图 8－1（a）可以看出，变量 X 和 Y 具有朝相同方向变动的趋势，表明它们之间存在正相关关系。从图 8－1（b）可以看出，两个变量之间的变动趋于相反的方向，表明它们之间存在负相关关系。从图 8－1（c）可以看出，两个变量之间不存在相应的变动规律，表明二者之间不存在相关关系。

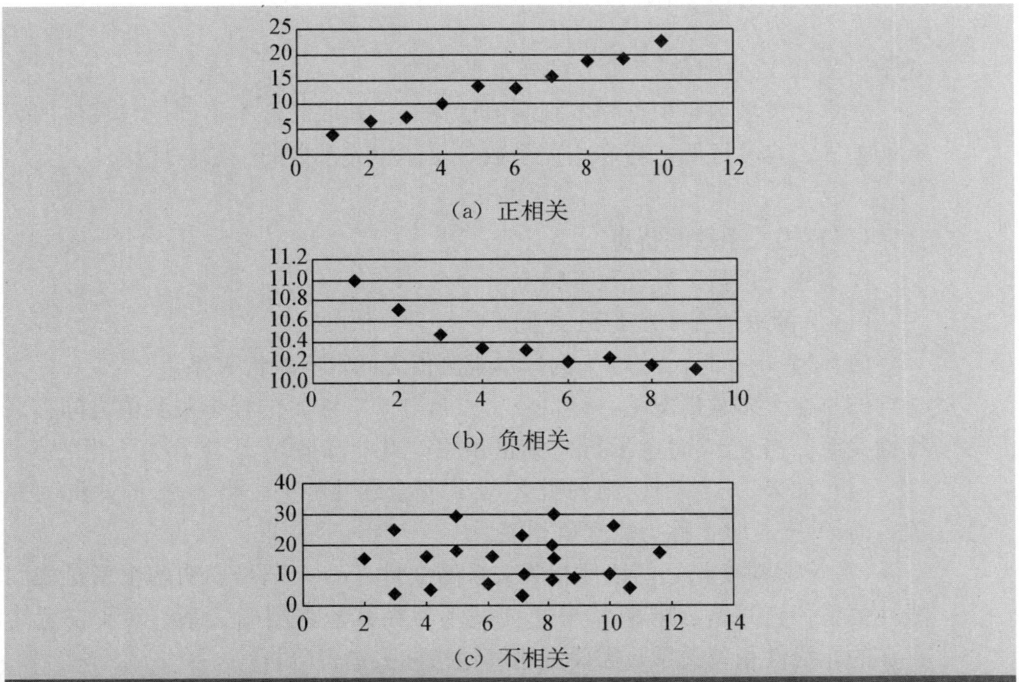

（a）正相关

（b）负相关

（c）不相关

图 8－1

第二节 简单线性相关分析

一、相关系数及其检验

（一）相关系数的定义

单相关分析是对两个变量之间的线性相关程度进行分析。单相关分析所采用的尺度为单相关系数，简称相关系数。

总体相关系数的定义式是：

$$\gamma=\frac{\text{Cov}(X,Y)}{\sqrt{\text{Var}(X)\text{Var}(Y)}} \tag{8.1}$$

式中，$\text{Cov}(X,Y)$ 为变量 X 和 Y 的协方差；$\text{Var}(X)$ 和 $\text{Var}(Y)$ 分别为变量 X 和 Y 的方差。总体相关系数是反映两个变量之间线性相关程度的一种特征值，表现为一个常数。由于实际上不可能对总体变量 X 和 Y 的全部数值都进行观测，所以总体相关系数一般是不知道的。通常需要从总体中随机抽取一定数量的样本，通过 X 和 Y 的样本观测值去估计样本相关系数。

样本相关系数的定义公式是：

$$r=\frac{\sum(X_t-\overline{X})(Y_t-\overline{Y})}{\sqrt{\sum(X_t-\overline{X})^2\sum(Y_t-\overline{Y})^2}} \tag{8.2}$$

式中，$\overline{X}$ 和 $\overline{Y}$ 分别是 X 和 Y 的样本平均数。

样本相关系数是根据样本观测值计算的，抽取的样本不同，其具体的数值也会有所差异。容易证明，样本相关系数是总体相关系数的一致估计量。

（二）相关系数的特点

样本相关系数 r 具有以下特点：

（1）r 的取值介于 $-1\sim1$ 之间。

（2）当 $r=0$ 时，X 与 Y 的样本观测值之间没有线性关系。

（3）在大多数情况下，$0<|r|<1$，即 X 与 Y 的样本观测值之间存在一定的线性关系。当 $r>0$ 时，X 与 Y 为正相关；当 $r<0$ 时，X 与 Y 为负相关。

（4）如果 $|r|=1$，则表明 X 与 Y 完全线性相关。当 $r=1$ 时，称为完全正相关，而 $r=-1$ 时，称为完全负相关。

（5）r 是对变量之间线性相关关系的度量。$r=0$ 只是表明两个变量之间不存在线性关系，它并不意味着 X 与 Y 之间不存在其他类型的关系。对于二者之间可能存在的非线性相关关系，需要利用其他指标去进行分析。

（三）相关系数的计算

具体计算样本相关系数时，通常利用以下公式：

$$r=\frac{n\sum X_tY_t-\sum X_t\sum Y_t}{\sqrt{[n\sum X_t^2-(\sum X_t)^2][n\sum Y_t^2-(\sum Y_t)^2]}} \tag{8.3}$$

上式可由样本相关系数的定义式推导得到。

【例 8－1】 表 8－1 的第 2 列和第 3 列是 2014 年我国部分省区城镇居民人均年可支配收入和人均年消费支出的有关资料，试利用表中的数据计算人均年消费支出与人均年可支配收入的样本相关系数。

表 8－1　　2014 年我国城镇居民人均年消费支出和收入情况　　单位：千元

省区	人均年可支配收入 X	人均年消费支出 Y	X^2	Y^2	XY
北京	52.859	36.642	2 794.092	1 342.636	1 936.866
天津	34.101	26.230	1 162.902	687.988	894.462
河北	26.152	17.587	683.935	309.289	459.928
山西	25.828	15.819	667.071	250.228	408.559
内蒙古	30.594	21.876	935.999	478.580	669.291
辽宁	31.126	21.557	968.811	464.692	670.969
吉林	24.901	17.973	620.053	323.015	447.534
黑龙江	24.203	17.152	585.767	294.194	415.125
上海	52.962	36.946	2 804.959	1 365.016	1 956.735
江苏	37.173	24.966	1 381.868	623.303	928.075
浙江	43.714	28.661	1 910.956	821.468	1 252.913
安徽	26.936	17.234	725.535	296.995	464.198
福建	33.275	23.520	1 107.248	553.199	782.642
江西	26.500	16.732	702.256	279.953	443.395
山东	31.545	19.854	995.104	394.172	626.293
河南	25.576	17.154	654.112	294.270	438.732
湖北	27.051	18.192	731.782	330.959	492.128
湖南	28.838	19.501	831.634	380.303	562.382
广东	34.757	25.673	1 208.060	659.107	892.323
广西	26.416	16.321	697.798	266.380	431.138
海南	26.356	18.448	694.661	340.342	486.232
重庆	27.239	19.742	741.954	389.758	537.757
四川	26.205	19.277	686.715	371.597	505.155
贵州	24.580	16.914	604.159	286.090	415.745
云南	26.373	17.675	695.547	312.405	466.147
西藏	25.457	17.022	648.040	289.749	433.323
陕西	26.420	18.464	698.027	340.914	487.819
甘肃	23.767	17.451	564.874	304.533	414.756
青海	24.542	19.201	602.327	368.665	471.229

续前表

省区	人均年可支配收入 X	人均年消费支出 Y	X^2	Y^2	XY
宁夏	25.186	18.984	634.335	360.388	478.128
新疆	26.275	19.415	690.358	376.932	510.116
合计	926.909	642.182	29 430.940	14 157.122	20 380.093

资料来源：中国经济数据库（CEIC）.

解： 将表9-1中的有关数据代入式（8.3），可得

$$r=\frac{31\times 20\ 380.093-926.909\times 642.182}{\sqrt{(31\times 29\ 430.940-926.909^2)(31\times 14\ 157.122-642.182^2)}}=0.973\ 6$$

（四）相关系数的检验

在实际的客观现象分析研究中，相关系数一般都是利用样本数据计算的，因而带有一定的随机性，样本容量越小，其可信程度就越差。因此也需要进行检验。相关系数的显著性检验问题可分为两类：一是对总体相关系数是否等于0进行检验；二是对总体相关系数是否等于某个给定的不为0的数值进行检验。限于篇幅，这里只介绍对总体相关系数γ是否等于0进行检验。

数学上可以证明，在X与Y都服从正态分布，并且$\gamma=0$的条件下，可以采用t检验来确定r的显著性。其步骤如下：

首先，计算样本相关系数r的t值：

$$t=\frac{r\sqrt{n-2}}{\sqrt{1-r^2}} \tag{8.4}$$

其次，根据给定的显著性水平和自由度（$n-2$），查找t分布表中相应的临界值$t_{\alpha/2}$。若$|t|\geqslant t_{\alpha/2}$，表明$r$在统计上是显著的。若$|t|\leqslant t_{\alpha/2}$，表明$r$在统计上是不显著的。

【例8-2】 假设根据6对样本观测数据计算出某公司的股票价格与大盘指数的样本相关系数$r=0.6$。试问是否可以根据5%的显著性水平认为该公司的股票与大盘指数之间存在一定程度的线性相关关系？

解： H_0：$\gamma=0$，H_1：$\gamma\neq 0$

将以上数据代入式（8.4），计算出r的t检验值为：

$$t=\frac{0.6\sqrt{6-2}}{\sqrt{1-0.6^2}}=1.5$$

查表可知，显著性水平为5%，自由度为4的临界值$t_{\alpha/2}=2.776$，上式中的t值小于2.776，因此，r不能通过显著性检验。也就是说，尽管根据样本观测值计算的r达到0.6，但是由于样本单位过少，这一结论并不可靠，它不足以证明该公司的股票价格与大盘指数之间存在一定程度的线性相关关系。

二、等级相关系数的计算和检验

（一）斯皮尔曼等级相关系数的定义

以上所讨论的两变量之间相关系数的前提是：两变量的联合分布是二维正态分布。当变量的分布不能满足正态性要求时，或者所要研究的变量不是数量型变量时，不宜使用通常的相关分析方法，而需要利用等级相关系数进行考察。

等级相关系数又称顺序相关系数，是由心理学家与统计学家斯皮尔曼（Spearman）最早提出的。

对于样本容量为 n 的随机变量 X，Y，如果 X，Y 的取值都可以分为 1，2，…，n 这样 n 个等级，而且样本的 n 个单位分别不重复地属于 X 和 Y 的各个等级，没有两个单位取相同等级的情形。记 d_i 为第 i 个样本单位属于 X 的等级与属于 Y 的等级的级差，则斯皮尔曼等级相关系数 r_s 为：

$$r_s = 1 - \frac{6\sum d_i^2}{n(n^2-1)} \tag{8.5}$$

数学上可以证明，斯皮尔曼等级相关系数是前面介绍的简单样本相关系数的特例。

请扫描二维码，获取资源：参考 8.2　斯皮尔曼等级相关系数是简单相关系数的特例

样本等级相关系数的取值范围是 $-1 \leqslant r_s \leqslant 1$。当 $r_s = 1$ 时，说明样本等级资料完全正相关；当 $r_s = -1$ 时，说明样本等级资料完全负相关；当 $r_s = 0$ 时，说明样本等级资料不相关；当 $0 < r_s < 1$ 时，r_s 越接近 1，正相关程度越高；当 $-1 < r_s < 0$ 时，r_s 越接近 -1，负相关程度越高。

等级相关系数适用于分析变量值表现为等级的变量之间的相关关系。不过，对于变量值表现为数值而不是等级的变量，也可以把它划分为若干等级，用等级相关的方法来研究。这样做主要是出于以下理由：（1）其中有一个变量是只能用等级来反映的；（2）把测量值划分为等级更能反映事物的本质（例如，把年龄按生命过程阶段划分比用实际年龄更便于研究生命过程的统计规律）。把测量值转换为等级的方法是：首先，按实际观察值大小排序，并赋予每个观察值秩次；其次，把测量值的取值范围划分为若干等级区间。

还必须指出，斯皮尔曼等级相关系数是以变量的取值没有相同等级为前提的。但现实中，观察结果常常会出现相同的等级，这时，需计算这几个观察结果所在位次的简单算术平均数作为它们相应的等级。在这种情形下，应用斯皮尔曼等级相关系数计算公式所得到的结果显然只是近似的。若相同等级不是太多，可以近似应用上述公式，否则应加以修正。①

① 修正方法可参见 S. 西格尔．非参数统计．北京：科学出版社，1986.

（二）斯皮尔曼等级相关系数的统计检验

根据斯皮尔曼等级相关系数对 X，Y 的总体等级相关关系进行检验。检验的原假设是 H_0：$\gamma_s=0$（或 $\gamma_s\leqslant 0$，或 $\gamma_s\geqslant 0$），其含义是按两种统计标志 X，Y 划分的两种等级不相关。备择假设是 H_1：$\gamma_s\neq 0$（或 $\gamma_s>0$，或 $\gamma_s<0$）。

在样本量 n 较小（例如，$n\leqslant 30$）时，H_0：$\gamma_s=0$ 成立前提下，检验统计量 r_s 的 α 水平单侧临界值 r_α 可由表 B-8 查出，它是满足下列条件的最小 r 值：

$$P(|r_s|\geqslant|r|)\leqslant\alpha$$

在样本量 n 较大（例如，$n>30$）时，H_0：$\gamma_s=0$ 成立前提下，r_s 近似服从正态分布 $N(0,1/(n-1))$。因此，可以利用下面的检验统计量

$$Z=\frac{r_s}{\sqrt{\frac{1}{n-1}}}\sim N(0,1) \tag{8.6}$$

【例 8-3】 某电视台举行电视歌手大奖赛，请来两位专家做评委，两位专家对 9 位歌手评定成绩的顺序如表 8-2 所示。试以 0.025 的显著性水平检验两位专家对歌手成绩的评定是否显著正相关。

表 8-2

歌手	A	B	C	D	E	F	G	H	I
评委甲的排序 X	1	3	5	4	2	7	6	8	9
评委乙的排序 Y	1	2	4	3	7	6	5	9	8

解： 根据表 8-2，计算得表 8-3。

表 8-3

歌手	A	B	C	D	E	F	G	H	I
评委甲的排序 X	1	3	5	4	2	7	6	8	9
评委乙的排序 Y	1	2	4	3	7	6	5	9	8
$d=X-Y$	0	1	1	1	−5	1	1	−1	1
d^2	0	1	1	1	25	1	1	1	1

计算得

$$r_s=1-\frac{6\sum d_i^2}{n(n^2-1)}=1-\frac{6\times 32}{9\times(9^2-1)}\approx 0.733$$

建立原假设和备择假设：

$$H_0:\gamma_s=0,\ H_1:\gamma_s\neq 0$$

查表 B-8 知，$n=9$ 时，$r_{0.025}=0.6833$。

由于 $r_s=0.733\geqslant 0.6833$，因此，可以否定原假设，认为两位专家对歌手成绩的评定显著正相关。

第三节　一元线性回归分析

一、标准的一元线性回归模型

（一）总体回归函数

当变量之间存在显著的相关关系时，可以利用一定的数学模型对其进行回归分析。在回归分析中，最简单的模型是只有一个因变量和一个自变量的线性回归模型，即**一元线性回归模型**，又称简单线性回归模型。

该模型假定因变量 Y 主要受自变量 X 的影响，它们之间存在近似的线性函数关系，即有

$$Y_t=\beta_1+\beta_2X_t+u_t \tag{8.7}$$

式（8.7）称为**总体回归函数**。式中，β_1 和 β_2 是未知的参数，又叫回归系数；Y_t 和 X_t 分别是 Y 和 X 的第 t 个观测值；u_t 是**随机误差项**，又称随机干扰项，它是一个特殊的随机变量，反映未列入方程式的其他各种因素对 Y 的影响。

为了便于理解，我们举一个具体例子，做进一步说明。在许多经济学的入门教材中，都可以看到以下形式的消费函数：

$$Y_t=\beta_1+\beta_2X_t \tag{8.8}$$

式中，Y 代表消费支出；X 代表可支配收入；β_1 是称为基础消费水平的常数项，代表不受可支配收入影响的消费支出；β_2 是边际消费倾向，它表示可支配收入每增加一个单位时，消费支出所增加的数量。这种类型的消费函数认为，可支配收入是决定消费支出的主要因素，而且它们之间的关系是线性关系。如果以 Y 为纵轴，X 为横轴，则式（8.8）可以用一条直线来表示。这种确定性的消费函数作为理论分析的一种抽象是允许的。但是，在现实经济生活中，这种确定性的消费函数很难成立。试想一下，在全国亿万个家庭中，考察具有相同收入的家庭，他们用于消费的部分会完全相同吗？也就是说，在给定的 X 值下，Y 是否都会得到相同的结果？显而易见，这是不可能的，因为除了收入之外，还有各种影响消费的因素。一些家庭虽然收入相同，但是其消费习惯、所处的地理位置和气候条件等千差万别，这都会使他们的消费支出发生差异。所以，我们只能说，平均来看，消费支出与可支配收入的关系能够用直线反映。如果用数学形式表示，可有

$$E(Y_t)=\beta_1+\beta_2X_t \tag{8.9}$$

上式表明，在 X 的值给定的条件下，Y 的期望值是 X 的严密的线性函数。式（8.9）所反映的直线称为总体回归直线。Y 的实际观测值并不一定位于该直线上，只是散布在该直线的周围。各实际观测点与总体回归线垂直方向的间隔，称为随机误差项（见图 8-2），也就是

$$u_t = Y_t - E(Y_t) \tag{8.10}$$

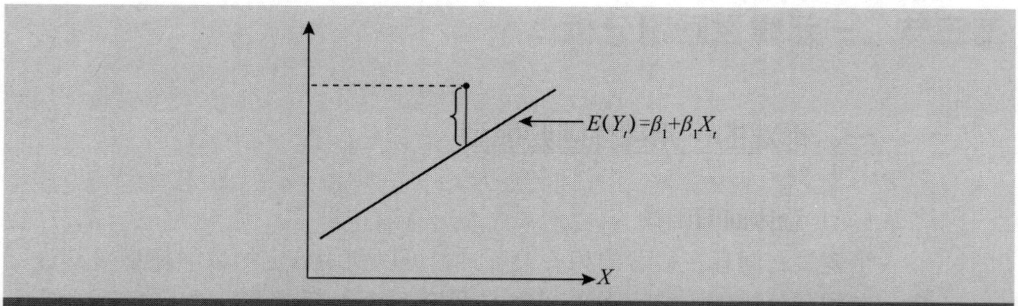

图8-2　总体回归线与随机误差项

在反映 Y 的实际观测值与给定的 X 值的线性关系式中，引入随机误差项，就得到了总体回归函数式（8.7）。

（二）样本回归函数

在现实问题研究中，由于所要研究的现象的总体单位数一般是很多的，在许多场合甚至是无限的，也就是说，总体回归函数事实上是未知的，因此需要利用样本的信息对其进行估计。

根据样本数据拟合的直线，称为样本回归直线。显然，样本回归线的函数形式应与总体回归线的函数形式一致。一元线性回归模型的样本回归线可表示为：

$$\hat{Y}_t = \hat{\beta}_1 + \hat{\beta}_2 X_t \tag{8.11}$$

式中，$\hat{Y}_t$是样本回归线上与 X_t相对应的 Y 值，可视为 $E(Y_t)$ 的估计；$\hat{\beta}_1$是样本回归函数的截距系数，$\hat{\beta}_2$是样本回归函数的斜率系数，它们是对总体回归系数 β_1 和 β_2的估计。

实际观测到的因变量 Y_t值并不完全等于 $\hat{Y}_t$，如果用 e_t表示二者之差（$e_t=Y_t-\hat{Y}_t$），则有

$$Y_t = \hat{\beta}_1 + \hat{\beta}_2 X_t + e_t, \quad t=1,2,\cdots,n \tag{8.12}$$

上式称为**样本回归函数**。式中，e_t称为**残差**，在概念上，e_t与总体误差项 u_t相互对应；n 是样本的容量。

样本回归函数与总体回归函数之间的联系显而易见。这里需要特别指出的是它们之间的区别。第一，总体回归线是未知的，它只有一条。样本回归线则是根据样本数据拟合的，每抽取一组样本，便可以拟合一条样本回归线。第二，总体回归函数中的 β_1和 β_2是未知的参数，表现为常数。而样本回归函数中的 $\hat{\beta}_1$和 $\hat{\beta}_2$是随机变量，其具体数值随所抽取的样本观测值不同而变动。第三，总体回归函数中的 u_t是 Y_t与未知的总体回归线之间的纵向距离，它是不可直接观测的。而样本回归函数中的 e_t是 Y_t与样本回归线之间的纵向距离，当根据样本观测值拟合出样本回归线之后，可以计算出 e_t的具体数值。

综上所述，样本回归函数是对总体回归函数的近似反映。回归分析的主要任务就是采用适当的方法，充分利用样本所提供的信息，使得样本回归函数尽可能地接近真实的总体回归函数。

（三）误差项的标准假定

随机误差项 u_t 是无法直接观测的。为了进行回归分析，通常需要对其概率分布提出一些假定。这些假定有：

假定 1：误差项的期望值为 0，即对所有的 t 总有

$$E(u_t)=0 \tag{8.13}$$

假定 2：误差项的方差为常数，即对所有的 t 总有

$$\mathrm{Var}(u_t)=E(u_t^2)=\sigma^2 \tag{8.14}$$

假定 3：误差项之间不存在序列相关关系，其协方差为零，即当 $t\neq s$ 时有

$$\mathrm{Cov}(u_t u_s)=0 \tag{8.15}$$

假定 4：自变量是给定的变量，与随机误差项线性无关。

假定 5：随机误差项服从正态分布。

满足以上标准假定的一元线性模型，称为**标准的一元线性回归模型**。

应当指出，在现实生活中，由于各种原因，上述标准假定常常不能得到满足。那么，学习以标准假定为基础的回归分析理论与方法是否会失去意义呢？当然不会。同其他一切科学研究一样，对相关现象的分析方法的研究，也可以从标准的理想状态出发，首先研究这一状态下的基本方法与规律，然后再以此为规范，进一步研究现实存在的非理想状态下可以采用的方法。关于非标准条件下的分析方法，属于计量经济学研究的内容，本书不作进一步讨论。

二、一元线性回归模型的估计

（一）回归系数的点估计

如前所述，回归分析的主要任务就是建立能够近似反映真实总体回归函数的样本回归函数。在根据样本资料确定样本回归方程时，一般总是希望 Y 的估计值从整体来看尽可能地接近其实际观测值。也就是说，残差 e_t 的总量越小越好。可是，由于 e_t 有正有负，简单的代数和会相互抵消，因此为了便于处理，通常采用残差平方和 $\sum e_t^2$ 作为衡量总偏差的尺度。最小二乘法就是根据这一思路，通过使残差平方和最小来估计回归系数的一种方法。设

$$\begin{aligned} Q &= \sum e_t^2 = \sum (Y_t-\hat{Y}_t)^2 \\ &= \sum (Y_t-\hat{\beta}_1-\hat{\beta}_2 X_t)^2 \end{aligned} \tag{8.16}$$

很明显，残差平方和 Q 的大小将依赖于 $\hat{\beta}_1$ 和 $\hat{\beta}_2$ 的取值。根据微积分中求极小值的原理，可知 Q 存在极小值，同时欲使 Q 达到最小，Q 对 $\hat{\beta}_1$ 和 $\hat{\beta}_2$ 的偏导数必须等于零。

将 Q 对 $\hat{\beta}_1$ 和 $\hat{\beta}_2$ 求偏导数，并令其等于零，可得

$$-2\sum(Y_t-\hat{\beta}_1-\hat{\beta}_2X_t)=0 \tag{8.17}$$

$$-2\sum X_t(Y_t-\hat{\beta}_1-\hat{\beta}_2X_t)=0 \tag{8.18}$$

整理后有

$$n\hat{\beta}_1+\hat{\beta}_2\sum X_t=\sum Y_t \tag{8.19}$$

$$\hat{\beta}_1\sum X_t+\hat{\beta}_2\sum X_t^2=\sum X_tY_t \tag{8.20}$$

以上方程组称为正规方程组或标准方程组，式中，n 是样本容量。求解这一方程组可得

$$\hat{\beta}_2=\frac{n\sum X_tY_t-\sum X_t\sum Y_t}{n\sum X_t^2-(\sum X_t)^2} \tag{8.21}$$

$$\hat{\beta}_1=\sum\frac{Y_t}{n}-\hat{\beta}_2\sum\frac{X_t}{n}=\overline{Y}-\hat{\beta}_2\overline{X} \tag{8.22}$$

以上两式是估计总体回归系数 β_1 和 β_2 的公式。

（二）总体方差的估计

除了 β_1 和 β_2 外，一元线性回归模型还包括另一个未知参数，那就是**总体随机误差项的方差** σ^2。σ^2 可以反映理论模型误差的大小，它是检验模型时必须利用的一个重要参数。由于随机误差项本身是不能直接观测的，因此，需要用最小二乘残差代替随机误差项来估计 σ^2。数学上可以证明，σ^2 的无偏估计 S^2 可由下式给出：

$$S^2=\frac{\sum e_t^2}{n-2} \tag{8.23}$$

式中，分子是残差平方和；分母是自由度，其中 n 是样本观测值的个数，2 是一元线性回归方程中回归系数的个数。在一元线性回归模型中，残差 e_t 必须满足以下两个可由式（8.17）和式（8.18）导出的约束条件：

$$\sum e_t=0$$

$$\sum e_tX_t=0 \tag{8.24}$$

因而失去了两个自由度，所以其自由度为 $n-2$。

S^2 的正平方根又叫作回归估计的标准误差。S 越小表明实际观测点与所拟合的样本回归线的离差程度越小，即回归线具有较强的代表性。反之，S 越大表明实际

观测点与所拟合的样本回归线的离差程度越大，即回归线的代表性较差。

直接根据式（8.23）计算 S^2，需要逐一计算出残差平方的数值。这样比较麻烦，而且计算误差较大。因此，一般采用以下公式计算残差平方和：

$$\sum e_t^2 = \sum Y_t^2 - \hat{\beta}_1 \sum Y_t - \hat{\beta}_2 \sum X_t Y_t \tag{8.25}$$

上式的推导过程如下：

$$\begin{aligned}\sum e_t^2 &= \sum (Y_t - \hat{\beta}_1 - \hat{\beta}_2 X_t) e_t \\ &= \sum Y_t e_t = \sum Y_t (Y_t - \hat{\beta}_1 - \hat{\beta}_2 X_t) \\ &= \sum Y_t^2 - \hat{\beta}_1 \sum Y_t - \hat{\beta}_2 \sum X_t Y_t\end{aligned}$$

（三）最小二乘估计量的性质

最小二乘法是多种估计方法中的一种。按照最小二乘法求得的估计总体回归系数的数学公式（8.19）和公式（8.20）是样本观测值的函数，通常称为最小二乘估计量。最小二乘估计量的形式是不变的，但根据所选取的样本不同，其具体数值即回归系数的估计值却会随之变化，因此，它是一种随机变量。可以证明，在能够满足标准假定的条件下，回归系数的最小二乘估计量的期望值等于其真值，即有

$$\begin{aligned}&E(\hat{\beta}_1) = \beta_1 \\ &E(\hat{\beta}_2) = \beta_2\end{aligned} \tag{8.26}$$

其方差为：

$$\mathrm{Var}(\hat{\beta}_1) = \sigma^2_{\hat{\beta}_1} = \sigma^2 \left[\frac{1}{n} + \frac{\overline{X}}{\sum (X_t - \overline{X})^2} \right] \tag{8.27}$$

$$\mathrm{Var}(\hat{\beta}_2) = \sigma^2_{\hat{\beta}_2} = \frac{\sigma^2}{\sum (X_t - \overline{X})^2} \tag{8.28}$$

$\hat{\beta}_2$和 $\hat{\beta}_1$的期望值与方差的推导过程基本类似。这里只就 $\hat{\beta}_2$进行证明。

为了便于讨论，将 $Y_t = \beta_1 + \beta_2 X_t + u_t$代入估计量 $\hat{\beta}_2$，并做以下变形：

$$\begin{aligned}\hat{\beta}_2 &= \frac{n \sum X_t Y_t - \sum X_t \sum Y_t}{n \sum X_t^2 - (\sum X_t)^2} = \frac{\sum (X_t - \overline{X})(Y_t - \overline{Y})}{\sum (X_t - \overline{X})^2} \\ &= \frac{\sum (X_t - \overline{X}) Y_t}{\sum (X_t - \overline{X})^2} = \beta_2 + \frac{\sum (X_t - \overline{X}) u_t}{\sum (X_t - \overline{X})^2}\end{aligned} \tag{8.29}$$

为了推导上式，利用了以下恒等式：

$$\sum (X_t - \overline{X}) = 0$$

$$\sum (X_t - \overline{X})^2 = \sum (X_t - \overline{X}) X_t$$

$$\sum (X_t - \overline{X})(Y_t - \overline{Y}) = \sum (X_t - \overline{X}) Y_t$$

这样，回归系数的最小二乘估计量可以表现为所要估计的参数的真值与随机误差项的线性组合。由于我们已假定 X_t 是给定的变量（不是随机变量），因此，同各期误差项相乘的权数也都是确定量。为了叙述方便，令

$$\omega_t = \frac{(X_t - \overline{X})}{\sum (X_t - \overline{X})^2} \tag{8.30}$$

利用前面所述的关于随机误差项的标准假定和期望值运算的规则，可以证明 $\hat{\beta}_2$ 的期望值为：

$$\begin{aligned} E(\hat{\beta}_2) &= \beta_2 + E(\sum \omega_t u_t) \\ &= \beta_2 + \sum \omega_t E(u_t) \quad \text{（根据标准假定 4）} \\ &= \beta_2 + \sum \omega_t \times 0 \quad \text{（根据标准假定 1）} \\ &= \beta_2 \end{aligned} \tag{8.31}$$

$\hat{\beta}_2$ 的方差为：

$$\begin{aligned} \mathrm{Var}(\hat{\beta}_2) &= \mathrm{Var}(\beta_2 + \sum \omega_t u_t) \\ &= E(\sum \omega_t u_t)^2 \\ &= \sum \omega_t^2 E(u_t^2) \quad \text{（根据标准假定 4 和 3）} \\ &= \sigma^2 \sum \omega_t^2 \quad \text{（根据标准假定 2）} \\ &= \frac{\sigma^2}{\sum (X_t - \overline{X})^2} \end{aligned} \tag{8.32}$$

证毕。

由以上推导过程可知，最小二乘估计量是因变量观测值 Y_t 的线性函数，其期望值等于总体回归系数的真值。因此，最小二乘估计量是总体回归系数的线性无偏估计量。数学上还可以进一步证明，在所有的线性无偏估计量中，回归系数的最小二乘估计量的方差最小；同时，随着样本容量的增大，其方差会不断缩小。也就是说，回归系数的最小二乘估计量是最优线性无偏估计量和一致估计量。

标准线性回归模型中，回归系数的最小二乘估计量所具有的上述性质首先是由数学家高斯和马尔可夫提出并证明的，因此称为**高斯-马尔可夫定理**。通俗地讲，这一定理表明，在标准的假定条件下，最小二乘估计量是一种最佳的估计方式。但是应当明确，这并不意味着根据这一方式计算的每一个具体的估计值都比根据其他方式计算的具体估计值更接近真值，而只是表明如果反复多次进行估计值计算或扩大样本的容量进行估计值计算，按最佳估计方式计算的估计值接近真值的可能性（概率）最大。

（四）回归系数的区间估计

利用以上得到的回归系数的点估计及其方差，还可以对回归系数进行区间估

计。为了进行区间估计，有必要了解 $\hat{\beta}_1$和 $\hat{\beta}_2$的概率分布。因为 $\hat{\beta}_1$和 $\hat{\beta}_2$均为线性估计量，是因变量 Y_t的线性组合。根据本节所述的标准假定，可知 Y_t是服从正态分布的变量，所以 $\hat{\beta}_1$和 $\hat{\beta}_2$也服从正态分布。另外，以上已给出了 $\hat{\beta}_1$和 $\hat{\beta}_2$的期望值与方差，所以有

$$\hat{\beta}_1 \sim N(\beta_1, \sigma^2_{\hat{\beta}_1})$$
$$\hat{\beta}_2 \sim N(\beta_2, \sigma^2_{\hat{\beta}_2}) \tag{8.33}$$

在总体方差已知的情况下，利用上述正态分布便可以进行区间估计。但一般来说，总体方差 σ^2是未知的，要用其无偏估计量 S^2去代替。数学上可以证明，当样本为小样本时，回归系数估计值的标准化变换值 t 服从自由度为 $n-k$ 的 t 分布。（n 是样本容量，k 是回归系数的个数，在标准的一元线性回归模型中，$k=2$。）根据第五章中介绍的关于参数区间估计的原理，可得到以下回归系数区间估计的公式：

$$\hat{\beta}_j \pm t_{\alpha/2}^{(n-2)} \times S_{\hat{\beta}_j}, \quad j=1,2 \tag{8.34}$$

式中，$S_{\hat{\beta}_j}$是回归系数 $\hat{\beta}_j$估计的样本标准误差；$t_{\alpha/2}^{(n-2)}$是显著性水平为 α，自由度为（$n-2$）的 t 分布双侧临界值。

$$S_{\hat{\beta}_1} = S\sqrt{\frac{1}{n} + \frac{\bar{X}^2}{\sum (X_t - \bar{X})^2}} \tag{8.35}$$

$$S_{\hat{\beta}_2} = \frac{S}{\sqrt{\sum (X_t - \bar{X})^2}} \tag{8.36}$$

三、一元线性回归模型的检验

（一）回归模型检验的种类

对回归模型中的参数做出估计之后，还必须对其进行检验。如果通过检验发现模型有缺陷，则必须回到模型的设定阶段或参数估计阶段，重新选择因变量和自变量及其函数形式，或者对数据进行加工整理之后再次估计参数。

回归模型的检验包括理论意义检验、一级检验和二级检验。理论意义检验主要涉及参数估计值的符号和取值区间，如果它们与实质性科学的理论以及人们的实践经验不符，就说明模型不能很好地解释现实中的现象。例如，在前面所举的消费函数中，β_2 的取值区间应在 0～1 之间。如果根据样本数据估计的 $\hat{\beta}_2$大于 1 或小于 0，则不能通过经济意义检验。在对实际的社会经济现象进行回归分析时，常常会遇到经济意义检验不能通过的情况。造成这一结果的主要原因是：社会经济的统计数据无法像自然科学中的统计数据那样通过有控制的试验去取得，因而所观测的样本容量有可能偏小，不具有足够的代表性，或者不能满足标准线性回归分析所要求的假定条件。一级检验又称统计学检验，它是利用统计学中的抽样理论来检验样本回归方程的可靠性，具体又可分为拟合程度评价和显著性检验。一级检验是对所有现象进行回归分析时都必须通过的检验。二级检验又称经济计量学检验，它是对标准线

性回归模型的假定条件能否得到满足进行检验，具体包括序列相关检验、异方差性检验、多重共线性检验等。二级检验对于社会经济现象的定量分析具有特别重要的意义。关于二级检验的问题在计量经济学教材中有详细介绍。本书只讨论一级检验。

（二）拟合程度的评价

所谓**拟合程度**，是指样本观测值聚集在样本回归线周围的紧密程度。判断回归模型拟合程度优劣最常用的数量尺度是样本决定系数（又称决定系数）。它是建立在对总离差平方和进行分解的基础之上的。

因变量的实际观测值与其样本均值的离差即总离差（$Y_t-\overline{Y}$）可以分解为两部分：一部分是因变量的理论回归值与其样本均值的离差（$\hat{Y}_t-\overline{Y}$），它可以看成是能够由回归直线解释的部分，称为可解释离差；另一部分是实际观测值与理论回归值的离差（$Y_t-\hat{Y}_t$），它是不能由回归直线加以解释的残差 e_t。对任一实际观测值 Y_t 总有

$$
\begin{aligned}
(Y_t-\overline{Y})&=(\hat{Y}_t-\overline{Y})+(Y_t-\hat{Y}_t)\\
&=(\hat{Y}_t-\overline{Y})+e_t \qquad (8.37)
\end{aligned}
$$

对上式两边取平方并求和，得

$$\sum(Y_t-\overline{Y})^2=\sum(\hat{Y}_t-\overline{Y})^2+\sum(Y_t-\hat{Y}_t)^2+2(\hat{Y}_t-\overline{Y})(Y_t-\hat{Y}_t)$$

利用残差的定义与式（8.24），可以证明

$$\sum(\hat{Y}_t-\overline{Y})(Y_t-\hat{Y}_t)=0$$

从而有

$$\sum(Y_t-\overline{Y})^2=\sum(\hat{Y}_t-\overline{Y})^2+\sum(Y_t-\hat{Y}_t)^2$$

即 $$SST=SSR+SSE \qquad (8.38)$$

式中，SST 是**总离差平方和**；SSR 是可以由回归直线解释的那一部分离差平方和，称为**回归平方和**；SSE 是用回归直线无法解释的离差平方和，称为**残差平方和**。式（8.38）的两边同除以 SST，得

$$1=\frac{SSR}{SST}+\frac{SSE}{SST} \qquad (8.39)$$

显而易见，各个样本观测点离样本回归直线越近，SSR 在 SST 中所占的比例就越大。因此，可定义这一比例为**决定系数**，即有

$$r^2=\frac{SSR}{SST}=1-\frac{SSE}{SST} \qquad (8.40)$$

决定系数是对回归模型拟合程度的综合度量。决定系数越大，模型拟合程度越

高；决定系数越小，模型对样本的拟合程度越低。

决定系数 r^2 具有如下特性：

（1）决定系数 r^2 具有非负性。① 由决定系数的定义式可知，r^2 的分子、分母均是不可能为负值的平方和，因此其比值必大于 0。

（2）决定系数的取值范围为 $0\leqslant r^2\leqslant 1$。由 r^2 的计算公式可以看出，当所有的实际观测值都位于回归直线上时，$SSE=0$，这时 $r^2=1$，说明总离差可以完全由所估计的样本回归直线来解释；当实际观测值并不是全部位于回归直线上时，但又大致分布在其附近时，$SSE>0$，这时 $r^2<1$；当回归直线没有解释任何离差，模型中解释变量 X 与因变量 Y 完全无关时，Y 的总离差可全部归于残差平方和，即 $SSE=SST$，这时 $r^2=0$。

（3）决定系数是样本观测值的函数，它也是一个统计量。

（4）在一元线性回归模型中，决定系数是单相关系数的平方。

（三）显著性检验

回归分析中的显著性检验包括两方面的内容：一是对各回归系数的显著性检验；二是对整个回归方程的显著性检验。在一元线性回归模型中，由于只有一个解释变量 X，对 $\beta_2=0$ 的显著性检验与对整个方程的显著性检验是等价的，因此这里只介绍对回归系数的显著性检验，对整个回归方程的显著性检验将在下一节中介绍。

所谓**回归系数的显著性检验**，就是根据样本估计的结果对总体回归系数的有关假设进行检验。β_1 与 β_2 的检验方法是相同的，但 β_2 的检验更为重要，因为它表明自变量对因变量的影响程度。

下面以 β_2 的检验为例，介绍回归系数显著性检验的基本步骤。

1. t 检验

（1）提出假设。对回归系数进行显著性检验，所提出的假设的一般形式是：

$$H_0:\ \beta_2=\beta_2^*\ ,\ H_1:\ \beta_2\neq\beta_2^* \tag{8.41}$$

式中，H_0 表示原假设；H_1 表示备择假设；β_2^* 是假设的总体回归系数的真值。在许多回归分析的计算机程序里，常常令 $\beta_2^*=0$。这是因为 β_2 是否为 0，可以表明 X 对 Y 是否有显著的影响。

（2）确定显著性水平 α。显著性水平的大小应根据犯哪一类错误可能带来损失的大小确定。一般情况下可取 0.05。

（3）计算回归系数的 t 值。

$$t_{\hat{\beta}_2}=\frac{\hat{\beta}_2-\beta_2^*}{S_{\hat{\beta}_2}} \tag{8.42}$$

① 但是，在回归模型中不包括截距项的场合，由于总离差平方和的分解公式不成立，按该式计算的 r^2 有可能小于 0。

式中，$S_{\hat{\beta}_2}$是回归系数 $\hat{\beta}_2$估计的标准误差。

（4）确定临界值。t 检验的临界值是由显著性水平α 和自由度df 决定的。这时应该注意，原假设和备择假设设定的方式不同，据以判断的接受域和拒绝域也不相同。例如，对 H_0：$\beta_2=0$，H_1：$\beta_2\neq 0$，进行的是双侧 t 检验；而对 H_0：$\beta_2=0.9$，H_1：$\beta_2<0.9$，进行的是单侧 t 检验。对此，在双侧检验的场合，依据 α 和df，查 t 分布表所确定的临界值是$-t_{\alpha/2}$和 $t_{\alpha/2}$；而在单侧检验的场合，所确定的临界值是 t_α。

（5）做出判断。如果 $t_{\hat{\beta}_2}$的绝对值大于临界值的绝对值，就拒绝原假设，接受备择假设；反之，如果 $t_{\hat{\beta}_2}$的绝对值小于临界值的绝对值，则接受原假设。

2. P 检验

回归系数的显著性检验还可以采用 P 检验。其前三步与 t 检验相同，但 t 值计算出来之后，并不与 t 分布的临界值进行对比，而是直接计算自由度为 $n-2$ 的 t 统计量大于或小于根据样本观测值计算的$t_{\hat{\beta}_2}$的概率即 P 值。然后将其与给定的显著性水平 α 对比，如果 P 小于α，则拒绝原假设，反之则接受原假设。利用 Excel 进行回归分析时，计算机将直接给出回归系数估计的 P 值。

四、一元线性回归模型预测

（一）回归预测的基本公式

建立回归模型的重要目的之一是进行预测。如果所拟合的样本回归方程经过检验，被认为具有经济意义，同时被证明有较高的拟合程度，就可以利用其来进行预测。简单回归预测的基本公式如下：

$$\hat{Y}_f=\hat{\beta}_1+\hat{\beta}_2X_f \tag{8.43}$$

式中，X_f是给定的X 的具体数值；$\hat{Y}_f$是X_f给定时Y 的预测值；$\hat{\beta}_1$和 $\hat{\beta}_2$是已估计出的样本回归系数。回归预测是一种有条件的预测，在进行回归预测时，必须先给出 X_f的具体数值。当给出的 X_f属于样本内的数值时，利用该式去计算 $\hat{Y}_f$称为**内插检验**或**事后预测**。而当给出的 X_f在样本之外时，利用该式去计算$\hat{Y}_f$称为**外推预测**或**事前预测**。通常所说的预测是指事前预测。

（二）预测误差

$\hat{Y}_f$是根据样本回归方程计算的，它是样本观测值的函数，因而也是一个随机变量。$\hat{Y}_f$与所要预测的Y 的真值之间必然存在一定的误差。在实际的回归模型预测中，发生预测误差的原因可以概括为以下四个。

（1）模型本身中的误差因素所造成的误差。由于总体回归函数并未将所有影响Y 的因素都纳入模型，同时其具体的函数形式也只是实际变量之间数量联系的近似反映，因此必然存在误差。这一误差可以用总体随机误差项的方差来评价。

（2）由于回归系数的估计值与其真值不一致所造成的误差。如前所述，样本回归系数是根据样本估计的，它与总体回归系数之间总是有一定的误差。这一误差可以用回归系数的最小二乘估计量的方差来评价。

(3) 由于自变量 X 的设定值与其实际值的偏离所造成的误差。当给出的 X_f 在样本之外时，其本身也需要利用某种方法去进行预测。如果 X_f 与未来时期 X 的实际值不符，将其代入式 (8.43) 求得的 Y 的预测值当然也会与其实际值有所不同。

(4) 由于未来时期总体回归系数发生变化所造成的误差。在研究客观经济现象的总体回归方程中，总体回归系数是一定时期内经济结构的数量特征，随着社会经济运行机制和经济结构的变化，它也会有所变动。这时，如果仍沿用根据样本期数据拟合的样本回归方程去进行预测，也会造成误差。

在以上造成预测误差的原因中，(3) 和 (4) 两项不属于回归方程本身的问题，而且难以事先予以估计和控制。因此，在下面的讨论中，假定只存在 (1) 和 (2) 两种误差。

设 X_f 给定时 Y 的真值为 Y_f

$$Y_f = \beta_1 + \beta_2 X_f + u_f \tag{8.44}$$

则有

$$\begin{aligned} e_f &= Y_f - \hat{Y}_f \\ &= (\beta_1 + \beta_2 X_f + u_f) - (\hat{\beta}_1 + \hat{\beta}_2 X_f) \\ &= (\beta_1 - \hat{\beta}_1) + (\beta_2 - \hat{\beta}_2) X_f + u_f \end{aligned} \tag{8.45}$$

式中，e_f 是预测的残差。利用期望值与方差的运算规则以及前面给出的回归系数最小二乘估计量的期望值和方差，可以证明：

$$E(e_f) = 0 \tag{8.46}$$

$$\mathrm{Var}(e_f) = \sigma^2\left[1 + \frac{1}{n} + \frac{(X_f - \bar{X})^2}{\sum (X_t - \bar{X})^2}\right] \tag{8.47}$$

在此基础上，还可以进一步证明 $\hat{Y}_f$ 是 Y_f 的最优线性无偏预测，即在标准假定能够满足的情况下，式 (8.43) 是 Y_f 的最佳预测方式。

(三) 区间预测

式 (8.43) 给出的是对 Y_f 的点估计，在许多场合，人们更为关心的是对 Y_f 的区间估计。在标准假定条件下，e_f 服从正态分布，即

$$e_f \sim N(0, \mathrm{Var}(e_f)) \tag{8.48}$$

由于 $\mathrm{Var}(e_f)$ 中的 σ^2 是未知的，通常用其无偏估计 S^2 来代替。若用 S_{ef} 来表示预测标准误差的估计值

$$S_{ef} = S\sqrt{1 + \frac{1}{n} + \frac{(X_f - \bar{X})^2}{\sum (X_t - \bar{X})^2}} \tag{8.49}$$

则数学上可以证明，$(Y_f-\hat{Y}_f)/S_{ef}$服从自由度为$n-2$的t分布。按照确定置信区间的方法，可以得出Y_f的$1-\alpha$的置信区间为：

$$\hat{Y}_f \pm t_{\alpha/2}^{(n-2)} S_{ef} \tag{8.50}$$

式中，$t_{\alpha/2}^{(n-2)}$是置信度为$1-\alpha$、自由度为$n-2$的t分布的临界值。

对于每一个给定的X值，计算相应的Y的置信区间，并将连接各点的曲线描绘在平面图上，便可得到图8-3。

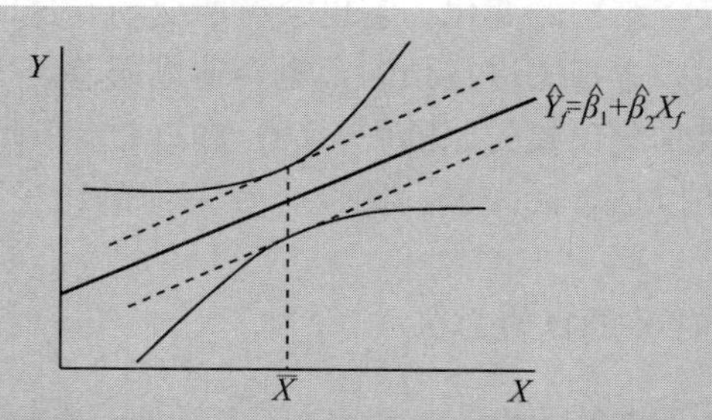

图8-3 回归预测的置信区间

从置信区间和S_{ef}的计算公式以及图8-3，可以得到以下结论：

第一，置信区间的上下限对称地落在样本回归直线两边，呈中间小、两头大的喇叭形。当$X_f=\bar{X}$时，置信区间最窄，而当X_f远离$\bar{X}$时，其置信区间逐渐增大。也就是说，在用回归模型进行预测时，X_f的取值不宜离$\bar{X}$过远，否则预测精度将会降低，有可能使预测失效。

第二，在样本容量n保持不变时，$t_{\alpha/2}^{(n-2)}$的值随置信度$1-\alpha$的提高而增加，因此，要求预测值的概率保证程度提高，在其他条件不变时，也就意味着预测精度的降低。

第三，当其他条件不变时，$t_{\alpha/2}^{(n-2)}$和S_{ef}的值均为样本容量n的减函数，即随着n的增加，这二者将逐渐减少。这说明随着样本容量的增加，预测精度将会提高，而样本容量过小，预测的精度就较低。

第四，当n足够大时，S_{ef}会趋近于S，$t_{\alpha/2}^{(n-2)}$会趋近于$z_{\alpha/2}$。（$z_{\alpha/2}$是置信度为$1-\alpha$的标准正态分布的临界值。）这时，可以用S和$z_{\alpha/2}$替代S_{ef}和$t_{\alpha/2}$来确定预测区间。即样本容量充分大时，Y_f的$1-\alpha$的置信区间为：

$$\hat{Y}_f \pm z_{\alpha/2} S \tag{8.51}$$

按上式确定的预测区间的上下限在平面图上呈两条直线（参见图8-3中与样本回归线平行的两条虚线）。

【例8-4】 例8-1的表8-1中已给出我国2014年各省区城镇居民人均年消费支出和人均年可支配收入的数据，要求利用该资料完成以下工作：

（1）估计我国城镇居民的边际消费倾向和基础消费水平。

（2）计算我国城镇居民消费函数的总体方差S^2和回归估计标准差S。

(3) 对我国城镇居民边际消费倾向进行置信度为 95%的区间估计。

(4) 计算所拟合的样本回归方程的决定系数。

(5) 以 5%的显著性水平对我国城镇居民边际消费倾向进行显著性检验。

(6) 假定已知某居民家庭 2015 年人均年可支配收入为 30 千元，要求计算该居民家庭置信度为 95%的人均年消费支出的预测区间。

解：(1) $Y_i=\beta_1+\beta_2 X_i+u_i$

将表 8-1 中合计栏的有关数据代入式 (8.21) 和式 (8.22)，可得

$$\hat{\beta}_2=\frac{31\times 20\,380.093-926.909\times 642.182}{31\times 29\,430.940-926.909^2}=0.686\,8\text{①}$$

$$\hat{\beta}_1=642.182\div 31-0.686\,8\times 926.909\div 31=0.179\,4$$

求得的样本回归方程为：

$$\hat{Y}_i=0.179\,4+0.686\,8X_i$$

式中，0.686 8 是边际消费倾向，表示人均年可支配收入每增加 1 千元，人均年消费支出会增加 0.686 8 千元；0.179 4 是基本消费水平，即与收入无关最基本的人均年消费支出为 0.179 4 千元。

(2) 将例 8-1 中给出的有关数据和 (1) 中求得的回归系数估计值代入式 (8.25)，得

$$\sum e_t^2=14\,157.122-0.179\,4\times 642.182-0.686\,8\times 20\,380.093=44.426\,3$$

将以上结果代入式 (8.23)，可得

$$S^2=44.426\,3/(31-2)=1.531\,9$$

进而有 $S=\sqrt{1.531\,9}=1.237\,7$

(3) 将前面已求得的有关数据代入式 (8.36)，可得

$$S_{\hat{\beta}_2}=1.237\,7\div\sqrt{29\,430.940-926.909^2/31}=0.029\,9$$

查 t 分布表可知，显著性水平为 5%，自由度为 29 的 t 分布双侧临界值是 2.045 2，前面已求得 $\hat{\beta}_2=0.686\,8$，将其代入式 (8.34)，可得

$$0.686\,8-2.045\,2\times 0.029\,9\leqslant\beta_2\leqslant 0.686\,8+2.045\,2\times 0.029\,9$$

即 $$0.625\,7\leqslant\beta_2\leqslant 0.747\,9$$

(4) 利用 (2) 中求得的残差平方和，代入决定系数的计算公式，可得

$$r^2=1-\frac{SSE}{SST}=1-\frac{44.426\,3}{853.959\,3}=0.948\,0$$

上式中的 SST 是利用表 8-1 中给出的数据按下式计算的：

① 本例 (1) 至 (5) 问中，由于保留小数位数不同，计算机软件包计算结果与手算结果有一定误差，这里的结果以计算机 Excel 回归分析计算的结果为准。

$$SST = \sum Y_i^2 - (\sum Yi)^2/n$$
$$= 14\ 157.122 - (642.182)^2 \div 31 = 853.959\ 3$$

（5）首先，提出假设 H_0：$\beta_2=0$，H_1：$\beta_2\neq 0$。

其次，利用式（8.42）计算 t 值。

$$t_{\hat{\beta}_2}=0.686\ 8/0.029\ 9=22.987\ 7$$

查 t 分布表可知：显著性水平为 5%，自由度为 29 的双侧 t 检验的临界值是 2.045 2。以上计算的 t 值远远大于此临界值，所以拒绝原假设，接受备择假设，即认为可支配收入对消费支出的影响是非常显著的。

（6）将有关数据代入拟合好的样本回归方程，可得

$$\hat{Y}_f=0.179\ 4+0.686\ 8X_f$$
$$=0.179\ 4+0.686\ 8\times 30=20.783\ 4(\text{千元})$$

从前面的结果可知：$S=1.237\ 7$，$\sum X_i=926.909$，$n=31$，$\sum(X_t-\bar{X})^2=29\ 430.940-(926.909)^2/31=1\ 716.091\ 8$，将其代入求预测标准误差估计值的式（8.49），有

$$S_{ef}=1.237\ 7\times\sqrt{1+1/31+(30-926.909/31)^2/1\ 716.091\ 8}=1.257\ 5(\text{千元})$$

查 t 分布表可知：显著性水平为 5%，自由度为 29 的双侧 t 检验的临界值是 2.045 2。因此，当人均年可支配收入为 30 千元时，置信度为 95%的人均年消费支出的预测区间如下：

$$20.783\ 4-2.045\ 2\times 1.257\ 5\leqslant Y_f\leqslant 20.783\ 4+2.045\ 2\times 1.257\ 5$$
$$18.211\ 6(\text{千元})\leqslant Y_f\leqslant 23.355\ 2(\text{千元})$$

□ 本章小结

（1）客观现象之间的数量联系存在两种不同的类型：一种是确定性的函数关系；另一种是不确定性的相关关系。

（2）相关关系可以按不同的标志加以区分。按相关的程度可分为完全相关、不完全相关和不相关。按相关的形式可分为线性相关和非线性相关。按所研究的变量多少可分为单相关、复相关和偏相关。

（3）单相关分析所采用的尺度为相关系数。样本相关系数的计算公式是：

$$r=\frac{n\sum X_tY_t-\sum X_t\sum Y_t}{\sqrt{[n\sum X_t^2-(\sum X_t)^2][n\sum Y_t^2-(\sum Y_t)^2]}}$$

（4）斯皮尔曼等级相关系数 r_s 是单相关系数的特例，适用于分析其变量值表现

为等级的变量之间的相关关系，其计算公式为：

$$r_s = 1 - \frac{6\sum d_i^2}{n(n^2-1)}$$

（5）满足一定标准假定的一元线性模型，称为标准的一元线性回归模型。其总体回归函数为：

$$Y_t = \beta_1 + \beta_2 X_t + u_t$$

（6）回归系数估计可利用最小二乘法，其计算公式为：

$$\hat{\beta}_2 = \frac{n\sum X_t Y_t - \sum X_t \sum Y_t}{n\sum X_t^2 - (\sum X_t)^2}$$

$$\hat{\beta}_1 = \sum \frac{Y_t}{n} - \hat{\beta}_2 \sum \frac{X_t}{n} = \overline{Y} - \hat{\beta}_2 \overline{X}$$

它们是总体回归系数的最优线性无偏估计量。

（7）总体随机误差项的方差 σ^2 的无偏估计为：

$$S^2 = \frac{\sum e_t^2}{n-2}$$

S^2 的正平方根又叫作回归估计的标准误差。

（8）判断一元回归模型拟合程度最常用的数量尺度是决定系数。

$$r^2 = \frac{SSR}{SST} = 1 - \frac{SSE}{SST}$$

$$0 \leqslant r^2 \leqslant 1$$

（9）回归系数的显著性检验可采用 t 检验。

$$t_{\hat{\beta}_j} = \frac{\hat{\beta}_j - \beta_j^*}{S_{\hat{\beta}_j}},\ j=1,2$$

（10）简单回归预测的基本公式为：

$$\hat{Y}_f = \hat{\beta}_1 + \hat{\beta}_2 X_f$$

预测标准误差为：

$$S_{ef} = S\sqrt{1 + \frac{1}{n} + \frac{(X_f - \overline{X})^2}{\sum (X_t - \overline{X})^2}}$$

Y_f 的 $1-\alpha$ 的置信区间为：

$$\hat{Y}_f \pm t_{\alpha/2}^{(n-2)} S_{ef}$$

□ 思考与练习

一、选择题

1. 下列现象之间的关系属于相关关系的是（　　）。

A. 人均收入与消费支出的关系

B. 投入与产出的关系

C. 稻谷总产量与平均每亩稻谷产量的关系

D. 销售收入与销售成本的关系

2. 变量之间的关系按相关程度可分为（　　）。

A. 负相关　　B. 不相关

C. 完全相关　　D. 不完全相关

3. 总体回归方程中的随机误差项（　　）。

A. 反映未列入方程的其他各种因素的影响　　B. 的真值无法观察

C. 是需要估计的参数　　D. 是一个随机变量

4. 回归预测误差的大小与下列因素有关：（　　）。

A. 样本容量

B. 自变量预测值与自变量样本平均数的离差

C. 自变量预测误差

D. 随机误差项的方差

二、判断题

1. 样本相关系数为 0 表明两个变量之间不存在任何关系。

2. 单纯依靠相关分析与回归分析，无法判断事物之间存在的因果关系。

3. 样本回归函数中回归系数的估计量是随机变量。

4. 当抽取的样本不同时，对同一总体回归模型估计的结果也有所不同。

5. 简单回归模型中单相关系数与相应的回归系数的符号一致。

6. 利用最小二乘法估计的参数肯定比其他方法估计的参数接近真值。

7. 回归估计残差是可以观察的。

8. 如果两个相关的变量变动方向一致，则二者之间是正相关关系。

三、证明题

1. 试证明最小二乘估计量 $\hat{\beta}_2$ 是标准一元线性回归模型中总体回归系数 β_2 的最优线性无偏估计量。

四、计算题

1. 下列数据为 10 名消费者对某软饮料两种品牌的满意度评价结果，分数越高说明满意度越高（见表 8-4）。

表 8-4

消费者	A品牌	B品牌
1	89	70
2	80	76
3	90	85
4	60	90
5	80	79
6	92	81
7	88	95
8	75	70
9	85	90
10	80	60

在显著性水平 5%下，利用简单相关系数与等级相关系数对两种品牌的消费者满意度差异进行显著性检验。

2. 对 12 位工人的劳动生产率 Y 与工龄 X 进行观测，并已得出以下数据：

$$\sum Y_i = 102,\ \sum Y_i^2 = 880.26,\ \sum X_i = 87,$$
$$\sum X_i^2 = 665,\ \sum X_i Y_i = 760.2$$

要求：

(1) 以劳动生产率为因变量，工龄为自变量，建立线性回归方程。

(2) 计算残差平方和决定系数。

(3) 计算两个变量的相关系数并进行显著性检验。

(4) 对回归系数 β_2 进行显著性检验。

3. 设销售收入 X 为自变量，销售成本 Y 为因变量。现已根据某百货公司 12 个月的有关资料计算出以下数据（单位：万元）：

$$\sum (X_t - \overline{X})^2 = 425\ 053.73,\ \overline{X} = 647.88$$
$$\sum (Y_t - \overline{Y})^2 = 262\ 855.25,\ \overline{Y} = 549.8$$
$$\sum (Y_t - \overline{Y})(X_t - \overline{X}) = 334\ 229.09$$

试利用以上数据：

(1) 拟合简单线性回归方程，并对回归系数的经济意义做出解释。

(2) 计算决定系数和回归估计的标准误差。

(3) 对 β_2 进行显著性水平为 5%的显著性检验。

(4) 假定明年 1 月销售收入为 800 万元，利用拟合的回归方程预测相应的销售成本，并给出置信度为 95%的预测区间。

请扫描二维码，获取资源：
参考 8.3　第八章习题详解

第九章 Chapter 9 多元线性回归与非线性回归分析

如何测定需求函数

反映产品的需求量及其决定因素的数学关系式称为需求函数。根据经济学的理论分析，影响某种产品需求量的基本因素有：(1) 产品的价格 P；(2) 消费者的人均收入 M；(3) 消费者的数量 N；(4) 其他相关产品的价格 P_r；(5) 消费者的偏好 P_e；(6) 未来一段时期产品的预期价格 J。其数学表达式为：

$$Q_d=f(P,M,N,P_r,P_e,J)$$

在企业经营管理中，常常需要对产品的市场需求做出正确的预测。因此，上述一般的数学表达式是不够的，有必要根据实际的统计数据，对各种因素对需求量的具体影响进行细致的定量分析，估计出具体的需求函数。

上一章介绍的一元线性回归分析所反映的是一个因变量与一个自变量之间的关系。但是，在测定需求函数时，影响需求的自变量通常不是一个，而是多个。这就产生了测定与分析多因素之间相关关系的问题。另外，在许多场合，需求与影响它的自变量之间呈现的是一种非线性关系，非线性的需求函数比线性需求函数更能够正确地反映客观现象之间的相互联系。因此，在本章中，我们将进一步讨论多元线性回归和非线性回归分析的理论与方法。

第一节　多元线性相关与回归分析

一、标准的多元线性回归模型

研究在线性相关条件下，两个和两个以上自变量对一个因变量的数量变化关系，称为**多元线性回归分析**。表现这一数量关系的数学公式，称为多元线性回归模型。多元线性回归模型是一元线性回归模型的扩展，其基本原理与一元线性回归模型类似，只是在计算上复杂一些而已。限于本书的篇幅和程度，本节对于多元回归分析中与一元回归分析类似的内容，仅给出必要的结论，不做进一步论证，只对某些多元回归分析所特有的问题做比较详细的说明。

多元线性回归模型总体回归函数的一般形式如下：

$$Y_t=\beta_1+\beta_2X_{2t}+\cdots+\beta_kX_{kt}+u_t \tag{9.1}$$

上式假定因变量 Y 与 $(k-1)$ 个自变量之间的回归关系可以用线性函数来近似反映。式中，Y_t是变量 Y 的第 t 个观测值；X_{jt} 是第 j 个自变量 X_j 的第 t 个观测值 $(j=2,3,\cdots,k)$；u_t是随机误差项；β_1，β_2，…，β_k是总体回归系数。β_j表示在其他自变量保持不变的情况下，自变量 X_j 变动一个单位所引起的因变量 Y 平均变动的数额，因而又叫作偏回归系数。该式中，总体回归系数是未知的，必须利用有关的样本观测值来进行估计。

假设已给出 n 个观测值，同时 $\hat{\beta}_1$，$\hat{\beta}_2$，…，$\hat{\beta}_k$为总体回归系数的估计，则多元线性回归模型的样本回归函数如下：

$$Y_t=\hat{\beta}_1+\hat{\beta}_2X_{2t}+\cdots+\hat{\beta}_kX_{kt}+e_t,\quad t=1,2,\cdots,n \tag{9.2}$$

式中，e_t是 Y_t与其估计 $\hat{Y}_t$之间的离差，即残差。与一元线性回归分析类似，为了进行多元线性回归分析，也需要提出一些必要的假定。多元线性回归分析的标准假定除了上一章中已经提出的关于随机误差项的假定外，还要追加一条假定。这就是回归模型所包含的自变量之间不能具有较强的线性关系，同时样本容量必须大于所要估计的回归系数的个数，即 $n>k$。我们称这一假定为标准假定（6）。

二、多元线性回归模型的估计

（一）回归系数的估计

多元线性回归模型中回归系数的估计同样采用最小二乘法。设

$$\begin{aligned}Q&=\sum e_t^2=\sum(Y_t-\hat{Y}_t)^2\\&=\sum(Y_t-\hat{\beta}_1-\hat{\beta}_2X_{2t}-\cdots-\hat{\beta}_kX_{kt})^2\end{aligned} \tag{9.3}$$

根据微积分中求极小值的原理，可知残差平方和 Q 存在极小值，欲使 Q 达到最小，Q 对 $\hat{\beta}_1$，$\hat{\beta}_2$，…，$\hat{\beta}_k$的偏导数必须等于零。将 Q 对 $\hat{\beta}_1$，$\hat{\beta}_2$，…，$\hat{\beta}_k$求偏导数，并令其等于零，加以整理后可得到以下 k 个方程式：

$$\begin{aligned}&n\hat{\beta}_1+\hat{\beta}_2\sum X_{2t}+\cdots+\hat{\beta}_k\sum X_{kt}=\sum Y_t\\&\hat{\beta}_1\sum X_{2t}+\hat{\beta}_2\sum X_{2t}^2+\cdots+\hat{\beta}_k\sum X_{2t}X_{kt}=\sum X_{2t}Y_t\\&\cdots\cdots\end{aligned} \tag{9.4}$$

$$\hat{\beta}_1\sum X_{kt}+\hat{\beta}_2\sum X_{2t}X_{kt}+\cdots+\hat{\beta}_k\sum X_{kt}^2=\sum X_{kt}Y_t$$

以上 k 元一次方程组称为正规方程组或标准方程组，通过求解这一方程组便可以得到 $\hat{\beta}_1$，$\hat{\beta}_2$，…，$\hat{\beta}_k$。

求解多元回归方程，用矩阵形式来表达较为简便。① 记

$$\boldsymbol{Y}=\begin{pmatrix}y_1\\y_2\\\vdots\\y_n\end{pmatrix}\quad \boldsymbol{X}=\begin{pmatrix}1 & x_{21} & \cdots & x_{k1}\\1 & x_{22} & \cdots & x_{k2}\\\vdots & \vdots & & \vdots\\1 & x_{2n} & \cdots & x_{kn}\end{pmatrix}\quad \boldsymbol{U}=\begin{pmatrix}u_1\\u_2\\\vdots\\u_n\end{pmatrix}$$

$$\boldsymbol{\beta}=\begin{pmatrix}\beta_1\\\beta_2\\\vdots\\\beta_k\end{pmatrix}\quad \hat{\boldsymbol{Y}}=\begin{pmatrix}\hat{y}_1\\\hat{y}_2\\\vdots\\\hat{y}_n\end{pmatrix}\quad \hat{\boldsymbol{\beta}}=\begin{pmatrix}\hat{\beta}_1\\\hat{\beta}_2\\\vdots\\\hat{\beta}_k\end{pmatrix}\quad \boldsymbol{e}=\begin{pmatrix}e_1\\e_2\\\vdots\\e_n\end{pmatrix}$$

则总体回归函数式（9.1）可以写为：

$$\boldsymbol{Y}=\boldsymbol{X\beta}+\boldsymbol{U}\tag{9.5}$$

样本回归函数式（9.2）可以写为：

$$\boldsymbol{Y}=\boldsymbol{X}\hat{\boldsymbol{\beta}}+\boldsymbol{e}\tag{9.6}$$

标准方程组式（9.4）可以写为：

$$(\boldsymbol{X}'\boldsymbol{X})\hat{\boldsymbol{\beta}}=\boldsymbol{X}'\boldsymbol{Y}\tag{9.7}$$

式中，$\boldsymbol{X}'$ 表示 $\boldsymbol{X}$ 的转置矩阵。（$\boldsymbol{X}'\boldsymbol{X}$）是一个 $k\times k$ 的对称矩阵，根据标准假定（6），（$k-1$）个自变量之间不存在高度的线性相关，因此其逆矩阵存在。在式（9.7）的两边同时左乘（$\boldsymbol{X}'\boldsymbol{X}$）$^{-1}$，可以得到

$$\hat{\boldsymbol{\beta}}=(\boldsymbol{X}'\boldsymbol{X})^{-1}\boldsymbol{X}'\boldsymbol{Y}\tag{9.8}$$

上式是回归系数最小二乘估计的一般形式。

实际求解多元回归方程中的回归系数的估计值，通常需要依靠计算机。在计算机技术十分发达的今天，多元回归分析的计算已经变得相当简单。利用现成的软件包如 Excel 等，只要将有关数据输入计算机，并指定因变量和相应的自变量，立刻就能得到计算结果。因此，对于从事应用研究的人来说，更为重要的是，能够理解输入和输出之间相互对应的关系，以及对计算机输出的结果做出正确的解释。

（二）总体方差的估计

除了回归系数以外，多元线性回归模型中还包含另一个未知参数，那就是随机

---

① 这里给出的矩阵形式具有一般性，对于一元线性回归模型也同样适用。尚未学过矩阵代数的读者不必掌握这部分内容。

误差项的方差 σ^2。与一元回归分析类似，多元线性回归模型中的 σ^2 也是利用残差平方和除以其自由度来估计的，即有

$$S^2=\frac{\sum e_t^2}{n-k} \tag{9.9}$$

式中，n 是样本观测值的个数；k 是方程中回归系数的个数；在（$k-1$）元回归模型中，标准方程组有 k 个方程式，残差必须满足 k 个约束条件，因此其自由度为（$n-k$）。数学上可以证明，S^2 是 σ^2 的无偏估计。S^2 的正平方根 S 又叫作回归估计的标准误差。S 越小表明样本回归方程的代表性越强。

在编制计算机程序时，残差平方和一般不是按照其定义式计算，而是利用以下公式计算：

$$\sum e_t^2=e'e=\boldsymbol{Y}'\boldsymbol{Y}-\hat{\boldsymbol{\beta}}'\boldsymbol{X}'\boldsymbol{Y} \tag{9.10}$$

上式是残差平方和的矩阵形式。式中，$'$ 表示求转置；$\boldsymbol{Y}$ 是因变量样本观测值向量；$\boldsymbol{X}$ 是自变量样本观测值矩阵；$\hat{\boldsymbol{\beta}}'$ 是回归系数估计值向量的转置向量。

（三）最小二乘估计量的性质

与一元线性回归模型类似，多元线性回归模型中回归系数的最小二乘估计量也是随机变量。数学上可以证明，在标准假定条件可以得到满足的情况下，多元回归模型中回归系数最小二乘估计量的期望值同样等于总体回归系数的真值，即有

$$E(\hat{\boldsymbol{\beta}})=\boldsymbol{\beta} \tag{9.11}$$

回归系数最小二乘估计量的方差、协方差矩阵为：

$$\begin{aligned}\text{Var}(\hat{\boldsymbol{\beta}})&=E(\hat{\boldsymbol{\beta}}-\boldsymbol{\beta})(\hat{\boldsymbol{\beta}}-\boldsymbol{\beta})'\\&=\sigma^2(\boldsymbol{X}'\boldsymbol{X})^{-1}\end{aligned} \tag{9.12}$$

该矩阵主对角元素是各回归系数估计量的方差 $E(\hat{\beta}_j-\beta_j)^2$，其他元素是各回归系数估计量之间的协方差 $E(\hat{\beta}_j-\beta_j)(\hat{\beta}_i-\beta_i)$（$i\neq j$）。在此基础上，还可以进一步证明，回归系数的最小二乘估计量是最优线性无偏估计量和一致估计量。也就是说，在标准的多元线性回归模型中，高斯-马尔可夫定理同样成立。

三、多元线性回归模型的检验

（一）拟合程度的评价

在多元线性回归分析中，总离差平方和的分解公式依然成立，因此也可以用上一章所定义的决定系数作为评价模型拟合程度的一项指标。不过，为了避免混淆，多元回归的决定系数用 R^2 表示。

$$R^2=1-\frac{\sum e_t^2}{\sum(Y_t-\bar{Y})^2} \tag{9.13}$$

由决定系数的定义可知，R^2 的大小取决于残差平方和 $\sum e_t^2$ 在总离差平方和 $\sum (Y_t-\overline{Y})^2$ 中所占的比重。在样本容量一定的条件下，总离差平方和与自变量的个数无关，而残差平方和则会随着模型中自变量个数的增加不断减少，至少不会增加。在一元线性回归模型中，所有模型包含的变量数目都相同，如果所使用的样本容量也一样，决定系数便可以直接作为评价拟合程度的尺度。然而，在多元线性回归模型中，各回归模型所含的变量的数目未必相同，以 R^2 的大小作为衡量拟合优劣的尺度是不合适的。因此，在多元回归分析中，更常用的评价指标是所谓的修正自由度的决定系数 $\overline{R}^2$。该指标的定义如下：

$$\begin{aligned}\overline{R}^2 &= 1-\frac{\sum e_t^2/(n-k)}{\sum (Y_t-\overline{Y})^2/(n-1)} \\ &= 1-\frac{(n-1)}{(n-k)}(1-R^2)\end{aligned} \tag{9.14}$$

式中，n 是样本容量；k 是模型中回归系数的个数；$(n-1)$ 和 $(n-k)$ 实际上分别是总离差平方和与残差平方和的自由度。

修正自由度的决定系数 $\overline{R}^2$ 具有以下特点：

(1) $\overline{R}^2 \leqslant R^2$。因为 $k \geqslant 1$，所以根据 $\overline{R}^2$ 和 R^2 各自的定义式可以得出这一结论。对于给定的 R^2 值和 n 值，k 值越大，$\overline{R}^2$ 越小。在进行回归分析时，一般总是希望以尽可能少的自变量去达到尽可能高的拟合程度。$\overline{R}^2$ 作为一个综合评价这两方面情况的指标显然比 R^2 更为合适。

(2) $\overline{R}^2$ 小于 1，但未必都大于 0。在拟合极差的场合，$\overline{R}^2$ 有可能取负值。

（二）显著性检验

多元线性回归模型的显著性检验同样包括两方面的内容，即回归系数的显著性检验与回归方程的显著性检验。

1. 回归系数的显著性检验

多元回归中进行这一检验的目的主要是检验与各回归系数对应的自变量对因变量的影响是否显著，以便对自变量的取舍做出正确的判断。一般来说，当发现某个自变量的影响不显著时，应将其从模型中剔除，这样才能够做到以尽可能少的自变量去达到尽可能高的拟合优度。

多元回归模型中回归系数的检验同样采用 t 检验和 P 检验，其原理和基本步骤与一元回归模型基本相同，这里不再赘述。下面仅给出回归系数显著性检验 t 统计量的一般计算公式。

$$t_{\hat{\beta}_j}=\frac{\hat{\beta}_j}{S_{\hat{\beta}_j}}, \quad j=1,2,\cdots,k \tag{9.15}$$

式中，$\hat{\beta}_j$ 是回归系数的估计值；$S_{\hat{\beta}_j}$ 是 $\hat{\beta}_j$ 的标准差的估计值。$S_{\hat{\beta}_j}$ 按下式计算：

$$S_{\hat{\beta}_j}=\sqrt{S^2\psi_{jj}} \tag{9.16}$$

式中，ψ_{jj}是 $(\boldsymbol{X}'\boldsymbol{X})^{-1}$的第 j 个对角线元素；S^2是随机误差项方差的估计值。式(9.15）的 t 统计量背后的原假设是 H_0：$\beta_j=0$，因此 t 的绝对值越大表明 β_j 为 0 的可能性越小，即表明相应的自变量对因变量的影响是显著的。

2. 回归方程的显著性检验

多元线性回归模型包含多个回归系数，因此对于多元回归模型，除了要对单个回归系数进行显著性检验外，还要对整个回归模型进行显著性检验。由离差平方和的分解公式可知，回归模型的总离差平方和等于回归平方和与残差平方和的总和。回归模型总体函数的线性关系是否显著，其实质就是判断回归平方和与残差平方和之比值的大小问题。由于回归平方和与残差平方和的数值会随观测值的样本容量和自变量个数的不同而变化，因此不宜直接比较，而必须在方差分析的基础上利用 F 检验进行。其具体的步骤可归纳如下：

（1）假设总体回归方程不显著，即有

$$H_0：\beta_2=\beta_3=\cdots=\beta_k=0$$

（2）进行方差分析，列出回归模型方差分析表（见表 9－1）。表中，回归平方和的取值受 k 个回归系数估计值的影响，同时又要服从 $\sum \hat{Y}_t/n=\overline{Y}$ 的约束条件，因此其自由度是（$k-1$）。残差平方和取决于 n 个因变量的观测值，同时又要服从 k 个正规方程式的约束，因此其自由度是（$n-k$）。回归平方和与残差平方和各除以自身的自由度得到的是样本方差。

表 9－1　　回归模型方差分析表

离差名称	平方和	自由度	方差
回归平方和	$SSR=\sum(\hat{Y}_t-\overline{Y})^2$	$k-1$	$SSR/(k-1)$
残差平方和	$SSE=\sum e_t^2$	$n-k$	$SSE/(n-k)$
总离差平方和	$SST=\sum(Y_t-\overline{Y})^2$	$n-1$	

（3）根据方差分析的结果求 F 统计量，即

$$F=\frac{SSR/(k-1)}{SSE/(n-k)} \tag{9.17}$$

数学上可以证明，在随机误差项服从正态分布同时原假设成立的条件下，F 服从自由度为（$k-1$）和（$n-k$）的 F 分布。

（4）根据自由度和给定的显著性水平 α，查 F 分布表中的临界值 F_α。当 $F>F_\alpha$时，拒绝原假设，即认为总体回归函数中各自变量与因变量的线性回归关系显著。当 $F<F_\alpha$时，接受原假设，即认为总体回归函数中，自变量与因变量的线性关系不显著，因而所建立的回归模型没有意义。

请扫描二维码，获取资源：参考 9.1　多重共线性及其影响

四、多元线性回归预测

在通过各种检验的基础上，多元线性回归模型可以用于预测。多元线性回归预测与一元线性回归预测的原理是一致的，其基本公式如下：

$$\hat{Y}_f=\hat{\beta}_1+\hat{\beta}_2X_{2f}+\cdots+\hat{\beta}_kX_{kf} \tag{9.18}$$

式中，X_{jf}（$j=2$，3，…，k）是给定的 X_j 在预测期的具体数值；$\hat{\beta}_j$是已估计出的样本回归系数；$\hat{Y}_f$是 X_j 给定时 Y 的预测值。

该方程的矩阵形式为：

$$\hat{\boldsymbol{Y}}_f=\boldsymbol{X}'_f\hat{\boldsymbol{\beta}} \tag{9.19}$$

式中

$$\boldsymbol{X}_f=\begin{pmatrix}1\\X_{2f}\\\vdots\\X_{kf}\end{pmatrix}\quad \hat{\boldsymbol{\beta}}=\begin{pmatrix}\hat{\beta}_1\\\hat{\beta}_2\\\vdots\\\hat{\beta}_k\end{pmatrix}$$

多元线性回归预测标准误差的计算公式如下：

$$S_{ef}=S\sqrt{1+\boldsymbol{X}'_f(\boldsymbol{X}'\boldsymbol{X})^{-1}\boldsymbol{X}_f} \tag{9.20}$$

式中，S 是回归方程估计的标准误差。

多元线性回归预测 Y_f的 $1-\alpha$ 的置信区间可由下式给出：

$$\hat{Y}_f\pm t_{\alpha/2}S_{ef} \tag{9.21}$$

式中，$t_{\alpha/2}$是显著性水平为 α 的 t 分布双侧临界值。

【例 9－1】 设已知统计资料如表 9－2 所示。

表 9－2　有关 A 商品需求的统计数据

年份	1	2	3	4	5	6	7	8	9	10
销售量 Y（百件）	10	10	15	13	14	20	18	24	19	23
居民人均收入 X_2（千元）	5	7	8	9	9	10	10	12	13	15
单价 X_3（十元）	2	3	2	5	4	3	4	3	5	4

试根据该资料，完成以下工作：

（1）以居民的人均收入和 A 商品的价格为自变量，拟合 A 商品的线性需求函数。

（2）计算回归方程的总体方差 S^2 和回归估计标准误差 S。

（3）按 5％的显著性水平对 A 商品的需求函数的回归系数进行 t 检验。

（4）按 1％的显著性水平对 A 商品的需求函数进行 F 检验。

（5）利用该方程预测居民人均收入为 22 000 元、商品单价为 50 元时的 A 商品需求量，并给出置信度为 95%的预测区间。

解：（1）假定 A 商品的销售量取决于社会对该商品的需求，即销售量可以代表需求量。则在本例①中，因为

$$\hat{\boldsymbol{\beta}}=\begin{pmatrix}\hat{\beta}_1\\ \hat{\beta}_2\\ \hat{\beta}_3\end{pmatrix}\quad \boldsymbol{X}=\begin{pmatrix}1 & 5 & 2\\ 1 & 7 & 3\\ \vdots & \vdots & \vdots\\ 1 & 15 & 4\end{pmatrix}\quad \boldsymbol{Y}=\begin{pmatrix}10\\ 10\\ \vdots\\ 23\end{pmatrix}$$

所以有

$$(\boldsymbol{X}'\boldsymbol{X})=\begin{pmatrix}10 & 98 & 35\\ 98 & 1\,038 & 359\\ 35 & 359 & 133\end{pmatrix}\quad \boldsymbol{X}'\boldsymbol{Y}=\begin{pmatrix}166\\ 1\,743\\ 592\end{pmatrix}$$

进而有

$$(\boldsymbol{X}'\boldsymbol{X})^{-1}=\begin{pmatrix}1.641\,6 & -0.083\,9 & -0.205\,4\\ -0.083\,9 & 0.018\,8 & -0.028\,6\\ -0.205\,4 & -0.028\,6 & 0.138\,9\end{pmatrix}$$

将以上各项代入式（9.8），可得

$$\hat{\boldsymbol{\beta}}=\begin{pmatrix}1.641\,6 & -0.083\,9 & -0.205\,4\\ -0.083\,9 & 0.018\,8 & -0.028\,6\\ -0.205\,4 & -0.028\,6 & 0.138\,9\end{pmatrix}\begin{pmatrix}166\\ 1\,743\\ 592\end{pmatrix}=\begin{pmatrix}4.587\,51\\ 1.868\,47\\ -1.799\,57\end{pmatrix}$$②

由此得到 A 商品需求函数的样本回归方程如下：

$$\hat{Y}_t=4.587\,5+1.868\,5X_{2t}-1.799\,6X_{3t}$$

（2）$\boldsymbol{Y}'\boldsymbol{Y}=\sum Y_t^2=2\,980$。将该结果及以上已经计算出的 $\hat{\boldsymbol{\beta}}'$ 和 $\boldsymbol{X}'\boldsymbol{Y}$ 等代入式（9.10），可得

$$\begin{aligned}\sum e_t^2 &= 2\,980-4.587\,51\times166-1.868\,47\times1\,743+1.799\,57\times592\\ &=27.08\end{aligned}$$

进而有

$$S^2=27.08/(10-3)=3.87$$

$$S=\sqrt{3.868\,6}=1.97$$

---

① 为便于读者理解，这里列出求解过程，实际工作中可直接利用 Excel 求解。

② 式中 $(\boldsymbol{X}'\boldsymbol{X})^{-1}$ 的元素保留 4 位小数，因此按该式手工计算的结果与计算机输出的结果之间有一定误差。我们以计算机输出的结果为准。

(3) 回归系数的显著性检验。由以上计算结果已知：$S=1.97$，$\psi_{11}=1.641\ 6$，$\psi_{22}=0.018\ 8$，$\psi_{33}=0.138\ 9$，$\hat{\beta}_1=4.587\ 5$，$\hat{\beta}_2=1.868\ 5$，$\hat{\beta}_3=-1.799\ 6$，$n=10$，$k=3$。

将上述结果代入 t 统计量的计算公式，可得

$$t_{\hat{\beta}_1}=\frac{4.587\ 5}{(1.97\sqrt{1.641\ 6})}=1.82$$

$$t_{\hat{\beta}_2}=\frac{1.868\ 5}{(1.97\sqrt{0.018\ 8})}=6.92$$

$$t_{\hat{\beta}_3}=\frac{-1.799\ 6}{(1.97\sqrt{0.138\ 9})}=-2.45$$

查自由度为 7 的 t 分布表可知，显著性水平为 5%的双侧检验临界值 $t_{\alpha/2}=2.365$。将上面求得的 t 值与此对照，β_2 和 β_3 均能够通过检验，即可以认为人均收入水平与商品价格对 A 商品的需求量的影响是显著的。β_1 未通过检验，表明在拟合 A 商品需求量的回归方程时，不必设置常数项。可考虑删除常数项后，再次拟合样本回归方程。

(4) 回归方程的显著性检验。由 (2) 的计算结果已知残差平方和 $SSE=27.08$，另计算可得总离差平方和 $SST=224.2$。利用离差平方和的分解公式，可得回归平方和 $SSR=SST-SSE=197.12$。根据上述数据可编制以下方差分析表（见表 9－3）。利用该表数据计算出 F 统计量如下：

$$F=(197.12/2)/(27.08/7)=25.50$$

表 9－3　A 商品需求模型方差分析表

离差名称	平方和	自由度	方差
回归平方和	$SSR=197.12$	$k-1$	$SSR/(k-1)$
残差平方和	$SSE=27.08$	$n-k$	$SSE/(n-k)$
总离差平方和	$SST=224.2$		

查显著性水平为 1%、自由度为 (2，7) 的 F 分布表，可知 $F_\alpha=9.55$，上面求得的 F 值远超过 F_α，因此可以认为，该回归方程所描述的线性相关关系是比较显著的。

(5) 预测。将以上给出的居民收入和商品单价代入前面拟合的回归方程，可得

$$\hat{Y}_f=4.587\ 5+1.868\ 5\times 22-1.799\ 6\times 5=36.70\text{(百件)}$$

$$S_{ef}=S\sqrt{1+\boldsymbol{X}_f'(\boldsymbol{X}'\boldsymbol{X})^{-1}\boldsymbol{X}_f}=3.497\ 0$$

查自由度为 7 的 t 分布表可知，显著性水平为 5%的双侧检验临界值 $t_{\alpha/2}=2.365$，将其代入区间预测的公式 (9.21)，可有

预测值的上限$=36.70+2.365\times 3.497\ 0=44.970\ 4$

预测值的下限$=36.70-2.365\times 3.497\ 0=28.429\ 6$

即预测区间为［28.429 6，44.970 4］。

五、复相关系数和偏相关系数

在多变量的情况下，为了更好地分析变量之间的相关关系，需要计算复相关系数与偏相关系数。

(一) 复相关系数

样本复相关系数（以下简称复相关系数）的定义式如下：

$$R=\frac{\sum(Y_t-\overline{Y})(\hat{Y}_t-\overline{Y})}{\sqrt{\sum(Y_t-\overline{Y})^2\sum(\hat{Y}_t-\overline{Y})^2}} \tag{9.22}$$

上式与单相关系数的定义式十分类似，不同之处仅在于用根据模型所包含的多个自变量计算的回归估计值 $\hat{Y}_t$代替了单相关系数定义式中的 X_t。在所涉及的自变量只有 1 个时，因为 $\hat{Y}_t$是 X_t的严密函数，所以式（9.22）完全等价于单相关系数的定义式。而在多元分析的场合，以上定义的复相关系数的平方实际上就是多元线性回归方程的决定系数。

实际计算复相关系数时，一般不直接根据其定义式，而是先计算出决定系数，然后再求决定系数的平方根。应当指出，在多个变量的情况下，Y 与其他多个变量之间既可能正相关，又可能负相关，所以复相关系数也就只取正值。因此，复相关系数只是反映一个变量 Y 与其他多个变量 X_2，X_3，…，X_k之间线性相关程度的指标，而不能反映其相互之间线性相关的方向。

复相关系数的取值区间为：$0\leqslant R\leqslant 1$。复相关系数为 1 表明 Y 与 X_2，X_3，…，X_k之间存在严密的线性关系，复相关系数为 0 则表明 Y 与 X_2，X_3，…，X_k之间不存在任何线性相关关系。一般情况下，复相关系数的取值在 0～1 之间，表明变量之间存在一定程度的线性相关关系。

(二) 偏相关系数

在对其他变量的影响进行控制的条件下，衡量多个变量中某两个变量之间的线性相关程度和相关方向的指标称为**偏相关系数**。偏相关系数不同于前面所介绍的单相关系数。在计算单相关系数时，只需要掌握两个变量的观测数据，并不考虑其他变量对这两个变量可能产生的影响。而在计算偏相关系数时，需要掌握多个变量的数据，一方面考虑多个变量相互之间可能产生的影响，另一方面又采用一定的方法控制其他变量，专门考察两个特定变量的净相关关系。在多变量相关的场合，由于变量之间存在错综复杂的关系，因此偏相关系数与单相关系数在数值上可能相差很大，有时甚至符号都可能相反。单相关系数受其他因素的影响，反映的往往是表面的非本质的联系，而偏相关系数则较能说明现象之间真实的联系。例如，一种商品的需求既受收入水平的影响，又受其价格的影响。按照经济学理论，在一定的收入

请扫描二维码，获取资源：参考 9.2　能否通过增加人口去提高财政收入

水平下，该商品的价格越高，商品的需求量就越小。也就是说，需求与价格之间应当是负相关的。可是，在现实经济生活中，由于收入和价格常常都有不断提高的趋势，如果不考虑收入对需求的影响，仅仅利用需求和价格的时间序列数据去计算单相关系数，就有可能得出价格越高需求越大的错误结论。

在明确偏相关系数与单相关系数区别的基础上，我们再来讨论偏相关系数的定义式。在上一章中，已经给出了样本单相关系数的定义式为：

$$r=\frac{\sum(X_t-\overline{X})(Y_t-\overline{Y})}{\sqrt{\sum(X_t-\overline{X})^2\sum(Y_t-\overline{Y})^2}}$$

样本相关系数的定义还可以从另一个角度给出。在进行相关分析时，对于所涉及的两个变量 X 和 Y 是同等看待的。若设

$$\hat{Y}_t=\hat{\beta}_1+\hat{\beta}_2X_t \tag{9.23}$$

$$\hat{X}_t=\hat{\alpha}_1+\hat{\alpha}_2Y_t \tag{9.24}$$

则样本单相关系数也可定义为两个样本回归系数的乘积的开方，即

$$r=\pm\sqrt{\hat{\beta}_2\hat{\alpha}_2} \tag{9.25}$$

式中，r 的符号应与回归系数的符号一致。回归系数为正数时，r 取正值；回归系数为负数时，r 取负值。容易证明式（9.25）与前面给出的相关系数的定义式是完全等价的。也就是说，单相关系数可以表现为两个回归系数的几何平均数。样本偏相关系数也可以按照类似的形式来定义，即偏相关系数等于两个相应的偏回归系数的几何平均数。

为简明起见，下面以三个变量的偏相关分析为例。设有三个变量 X_1，X_2 和 X_3。三个变量各自以另两个变量为自变量拟合的样本回归方程如下：

$$\hat{X}_{1t}=\hat{\beta}_{1.23}+\hat{\beta}_{12.3}X_{2t}+\hat{\beta}_{13.2}X_{3t} \tag{9.26}$$

$$\hat{X}_{2t}=\hat{\beta}_{2.13}+\hat{\beta}_{21.3}X_{1t}+\hat{\beta}_{23.1}X_{3t} \tag{9.27}$$

$$\hat{X}_{3t}=\hat{\beta}_{3.12}+\hat{\beta}_{31.2}X_{1t}+\hat{\beta}_{32.1}X_{2t} \tag{9.28}$$

以上各式中的第1项均为截距系数，表示当模型中的自变量取值为零时因变量的平均值。例如，$\hat{\beta}_{1.23}$ 表示 X_2 和 X_3 为0时 X_1 的平均值。式中其他的回归系数称为偏回归系数，它们都有三个下标，在小圆点左边的下标为主下标，小圆点右边的下标为次下标。主下标表示所要考察的两个变量；次下标表示在考察上述两个变量的关系时，使其保持不变的变量。不难理解，偏回归系数表示，当其他自变量保持不变时，某一自变量变化一个单位而使因变量平均变化的数值。例如，$\hat{\beta}_{12.3}$ 表示 X_3 保持不变时，X_2 变化一单位而引起的 X_1 平均变化的数值；$\hat{\beta}_{32.1}$ 表示 X_1 保持不

变时，X_2变化一单位而引起的X_3平均变化的数值。

利用以上偏回归系数，三个变量之间的偏相关系数可定义如下：

$$r_{12.3}=\pm\sqrt{\hat{\beta}_{12.3}\hat{\beta}_{21.3}} \tag{9.29}$$

$$r_{13.2}=\pm\sqrt{\hat{\beta}_{13.2}\hat{\beta}_{31.2}} \tag{9.30}$$

$$r_{23.1}=\pm\sqrt{\hat{\beta}_{23.1}\hat{\beta}_{32.1}} \tag{9.31}$$

偏相关系数的取值范围与单相关系数一样，也是在－1和＋1之间，其符号与相应的偏回归系数相同。

以上偏相关系数的定义可以推广到k个变量的场合。在进行客观现象的定量分析时，人们关心的通常是某个因变量Y与多个自变量之间的偏相关程度。这时若令Y为X_1，则Y与各自变量的偏相关系数的一般形式可表现为：

$$r_{1j.2,3,\cdots,(j-1),(j+1),\cdots,k}=\pm\sqrt{\hat{\beta}_{1j.2,3,\cdots,(j-1),(j+1),\cdots,k}\hat{\beta}_{j1.2,3,\cdots,(j-1),(j+1),\cdots,k}},\quad j=2,3,\cdots,k \tag{9.32}$$

式中，$\hat{\beta}_{1j.2,3\cdots,(j-1),(j+1),\cdots,k}$是$Y$对$X_j$的偏回归系数；$\hat{\beta}_{j1.2,3\cdots,(j-1),(j+1),\cdots,k}$是$X_j$对$Y$的偏回归系数。$r_{1j.2,3,\cdots,(j-1),(j+1),\cdots,k}$表示$k$个变量情况下$Y$与$X_j$的偏相关系数，它反映其他自变量保持不变时$Y$与$X_j$的净相关程度。

【例9-2】 试根据例9-1中的数据计算A商品需求与价格的单相关系数和偏相关系数。

解：将有关数据代入单相关系数的计算公式可得

$$r_{13}=0.2266$$

以价格为因变量，收入和需求为自变量，拟合样本回归方程，可得$\hat{\beta}_{31.2}=-0.2571$。由例9-1的结果已知$\hat{\beta}_{13.2}=-1.7996$。将其代入式（9.30），可得

$$r_{13.2}=-\sqrt{(-1.7996)(-0.2571)}=-0.68$$

由以上计算结果可知，在本例中需求与价格的单相关系数和偏相关系数差别很大，甚至符号也不同。

第二节　非线性相关与回归分析

一、非线性函数形式的确定

非线性回归分析首先必须确定非线性函数的具体形式。与线性回归分析的场合不同，非线性回归函数有多种多样的具体形式，需要根据所要研究的问题的性质并结合实际的样本观测值做出恰当的选择。在对实际的客观现象进行定量分析时，选择回归方程的具体形式应遵循以下原则：

第一，方程形式应与有关实质性科学的基本理论相一致。例如，采用幂函数的形式能够较好地表现生产函数；采用多项式方程能够较好地反映总成本与总产量之间的关系；等等。

第二，方程应有较高的拟合程度，因为只有这样，才能说明回归方程可以较好地反映现实经济的运行情况。

第三，方程的数学形式应尽可能简单。如果几种形式基本都能符合上述两项要求，则应该选择其中数学形式较简单的一种。一般来说，数学形式越简单，其可操作性就越强。

为了帮助读者选择合适的函数形式，下面扼要介绍实际分析中较常用的几种非线性函数的特点。

（一）抛物线函数

抛物线方程的具体形式为：

$$Y=a+bX+cX^2 \tag{9.33}$$

式中，a，b 和 c 为待定参数。

判断某种现象是否适合应用抛物线，可以利用差分法。其步骤如下：首先将样本观察值按 X 的大小顺序排列，然后按以下两式计算 X 和 Y 的一阶差分 ΔX_t，ΔY_t 以及 Y 的二阶差分 ΔY_{2t}。

$$\Delta X_t=X_t-X_{t-1},\quad \Delta Y_t=Y_t-Y_{t-1} \tag{9.34}$$

$$\Delta Y_{2t}=\Delta Y_t-\Delta Y_{t-1} \tag{9.35}$$

当 ΔX_t 接近某一常数，而 ΔY_{2t} 的绝对值接近常数时，Y 与 X 之间的关系可以用抛物线方程近似反映。

（二）双曲线函数

假如 Y 随着 X 的增加而增加（或减少），最初增加（或减少）很快，以后逐渐放慢并趋于稳定，则可以选用双曲线来拟合。双曲线的方程式为：

$$Y=a+b(1/X) \tag{9.36}$$

（三）幂函数

幂函数方程的一般形式是：

$$Y=aX_1^{b_1}X_2^{b_2}\cdots X_k^{b_k} \tag{9.37}$$

这类函数的优点在于：方程中的参数可以直接反映因变量 Y 对于某个自变量的弹性。所谓 Y 对于 X_j 的弹性，是指在其他情况不变的条件下，X_j 变动 1%所引起的 Y 变动的百分比。弹性是一个无量纲的数值，它是定量分析中一个常用的尺度。其一般定义如下：

$$E_{Y,X_j}=\frac{\partial Y/Y}{\partial X_j/X_j}=\frac{\partial Y}{\partial X_j}\cdot\frac{X_j}{Y} \tag{9.38}$$

利用求偏导数的规则，容易证明：在幂函数中

$$E_{Y,X_j}=b_jaX_1^{b_1}X_2^{b_2}\cdots X_j^{b_j-1}\cdots X_k^{b_k}X_j/Y=b_j \tag{9.39}$$

幂函数由于具有上述优点，在生产函数分析和需求函数分析中得到了广泛的应用。

（四）指数函数

指数函数的方程形式为：

$$Y=ab^x \tag{9.40}$$

式中，有两个待定参数 a 和 b。当 $a>0$，$b>1$ 时，曲线随 X 值的增加而弯曲上升，趋于 $+\infty$；当 $a>0$，$0<b<1$ 时，曲线随 X 值的增长而弯曲下降，趋于 0。

这种曲线广泛应用于描述客观现象的变动趋势。例如，产值、产量按一定比率增长，就符合第一种形式的曲线；单位成本和原材料消耗按一定比例降低，就符合第二种形式的曲线。

（五）对数函数

对数函数的方程形式为：

$$Y=a+b\ln X \tag{9.41}$$

式中，ln 表示取自然对数。对数函数的特点是随着 X 的增大，X 的单位变动对因变量 Y 的影响效果不断递减。

（六）S 形曲线函数

最常用的 S 形曲线是逻辑曲线。逻辑曲线的方程式如下：

$$Y=\frac{L}{1+ae^{-bx}},\quad L,a,b>0 \tag{9.42}$$

逻辑曲线具有以下性质：Y 是 X 的非减函数，开始时随着 X 的增加，Y 的增长速度逐渐加快，但是 Y 达到一定水平之后，其增长速度又逐渐放慢，最后无论 X 如何增加，Y 只会趋近于 L，而永远不会超过 L。由于逻辑曲线的这一特点，它常被用来表现耐用消费品普及率的变化。

（七）多项式方程

多项式方程在非线性回归分析中占有重要的地位。因为根据数学上级数展开的原理，任何曲线、曲面、超曲面的问题在一定的范围内都能够用多项式任意逼近。所以，当因变量与自变量之间的确实关系未知时，可以用适当幂次的多项式来近似反映。

当涉及的自变量只有一个时，所采用的多项式方程称为一元多项式，其一般形式如下：

$$Y=b_0+b_1X+b_2X^2+\cdots+b_kX^k \tag{9.43}$$

前面介绍的简单线性函数、抛物线函数和双曲线函数都是一元多项式的特例。

当涉及的自变量在两个及以上时，所采用的多项式称为多元多项式。例如，二元二次多项式的形式如下：

$$Y=b_0+b_1X_1+b_2X_2+b_3X_1X_2+b_4X_1^2+b_5X_2^2 \tag{9.44}$$

一般来说，涉及的变量越多，变量的幂次越高，计算量就越大，所需的样本观测值也越多。因此，在实际的定量分析中，一般尽量避免采用多元高次多项式。

二、非线性回归模型估计

不少具有实用价值的非线性函数可以通过适当的变换，转化为线性函数，然后再利用线性回归分析的方法进行估计和检验。常用的非线性函数的线性变换方法有以下几种。

（一）倒数变换

倒数变换是用新的变量来替换原模型中变量的倒数，从而使原模型变成线性模型的一种方法。例如，对于双曲线函数，令 $X^*=1/X$，代入原方程式，有

$$Y = a+bX^*$$

（二）半对数变换

这种方法主要应用于对数函数的线性变换。对于对数函数，令 $X^*=\ln X$，代入原方程，同样可得

$$Y=a+bX^*$$

（三）双对数变换

这种方法通过用新变量替换原模型中变量的对数，使原模型变换为线性模型。例如，对幂函数的两边求对数，可得

$$\ln Y=\ln a+b_1\ln X_1+b_2\ln X_2+\cdots+b_k\ln X_k$$

令 $Y^*=\ln Y$，$b_0=\ln a$，$X_1^*=\ln X_1$，…，$X_k^*=\ln X_k$，代入上式，可得

$$Y^*=b_0+b_1X_1^*+b_2X_2^*+\cdots+b_kX_k^*$$

（四）多项式变换

这种方法适用于多项式方程的变换。例如，对于二元二次多项式，可令

$$X_2^* = X_1, \quad X_3^* = X_2, \quad X_4^* = X_1 X_2, \quad X_5^* = X_1^2, \quad X_6^* = X_2^2$$

代入原方程，可得

$$Y = b_1 + b_2 X_2^* + b_3 X_3^* + b_4 X_4^* + b_5 X_5^* + b_6 X_6^*$$

上述线性变换的方法具有简便易行的优点。但是，在实际应用时要注意以下几个问题：

第一，对于一些比较复杂的非线性函数，常常需要综合利用上述几种方法。

第二，为了能够根据样本观测值，对通过变换得到的线性回归方程式进行估计，该方程中的所有变量都不允许包含未知的参数。

第三，并不是所有的非线性函数都可以通过变换得到与原方程完全等价的线性方程。在遇到这种情况时，还需要利用其他一些方法如泰勒级数展开法等去进行估计。这些方法比较复杂，超出了本书的程度，这里不做进一步介绍。

【例 9-3】 利用例 9-1 中给出的资料。

（1）拟合幂函数形式的 A 商品需求函数。

（2）利用以上建立的样本回归方程，预测居民人均收入为 2 200 元、商品单价为 50 元时的 A 商品需求量。

解：（1）幂函数形式的需求函数如下：

$$Y_t = a X_{2t}^{b_2} X_{3t}^{b_3}$$

利用双对数变换法，同时加入随机误差项，可得以下线性回归函数：

$$Y_t^* = \beta_1 + \beta_2 X_{2t}^* + \beta_3 X_{3t}^* + u_t$$

式中，$Y^* = \ln Y$；$\beta_1 = \ln a$；$\beta_2 = b_2$；$\beta_3 = b_3$；$X_2^* = \ln X_2$；$X_3^* = \ln X_3$。

首先对例 9-1 中给出的销售量 Y、居民人均收入 X_2 和 A 商品价格 X_3 求自然对数，作为新变量，然后利用上一节中介绍的一般线性回归模型的估计和检验的方法，可以得到以下结果（具体运算过程可参见本章第三节）：

$$\hat{Y}_t^* = 0.656\,41 + 1.159\,95 X_{2t}^* - 0.404\,37 X_{3t}^*$$
$$t = (2.48) \qquad (7.70) \qquad (-2.80)$$
$$F = 33.60 \qquad \bar{R}^2 = 0.89$$

因为 $\hat{a} = e^{\hat{b}_1} = e^{0.656\,41} = 1.927\,86$，所以与上式相对应的幂函数形式的样本回归方程为：

$$\hat{Y}_t = 1.927\,86 X_{2t}^{1.159\,95} X_{3t}^{-0.404\,37} \tag{9.45}$$

由此可知，居民收入的需求弹性约为 1.16，而价格的需求弹性约为 -0.4。也就是说，在其他情况不变的条件下，居民人均收入每增加 1% 会使 A 商品的需求增加 1.16%，价格每提高 1% 会使 A 商品需求减少 0.4%。

（2）将以上给出的居民收入和价格代入式（9.45），可得

$$\hat{Y}_t = 1.927\,86 \times 22^{1.159\,95} \times 5^{-0.404\,37} = 36.27(\text{百件})$$

三、相关指数

变量之间存在的非线性相关的强弱难以用单相关系数去判断，此时可以利用相关指数作为判断变量之间是否显著存在某种类型的非线性相关关系的尺度。所谓相关指数，也就是对非线性回归模型进行拟合时所得到的决定系数。

【例9-4】 假设变量 Y 与变量 X 的样本观测值如表9-4所示。

表9-4

X	0	1	2	3	4	5	6
Y	9	5	2	1	2	5	9.2

试计算 Y 与 X 的单相关系数和以 Y 为因变量、X 为自变量的抛物线方程的相关指数，判断 Y 与 X 之间是否存在某种相关关系。

解：利用求单相关系数的公式可得：Y 与 X 的单相关系数 $r_{xy}=0.0138$，可以认为两者之间基本不存在线性关系。但是，拟合抛物线方程可得

$$Y=15.3714-7.1214X+0.8928X^2$$

$$R^2=0.99702 \qquad F=669.77$$

因此，可以认为 Y 与 X 之间存在非常显著的抛物线形式的相关关系。

第三节 Excel在相关与回归分析中的应用

本节沿用例9-1的资料演示相关图、线性回归分析、单相关系数和偏相关系数的计算、预测以及例9-3中幂函数回归的实现过程。

一、输入数据

将有关A商品需求的统计数据输入Excel，参见图9-1。

	A	B	C	D
1	年份	Y	X2	X3
2	1	10	5	2
3	2	10	7	3
4	3	15	8	2
5	4	13	9	5
6	5	14	9	4
7	6	20	10	3
8	7	18	10	4
9	8	24	12	3
10	9	19	13	5
11	10	23	15	4

图9-1 A商品需求的统计数据

二、相关图的绘制

利用 Excel 中的图表工具可以很方便地绘制相关图。销售量（Y）与居民人均收入（X_2）的散点图绘制步骤如下：

（1）选定 Y 与 X_2 所在的单元格区域 B1:C11。

（2）点击［插入］→［散点图］→［仅带数据标记的散点图］，即可得到相应的散点图。

（3）为了使散点图看起来更美观，对其进行适当修改，修改后的结果如图 9－2 所示。从散点图可以看出，A 商品的销售量与居民人均收入之间存在较强的正相关关系。

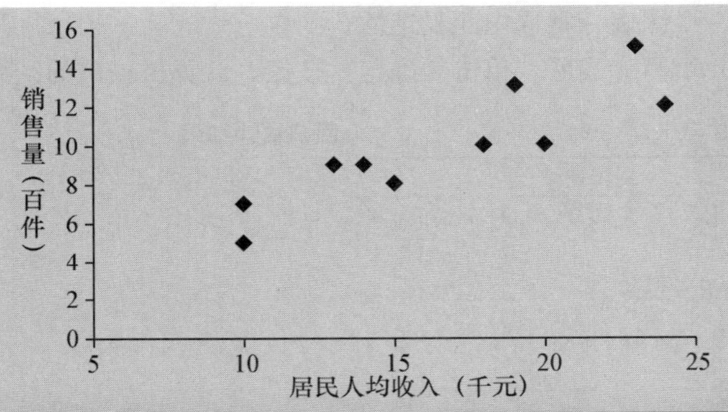

图 9－2　A 商品的销售量与居民人均收入的散点图

同样可以绘制销售量与价格的散点图，此处从略。

三、线性回归分析

对于回归分析，Excel 提供了专门的［回归］分析工具，利用该工具可以方便地进行线性回归模型的估计与检验。

（1）调出［回归］分析对话框，本例中可按图 9－3 所示填写。

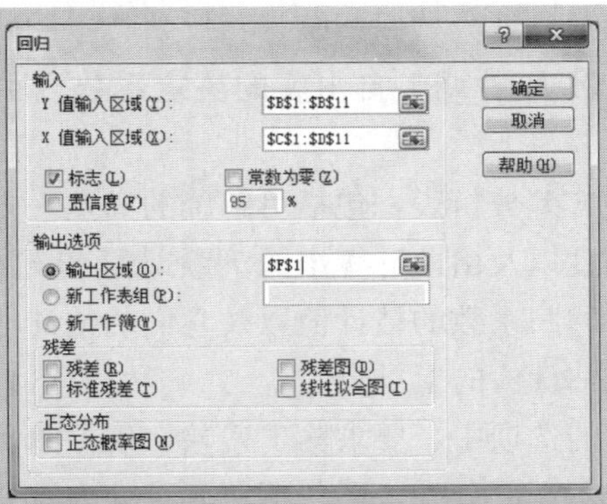

图 9－3　回归分析对话框

注意使用［回归］分析工具时，所有变量只能按列存放。在该对话框中，“Y值输入区域”指定因变量数据区域，该区域只能由单列数据组成；“X值输入区域”指定自变量数据区域，Excel将此区域中的自变量从左到右排列，一列数据作为一个自变量，并且自变量必须连续排列，即“X值输入区域”必须是连续的区域。“标志”，当输入的数值区域包括变量名时，选择该复选项。“置信度”，如果需要在汇总输出表中包含附加的置信度信息，则选中此复选框，然后输入所要使用的置信度，95%为默认值。“常数为零”，如果回归方程中不想包含常数项，则选中此复选框。“残差”，如果需要查看残差，则选中此复选框；“标准残差”，如果需要在残差输出表中包含标准残差，则选中此复选框；“残差图”，如果需要生成一张图表，绘制每个自变量及其残差，选中此复选框；“线性拟合图”，如果需要为预测值和观察值生成一个图表，则选中此复选框。

（2）填写完成后，单击“确定”按钮，计算机输出的结果如表9-5所示。

表9-5　　回归估计结果

回归统计	
Multiple R	0.937723765
R Square	0.87932586
Adjusted R Square	0.844847534
标准误差	1.966842176
观测值	10

方差分析

	df	SS	MS	F	Significance F
回归分析	2	197.320723	98.66036149	25.50372855	0.00061045
残差	7	27.07927702	3.868468146		
总计	9	224.4			

	Coefficients	标准误差	t Stat	P-value	下限95.0%	上限95.0%
Intercept	4.587508948	2.519979516	1.820454856	0.111494216	−1.37129573	10.54631363
X2	1.868468146	0.269609979	6.930263299	0.000225133	1.23094185	2.505994442
X3	−1.799570508	0.73294633	−2.455255501	0.043768684	−3.532713175	−0.066427842

上述结果的第一部分“回归统计”反映整个回归方程拟合的情况，具体有复相关系数、决定系数R^2、调整自由度的决定系数、回归估计标准误差以及样本观察值个数。

第二部分是方差分析表，包括可解释的离差平方和、残差平方和、总离差平方和、它们的自由度以及由此计算出的F统计量和F统计量的显著性水平。

第三部分是回归系数的估计值以及它们的估计标准误差、t统计量、t统计量的P值、回归系数估计值的上下界。

如果在前面的选项中，要求输出残差、残差图和线性拟合图，则计算机输出结果除了以上三个基本部分外，还包括所要求的内容。

（3）对计算机输出结果的解释。根据以上结果，可以得到A商品需求函数的样本回归方程为：

$$\hat{Y}_t = 4.5875 + 1.8685X_{2t} - 1.7996X_{3t}$$

F 统计量为 25.503 7，其 P 值为 0.000 6，说明模型整体的线性关系非常显著。$t_{\hat{\beta}_2}=6.9303$，$t_{\hat{\beta}_3}=-2.4553$，且它们的 P 值均小于 0.05，因此在 5%的显著性水平上，β_2 和 β_3 均能够通过检验，即可以认为人均收入水平与商品价格对 A 商品的需求量的影响是显著的。$t_{\hat{\beta}_1}=1.8205$，其 P 值大于 0.1，β_1 未通过检验。

四、单相关系数和偏相关系数的计算

（一）单相关系数的计算

调出［相关系数］对话框，按图 9－4 填写。需要注意的是，“输入区域”必须是连续区域，即变量必须按列或按行连续存放。填写完成后，单击“确定”，得到结果（见表 9－6）。可以看出，商品需求与价格的单相关系数 $r_{13}=0.2266$。

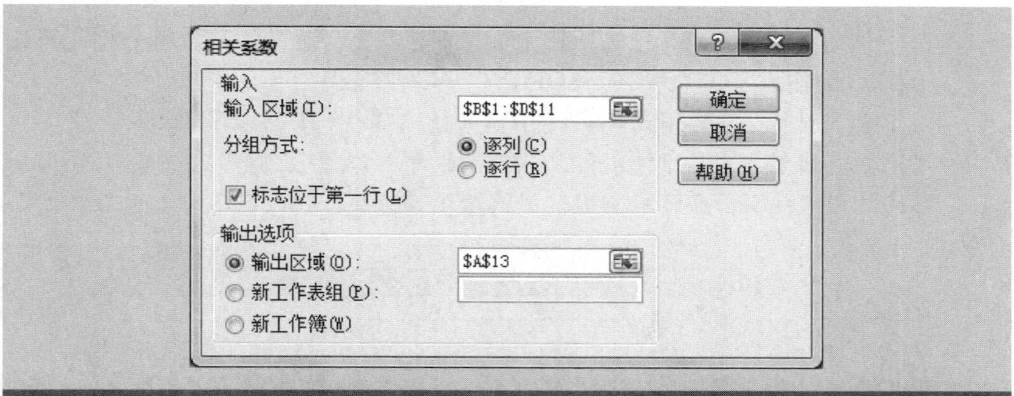

图 9－4　相关系数对话框

表 9－6　　相关系数计算结果

	Y	X_2	X_3
Y	1		
X_2	0.880 569 91	1	
X_3	0.226 613 934	0.560 524 335	1

（二）偏相关系数的计算

需要计算的是 A 商品需求与价格的偏相关系数。前面已经得到 A 商品销售量对居民人均收入的偏回归系数，即 $\hat{\beta}_{13.2}=-1.7996$。现以价格为因变量，收入和需求为自变量，拟合样本回归方程，$\hat{\beta}_{31.2}=-0.2571$。因此 A 商品需求与价格的偏相关系数为：

$$r_{13.2}=\sqrt{(-1.7996)\times(-0.2571)}=0.6802$$

五、预测

在进行多元线性回归模型区间预测时，需要用到 Excel 的矩阵公式。

（1）构造如图 9-5 所示的工作表。其中，B2:D11 存放的是自变量矩阵 $\boldsymbol{X}$（自变量的排列顺序必须与图 9-1 中的顺序相同），B13:D13 存放的是矩阵 $\boldsymbol{X}_f$，G3:G5 存放的是回归系数估计值矩阵 $\hat{\boldsymbol{\beta}}$，将这三个区域分别命名为 X，Xf，β。G6 存放的是估计标准误差。以上均为原始输入数据。G8:G11 存放的则是一些中间变量及最终计算结果。

（2）计算点预测值 Y_f。在 G8 中输入公式"=MMULT(Xf，β)"。

（3）计算预测估计误差的估计值 S_{ef}。先计算 $\boldsymbol{X}_f(\boldsymbol{X}'\boldsymbol{X})^{-1}\boldsymbol{X}_f'$，在 G9 中输入如下公式：

=MMULT(MMULT(Xf,MINVERSE(MMULT(TRANSPOSE(X),X))),TRANSPOSE(Xf))

然后按 Ctrl+Shift+Enter 组合键即可，表示输入的是数组公式。再计算 S_{ef}，在 G10 中输入公式"=G6＊SQRT（1+G9）"。

（4）计算 t 临界值。在 G11 中输入公式"=T.INV.2T(0.05，7)"。

（5）计算置信区间上下限。在 G12 和 G13 中分别输入公式"=G8-G11＊G10"和"=G8+G11＊G10"。最终结果如图 9-5 所示。

	A	B	C	D	E	F	G
1	Y		X2	X3			
2	10	1	5	2		区间预测	
3	10	1	7	3		β1	4.5875
4	15	1	8	2		β2	1.8685
5	13	1	9	5		β3	-1.7996
6	14	1	9	4		S	1.9668
7	20	1	10	3			
8	18	1	10	4		Y_f	36.6965
9	24	1	12	3		$X_f(X'X)^{-1}X_f'$	2.161238368
10	19	1	13	5		S_{ef}	3.496945161
11	23	1	15	4		$t_{\alpha/2}$	2.364624252
12						置信区间下限	28.42753867
13		1	22	5		置信区间上限	44.96546133

图 9-5 区间预测

六、拟合幂函数形式的需求函数

对于幂函数形式需求函数拟合，仍然使用［回归］分析工具，只不过要先将模型线性化。

1. 数据准备

根据双对数变换法，需要先将 Y，X_2 和 X_3 对数化。在 E2 中输入公式"=

LN(B2)”，然后选定 E2:G2，按 Ctrl＋R 键将公式复制到 F2:G2 中，再选定 E2:G11，按 Ctrl＋D 键将选定区域第一行的公式复制到下面所有行，即可在 E 到 G 列得到 Y，X_2 和 X_3 的对数化值（见图 9－6）。

	A	B	C	D	E	F	G
1	年份	Y	X2	X3	lnY	lnX2	lnX3
2	1	10	5	2	2.302585	1.609438	0.693147
3	2	10	7	3	2.302585	1.94591	1.098612
4	3	15	8	2	2.70805	2.079442	0.693147
5	4	13	9	5	2.564949	2.197225	1.609438
6	5	14	9	4	2.639057	2.197225	1.386294
7	6	20	10	3	2.995732	2.302585	1.098612
8	7	18	10	4	2.890372	2.302585	1.386294
9	8	24	12	3	3.178054	2.484907	1.098612
10	9	19	13	5	2.944439	2.564949	1.609438
11	10	23	15	4	3.135494	2.70805	1.386294

图 9－6　数据对数化

2. 进行回归

以 $\ln Y$ 为自变量，$\ln X_2$ 和 $\ln X_3$ 为自变量进行回归，操作方法同前，得到以下线性化的样本回归方程：

$$\ln\hat{Y}=0.656\,41+1.159\,95\ln X_{2t}-0.404\,37\ln X_{3t}$$

上式所对应的幂函数形式的样本回归方程为：

$$\hat{Y}=\mathrm{e}^{0.656\,41}X_{2t}^{1.159\,95}X_{3t}^{-0.404\,37}=1.927\,86X_{2t}^{1.159\,95}X_{3t}^{-0.404\,37}$$

在 Excel 中，$\mathrm{e}^{0.656\,41}$ 可以通过公式“＝exp(0.65641)”求得。

3. 进行预测

根据式（9.45），得

$$\hat{Y}_t=1.927\,86\times 22^{1.159\,95}\times 5^{-0.404\,37}=36.27(\text{百件})$$

这一计算在 Excel 中可通过公式“＝1.92786 * 22^1.15995 * 5^－0.40437”求得。

□ 本章小结

（1）多元线性回归模型总体回归函数的一般形式为：

$$Y_t=\beta_1+\beta_2X_{2t}+\cdots+\beta_kX_{kt}+u_t,\quad t=1,2,\cdots,n$$

其矩阵形式为：

$$\boldsymbol{Y}=\boldsymbol{X\beta}+\boldsymbol{U}$$

（2）最小二乘估计量的矩阵形式为：$\hat{\boldsymbol{\beta}}=(\boldsymbol{X}'\boldsymbol{X})^{-1}\boldsymbol{X}'\boldsymbol{Y}$，总体方差的估计量

$S^2=\frac{\sum e_t^2}{n-k}$。

（3）多元回归分析中，利用修正自由度的决定系数 $\bar{R}^2$ 对方程的拟合程度进行评价，更为恰当。

$$\bar{R}^2=1-\frac{\sum e_t^2/(n-k)}{\sum(Y_t-\bar{Y})^2/(n-1)}=1-\frac{(n-1)}{(n-k)}(1-R^2)$$

（4）多元线性回归模型中回归系数的显著性检验与一元线性回归模型类似，同样采用 t 检验。整个回归方程的显著性检验则要采用 F 检验（见表 9-7）。

$$F=\frac{SSR/(k-1)}{SSE/(n-k)}$$

表 9-7　回归模型方差分析表

离差名称	平方和	自由度	方差
回归平方和	$SSR=\sum(\hat{Y}_t-\bar{Y})^2$	$k-1$	$SSR/(k-1)$
残差平方和	$SSE=\sum e_t^2$	$n-k$	$SSE/(n-k)$
总离差平方和	$SST=\sum(Y_t-\bar{Y})^2$	$n-1$	

（5）多元线性回归预测与一元线性回归预测的原理是一致的，其矩阵形式为：$\hat{Y}_f=\boldsymbol{X}_f'\hat{\boldsymbol{\beta}}$。多元线性回归预测标准误差的计算公式如下：

$$S_{ef}=S\sqrt{1+\boldsymbol{X}_f'(\boldsymbol{X}'\boldsymbol{X})^{-1}\boldsymbol{X}_f}$$

（6）复相关系数是反映一个变量 Y 与其他多个变量 X_2，X_3，…，X_k 之间线性相关程度的指标，它是回归方程决定系数的正平方根。偏相关系数是在对其他变量的影响进行控制的条件下，衡量多个变量中某两个变量之间的线性相关程度和相关方向的指标，它可定义为两个相应的偏回归系数的乘积的平方根，其符号取值则与偏回归系数相同。

（7）常用的非线性回归函数有：抛物线函数、双曲线函数、指数函数、对数函数、S形曲线函数和多项式方程。

（8）相当一部分非线性函数可以通过适当的变换，转化为线性函数，然后再利用线性回归分析的方法进行估计和检验。常用的非线性函数的线性变换方法包括：倒数变换、半对数变换、双对数变换和多项式变换等。

（9）相关指数是对非线性回归模型进行拟合时所得到的决定系数，可用来衡量变量之间某种非线性相关关系的强弱。

（10）在相关与回归分析中，Excel 的应用主要有以下几个方面：

1）利用［图表］工具绘制相关散点图，利用［相关系数］分析工具计算相关系数；

2）利用［回归］分析工具进行回归分析；

3）根据回归结果，利用矩阵计算函数进行点预测和区间预测；

4）利用各种函数进行非线性函数的线性变换，然后进行回归分析。

□ 思考与练习

一、选择题

1. 可用来判断两个变量之间相关方向的指标有（　　）。

A. 单相关系数　　B. 复相关系数　　C. 回归系数　　D. 偏相关系数

2. 修正自由度的决定系数 $\overline{R}^2$（　　）。

A. $\leqslant R^2$

B. 有时小于 0

C. 的取值在 0～1 之间

D. 比 R^2 更适合作为衡量回归方程拟合程度的指标

二、判断题

1. 偏相关系数与单相关系数的符号总是一致的。

2. 偏相关系数与相应的偏回归系数的符号一致。

3. 复相关系数的取值不小于 0。

4. 相关指数适合用来分析变量之间是否存在某种非线性关系。

5. 所有的非线性函数都可以变换为线性函数。

三、证明题

1. 试证明复相关系数的平方等价于多元线性回归方程的决定系数。

四、计算题

1. 我国历年的国内生产总值（支出法）和最终消费支出的资料如表 9－8 所示。

表 9－8　　我国的国内生产总值与最终消费　　单位：亿元

年份	国内生产总值	最终消费支出	年份	国内生产总值	最终消费支出
1978	3 634.1	2 232.9	1991	22 124.2	13 614.2
1979	4 078.2	2 578.3	1992	27 334.2	16 225.1
1980	4 575.3	2 966.9	1993	35 900.1	20 796.7
1981	4 957.3	3 277.3	1994	48 822.7	28 272.3
1982	5 426.3	3 575.6	1995	61 539	36 197.9
1983	6 078.7	4 059.6	1996	72 102.5	43 086.8
1984	7 345.9	4 784.4	1997	80 024.8	47 508.6
1985	9 180.5	5 917.9	1998	85 486.3	51 460.4
1986	10 473.7	6 727	1999	90 823.8	56 621.7
1987	12 294.2	7 638.7	2000	100 576.8	63 667.7
1988	15 332.2	9 423	2001	111 250.2	68 546.7
1989	17 359.6	11 033.3	2002	122 292.1	74 068.2
1990	19 067	12 001.4	2003	138 314.7	79 513.1

续前表

年份	国内生产总值	最终消费支出	年份	国内生产总值	最终消费支出
2004	162 742.1	89 086	2010	410 708.3	198 998.1
2005	189 190.4	101 447.8	2011	486 037.8	241 022.1
2006	221 206.5	114 728.6	2012	540 988.9	271 112.8
2007	271 699.3	136 229.4	2013	596 962.9	300 337.8
2008	319 935.8	157 466.3	2014	648 493.1	328 312.6
2009	349 883.3	172 728.3	2015	696 299.7	359 516.4

资料来源：中国经济数据库（CEIC）。

试根据上表的资料利用 Excel 软件完成以下问题：

（1）拟合以下形式的消费函数：

$$C_t=\beta_1+\beta_2 Y_t+\beta_3 C_{t-1}+U_t$$

式中，C_t是t期的消费；C_{t-1}是$t-1$期的消费；Y_t是t期的国内生产总值。

（2）计算随机误差项的方差估计值、修正自由度的决定系数、各回归系数的t统计量，并对整个回归方程进行显著性检验。

（3）假设已知2016年国内生产总值为736 897.6亿元，试利用拟合的消费函数测算当年的消费总额，并给出置信度为95%的预测区间。

2. 已知某地区国内生产总值与有关资料如表9-9所示。

表9-9

年份	国内生产总值（Y）（百万元）	全社会资本存量（K）（百万元）	全社会劳动者（L）（百万人）
1999	1 678	2 811	2.104 7
2000	1 775	3 161	2.159 8
2001	1 889	3 532	2.208 0
2002	2 156	3 924	2.267 3
2003	2 254	4 368	2.339 5
2004	2 758	4 954	2.518 6
2005	2 990	5 794	2.638 7
2006	3 406	9 431	2.923 8
2007	3 524	11 287	3.257 0
2008	4 343	12 211	3.382 9

请扫描二维码，获取资源：
参考9.3 第九章习题详解

试根据上表的资料完成以下问题：

（1）利用 Excel 软件拟合以下形式的生产函数：

$$\frac{Y}{L}=\alpha+\left(\frac{K}{L}\right)^{\beta}$$

（2）分析β的经济意义。

第十章 Chapter 10 时间序列分析

社会消费品零售总额随时间变动的规律性

图 10-1 是我国 2014 年 7 月至 2017 年 6 月共 36 个月的社会消费品零售总额趋势图，从图形可以直观看出，近 3 年来我国社会消费品零售总额总体呈现不断增长的上升趋势，但短期内仍出现高峰与低谷交替出现的周期性波动。如何把握社会消费品零售总额随时间变动的规律性，对于合理组织生产、安排库存等活动是非常必要的。

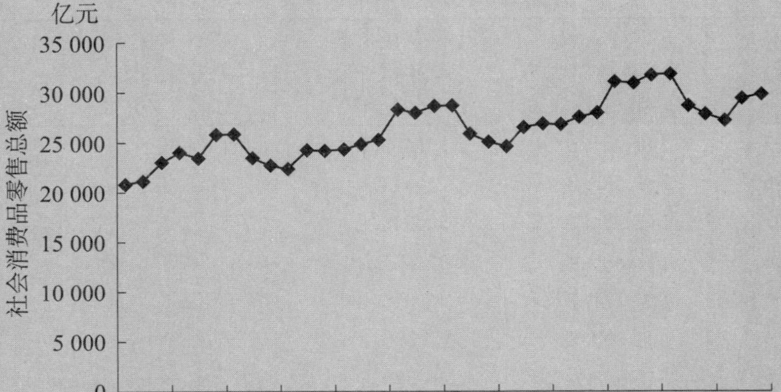

图 10-1 社会消费品零售总额走势图

为了解社会消费品零售总额随时间变动的规律性，我们可以比较各年社会消费品零售总额的平均值、计算各年零售额的增减幅度，从而把握社会消费品零售总额的长期发展规律，还可以进一步研究季度因素对社会消费品零售总额的影响程度，从而把握社会消费品零售总额在短期内的波动规律性。通过对社会消费品零售总额在过去一段时间的数据资料进行分析，掌握其发展变化的规律性，就可以对未来进行预测，从而更好地为生产决策服务。要认识现象发展过程中所蕴含的各种特征和规律性并据以进行预测，就需要对现象在过去一段时间的系列数据进行分析，这就是时间序列分析。限于篇幅和本教材的程度，本章只讨论传统的时间序列分析方法，不涉及以随机过程为理论基础的现代时间序列分析方法。

第一节 时间序列分析概述

一、时间序列的概念

社会经济现象总是随着时间的推移而变化，呈现动态性。将统计指标的数值按时间先后顺序排列就形成了**时间序列**。任何一个时间序列均由两个基本要素构成：一个是现象所属的时间；另一个是反映该现象在一定时间条件下数量特征的指标值。

表 10-1 列举了四个时间序列，分别反映我国 2005—2014 年期间各年居民储蓄存款的年底余额和年增加额、第一产业就业人员比重和城镇单位就业人员平均工资。

表 10-1 我国 2005—2014 年居民储蓄和工资时间序列

年份	城乡居民人民币储蓄存款年底余额（亿元）	全国居民储蓄存款年增加额（亿元）	第一产业就业人员比重（%）	城镇单位就业人员平均工资（元）
2005	141 051.0	21 495.6	44.8	18 200
2006	161 587.3	20 544.0	42.6	20 856
2007	172 534.2	10 946.9	40.8	24 721
2008	217 885.4	45 351.2	39.6	28 898
2009	260 771.7	42 886.3	38.1	32 244
2010	303 302.5	42 530.8	36.7	36 539
2011	343 635.9	40 333.4	34.8	41 799
2012	399 551.0	55 915.2	33.6	46 769
2013	447 601.6	48 050.6	31.4	51 483
2014	485 261.3	37 659.7	29.5	56 360

资料来源：国家统计局．中国统计年鉴（2015）．北京：中国统计出版社，2015.

在表 10-1 所列的时间序列中，现象所属的时间是以年为单位，其他时间序列也可以是以季、月、日等为单位，但在同一时间序列中，各指标值的时间单位一般要求相同，这样在分析研究中可以无须考虑时间单位不同所造成的差异。

二、时间序列的种类

反映现象发展变化过程的时间序列按其统计指标的形式不同，可分为总量指标时间序列、相对指标时间序列和平均指标时间序列三种类型。其中，总量指标时间序列是基础序列，相对指标和平均指标时间序列是派生序列。

（一）总量指标时间序列

总量指标时间序列反映的是研究现象总水平（或总规模）的发展变化过程，即时间序列是由现象在各时间的总量指标值构成的。例如，表 10－1 中各年的“城乡居民人民币储蓄存款年底余额”和“全国居民储蓄存款年增加额”两个时间序列就是总量指标时间序列。但二者又有区别。根据总量指标反映现象的时间状况不同，总量指标时间序列又可分为时期指标时间序列和时点指标时间序列。

1. 时期指标时间序列

时期指标时间序列是由一系列时期指标形成的，序列中的每个指标数值都是反映某种社会现象在一段时期内发展过程的总量，简称时期序列。例如，表 10－1 中“全国居民储蓄存款年增加额”就是时期序列，各时期的长度为 1 年。

2. 时点指标时间序列

时点指标时间序列是由一系列时点指标形成的，序列中每个指标数值都反映现象在某一时点（刻）上所达到的状态或水平，简称时点序列。例如，表 10－1 中各年的“城乡居民人民币储蓄存款年底余额”就是一个时点序列，它反映了在各年年底这一时刻上存款的总额。时点序列没有时期，只有间隔，该时点序列的间隔为 1 年。

3. 时期序列与时点序列的不同点

第一，时期序列中的每个指标数值都反映现象在一定时期内发展过程的总量；时点序列中的每个指标数值则反映现象在某一时点上的总量。

第二，时期序列各时期指标数值可以相加，相加的结果有实际的意义；时点序列中的各指标数值除非计算过程需要相加外，一般不能相加，因为相加的结果没有实际意义。

第三，时期序列中，每个指标数值的大小与时期的长短有关；时点序列中，每个指标数值的大小与时间的间隔长短无直接关系。

第四，时期序列中的每个指标数值是跟随现象发展过程做连续登记得到的；时点序列中的每个指标数值是对现象做一次性调查确定的。

（二）相对指标时间序列

将现象某一相对指标在不同时间的数值按时间先后顺序排列形成的序列，称为**相对指标时间序列**，它反映研究现象数量对比关系的发展变化过程。如表 10－1 中“第一产业就业人员比重”就是一个相对指标时间序列。相对指标时间序列中各时间的指标值是不能加总的。

（三）平均指标时间序列

将现象某一平均指标在不同时间的数值按时间先后顺序排列形成的序列，称为**平均指标时间序列**，它反映现象平均水平的发展趋势。如表 10－1 中“城镇单位就业人员平均工资”就是一个平均指标时间序列，它反映近几年来城镇单位就业人员平均工资水平发展变化的过程。平均指标时间序列中各时间上的指标值也是不能加总的。

三、时间序列的编制方法

编制时间序列，最重要的是遵循可比性原则。所谓可比性，指的是序列中对应于不同时间的指标值可以相互比较，符合这一性质的时间序列才能够正确反映社会经济现象的变动过程和规律。具体地说，可比性包含以下几方面：时间长短一致；经济内容一致；总体范围一致；计算方法与计量单位一致。

第二节　时间序列的分析指标

一、时间序列分析的水平指标

（一）发展水平

发展水平是时间序列中与其所属时间相对应的反映某种现象发展变化所达到的规模、程度和水平的指标数值。它既可指总量指标的数值，也可指相对指标和平均指标的数值。

时间序列各时间的发展水平一般用 y_1，y_2，…，y_n表示，下标表示指标值所属的时间，如 y_i是时间序列中第 i 期的指标值，也表示第 i 期的发展水平，n 表示一共有 n 项指标数据。按在时间序列中先后顺序的不同，发展水平又分为最初、中间和最末三种水平。第一个指标值 y_1 叫最初水平，最后一个指标值 y_n 叫最末水平，中间各项数值 y_2，y_3，…，y_{n-1} 叫中间水平。此外，所要研究的时期的发展水平，称为**报告期水平**，又称为计算期水平；用作对比基础的时期的发展水平，称为**基期水平**。如表 10－1 中第一个时间序列，若要研究 2010 年年底的存款余额是 2005 年的多少倍，则 2010 年的指标值称作报告期水平，2005 年的指标值称作基期水平；若要研究 2014 年年底的存款余额是 2010 年的多少倍，则 2010 年的指标值就成为基期水平，而报告期水平应是 2014 年的指标值。

（二）平均发展水平

将一个时间序列各期发展水平加以平均而得到的平均数，叫**平均发展水平**，又称为动态平均数或**序时平均数**。

时间序列有三种类型，各种时间序列的序时平均数的计算方法不尽相同，但总量指标时间序列序时平均数的计算方法是其他两种时间序列序时平均数计算的基础。

1. 总量指标时间序列序时平均数的计算

(1) 时期序列。时期序列具有可加性，其计算序时平均数的方法就比较简单，常用简单算术平均法，序列各期水平直接加总除以序列项数即得。用公式表示为：

$$\bar{y}=\frac{y_1+y_2+\cdots+y_n}{n}=\frac{\sum y_i}{n} \tag{10.1}$$

式中，y_i ($i=1, 2, \cdots, n$) 为各时期的发展水平；n 为时期序列的项数；$\bar{y}$ 为序时平均数。

(2) 时点序列。时点序列序时平均数的计算方法因掌握资料的情况不同而异。时点序列中一般以“天”作为最小的时间单位，若掌握的是以天为间隔的时点序列，则称**连续时点序列**；以其他时间单位为间隔的时点序列则称**间断时点序列**，如以星期、月、年等为时间单位的时点序列就称间断时点序列。

1) 连续时点情况下。又分为两种情形：

a. 若掌握的资料是间隔相等的连续时点（如每日的时点）序列，则用简单算术平均数计算序时平均数即可。例如，某单位对职工每天都考勤，因而有每日出勤人数，若计算月份的平均出勤人数，用公式（10.1）计算即得。

b. 若掌握的资料是间隔不等的连续时点序列，则要以各时点之间的间隔期为权数，用加权平均法来计算。这种序时平均数的计算公式为：

$$\bar{y}=\frac{y_1f_1+y_2f_2+\cdots+y_nf_n}{f_1+f_2+\cdots+f_n}=\frac{\sum y_if_i}{\sum f_i} \tag{10.2}$$

式中，f_i 为每次变动之间间隔期的长度。

【例 10－1】 某单位人事部门对本单位在册职工人数有如下记录：1 月 1 日有职工 218 人，1 月 11 日调出 18 人，1 月 16 日调入 6 人，1 月 25 日又调入 9 人，2 月 5 日调出 4 人。求 1 月该单位职工平均在册人数是多少?

解： 表 10－2 反映了 1 月每次职工人数变动持续的天数，则根据式（10.2），可计算平均每天在册职工人数为：

$$\bar{y}=\frac{\sum y_if_i}{\sum f_i}=\frac{218\times10+200\times5+206\times9+215\times7}{10+5+9+7}\approx211(\text{人})$$

表 10－2　某单位 1 月在册职工人数变动记录

日期	1—10	11—15	16—24	25—31
在册职工人数	218	200	206	215

2) 间断时点情况下。间断时点也分两种情况：

a. 若掌握的资料是间隔相等的间断时点，则需先计算各相邻两时点发展水平的平均数，然后再将这些平均数进行简单算术平均求得序时平均数。计算公式为：

$$\bar{y}=\frac{\frac{y_1+y_2}{2}+\frac{y_2+y_3}{2}+\cdots+\frac{y_{n-1}+y_n}{2}}{n-1}=\frac{\frac{y_1}{2}+y_2+\cdots+y_{n-1}+\frac{y_n}{2}}{n-1} \tag{10.3}$$

式（10.3）是直接将序列中的首末两项折半加上中间各项之和，除以项数减 1 进行计算的，因此，该方法也称为首末折半法。

由于社会现象经常不断地发生变化，要随时登记其变动情况有困难，往往是每隔一定时间登记一次，若假定研究现象在两个相邻时点间的变动是均匀的，则 $\frac{y_i+y_{i+1}}{2}$ 就能表示两个时间间隔期内的平均数，再对各间隔期内的平均数求平均，就能得到反映一定时间内各期平均发展水平的序时平均数。

【例 10－2】 根据表 10－1 中我国各年年底存款余额的资料，计算 2006—2014 年期间平均每年的存款余额。

解：根据间断时点时间序列序时平均数的计算思路，要先计算各年内的平均存款余额，再对各年内的平均存款余额进行算术平均求得平均每年的存款余额。由于资料给定的是各年年底的余额，所以 2006 年的平均存款余额要用年末与年初的存款余额进行平均，即需要用到 2005 年末的资料。同样，其余年份的年底资料即为下一年份的年初资料。则根据式（10.3），2006—2014 年平均每年存款余额为：

$$\bar{y}=\frac{\frac{141\,051.0+161\,587.3}{2}+\frac{161\,587.3+172\,534.2}{2}+\cdots+\frac{399\,551.0+447\,601.6}{2}+\frac{447\,601.6+485\,261.3}{2}}{9}$$

$$=\frac{\frac{141\,051.0}{2}+161\,587.3+\cdots+447\,601.6+\frac{485\,261.3}{2}}{9}=291\,114(\text{亿元})$$

b. 若掌握的资料是间隔不等的间断时点序列，则同样先计算各相邻时点的平均数，再以各间隔长度为权数，应用加权平均法计算序时平均数。计算公式为：

$$\bar{y}=\frac{\sum \bar{y}_i f_i}{\sum f_i}=\frac{\frac{1}{2}(y_1+y_2)f_1+\frac{1}{2}(y_2+y_3)f_2+\cdots+\frac{1}{2}(y_{n-1}+y_n)f_{n-1}}{f_1+f_2+\cdots+f_{n-1}} \tag{10.4}$$

【例 10－3】 如果例 10－2 中只给出了 2005 年、2010 年和 2014 年三年年底存款余额，同样求 2006—2014 年期间平均每年的存款余额。

解：根据式（10.4），则

$$\bar{y}=\frac{\frac{(141\,051.0+303\,302.5)}{2}\times 5+\frac{(303\,302.5+485\,261.3)}{2}\times 4}{9}\approx 298\,667.9(\text{亿元})$$

计算结果与例 10－2 中不完全相同，原因是存款余额的变化不是完全均匀的。

事实上，间隔相等的间断时点序列的序时平均数是间隔不等的间断时点序列的特例，即当式（10.4）中各权数相等时，就是首末折半法的计算公式。

2. 相对指标时间序列序时平均数的计算

相对指标是两个总量指标的对比，要计算相对指标时间序列的序时平均数，不能就序列中的相对数直接进行平均计算，而必须分别求出用来对比的分子指标和分母指标时间序列的序时平均数，然后再进行对比。若相对指标 $y=\frac{a}{b}$，则有

$$\bar{y}=\frac{\bar{a}}{\bar{b}} \tag{10.5}$$

式中，$\bar{y}$ 为相对指标时间序列的序时平均数；$\bar{a}$ 为作为分子的时间序列的序时平均数；$\bar{b}$ 为作为分母的时间序列的序时平均数。

根据公式（10.5）计算相对指标时间序列的序时平均数时，应当分清分子、分母的时间序列是时期序列还是时点序列，间隔相等还是不相等，然后分别根据不同情况运用前面介绍的不同方法进行计算。一般可分为三种不同情况。

（1）计算由两个时期数列相应项对比所形成的相对指标时间序列的序时平均数。

【例 10－4】 根据表 10－3 中的资料分别计算甲、乙、丙三个企业第一季度月平均计划完成程度。

表 10－3　某集团公司所属三企业 2010 年第一季度生产情况表　单位：吨

		1 月	2 月	3 月
甲企业	计划产量（b）	614	600	624
	实际产量（a）	620	596	632
乙企业	计划产量（b）	600	500	612
	计划完成（%）（y）	102	98	101
丙企业	实际产量（a）	588	600	632
	计划完成（%）（y）	99	100	104

解：甲企业第一季度月平均计划完成程度：

$$\bar{y}=\frac{\bar{a}}{\bar{b}}=\frac{\sum a}{\sum b}=\frac{620+596+632}{614+600+624}\approx 100.54\%$$

乙企业第一季度月平均计划完成程度：

$$\bar{y}=\frac{\bar{a}}{\bar{b}}=\frac{\sum by}{\sum b}=\frac{600\times 1.02+500\times 0.98+612\times 1.01}{600+500+612}\approx 100.47\%$$

丙企业第一季度月平均计划完成程度：

$$\bar{y}=\frac{\bar{a}}{\bar{b}}=\frac{\sum a}{\sum \frac{a}{y}}=\frac{588+600+632}{\frac{588}{0.99}+\frac{600}{1.00}+\frac{632}{1.04}}\approx 101.02\%$$

（2）计算由两个时点序列对应项对比得到的相对指标时间序列的序时平均数。

【例 10－5】 根据表 10－4 中我国就业人员的相关资料，计算 2010—2014 年平

均每年第一产业就业人数所占的比重。

表 10-4　我国 2009—2014 年从业人员和第一产业人员及比重年底数

年份	从业人员（万人）(b)	其中：第一产业人数（万人）(a)	第一产业就业人数所占比重（%）(y)
2009	75 828	28 890.5	38.1
2010	76 105	27 930.5	36.7
2011	76 420	26 594.2	34.8
2012	76 704	25 773	33.6
2013	76 977	24 171	31.4
2014	77 253	22 790	29.5

资料来源：国家统计局．中国统计年鉴（2015）．北京：中国统计出版社，2015.

解：由于年底第一产业就业人员所占的比重是由两个间隔相等的间断时点指标对比得到的，因此，2010—2014 年第一产业就业人员所占比重的平均数为：

$$\bar{y}=\frac{\bar{a}}{\bar{b}}=\frac{\left(\frac{28\ 890.5}{2}+27\ 930.5+26\ 594.2+25\ 773+24\ 171+\frac{22\ 790}{2}\right)/5}{\left(\frac{75\ 828}{2}+76\ 105+76\ 420+76\ 704+76\ 977+\frac{77\ 253}{2}\right)/5}$$

$$\approx 34.05\%$$

(3) 由时期序列和时点序列相应项对比形成的相对指标时间序列，则分别按时期序列和时点序列序时平均数的计算方法求得分子或分母的序时平均数，再对比得到相对指标时间序列的序时平均数。

3. 平均指标时间序列序时平均数的计算

平均指标也是由两个总量指标对比得到的，因此其时间序列序时平均数的计算方法和相对指标时间序列序时平均数的计算方法是一致的，也有三种情况，其关键还是区分分子指标和分母指标是时期指标还是时点指标，再分别按不同的时间序列序时平均数的计算方法进行计算。

(三) 增长量指标

增长量是表明某种现象在一段时期内增长的绝对量，它等于报告期水平减其基期水平，即

增长量＝报告期水平－基期水平

增长量有正负之分，若为正值，表明增加，若为负值，说明减少，故又称为“增减量”指标。根据基期确定方法的不同，增长量可分为逐期增长量和累计增长量。

1. 逐期增长量

逐期增长量是报告期水平与前一期水平之差，用公式表示为：

逐期增长量＝报告期水平－前一期水平$=y_i-y_{i-1}$，　$i=1,2,\cdots,n$　(10.6)

2. 累计增长量

累计增长量是报告期水平与某一固定时期水平（通常是时间序列最初水平）之差，用公式表示为：

$$累计增长量=y_i-y_1,\quad i=2,3,\cdots,n \tag{10.7}$$

容易看出，同一时间序列中，累计增长量等于相应时期逐期增长量之和，即

$$y_i-y_1=(y_2-y_1)+(y_3-y_2)+\cdots+(y_i-y_{i-1}),\quad i=2,3,\cdots,n \tag{10.8}$$

同样可以看出，相邻的两个累计增长量之差等于相应的逐期增长量，即

$$(y_i-y_1)-(y_{i-1}-y_1)=y_i-y_{i-1},\quad i=2,3,\cdots,n \tag{10.9}$$

3. 年距增长量

对于按月（季）编制的时间序列，为了消除季节变动的影响，还可以计算**年距增长量**，它等于本期发展水平比上年同期发展水平增加（减少）的数量，即

年距增长量=报告期水平−上年同期水平

（四）平均增长量指标

平均增长量是时间序列中逐期增长量的序时平均数，它表明该现象在一定时段内平均每期增加（减少）的数量。其计算公式为：

$$平均增长量=\frac{\sum(y_i-y_{i-1})}{n-1},\quad i=2,3,\cdots,n \tag{10.10}$$

式中，$n-1$ 表示逐期增长量的项数。根据逐期增长量与累计增长量之间的数量关系，平均增长量还可以表示为：

$$平均增长量=\frac{y_i-y_1}{n-1},\quad i=2,3,\cdots,n \tag{10.11}$$

【例 10－6】 根据表 10－1 的资料计算我国城镇单位就业人员平均工资在 2005—2014 年期间的年平均增长量（以 2005 年的指标值作为累计增长量的固定水平）。

解： 按式（10.11）计算年平均增长量为：

$$平均增长量=\frac{y_i-y_1}{n-1}=\frac{56\ 360-18\ 200}{9}=4\ 240(元)$$

二、时间序列分析的速度指标

（一）发展速度

发展速度是将现象报告期水平除以基期水平求得的表明某种现象发展程度的相对指标，即

$$发展速度=\frac{报告期水平}{基期水平}$$

发展速度通常用百分数表示，当比值较大时，也可用倍数和翻番数表示，它说明现象报告期水平为基期水平的百分之几或若干倍。当它大于100%（或1）时，表明现象的发展水平是提高的；小于100%（或1）时，表明现象的发展水平是下降的。

请扫描二维码，获取资源：参考10.1　利润率究竟是多大

由于采用的基期不同，发展速度可分为环比发展速度和定基发展速度。

1. 环比发展速度

环比发展速度是报告期水平与前一期水平之比，它表明报告期水平为前一期水平的百分之几或若干倍。从一个环比发展速度时间序列来说，它表明现象逐期的发展程度。

$$环比发展速度=\frac{报告期水平}{前一期水平}=\frac{y_i}{y_{i-1}},\quad i=2,3,\cdots,n \tag{10.12}$$

2. 定基发展速度

定基发展速度是报告期水平与某一固定基期水平（通常是最初水平）之比。它表明报告期水平为固定基期水平的百分之几或若干倍。定基发展速度时间序列的各期数值分别说明现象在一个较长时期内发展的总速度。

$$定基发展速度=\frac{报告期水平}{固定基期水平}=\frac{y_i}{y_1},\quad i=1,2,\cdots,n \tag{10.13}$$

3. 环比发展速度与定基发展速度的关系

虽然上述两种发展速度使用的基期和它们说明的问题不同，但这两种发展速度之间却存在一定的关系。

（1）同一时间序列各期环比发展速度的连乘积等于其相应时期的定基发展速度。

$$\frac{y_2}{y_1}\times\frac{y_3}{y_2}\times\cdots\times\frac{y_n}{y_{n-1}}=\frac{y_n}{y_1} \tag{10.14}$$

（2）两个相邻定基发展速度之比，等于相应报告期的环比发展速度。

$$\frac{y_i}{y_1}\div\frac{y_{i-1}}{y_1}=\frac{y_i}{y_{i-1}},\quad i=2,3,\cdots,n \tag{10.15}$$

4. 年距发展速度

类似于年距发展水平指标，对于按月（季）编制的时间序列，可计算年距发展速度，用公式表示为：

$$年距发展速度=\frac{报告期水平}{上年同期水平}$$

它消除了季节变动的影响，表明本期水平相对于上年同期水平发展变化的方向与程度，是实际统计分析中经常应用的指标。

（二）增长速度

增长速度是某种现象报告期的增长量与基期水平之比，表明该现象增长程度的相对指标。其一般公式是：

$$\text{增长速度}=\frac{\text{报告期增长量}}{\text{基期水平}}$$

$$=\frac{\text{报告期水平}-\text{基期水平}}{\text{基期水平}}=\text{发展速度}-100\%$$

发展速度与增长速度是一个问题的两种说明，两者有着密切的关系。首先，发展速度是说明报告期发展水平是基期发展水平的百分之几，包括基期水平；而增长速度则是说明报告期水平比基期水平增长了百分之几，扣除了基期水平。其次，发展速度是通过报告期水平与基期水平对比计算的；增长速度是通过报告期水平减去基期水平后与基期水平对比计算的。第三，发展速度没有正负数值之分，只有大于1或小于1之分，而增长速度则有正负值之分：发展速度大于1，则增长速度为正值，表示现象的发展水平是递增的；发展速度小于1，则增长速度为负值，表示现象的发展水平是递减的；发展速度等于1，则增长速度为0，表示现象的发展水平维持不变。

由于增长量有逐期增长量和累计增长量之分，增长速度因所采用基期不同，分为环比增长速度和定基增长速度。

1. 环比增长速度

环比增长速度是逐期增长量与其前一期发展水平之比，表明现象逐期增长程度。其计算公式为：

$$\text{环比增长速度}=\frac{\text{逐期增长量}}{\text{前一期水平}}=\frac{\text{报告期水平}-\text{前一期水平}}{\text{前一期水平}}=\text{环比发展速度}-1$$

$$=\frac{y_i-y_{i-1}}{y_{i-1}}=\frac{y_i}{y_{i-1}}-1,\quad i=2,3,\cdots,n \tag{10.16}$$

2. 定基增长速度

定基增长速度是累计增长量与某一固定基期水平之比，表明现象在一段时期内总的增长程度。其计算公式为：

$$\text{定基增长速度}=\frac{\text{报告期水平}-\text{固定基期水平}}{\text{固定基期水平}}=\text{定基发展速度}-1$$

$$=\frac{y_i-y_1}{y_1}=\frac{y_i}{y_1}-1,\quad i=1,2,\cdots,n \tag{10.17}$$

3. 年距增长速度

年距增长速度表明本期比上年同期增长（下降）了百分之几或若干倍。计算公式为：

$$\text{年距增长速度}=\frac{\text{报告期水平}-\text{上年同期水平}}{\text{上年同期水平}}=\text{年距发展速度}-1$$

发展速度与增长速度是对社会经济现象进行动态分析的基本指标，应用中要注意：定基增长速度与环比增长速度不能像定基发展速度与环比发展速度那样互相推算，因为定基增长速度不等于相应时期内各环比增长速度的连乘积，两个相邻时期定基增长速度的比率也不等于相应时期的环比增长速度。定基增长速度与环比增长速度之间的推算，必须先通过对定基发展速度和环比发展速度的推算，再由推算出的发展速度减 1。

4. 增长 1%的绝对值

请扫描二维码，获取资源：
参考 10.2 老板加薪

发展水平和增长量是绝对数，说明现象发展所达到的和所增长的绝对数量；发展速度和增长速度是相对数，说明现象发展和增长的程度，把现象之间的差异抽象化了，在一定程度上掩盖了发展水平的差异。因此，低水平基础上的增长速度与高水平基础上的增长速度实际上是不可比的。由于环比增长速度时间序列中各期的对比基期不同，因此，在动态分析时，不仅要看各期增长的百分数，还要看每增长 1%所包含的绝对值，这是一个相对数与绝对数相结合运用的指标，即

$$\text{增长 1\%的绝对值}=\frac{\text{逐期增长量}}{\text{环比增长速度}\times 100}=\frac{\text{前一期水平}}{100}$$

$$=\frac{y_i-y_{i-1}}{\dfrac{y_i-y_{i-1}}{y_{i-1}}\times 100}=\frac{y_{i-1}}{100},\quad i=2,3,\cdots,n \qquad (10.18)$$

【例 10-7】 根据表 10-1 中我国城乡居民人民币储蓄存款年底余额 2005—2014 年的数据计算发展速度、增长速度及增长 1%的绝对值等指标，结果列于表 10-5 中。

表 10-5　2005—2014 年我国城乡居民人民币储蓄存款年底余额速度指标

年份	城乡居民人民币储蓄存款年底余额（亿元） y_i	发展速度（%） 定基 $\frac{y_i}{y_1}$	发展速度（%） 环比 $\frac{y_i}{y_{i-1}}$	增长速度（%） 定基 $\frac{y_i}{y_1}-1$	增长速度（%） 环比 $\frac{y_i}{y_{i-1}}-1$	增长 1%的绝对值（元） $\frac{y_{i-1}}{100}$
2005	141 051.0	100.0	—	0.0	—	—
2006	161 587.3	114.6	114.6	14.6	14.6	1 410.5
2007	172 534.2	122.3	106.8	22.3	6.8	1 615.9
2008	217 885.4	154.5	126.3	54.5	26.3	1 725.3
2009	260 771.7	184.9	119.7	84.9	19.7	2 178.9
2010	303 302.5	215.0	116.3	115.0	16.3	2 607.7
2011	343 635.9	243.6	113.3	143.6	13.3	3 033.0

续前表

年份	城乡居民人民币储蓄存款年底余额（亿元）y_i	发展速度（%）		增长速度（%）		增长 1%的绝对值（元）$\frac{y_{i-1}}{100}$
		定基 $\frac{y_i}{y_1}$	环比 $\frac{y_i}{y_{i-1}}$	定基 $\frac{y_i}{y_1}-1$	环比 $\frac{y_i}{y_{i-1}}-1$	
2012	399 551.0	283.3	116.3	183.3	16.3	3 436.4
2013	447 601.6	317.3	112.0	217.3	12.0	3 995.5
2014	485 261.3	344.0	108.4	244.0	8.4	4 476.0

读者可以根据表 10－5 的计算结果，按式（10.14）和式（10.15）验证定基发展速度和环比发展速度之间的关系。

（三）平均发展速度和平均增长速度

平均速度指标有**平均发展速度**和**平均增长速度**两种。前者说明某种现象在一段较长时间内逐期变化发展的一般程度，后者说明某种现象在一段较长时间内逐期增长或下降的一般程度。平均增长速度与平均发展速度有密切联系，两者仅相差一个基数，即

平均增长速度＝平均发展速度－1

因此，掌握了平均发展速度的计算方法，就可以求出平均增长速度。平均发展速度是一定时期内各期环比发展速度的序时平均数，常用的计算方法有几何平均法和高次方程法。

请扫描二维码，获取资源：参考 10.3　如何综合测度牛奶与面包的价格变化

1. 几何平均法

几何平均法也称水平法。采用这一方法的原理是：一定时期内现象发展的总速度（即定基发展速度）等于各期环比发展速度的连乘积，则根据平均数的性质，以平均发展速度 $\bar{x}$ 代替各期的环比发展速度计算出来的总发展速度应等于实际的总发展速度，即

$$\frac{y_n}{y_1}=\frac{y_2}{y_1}\times\frac{y_3}{y_2}\times\cdots\times\frac{y_n}{y_{n-1}}=\bar{x}\bar{x}\cdots\bar{x}=(\bar{x})^{n-1}$$

解得

$$\bar{x}=\sqrt[n-1]{\frac{y_n}{y_1}} \tag{10.19}$$

或

$$\bar{x}=\sqrt[n-1]{\frac{y_2}{y_1}\times\frac{y_3}{y_2}\times\cdots\times\frac{y_n}{y_{n-1}}} \tag{10.20}$$

式中，$\bar{x}$ 为平均发展速度；y_1 为时间序列最初水平；y_n 为时间序列最末水平；$n-1$ 为环比发展速度的项数。

上述两式都是平均发展速度几何平均法的计算公式，可以根据资料的掌握情况选择应用。若所掌握的资料是最初水平和最末水平，用式（10.19）计算；若已知逐期环比发展速度，可用式（10.20）计算，也可根据环比发展速度求总速度后用式（10.19）计算。

【例 10-8】 根据表 10-5 中我国城乡居民人民币储蓄存款年底余额 2005—2014 年的速度指标，用几何平均法计算这一期间的平均发展速度和平均增长速度。

解：平均发展速度为：

$$\bar{x}=\sqrt[n-1]{\frac{y_n}{y_1}}=\sqrt[9]{\frac{485\ 261.3}{14\ 051.0}}\approx 114.715\ 5\%$$

或

$$\bar{x}=\sqrt[9]{114.6\%\times 106.8\%\times\cdots\times 108.4\%}\approx 114.715\ 5\%$$

则

$$平均增长速度=平均发展速度-1=114.715\ 5\%-100\%=14.715\ 5\%$$

2. 高次方程法

高次方程法也称累计法。采用这一方法的原理是：以时间序列的最初水平 y_1 为基期水平，用平均发展速度 $\bar{x}$ 代替各期的环比发展速度推算的各期理论水平应等于各期的实际水平，即

$$y_2=y_1\frac{y_2}{y_1}=y_1\bar{x},\ y_3=y_1\frac{y_2}{y_1}\frac{y_3}{y_2}=y_1(\bar{x})^2,\ \cdots,\ y_n=y_1\frac{y_2}{y_1}\frac{y_3}{y_2}\cdots\frac{y_n}{y_{n-1}}=y_1(\bar{x})^{n-1}$$

相应地，各期理论水平之和应等于各期实际水平之和，即

$$y_1+y_1\bar{x}+y_1(\bar{x})^2+\cdots+y_1(\bar{x})^{n-1}=y_1+\sum_{i=2}^{n}y_i$$

则解高次方程

$$\bar{x}+(\bar{x})^2+\cdots+(\bar{x})^{n-1}=\frac{\sum_{i=2}^{n}y_i}{y_1} \tag{10.21}$$

所得到的正根就是平均发展速度 $\bar{x}$。用高次方程法计算平均发展速度，等式两边分别是各期理论水平与实际水平累计之和，所以它也称为累计法。在计算机使用普及后，高次方程可利用事先编制好的程序来求解，很容易实现。

几何平均法和高次方程法是计算平均发展速度的基本方法，但二者的侧重点不同，也各有优劣：前者是从最末水平出发来进行研究，直接根据期末与期初水平就能求得，方法简便，对时期指标或时点指标时间序列都适用，但忽略了中间各期水平，当各期水平波动较大，各期环比发展速度变化很大时，用几何平均法计算的平均发展速度就不能准确反映实际的发展过程；后者则是从各期水平累计总和出发，综合考虑了各期的发展水平，但计算过程复杂，而且仅适用于具有可加性的时期指

标时间序列。

三、水平分析与速度分析的结合与应用

时间序列的速度指标是由水平指标对比计算得到的，是以相对数表示的抽象化指标，可比性较强，但同时把现象的具体规模或水平抽象掉了，不能反映现象的绝对量差别。因此，在进行实际的动态分析时，有两点需要特别注意。

第一，如果资料中有几年的环比增长速度特别快，有几年又是负增长，出现显著的差异和不同的发展方向，或者所选择的最初水平和最末水平受特殊因素的影响过高或过低，则用这样的资料来计算平均发展速度，就会降低甚至失去指标的代表意义和实际分析意义。因此，要联系各个时期的环比发展速度来补充说明平均发展速度。

第二，要结合基期水平进行分析。因为发展速度是报告期水平除以基期水平而得，从数量关系来看，相同的报告期水平，基期水平低，速度就高；基期水平高，速度就低。因此，速度高可能掩盖低水平，而速度低可能隐藏着高水平。所以，要结合“增长1%的绝对量”指标来兼顾速度与水平。

第三节 长期趋势的测定

一、时间序列的构成与分解

(一) 时间序列的构成

现象的发展变化受许多因素的影响，各因素共同作用的结果形成了该现象时间序列各期的指标值。在诸多影响因素中，有的对现象的发展变化起着长期的决定性作用，使得相应的时间序列呈现出某种趋势和一定的规律性；有的则起着短期的或偶然的非决定性作用，使得时间序列的规律性不明显甚至呈现出某种不规则性。由于社会经济现象是错综复杂的，通常难以确定影响时间序列变动的具体因素，因此在统计分析中，一般按作用特点和影响效果将影响时间序列变动的因素归为四大类，相应的时间序列的变动可以看作四类因素所导致的变动叠加在一起的结果，即**趋势变动**（T）、**季节变动**（S）、**循环波动**（C）和**随机变动**（I）。

1. 趋势变动

指现象在发展变化过程中由于受到某种固定的、起根本性作用的因素的影响而在较长时间内展现出来的总态势。它可以具体表现为不断增加或减少的基本趋势，也可以表现为只围绕某一常数值波动而无明显增减变化的水平趋势。如受改革开放政策的影响，我国经济持续增长，国内生产总值逐年递增。

2. 季节变动

指现象在一年内由于受社会、政治、经济、自然等因素的影响而形成的以一定

时期为周期的有规律的重复变动。季节变动是一种极为普遍的现象，在农业生产、交通运输、建筑业、旅游业、商品销售以及工业生产中都有明显的季节变动规律。如啤酒的销售量夏季大、冬季小；春运期间客流量剧增等。尽管在商业或经济理论中，季节变动一般以年为周期，其思想却可以根据数据类型的不同推广到以任意时间间隔为周期（例如以小时、天、星期、月为周期）的时间序列中，但周期长度一般小于一年。

3. 循环波动

指现象围绕长期趋势出现的以若干年为周期的有涨有落的周期性运动。循环波动与季节变动有着本质的区别：季节变动的周期小于一年并且有固定的周期，而循环波动的周期大于一年并且规律性较低，通常较难识别。循环波动的一个重要例子就是经济增长中出现的繁荣—衰退—萧条—复苏—繁荣的周而复始的运动。

4. 随机变动

指现象由于各种偶然因素的影响而呈现的不规则运动，它们是时间序列分析中无法由以上三种变动解释的部分。

（二）时间序列的分解

时间序列分解的主要任务就是将各种变动对时间序列指标值的影响状况分别测定出来，以研究现象发展变化的原因及其规律性，为认识现象和预测未来的发展提供依据。而为了将各类变动成分从时间序列中分离出来并加以测定，一个重要前提是掌握这四类变动是以何种组合方式作用于现象从而形成时间序列的具体指标值。由于趋势变动是由现象内在的本质因素决定的，这些因素对现象各时期的指标值起着支配性的决定作用，因此，在进行时间序列分析时，通常以长期趋势值（T）为绝对量基础，再根据各类变动对时间序列的影响是否独立，建立两种组合模型，即**加法模型**和**乘法模型**。

1. 加法模型：$Y=T+S+C+I$

该模型假定四类变动是相互独立的，对时间序列的影响程度以绝对数表示，时间序列各期的指标值是各类变动对时间序列影响的绝对量之和。其中，Y 为时间序列各期的指标值；T 为时间序列各期的长期趋势值，用绝对数表示，与 Y 同单位，这是时间序列各期指标值的主要构成部分；S，C，I 分别为季节变动、循环波动和随机变动引起的各期指标值 Y 与长期趋势值 T 的偏差，也用绝对数表示。

2. 乘法模型：$Y=T\times S\times C\times I$

乘法模型中仍以长期趋势值 T 作为各期指标值的绝对量基础，但假定四类变动之间存在交互作用，则其他各类变动对时间序列各期指标值的影响程度是以相对数的形式表现出来。其中，Y，T 的含义同加法模型；S，C，I 分别为季节变动、循环波动和随机变动引起的各期指标值 Y 与长期趋势值 T 的比率，一般也称为指数。因此，时间序列各期指标值是长期趋势值 T 与其他变动的影响比率的乘积。

在实际中，各种变动对现象的影响一般都是相互的，因此应用较多的是乘法模型，而且根据乘法模型，可以较容易地将各种变动对时间序列的影响状况分别测定出来，详见第四节。

二、长期趋势的测定方法

长期趋势是现象发展过程中由其本质因素决定的。通过对时间序列趋势变动的分析，可以掌握现象发展最基本的规律性，从而对其未来发展趋势做出预测。此外，研究长期趋势的目的之一也是为了更好地分析其他影响因素的变动规律性。进行长期趋势分析的主要任务就是测定时间序列的趋势值 T，常用的方法有移动平均法和趋势模型法。

(一) 移动平均法

移动平均法是测定时间序列趋势变动的基本方法。它是在时间序列中按一定的间隔长度逐期移动，并分别计算出各间隔期内各期指标的平均数，以此作为各时间间隔中间项的趋势测定值，通常称作各期的中心化移动平均数。移动平均法的基本思想是：随机因素的影响是相互独立的，因此，短期数据由于随机因素而形成的差异在加总平均的过程中会相互抵消，其平均数就显示了现象由其本质因素所决定的趋势值。

中心化移动平均数代表的是所平均的中间项的趋势值，根据所平均的项数是奇数还是偶数，有奇数项和偶数项移动平均之分。

1. 奇数项移动平均法

设时间序列有 n 期，各期指标值依次为 y_1，y_2，…，y_n，若所平均的项数是奇数，则其中间项的趋势测定值经过一次移动平均就可得到，用$M_t^{(1)}$表示一次移动平均数，计算公式为：

$$M_t^{(1)}=\frac{1}{N}(y_{t-\frac{N-1}{2}}+\cdots+y_{t-1}+y_t+y_{t+1}+\cdots+y_{t+\frac{N-1}{2}}) \tag{10.22}$$

式中，N 为奇数，是移动平均的项数；$t=\frac{N+1}{2}$，$\frac{N+1}{2}+1$，…，$n-\frac{N-1}{2}$为每次移动平均中间项所对应的时期；$M_t^{(1)}$为第 t 期的中心化移动平均数。

以 $N=5$ 为例，由上式计算各期中心化移动平均数：$M_3^{(1)}=\frac{1}{5}(y_1+y_2+y_3+y_4+y_5)$，$M_4^{(1)}=\frac{1}{5}(y_2+y_3+y_4+y_5+y_6)$，…，$M_{n-2}^{(1)}=\frac{1}{5}(y_{n-4}+y_{n-3}+y_{n-2}+y_{n-1}+y_n)$。其中，$M_4^{(1)}$是 y_2，y_3，y_4，y_5，y_6的平均数，应作为其中间项即时间序列第 4 期的长期趋势值，通常称作第 4 期的中心化移动平均数；相应地，$M_{n-2}^{(1)}$为第 $n-2$ 期的中心化移动平均数，作为第 $n-2$ 期的长期趋势测定值。

2. 偶数项移动平均数法

若所移动平均的项数为偶数，则计算出来的移动平均数对应的中间项是在两个时期之间，不能代表任一时期的趋势值。以 $N=4$ 为例，有：$M_{2.5}^{(1)}=\frac{1}{4}(y_1+y_2+$

y_3+y_4），$M_{3.5}^{(1)}=\frac{1}{4}(y_2+y_3+y_4+y_5)$，$M_{4.5}^{(1)}=\frac{1}{4}(y_3+y_4+y_5+y_6)$，以此类推。

解决的办法是对一次移动平均数再做一次项数为 2 的移动平均，即计算二次移动平均数来作为长期趋势值，用$M_t^{(2)}$表示，即$M_3^{(2)}=\frac{1}{2}(M_{2.5}^{(1)}+M_{3.5}^{(1)})$ 作为第 3 期的趋势值，$M_4^{(2)}=\frac{1}{2}(M_{3.5}^{(1)}+M_{4.5}^{(1)})$ 作为第 4 期的趋势值，以此类推。

【例 10－9】 根据表 10－6 中我国 2002—2015 年的铁路客运量，分别进行项数为 3 和 4 的移动平均。

表 10－6　　中国 2002—2015 年的铁路客运量及其移动平均数

年份	铁路客运量（万人）	中心化移动平均数		
		$N=3$	$N=4$	
	y_t	$M_t^{(1)}$	$M_t^{(1)}$	$M_t^{(2)}$
2002	105 606			
2003	97 260	104 876.7		
2004	111 764	108 202.3	107 553.3	110 059.5
2005	115 583	117 667.7	112 565.8	117 367
2006	125 656	125 636.3	122 168.3	126 471.9
2007	135 670	135 839.7	130 775.5	135 384
2008	146 193	144 771.3	139 992.5	145 236.6
2009	152 451	155 417.7	150 480.8	156 800.3
2010	167 609	168 762	163 119.8	168 512.8
2011	186 226	181 057.3	173 905.8	181 174
2012	189 337	195 386.7	188 442.3	196 298.6
2013	210 597	210 131.3	204 155	212 562.3
2014	230 460	231 513.7	220 969.5	
2015	253 484			

资料来源：国家统计局．中国统计年鉴（2016）．北京：中国统计出版社，2016.

解： 进行项数为 3 的移动平均后，相应的移动平均数作为各移动平均中间项的趋势值，如 2003 年的趋势值就是 2002—2004 年 3 年客运量平均的结果；在进行项数为 4 的移动平均时，$M_t^{(1)}$一栏所列的中心化移动平均数应是提前半年的趋势值，如第一个移动平均数 107 553.3 应是 2003 年和 2004 年的中点的趋势值，而$M_t^{(2)}$一栏所列的二次移动平均的结果才是相应年份的趋势值。

从该表可以看出，在未进行移动平均之前，铁路客运量在短期内偶有波动，进行移动平均后，很大程度上消除了各种偶然因素对客运量的影响，而且移动项数为 4 的平均数对时间序列的修匀作用更明显，更好地揭示了铁路客运量逐年增长的趋势。

在利用移动平均法分析趋势变动时，有两个问题需特别注意：

第一，移动平均项数 N 的确定是能否准确进行趋势测定的关键。一般来说，若原时间序列中包含季节变动或循环波动等周期性因素的影响，则 N 的取值应等于周期的长度，这样所得的移动平均数既能消除随机变动的影响，又能消除周期性变动的影响。

第二，时间序列经过移动平均后会造成信息量的损失。在奇数项移动平均所形成的数列中，头尾各有$\frac{N-1}{2}$个时期无法求得趋势值；在偶数项移动平均所形成的数列中，头尾各有$\frac{N}{2}$个时期无法求得趋势值。无法对所有时期趋势值进行测定是移动平均法的局限性之一，下面介绍的趋势模型法可以弥补这一缺陷。

（二）趋势模型法

趋势模型法也称曲线配合法，它根据时间序列长期趋势的表现形态，建立一个合适的趋势方程来描述现象各期指标值随时间变动的趋势规律性，并据此进行各期趋势值的测定。

趋势模型法的基本步骤如下：

（1）选取合适的模型。时间序列中长期趋势的表现形态是多种多样的，有线性形态，也有非线性形态，所配合的趋势模型有直线模型，也有各种曲线模型，它们相互区别的本质是所描述的现象（y_t）随时间（t）的变化有不同的变化率。趋势模型选择不当，不仅不能正确描述现象发展的规律性，有时还会得出与事实相反的结论。关于常见的趋势模型的具体形式可参见本书第九章中有关线性模型和非线性模型具体形式的论述。需要注意的是，趋势模型中的自变量为时间 t，t 一般按时期的先后顺序取值为 1，2，…，n（n 为时间序列的时期数）；因变量是时间序列各期的指标值 y_t（t=1，2，…，n）。

（2）估计模型参数。趋势模型参数的估计方法可参阅第八章、第九章中介绍的方法，本章不再赘述。

（3）计算趋势变动测定值。将各期时间 t 的取值代入已估计出参数的趋势模型，得出的因变量数值就是相应时期的趋势变动测定值。

第四节　季节变动和循环波动测定

一、季节变动的测定方法

在现实生活中，季节变动是一种极为普遍的现象，也是各种周期性变动中重要的一种，其测定的原理和方法是分析其他周期性变动的基础。这里主要介绍以一年为周期的季节性变动的测定，其分析方法可以推广到周期不到一年的时间序列的变动分析。

（一）季节变动测定的原理

进行季节变动的测定，首要目的是掌握现象在一年中各季度或月份的数值受季节性因素影响的程度，以便更好地指导当前各种经济活动的进行，如交通运输部门掌握客流量随季节变动的规律性，可以更有效地组织运输工具；其次，对季节变动的影响程度进行测定，也是为了剔除季节变动对时间序列的影响，以便更好地研究现象发展变化的长期趋势或其他方面的规律性。

季节变动测定的基本思路是：设各种变动因素是以乘法模型进行组合形成时间序列，则以时间序列中不含季节变动的长期趋势值为衡量基准，计算加入季节变动后各期的指标值与原趋势值的比率，以此衡量各期指标值受季节变动影响的程度。若时间序列受季节变动的影响，则各期指标值会偏离长期趋势值，离差越大，说明该期指标值受季节性因素影响的程度越大。由于季节变动是一种各年变化强度大体相同且每年重现的有规律的变动，因此从理论上讲，各年同期（月或季）的指标值与趋势值的比率应基本相同，其差异是随机因素作用的结果，可以通过对各年同期的比率分别求平均来消除随机变动的影响，相应的平均数称作一年内各期的季节指数，用 S 表示。例如，所分析的是以月份为时期的时间序列，则相应的就有 12 个月的季节指数，分别表示一年内各月的指标值受季节性因素影响的程度。

（二）季节变动的测定方法

季节变动的测定就是要计算出各季或各月的**季节指数**，即乘法模型 $Y=T\times S\times C\times I$ 中的 S。季节变动测定的基本步骤可归纳如下：

第一步，根据上一节介绍的长期趋势测定的方法求时间序列的长期趋势值 T。

第二步，设法剔除趋势变动和循环变动对时间序列的影响，得出仅包含季节变动和随机变动的时间序列资料，即 $\frac{Y}{T\times C}=S\times I$。

第三步，对第二步的结果消除随机变动的影响，得出季节变动的测定值，即季节指数 S。

【例 10-10】 表 10-7 中第②列是我国 2014 年 7 月至 2017 年 6 月共 36 个月社会消费品零售总额的数据，计算各月的季节指数。

解：根据乘法模型，社会消费品零售总额 $Y=T\times S\times C\times I$，在此基础上测定季节变动。

第一步：用移动平均法求各月的趋势值。取移动平均的项数为周期的长度，即 12 个月，由于移动平均的项数为偶数，所以要在一次移动平均的基础上进行二次移动平均，所得的中心化移动平均数 $M_t^{(2)}$ 列于表 10-7 中第③列。由于移动平均的项数等于季节变动的周期（1 年 12 个月），所以季节性因素所产生的波动在平均的过程中相互抵消，也消除了大部分随机变动。若时间序列中不包含循环波动，则所得中心化移动平均数就是趋势变动的结果，即 $M_t^{(2)}=T$；若时间序列中还包含循环波动，则所得中心化移动平均数就是趋势变动与循环波动综合作用的结果，即 $M_t^{(2)}=T\times C$。本例中社会消费品零售总额的变动有循环波动的影响，因此，$M_t^{(2)}=T\times C$。

第二步：用各月的实际值除以相应的中心化移动平均数，则从原时间序列中剔除了趋势变动和循环波动的影响，所得的数值称作季节比率，列于第④列，这是季

表 10-7 我国 2014 年 7 月至 2017 年 6 月社会消费品零售总额的季节变动、循环变动和随机变动的测定

年/月	时间 t	社会消费品零售总额 $Y=TSCI$	$M_t^{(2)}=TSCI/SI=TC$	$SI=Y/TC=Y/M_t^{(2)}$	季节指数 S	$Y/S=TCI$	⑥的趋势值 T	$CI=TCI/T=Y/ST$	循环指数 C	随机指数 $I=CI/C$
	①	②	③	④=②/③	⑤	⑥=②/⑤	⑦	⑧=⑥/⑦	⑨=⑧的7项移动平均数	⑩=⑧/⑨
2014/7	1	20 775.8			0.960 396	21 632.53	22 087.146	0.979 417		
8	2	21 133.9			0.975 479	21 665.15	22 330.678	0.970 197		
9	3	23 042.4			0.982 652	23 449.2	22 574.21	1.038 76		
10	4	23 967.2			1.087 95	22 029.69	22 817.741	0.965 463	0.990 044 8	0.975 171
11	5	23 474.7			1.070 278	21 933.28	23 061.273	0.951 087	0.994 495 7	0.956 351
12	6	25 801.3			1.088 553	23 702.38	23 304.805	1.017 06	1.000 143 9	1.016 914
2015/1	7	25 883.241	23 576.4	1.097 845	1.090 074	23 744.49	23 548.336	1.008 33	0.996 250 6	1.012 125
2	8	23 472.209	23 881.51	0.982 861	0.976 242	24 043.42	23 791.868	1.010 573	1.003 178	1.007 372
3	9	22 722.8	24 131	0.941 644	0.936 275	24 269.36	24 035.4	1.009 734	1.011 872	0.997 887
4	10	22 386.7	24 403.49	0.917 356	0.911 573	24 558.32	24 278.932	1.011 507	1.011 336 5	1.000 169
5	11	24 194.8	24 769.09	0.976 814	0.973 059	24 864.68	24 522.463	1.013 955	1.011 651 9	1.002 277
6	12	24 280.3	25 073.08	0.968 381	0.968 817	25 061.81	24 765.995	1.011 944	1.011 374 9	1.000 563
7	13	24 338.8	25 309.57	0.961 644	0.960 396	25 342.45	25 009.527	1.013 312	1.011 386 8	1.001 903
8	14	24 893.4	25 530.92	0.975 03	0.975 479	25 519.16	25 253.058	1.010 537	1.010 398 2	1.000 138
9	15	25 270.6	25 733.48	0.982 013	0.982 652	25 716.73	25 496.59	1.008 634	1.008 829 6	0.999 806
10	16	28 278.9	25 927.25	1.090 702	1.087 95	25 992.83	25 740.122	1.009 818	1.006 482 1	1.003 314
11	17	27 937.3	26 122.04	1.069 492	1.070 278	26 102.85	25 983.654	1.004 587	1.003 828 9	1.000 756
12	18	28 634.6	26 330.08	1.087 524	1.088 553	26 305.19	26 227.185	1.002 974	1.001 611 5	1.001 361
2016/1	19	28 725.54	26 541.15	1.082 302	1.090 074	26 351.93	26 470.717	0.995 512	0.999 512 8	0.995 998
2	20	25 942.376	26 755.1	0.969 624	0.976 242	26 573.7	26 714.249	0.994 739	0.997 603 4	0.997 129
3	21	25 114.1	26 978.1	0.930 907	0.936 275	26 823.41	26 957.78	0.995 016	0.997 120 9	0.997 889

续前表

年/月	时间 t	社会消费品零售总额 $Y=TSCI$	$M_t^{(2)}=TSCI/SI=TC$	$SI=Y/TC=Y/M_t^{(2)}$	季节指数 S	$Y/S=TCI$	⑥的趋势值 T	$CI=TCI/T=Y/ST$	循环指数 C	随机指数 $I=CI/C$
	①	②	③	④=②/③	⑤	⑥=②/⑤	⑦	⑧=⑥/⑦	⑨=⑧的7项移动平均数	⑩=⑧/⑨
4	22	24 645.8	27 209.19	0.905 79	0.911 573	27 036.56	27 201.312	0.993 943	0.996 705	0.997 229
5	23	26 610.7	27 453.42	0.969 304	0.973 059	27 347.47	27 444.844	0.996 452	0.997 632 2	0.998 817
6	24	26 857.4	27 709.4	0.969 252	0.968 817	27 721.86	27 688.375	1.001 209	0.998 641 81	1.002 571
7	25	26 827.4	27 970.01	0.959 149	0.960 396	27 933.67	27 931.907	1.000 063	0.999 059 86	1.001 004
8	26	27 539.6	28 218.87	0.975 928	0.975 479	28 231.87	28 175.439	1.002 003	1.000 022 13	1.001 981
9	27	27 976.4	28 451.78	0.983 292	0.982 652	28 470.3	28 418.971	1.001 806	1.000 646 73	1.001 159
10	28	31 119.2	28 676.05	1.085 198	1.087 95	28 603.52	28 662.502	0.997 942	0.999 659 02	0.998 282
11	29	30 958.5	28 904.43	1.071 064	1.070 278	28 925.67	28 906.034	1.000 679	0.998 909 96	1.001 771
12	30	31 757	29 146.04	1.089 582	1.088 553	29 173.59	29 149.566	1.000 824	0.998 050 08	1.002 78
2017/1	31	31 857.856			1.090 074	29 225.42	29 393.097	0.994 295	0.996 848 1	0.997 439
2	32	28 782.659			0.976 242	29 483.11	29 636.629	0.994 82	0.996 707 47	0.998 106
3	33	27 863.7			0.936 275	29 760.16	29 880.161	0.995 984	0.997 339 7	0.998 641
4	34	27 278.5			0.911 573	29 924.65	30 123.692	0.993 392		
5	35	29 459.2			0.973 059	30 274.83	30 367.224	0.996 958		
6	36	29 807.6			0.968 817	30 767.02	30 610.756	1.005 105		

说明：由于国家统计局公布的资料中，2012 年至今社会消费品零售总额 1 月份、2 月份的数据缺失，表中各年 1 月份、2 月份的数据通过以下方法估算：分别求 2007—2010 年 12 月份数据与 2008—2011 年 1 月份数据的比值，根据这四个年份比值的平均数估算各年 12 月份数据与次年 1 月份数据的比例系数，根据这一比例系数和上年度 12 月份的数据估计各年 1 月份的缺失数据。用同样的方法，利用已知年份 2 月份数据与 3 月份数据比值的平均数作为比例系数，根据各年 3 月份数据和比例系数估计每年 2 月份的缺失数据。

资料来源：中华人民共和国国家统计局月度数据，http：//www. stats. gov. cn/tjsj.

节变动和随机变动综合作用的结果，即

$$\frac{Y}{M_t^{(2)}}=\frac{T\times S\times C\times I}{T\times C}=S\times I$$

第三步：对各年内同月份的季节比率求平均，可以在相当程度上消除随机变动的影响，所得的结果即各月的季节指数，用 S 表示，列于第⑤列，它反映了季节性因素对各月指标值的影响程度。如 1 月的季节指数是各年 1 月的季节比率的平均数，即 1.090 073 6=(1.097 845+1.082 302)/2。其余各月季节指数的计算以此类推。

从表 10－7 中第⑤列和图 10－2 各月季节指数散点图可以看出，12 月和 1 月的季节指数最高，高出趋势值 10%左右，这正反映了我国春节期间这一明显的季节性购物消费状况；另外 5 月和 10 月的季节指数也明显高于相邻月份，同样也说明了我国特有的“五一”“十一”假期对社会消费品零售总额的季节性影响。

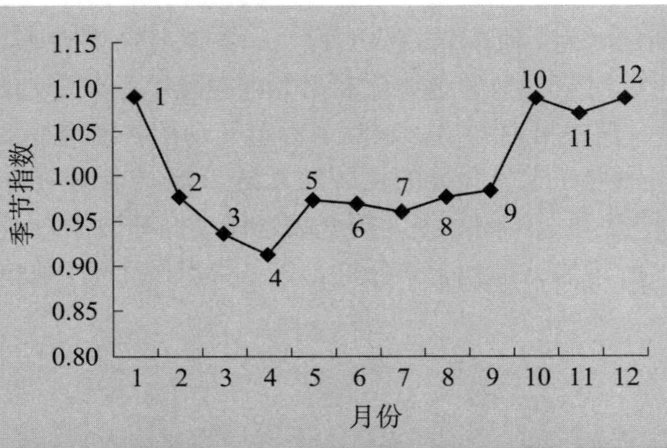

图 10－2　各月的季节指数

二、循环波动的测定方法

我们可以借鉴季节变动测定的方法，从时间序列中剔除趋势变动、季节变动，再对此结果消除随机变动，从而得到反映循环波动影响程度的**循环指数**，相应的方法称作剩余法。由于循环波动产生的机制在经济系统内部，规律性差，其变动的周期一般在数年以上，长短不固定，且不同周期的变动形态、波动幅度也有明显的差异，因此，要掌握循环波动的规律性，探究波动形成的深层原因和现象的本质，除了统计方法，还要借助经济分析。

【例 10－11】 根据表 10－7 中第②列我国 2014 年 7 月至 2017 年 6 月共 36 个月社会消费品零售总额的数据，用剩余法进行循环波动的测定。

解：具体步骤如下：

第一步，先求季节指数 S，再用原时间序列各项指标值除以相应的季节指数，剔除季节变动的影响，所得结果列于表 10－7 的第⑥列，是趋势变动、循环波动和

随机变动的综合作用的结果，即

$$\frac{Y}{S}=\frac{T\times S\times C\times I}{S}=T\times C\times I$$

第二步，对剔除季节变动后的时间序列求趋势值 T，剔除趋势变动的影响，所得的结果只剩循环波动和随机波动，即

$$\frac{T\times C\times I}{T}=C\times I$$

在求趋势值时，一般用趋势模型法求得长期趋势值较为准确。此例中 36 个月的社会消费品零售总额剔除季节变动后基本呈线性增长趋势（见图 10－3），因此运用最小二乘法，以第⑥列的数据为因变量，第①列的时间 t 为自变量，建立线性趋势方程，得

$$\hat{y}=21\ 843.614\ 563\ 4+243.531\ 702\ 712t$$

将各期的时间 t 值代入趋势方程，得各期的趋势值 T，列于第⑦列。

我们可以对第⑦列的趋势值和第⑥列剔除了季节变动的指标值分别绘图，如图 10－3 所示，从中可以看出，剔除了季节变动的各期指标值基本与趋势直线相吻合，说明该时间序列尚未受明显的循环波动的影响（本例中的时间序列数据时期较短，仅包括 36 个月共 3 年的数据，因此较难体现循环波动）。将第⑥列的数值除以第⑦列的数值，所得的结果列于第⑧列，该结果反映了循环波动和随机变动的共同影响程度。

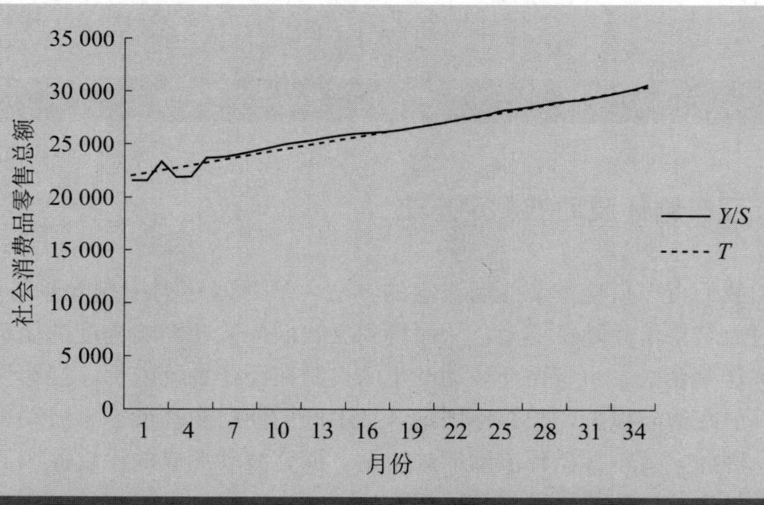

图 10－3 剔除季节变动的指标值与趋势值的比较图

第三步，对第二步的结果即第⑧列中的数值进行移动平均，以消除随机变动的影响，就可得到各期相应的循环指数 C。为了更好地消除随机变动，可以按不同的项数进行平均，取修匀效果较好的一个。这里取的移动平均项数为 7，所得的中心化移动平均数列于第⑨列。同季节变动的分析一样，可以通过比较循环指数与

100%的偏差程度，来衡量循环变动的程度。

从第⑨列可以看出，各月的循环指数差别不大，再次说明该时间序列不存在明显的循环波动。

三、不规则变动的测定方法

不规则变动即由随机偶然因素引起的变动，是趋势变动、季节变动和循环波动不能解释的部分。在乘法模型中，不规则波动同样可用剩余法来测定，即利用已经计算得到的仅包含循环波动 C 和不规则变动 I 的数据资料（$C\times I$），除以循环波动指数 C，即可得到**随机变动指数** I。

【例 10-12】 根据前两例的计算结果，对我国 2014 年 7 月至 2017 年 6 月共 36 个月社会消费品零售总额的数据进行随机变动的测定。

解： 根据剩余法的测定思路，用表 10-7 中第⑧列的数据除以第⑨列的数据，即得到各月的随机指数 I $\left(I=\dfrac{C\times I}{C}\right)$，所得结果列于第⑩列。随机指数 I 等于 100%，说明不存在随机因素的影响；I 与 100%的偏差越大，说明现象受随机因素的影响越大。从表中第⑩列和图 10-4 可以看出，除了极少数月份出现明显的随机波动外，其余各月的随机指数基本围绕 1 上下波动且曲线的波动幅度不大，说明我国 2014 年 7 月至 2017 年 6 月这 36 个月社会消费品零售总额总体来说未受明显的随机因素干扰。

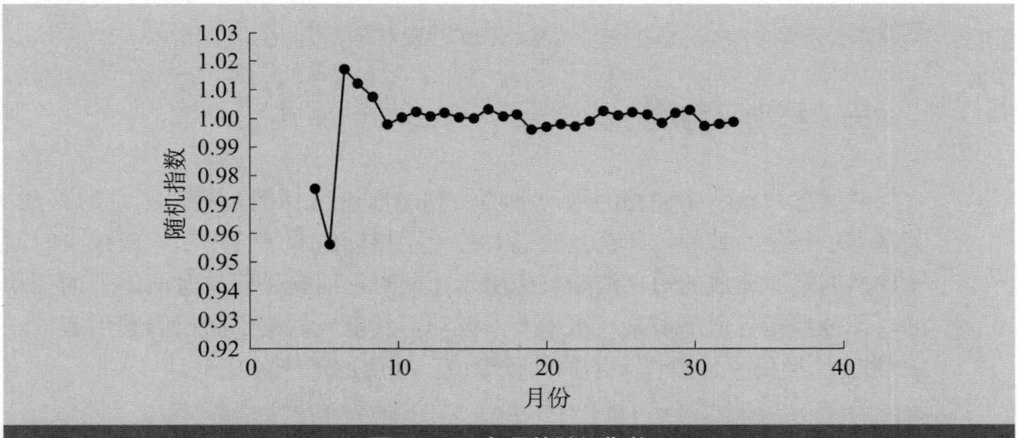

图 10-4　各月的随机指数

第五节　时间序列预测方法

一、趋势外推法

趋势外推法就是运用第三节中介绍的趋势模型对现象在未来的变动趋势进行测

算和推断，只需把预测期相对应的时间自变量 t 的取值代入趋势模型，即可得到未来趋势值的估计。趋势外推法适用于具有明显上升或下降趋势的时间序列的预测。

二、自回归预测法

当时间序列前后期数值之间存在明显的相关关系时，可以建立自回归趋势模型，通过前期指标值预测未来的趋势值。

当各期指标值之间呈线性相关关系时，相应的自回归模型的一般形式为：

$$\hat{y}_t = b_0 + b_1 y_{t-1} + b_2 y_{t-2} + \cdots + b_n y_{t-n} \tag{10.23}$$

上式称为 n 阶自回归趋势模型（简称 AR 模型）。式中，t 期的指标值为因变量；t 期之前的指标值为自变量；b_0，b_1，…，b_n 为待估参数。特别地，若时间序列各期指标值仅受前一期指标值的影响，相应的自回归模型称为一阶自回归模型，即

$$\hat{y}_t = b_0 + b_1 y_{t-1} \tag{10.24}$$

当时间序列各期指标值之间呈非线性相关关系时，相应的自回归模型表现为各种曲线模型，最常见的是二次曲线自回归模型，如

$$\hat{y}_t = b_0 + b_1 y_{t-1} + b_2 y_{t-1}^2 \tag{10.25}$$

自回归模型能否用于预测，还必须通过误差项的自相关检验才能确定。有关自回归模型的建立、检验以及应用等需要进一步讨论的内容请参阅时间序列方面的书籍。

三、移动平均法

时间序列预测中使用的移动平均法和之前进行长期趋势值测定的移动平均法，其基本思路是一致的，即都是通过对若干期指标值求平均来消除或减少时间序列由于偶然因素所造成的短期波动，但用于预测时，前提是假设时间序列的变动是平稳的，即各期指标值围绕某一水平上下波动，其差异是由于随机因素引起的，则可以用最近 N 期的平均数作为下期的预测值。相应的预测公式是：

$$\hat{y}_{t+1} = M_t^{(1)} = \frac{1}{N}(y_t + y_{t-1} + \cdots + y_{t-N+1}) \tag{10.26}$$

式中，$M_t^{(1)}$ 是第 t 期的一次移动平均数，用它作为第 $t+1$ 期的预测值。这里的 $M_t^{(1)}$ 和趋势值测定中所用的移动平均数的不同之处在于，这种用于预测的移动平均数不是代表移动中间项的趋势值，因此，移动平均的项数 N 为奇数还是偶数不影响计算公式。

式（10.26）是根据时间序列最近 N 期指标值的简单移动平均数来进行下一期的预测，但通常认为各期数值对预测值的影响是不同的，一般来说，近期值比远期值更重要，因而在移动平均时应赋予更大的权重，相应的移动平均法称为加权移动

平均法，其公式为：

$$\hat{y}_{t+1}=M_{wt}^{(1)}=\frac{w_0 y_t+w_1 y_{t-1}+\cdots+w_{N-1} y_{t-N+1}}{w_0+w_1+\cdots+w_{N-1}} \tag{10.27}$$

式中，$M_{wt}^{(1)}$ 是 t 期的一次加权移动平均数，用它作为第 $t+1$ 期的预测值。w_i 为 y_{t-i} 的权数，应满足 $w_0>w_1>\cdots>w_{N-1}$，以保证各期值对预测值的影响由近及远逐渐减小。

移动平均法只有一期的预测能力，若要进行多期预测，则必须对预测值再计算移动平均数，这可能产生预测误差的积累。

四、指数平滑法

(一) 一次指数平滑法

一次指数平滑法是平稳型时间序列的另一种预测方法，它是以时间序列预测期之前所有时期指标值的加权平均数作为预测值，即

$$\begin{aligned}\hat{y}_{t+1} &= S_t^{(1)} = \sum_{i=0}^{\infty}\alpha(1-\alpha)^i y_{t-i}\\ &= \alpha y_t+\alpha(1-\alpha)y_{t-1}+\alpha(1-\alpha)^2 y_{t-2}+\cdots\end{aligned} \tag{10.28}$$

式中，$0<\alpha<1$，称为平滑系数。各期的权数 $\alpha(1-\alpha)^i$ 是一个由近及远呈指数衰减的无穷等比数列，说明越远期的指标值对预测值的影响越小。根据等比数列的求和公式，可以证明各期的权数之和为 1。$S_t^{(1)}$ 是第 t 期的一次指数平滑值，它是 t 期及其之前各期所有指标的加权平均数，用它作为 $t+1$ 期的预测值。

显然，指数平滑法综合了各期数据对预测值的影响，克服了移动平均法舍弃远期信息的损失。

根据式 (10.28)，可得 t 期的预测值即 $t-1$ 期的指数平滑值为：

$$\hat{y}_t=S_{t-1}^{(1)}=\alpha y_{t-1}+\alpha(1-\alpha)y_{t-2}+\alpha(1-\alpha)^2 y_{t-3}+\cdots \tag{10.29}$$

对式 (10.35) 两边同乘 $(1-\alpha)$，得

$$(1-\alpha)\hat{y}_t=(1-\alpha)S_{t-1}^{(1)}=\alpha(1-\alpha)y_{t-1}+\alpha(1-\alpha)^2 y_{t-2}+\alpha(1-\alpha)^3 y_{t-3}+\cdots \tag{10.30}$$

将式 (10.28) 减去式 (10.30)，可得指数平滑法的一般公式，即

$$S_t^{(1)}-(1-\alpha)S_{t-1}^{(1)}=\alpha y_t \Rightarrow S_t^{(1)}=\alpha y_t+(1-\alpha)S_{t-1}^{(1)} \tag{10.31}$$

式中，$S_t^{(1)}=\hat{y}_{t+1}$，是第 $t+1$ 期的预测值；$S_{t-1}^{(1)}=\hat{y}_t$，是第 t 期的预测值，因此，式 (10.28) 等价于

$$\hat{y}_{t+1}=S_t^{(1)}=\alpha y_t+(1-\alpha)S_{t-1}^{(1)} \tag{10.32}$$

用指数平滑法进行预测时，有两点需要注意：

首先，是平滑初始值$S_0^{(1)}$的确定。设时间序列有n期已知的数据，则$t=1,2,\cdots,n$。根据式（10.31），则第1期的指数平滑值$S_1^{(1)}$取决于第1期的指标值y_1和上一期的指数平滑值$S_0^{(1)}$。一般情况下，经过多期的平滑计算，初始值的影响越来越小，可以取$S_0^{(1)}=y_1$作为近似值进行计算。

其次，是**平滑系数**α的确定。平滑系数α取值的大小关系着预测的准确性。若时间序列平稳度较高，则各期指标值对预测值的影响较平均，各期权数$\alpha(1-\alpha)^i$的衰减速度就应小些，那么平滑系数α就要取较小值，一般取$0.1<\alpha<0.3$；若时间序列的波动幅度较大，则远期值对预测值的影响就较小，相应的平滑系数α就要取较大值，一般取$0.4<\alpha<0.9$，使得各期权数$\alpha(1-\alpha)^i$的衰减速度较大，以弱化远期值的影响，提高预测值对近期数据变化的敏感程度。在实际操作中，没有什么标准来决定α的正确取值，所以一般需要多试几种不同的α值，分别计算时间序列现有的各期数据的预测值，再取预测误差最小的α值建立指数平滑模型进行预测。

同样，指数平滑法也只有一期的预测能力。若进行多期预测，同样可能产生预测误差的积累。

（二）二次指数平滑法

二次指数平滑法也称布朗指数平滑法。二次指数平滑值记为$S_t^{(2)}$，它是对一次指数平滑值$S_t^{(1)}$计算的平滑值，即

$$S_t^{(2)}=\alpha S_t^{(1)}+(1-\alpha)S_{t-1}^{(2)} \tag{10.33}$$

二次指数平滑法主要用于变参数线性趋势时间序列的预测。变参数线性趋势预测模型的表达式为：

$$\hat{y}_{t+T}=a_t+b_tT \tag{10.34}$$

式（10.34）的预测模型与一般的线性趋势模型的区别在于，式中a_t和b_t是参数变量，随着时间自变量t的变化而变化，即直线在各时期的截距和斜率可能是不同的；T是从t期开始的预测期数。

运用二次指数平滑法求解式（10.34）的参数值，其公式推导较为复杂，本书略去证明过程，直接给出参数变量的求解表达式，即

$$\begin{cases}a_t=2S_t^{(1)}-S_t^{(2)}\\ b_t=\dfrac{\alpha}{1-\alpha}(S_t^{(1)}-S_t^{(2)})\end{cases} \tag{10.35}$$

根据式（10.35）求出各期参数变量的取值，代入式（10.34），当仅做一期预测时，有

$$\hat{y}_{t+1}=a_t+b_t=2S_t^{(1)}-S_t^{(2)}+\frac{\alpha}{1-\alpha}(S_t^{(1)}-S_t^{(2)})=\frac{2-\alpha}{1-\alpha}S_t^{(1)}-\frac{1}{1-\alpha}S_t^{(2)} \tag{10.36}$$

【例10-13】 根据表10-8中我国2002—2014年全社会铁路客运量的数据，

预测 2015 年全社会铁路客运量。

表 10-8　　2002—2015 年全社会铁路客运量及预测值　　单位：万人

年份	时间 t	铁路客运量 y_t	各期的一次指数平滑值 $S_t^{(1)}$	各期的一次指数平滑预测值 $\hat{y}_{t+1}=S_t^{(1)}$	各期的二次指数平滑值 $S_t^{(2)}$	a_t	b_t	二次指数平滑预测 $\hat{y}_{t+1}=a_t+b_t$
①	②	③	④	⑤	⑥	⑦	⑧	⑨
	0		105 606		105 606			
2002	1	105 606	105 606		105 606	105 606	0	
2003	2	97 260	98 094.6	105 606	98 845.74	97 343.46	−6 760.26	105 606
2004	3	111 764	110 397.06	98 094.6	109 241.9	111 552.192	10 396.19	90 583.2
2005	4	115 583	115 064.406	110 397.06	114 482.2	115 646.654	5 240.23	121 948.38
2006	5	125 656	124 596.84	115 064.406	123 585.4	125 608.309	9 103.214	120 886.884
2007	6	135 670	134 562.68	124 596.841	133 465	135 660.415	9 879.581	134 711.523
2008	7	146 193	145 029.95	134 562.684	143 873.5	146 186.45	104 08.5	145 539.996
2009	8	152 451	151 709.066	145 029.95	150 925.5	152 492.628	7 052.054	156 594.948
2010	9	167 609	166 019.02	151 709.066	164 509.7	167 528.377	13 584.17	159 544.681
2011	10	186 226	184 205.37	166 019.025	182 235.8	186 174.935	17 726.12	181 112.545
2012	11	189 337	188 823.70	184 205.365	188 164.9	189 482.492	5 929.115	203 901.058
2013	12	210 597	208 419.60	188 823.702	206 394.1	210 445.067	18 229.22	195 411.607
2014	13	230 460	228 255.96	208 419.598	226 069.8	230 442.143	196 75.65	228 674.285
2015	14	253 484		228 255.96				250 117.79

资料来源：国家统计局．中国统计年鉴（2016）．北京：中国统计出版社，2016.

解：分别采用平滑系数 α 为 0.9 的一次指数平滑法和二次指数平滑法对各期数据进行预测，再根据预测效果较好的方法估计 2015 年全社会铁路客运量。

根据式（10.32）用一次指数平滑法计算各期的预测值，取 $\alpha=0.9$，平滑初始值 $S_0^{(1)}=y_1=105\ 606$，则可计算各期的一次指数平滑值，见表 10-8 中第④列，相应的各期预测值为 $\hat{y}_{t+1}=S_t^{(1)}=\alpha y_t+(1-\alpha)S_{t-1}^{(1)}=0.9\times y_t+0.1\times S_{t-1}^{(1)}$，如

$$2003 \text{ 年的预测值 } \hat{y}_2=S_1^{(1)}=0.9\times y_1+0.1\times S_0^{(1)}$$
$$=0.9\times 105\ 606+0.1\times 105\ 606=105\ 606(\text{万人})$$
$$2004 \text{ 年的预测值 } \hat{y}_3=S_2^{(1)}=0.9\times y_2+0.1\times S_1^{(1)}$$
$$=0.9\times 972\ 60+0.1\times 105\ 606=98\ 094.6(\text{万人})$$

同理可得 2005—2014 年各年的一次指数平滑预测值 $\hat{y}_{t+1}=S_t^{(1)}$，见表 10-8 第⑤列。

再根据式（10.33）和 $S_t^{(1)}$，计算各期的二次指数平滑值，见表 10-8 第⑥列。如

$$S_1^{(2)}=0.9S_1^{(1)}+0.1S_0^{(2)}=0.9\times 105\ 606+0.1\times 105\ 606=105\ 606(\text{万人})$$

$$S_2^{(2)}=0.9S_2^{(1)}+0.1S_1^{(2)}=0.9\times 98\ 094.6+0.1\times 105\ 606=98\ 845.74(\text{万人})$$

其余各期以此类推。

计算各期参数变量值 a_t 和 b_t。根据式（10.35），可计算各期的 a_t 和 b_t，分别见表 10－8 第⑦列、第⑧列。如

$$\begin{cases} a_2=2S_2^{(1)}-S_2^{(2)}=2\times 98\ 094.6-98\ 845.74=97\ 343.5 \\ b_2=\dfrac{\alpha}{1-\alpha}(S_2^{(1)}-S_2^{(2)})=\dfrac{0.9}{0.1}(98\ 094.6-98\ 845.74)=-6\ 760.26 \end{cases}$$

根据式（10.36）$\hat{y}_{t+1}=a_t+b_t$ 分别求各期的预测值，见表 10－8 中最后一列。如

$$\begin{aligned} 2014\text{ 年预测值 } \hat{y}_{13}=\hat{y}_{12+1}&=a_{12}+b_{12}=210\ 445.067+18\ 229.22 \\ &=228\ 674.3(\text{万人}) \end{aligned}$$

分别采用一次指数平滑法和二次指数平滑法预测 2015 年铁路客运量，相应年份对应的时间 t 值为 14，则 2015 年的一次指数平滑预测值为：

$$\begin{aligned} \hat{y}_{14}=S_{13}^{(1)}&=0.9\times y_{13}+0.1\times S_{12}^{(1)}=0.9\times 230\ 460+0.1\times 208\ 419.598 \\ &=228\ 255.96(\text{万人}) \end{aligned}$$

2015 年的二次指数平滑预测值为：

$$\hat{y}_{14}=\hat{y}_{13+1}=a_{13}+b_{13}=230\ 442.143+19\ 675.65=250\ 117.8(\text{万人})$$

实际上，2015 年全社会铁路客运量为 253 484 万人，显然用二次指数平滑法预测的相对误差较小。把 2002—2015 年的全社会铁路客运量实际值与二次指数平滑预测值绘成图 10－5，可以看出，二次指数平滑法由于考虑了时间序列在不同时期直线参数的变化，其预测值与原时间序列的拟合程度非常高。

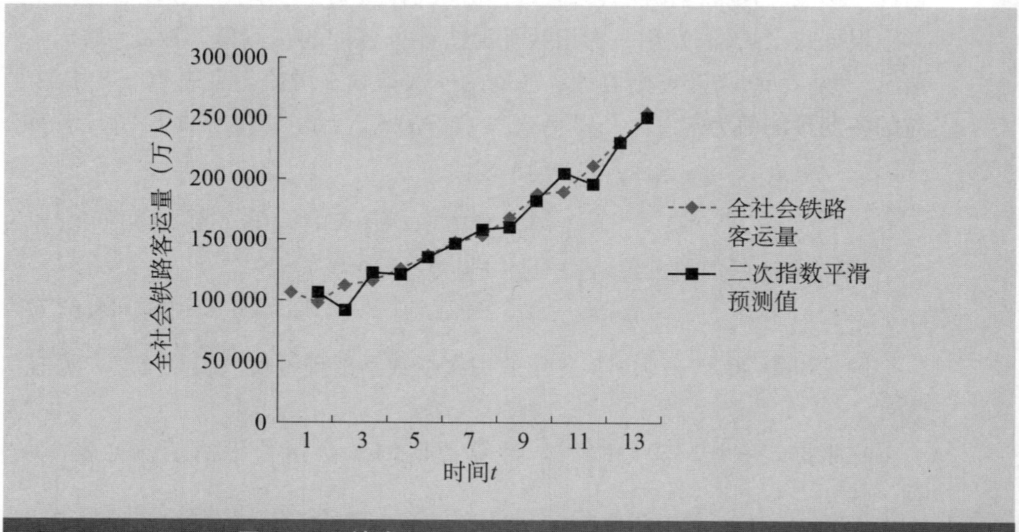

图 10－5 铁路客运量实际值与二次指数平滑预测值

第六节　利用 Excel 进行时间序列分析

本节主要介绍季节变动、循环变动和不规则变动测定的 Excel 实现。当 Excel 用于测定季节变动、长期趋势和循环波动时，主要应用了其公式以及公式复制的功能，这使我们可以将每一个步骤记录下来便于检查，并且使用公式复制提高工作效率。

用 Excel 实现本章例 10－10 至例 10－12 的计算过程，操作步骤如下：

（1）输入数据，如图 10－6 所示。其中 A1:C37 区域为原始输入数据，其他为计算所得数据（为节约篇幅，2016 年 1 月以后的数据未显示）。

	A	B	C	D	E	F	G	H	I	J	K	L
1	年/月	时间 t	社会消费品零售总额 Y=TSCI	$M_t^{(2)}$=TS-CI/SI=TC	SI=Y/TC=Y/$M_t^{(2)}$	季节指数 S	Y/S=TCI		T	CI=Y/ST	循环指数 C	随机指数 I
2	2014/7	1	20 775.8			0.960 396 4	21 632.53	截距	22 087.146	0.979 416 9		
3	8	2	21 133.9			0.975 479	21 665.15	21 843.61	22 330.678	0.970 196 8		
4	9	3	23 042.4			0.982 652	23 449.2		22 574.21	1.038 760 4		
5	10	4	23 967.2			1.087 950 2	22 029.69	斜率	22 817.741	0.965 463	0.990 045	0.975 171
6	11	5	23 474.7			1.070 277 9	21 933.28	243.532	23 061.273	0.951 087	0.994 496	0.956 351
7	12	6	25 801.3			1.088 553	23 702.38		23 304.805	1.017 059 9	1.000 144	1.016 914
8	2015/1	7	25 883.241	23 576.4	1.097 845	1.090 073 6	23 744.49		23 548.336	1.008 329 9	0.996 251	1.012 125
9	2	8	23 472.209	23 881.51	0.982 861	0.976 242 4	24 043.42		23 791.868	1.010 573 2	1.003 178	1.007 372
10	3	9	22 722.8	24 131	0.941 644	0.936 275 3	24 269.36		24 035.4	1.009 733 9	1.011 872	0.997 887
11	4	10	22 386.7	24 403.49	0.917 356	0.911 573	24 558.32		24 278.932	1.011 507 4	1.011 337	1.000 169
12	5	11	24 194.8	24 769.09	0.976 814	0.973 059	24 864.68		24 522.463	1.013 955 2	1.011 652	1.002 277
13	6	12	24 280.3	25 073.08	0.968 381	0.968 816 7	25 061.81		24 765.995	1.011 944 4	1.011 375	1.000 563
14	7	13	24 338.8	25 309.57	0.961 644	0.960 396 4	25 342.45		25 009.527	1.013 311 9	1.011 387	1.001 903
15	8	14	24 893.4	25 530.92	0.975 03	0.975 479	25 519.16		25 253.058	1.010 537 2	1.010 398	1.000 138
16	9	15	25 270.6	25 733.48	0.982 013	0.982 652	25 716.73		25 496.59	1.008 634 2	1.008 830	0.999 806
17	10	16	28 278.9	25 927.25	1.090 702	1.087 950 2	25 992.83		25 740.122	1.009 817 5	1.006 482	1.003 314
18	11	17	27 937.3	26 122.04	1.069 492	1.070 277 9	26 102.85		25 983.654	1.004 587 3	1.003 829	1.000 756
19	12	18	28 634.6	26 330.08	1.087 524	1.088 553	26 305.19		26 227.185	1.002 974 4	1.001 611	1.001 361

图 10－6

（2）计算中心化移动平均数$M_t^{(2)}$得到各月的趋势值。在 D8 单元格中输入如下公式：

=SUM(C2:C13)/12－0.5＊C2/12＋0.5＊C14/12

然后选定 D8:D31 单元格区域，再按 Ctrl＋D，即可将 D8 单元格中的公式复制到 D9:D31 单元格区域。

（3）计算 $Y/M_t^{(2)}$。在 E8 单元格中输入如下公式“=C8/D8”，然后将 E8 单元格中的公式复制到 E9:E31 单元格区域。

（4）计算季节指数。对各年内同月份的季节比率求平均即可得到季节指数。如求 2015 年 1 月的季节指数，则在 F8 单元格中输入如下公式：

=(E8+E20)/2

然后将该公式复制到F9:F19单元格区域。为了方便后续计算，将季节指数复制到每一年的各个月份。如在2016年1月对应的单元格F20中输入公式“=F8”，然后将该公式复制到F21:F37区域即可；在2014年7月对应的单元格F2中输入公式“=F14”，然后将该公式复制到F3:F7区域即可。

(5) 计算分离季节变动后的序列 TCI（$TCI=Y/S$）。在G2单元格中输入公式“=C2/F2”，然后将该公式复制到G3:G37区域。

(6) 对TCI求趋势值 T。

1) 以 TCI 为因变量，时间序号 t 为自变量，用最小二乘法拟合趋势直线方程。在Excel中可以用分析工具库中的［回归］分析工具拟合直线方程，并根据输出结果对方程进行检验，［回归］分析工具的用法参见第九章和第八章的说明。本例中，趋势方程通过各种显著性检验，可以认为长期趋势呈线性（回归分析具体输出内容略）。

为了方便表示，现在分别用INTERCEPT和SLOPE函数求趋势方程的截距和斜率。

在H3单元格中输入公式“=INTERCEPT(G2:G37,B2:B37)”，即可得到趋势方程的截距。该函数有两个参数，第一个参数表示因变量所在的单元格区域，另一个表示自变量所在的单元格区域。

在H6单元格中输入公式“=SLOPE(G2:G37,B2:B37)”，即可得到趋势方程的斜率。该函数参数的含义与INTERCEPT函数相同。

2) 估计长期趋势值 T。在I2单元格中输入公式“=H$3+H$6*B2”，将该公式复制到I3:I37区域即可。

(7) 剔除长期趋势（$CI=TCI/T$）。在J2单元格中输入公式“=G2/I2”，然后将公式复制到J3:J37区域。

(8) 进行7项移动平均消除不规则变动，得到 C。在K5单元格中输入公式“=AVERAGE(J2:J8)”，然后将该公式复制到K6:K34区域。

(9) 计算不规则变动（$I=CI/C$）。在L6单元格中输入公式“=J5/K5”，将公式复制到L6:L34区域即可。

□ 本章小结

(1) 将某一反映现象数量方面的统计指标在各个不同时间上的数值按时间先后顺序排列就形成了时间序列。任何时间序列均由两个基本要素构成：一是现象所属的时间；二是反映该现象在一定时间条件下数量特征的指标值。

(2) 时间序列按其统计指标的形式不同，可分为总量指标时间序列、相对指标时间序列和平均指标时间序列三种类型。总量指标时间序列根据反映现象的时间状况不同，又可分为时期指标时间序列和时点指标时间序列。

(3) 常用的时间序列水平指标有发展水平、平均发展水平、增长量、平均增长量等。发展水平是时间序列中与其所属时间相对应的反映某种现象发展变化所达到的规模、程度和水平的指标数值。将一个时间序列各期发展水平加以平均而得到的平均数，叫平均发展水平，又称为序时平均数。根据时间序列种类的不同，序时平均数的计算方法不尽相同，各种总量指标时间序列序时平均数的计算方法是相对指标时间序列和平均指标时间序列序时平均数计算的基础。

(4) 时间序列的速度指标有发展速度、增长速度、平均发展速度、平均增长速度。根据采用的基期的不同，发展速度可分为环比发展速度和定基发展速度。同一时间序列各期环比发展速度的连乘积等于其相应时期的定基发展速度；两个相邻定基发展速度之比等于相应报告期的环比发展速度。增长速度＝发展速度－100%。平均发展速度是一定时期内各期环比发展速度的序时平均数，常用的计算方法有几何平均法和高次方程法。

(5) 时间序列的变动可以看作四类因素所导致的变动叠加在一起的结果，即趋势变动（T）、季节变动（S）、循环波动（C）和随机变动（I）。一般根据乘法模型 $Y=T\times S\times C\times I$ 对各变动成分进行测定。

(6) 进行长期趋势分析的主要任务就是测定时间序列的趋势值 T，常用的方法有移动平均法和趋势模型法。

(7) 测定季节变动的步骤为：先求长期趋势值 T，然后从时间序列中剔除趋势变动和循环波动的影响，得到仅包含季节变动和随机变动（SI）的时间序列，再消除随机变动的影响，得到季节指数 S。

(8) 循环波动的测定可以借鉴季节变动的测定方法，从时间序列中剔除趋势变动、季节变动，得到 CI，再对此结果消除随机变动，从而得到反映循环波动影响程度的循环指数 C。随机波动的测定则依次剔除趋势变动、季节变动、循环波动的影响，得到随机指数 I。

(9) 时间序列的预测主要有趋势外推法、自回归预测法、移动平均法和指数平滑法。

(10) Excel 用于测定季节变动、长期趋势和循环波动时，主要应用了其公式以及公式复制的功能。

□ 思考与练习

一、选择题

1. 时间数列中每项指标数值可以相加的是（　　）。

A. 相对指标时间数列　　B. 时期指标时间数列

C. 时点指标时间数列　　D. 平均指标时间数列

2. 下列动态分析指标中不取负值的是（　　）。

A. 增长量　　B. 增长速度

C. 发展速度　　D. 平均增长速度

3. 时间序列中的平均发展速度是（　　）。

A. 各时期定基发展速度的算术平均数

B. 各时期环比发展速度的调和平均数

C. 各时期定基发展速度的序时平均数

D. 各时期环比发展速度的几何平均数

4. 用累计法的平均发展速度推算，可使（　　）。

A. 推算的期末水平等于实际的期末水平

B. 推算的各期水平等于各期的实际水平

C. 推算的各期水平之和等于实际的各期水平之和

D. 推算的各期累计增长量等于实际的各期累计增长量

5. 用几何平均法计算平均发展速度，其大小取决于（　　）。

A. 总速度的大小　　B. 最初水平的大小

C. 中间水平的大小　　D. 各期发展水平总和的大小

二、计算题

1. 某工业部门五年计划规定，职工平均工资2010年要比2005年增长135%。试问：(1) 平均每年应递增多少才能达到这个水平？(2) 若2007年已比2005年增长了55%，则以后3年中平均每年应递增多少才能达到目标？

2. 某工业企业2010年第一季度有关资料如表10-9所示。

表10-9

月份	1	2	3	4
月初职工人数（人）	250	260	280	270
月总产值（万元）	27.825	26.500	29.150	30

要求：

(1) 计算第一季度月平均职工人数；

(2) 计算第一季度工业总产值和第一季度平均每月工业总产值；

(3) 计算第一季度月平均劳动生产率（万元/人）。

3. 试根据厦门市2015年1月至2017年6月社会消费品零售总额资料（见表10-10），分析该市这几年的社会消费品零售总额是否受季节因素的影响。

表10-10　厦门市2015年1月至2017年6月社会消费品零售总额　单位：亿元

年月	零售总额	年月	零售总额	年月	零售总额
2015/01	957.93	2015/08	846.1	2016/03	914.81
2015/02	928.44	2015/09	869.28	2016/04	860.21
2015/03	817.68	2015/10	973.04	2016/05	898.47
2015/04	770.59	2015/11	1 019.57	2016/06	929.52
2015/05	800.23	2015/12	1 019.14	2016/07	911.73
2015/06	837.34	2016/01	1023.07	2016/08	940.43
2015/07	822.84	2016/02	991.57	2016/09	950.92
2016/10	1 075.08	2017/01	1 150.524	2017/04	955.72

续前表

年月	零售总额	年月	零售总额	年月	零售总额
2016/11	1 128.92	2017/02	1 115.1	2017/05	1 002.84
2016/12	1 146.1	2017/03	1 017.89	2017/06	1 044.77

说明：1 月份、2 月份原数据缺失，通过对以前年份数据的比较分析，分别以 2008 年 1 月份数据对 2007 年 12 月份数据的比值至 2011 年 1 月份数据对 2010 年 12 月份数据的比值四个数的平均值为固定比例计算每年 1 月份数据；同理，以前 2008 年份 2 月份数据与 2008 年 1 月份数据的比值至 2011 年 2 月份数据与 2011 年 1 月份数据的比值的 4 个数的平均数为固定比例求每年 2 月份数据。

4. 根据表 10－8 中我国各年铁路客运量资料，取平滑系数 α 为 0.6 进行一次指数平滑预测和二次指数平滑预测，并与例 10－13 中的预测值进行比较，分析哪个平滑系数预测效果更好以及原因。

请扫描二维码，获取资源：
参考 10.4　第十章习题详解

第十一章

Chapter 11 对比分析与指数分析

你能正确理解以下关于价格指数的报道吗

2017 年 10 月国家统计局发布的价格指数分析报告显示，2017 年 9 月全国居民消费价格同比上涨 1.6%。其中，城市上涨 1.7%，农村上涨 1.4%；食品价格下降 1.4%，非食品价格上涨 2.4%；消费品价格上涨 0.7%，服务价格上涨 3.3%。1—9 月平均，全国居民消费价格总水平比去年同期上涨 1.5%。

2017 年 9 月，全国居民消费价格环比上涨 0.5%。其中，城市上涨 0.5%，农村上涨 0.6%；食品价格上涨 0.5%，非食品价格上涨 0.5%；消费品价格上涨 0.4%，服务价格上涨 0.7%。

上面这段文字中提到的数据蕴涵什么样的含义？其计算方法有什么不同？日常生活中如何利用这些数据？通过本章有关对比分析和指数分析的基本知识的学习，我们可以对这些问题有清楚的认识。

第一节 对比分析

一、对比分析的概念

对比分析就是利用有关的相对数指标来研究现象之间的数量对比关系。

相对数是由现象间的数量对比得到的。根据对比对象的不同，相对数可分为结构相对数、比例相对数、比较相对数、强度相对数、动态相对数和计划完成相对数。关于动态相对数，在上一章中已经做了详细的介绍。下面仅讨论其他几种相对数的具体应用。

二、对比分析指标的计算

(一) 结构相对数

结构相对数是表明总体内部的各个组成部分在总体中所占比重的相对指标，也叫结构比重指标，用来分析现象总体的内部构成状况。计算公式为：

$$结构相对数=\frac{总体内部部分数值}{总体总量数值} \tag{11.1}$$

结构相对数一般用百分数或系数表示，其计算公式的分子和分母既可以是单位总量指标，也可以是标志总量指标。计算结构相对数事先要对总体进行分组，然后分别由各组总量与总体总量对比计算出各组的结构相对数。

结构相对数的特点是：第一，各组的结构相对数大于0，小于1（100%）；第二，各组结构相对数之和等于1（100%）。

(二) 比例相对数

比例相对数是反映总体内部各个组成部分之间的数量对比关系的指标。计算公式为：

$$比例相对数=\frac{总体内某一部分数值}{总体内另一部分数值} \tag{11.2}$$

比例相对数能够反映事物内部各部分之间的数量联系程度和比例关系。社会经济现象中的许多重大比例关系，例如人口性别比、积累与消费的比、三次产业比等，都可以通过计算比例相对数予以反映，从而发现并研究社会经济的发展变化规律。

(三) 比较相对数

比较相对数是同类现象在不同地区、部门、单位之间的对比，用以表现同类现象在不同空间条件下的数量对比关系。计算公式为：

$$比较相对数=\frac{甲总体的指标数值}{乙总体同类指标数值} \tag{11.3}$$

比较相对数所对比的指标可以是总量指标，也可以是相对指标或平均指标。它既可用于不同国家、地区、单位之间的比较，也可用于先进与落后的比较，还可用于和标准水平或平均水平的比较。通过对比可以揭示同类现象之间发展的不均衡程度。根据分析的目的和角度不同，比较相对数的分子与分母可以互换位置。

(四) 强度相对数

强度相对数是两个性质不同但有一定联系的总量指标数值之比，用来说明一种现象在另一种现象中发展的强度、密度和普遍程度。计算公式为：

$$强度相对数=\frac{某一总量指标数值}{另一性质不同但有联系的总量指标数值} \tag{11.4}$$

强度相对数的数值表现形式一般为有名数，其单位为复合单位，由分子指标和分母指标原有的计量单位组成。如人均国内生产总值用“万元/人”。当分子指标与分母指标的计量单位相同时，也可以用无名数，即系数、倍数、百分数或千分数等表示。如货币流通速度用货币流通次数表示，流通费用率用百分数表示，人口出生率用千分数表示。

必须指出，强度相对数与平均数很相似，运用中容易混淆。两者的本质区别在于，各自的分子与分母的关系是不一样的。平均数是同一总体内的标志总量与单位总量之比，分母中的每个单位都是分子的标志值的承担者；而强度相对数不存在各个标志值与各个单位相对应的关系，它是两个有联系的总量指标的对比，作为分子的总量指标数值的大小并不受作为分母的总量指标数值的大小影响。

（五）计划完成相对数

计划完成相对数是计划管理的特有指标，它是用来检查、监督计划执行情况的相对指标。计划完成相对数是现象的实际完成数与其计划任务数之比，基本计算公式为：

$$计划完成相对数=\frac{实际完成数}{计划任务数} \tag{11.5}$$

计划完成相对数通常用百分数表示，其分子是计划执行结果的实际数值，分母则是下达的计划任务指标数。因此，要求分子、分母在指标含义、计算方法、计量单位以及时间长度等方面完全相应。同时，由于计划任务数是衡量计划完成情况的标准，分子、分母不可互换。

由于所下达的计划任务数可能是绝对数，也可能是平均数或相对数，因此计划完成相对数在计算形式上有所不同。

（1）计划数为绝对数时，计划完成相对数的计算公式为：

$$计划完成相对数=\frac{实际完成绝对数}{计划任务绝对数} \tag{11.6}$$

该指标适用于考核社会经济现象的规模或水平的计划完成情况。

（2）计划数为平均数时，计划完成相对数的计算公式为：

$$计划完成相对数=\frac{实际完成的平均水平}{计划任务的平均水平} \tag{11.7}$$

该指标适用于考核以平均水平表示的技术经济指标的计划完成情况。

（3）计划数为相对数时，计划完成相对数的计算公式为：

$$计划完成相对数=\frac{实际完成百分数}{计划任务百分数}$$

$$=\frac{1\pm\text{实际增加减少百分数}}{1\pm\text{计划增加减少百分数}} \tag{11.8}$$

【例 11-1】 某企业计划规定 2014 年的产值要比 2013 年提高 10%，实际产值提高了 15%，求该企业产值的计划完成相对数。

解： $\text{计划完成相对数}=\frac{100\%+15\%}{100\%+10\%}\approx 104.55\%$

说明该企业产值的执行结果比计划高出了 4.55 个百分点。

第二节 指数的概念和种类

一、统计指数的概念

一般的相对数是用来反映简单现象总体的数量对比关系的。所谓简单现象总体，指构成总体的项目是单一的，总体内部的数量是可加总的，则相应的相对数只需直接将用来比较的指标数值相除即可，如研究不同时期大米销售量的对比关系，只需将两个时期的大米销售量直接对比求得相对数。与简单现象总体相比，大部分社会经济现象都属于复杂现象总体，即构成总体的项目不是唯一的，总体内部的数量大多是不能直接加总的。如社会零售商品是由成千上万种性质不同、计量单位不一样的商品组成的。对于这样的复杂现象总体，要研究不同时期零售商品销售量总的变动情况，不能简单地把各种商品的销售量直接相加再对比，这就面临着如何把各种商品的销售量进行综合再比较的问题。这就需要制定和运用专门的方法即统计指数法。

统计指数的含义有广义和狭义之分。广义的指数是指一切说明社会经济现象数量变动的相对数，包括一般相对数中的动态相对数、比较相对数和计划完成相对数。狭义的指数是一种特殊的相对数，它是用来说明不能直接相加的复杂社会经济现象综合变动程度的相对数。指数理论和分析方法通常指狭义的指数，本章所要介绍的统计指数主要也是指狭义的指数。

统计指数具有以下几个基本性质和特点：

第一，相对性。指数通常是不同时间的现象水平的对比，也可以是不同空间（如国家、地区、部门等）的现象水平的对比，或是现象的实际水平与计划水平的对比，具有相对数的表现形式。

第二，综合性。它综合地反映了复杂现象总体的数量变化关系。复杂现象总体中各个项目的数量变化往往是不一致的，例如，社会零售商品中各种商品价格的变动有的上涨，有的下跌，而且上涨与下跌的幅度也不一样。商品价格总指数就反映了各种商品价格综合变动的结果。

第三，平均性。指数所表示的综合变动是研究现象中每个项目共同变动的一般水平，也可以说是平均的变动水平。如某年度社会零售商品价格指数为 104%，说明各种商品价格有涨有跌，但平均来说上涨了4%。

二、统计指数的种类

统计指数的主要分类如下。

（一）个体指数和总指数

按所反映的现象范围不同，指数可分为个体指数和总指数。

1. 个体指数

用k表示，是反映总体中个别事物数量变动情况的相对数。例如，某种商品销售量指数、个别商品的价格指数、单个产品的成本指数等都是个体指数。个体指数实质上就是一般的相对数，包括动态相对数、比较相对数和计划完成相对数。

2. 总指数

用$\overline{K}$表示，是反映由许多个别事物构成的复杂现象总体数量综合变动的相对数。例如，商品零售价格指数反映各种零售商品价格总的变动情况，工业生产指数反映各种工业品产量总的变动情况，以及社会商品零售量指数、股票价格指数等都是总指数。

总指数考察的是整个总体现象的数量对比关系。总指数与个体指数的区别不仅在于考察范围不同，更在于研究方法不同。个体指数的计算与一般的相对数相同，只要将个别事物变动前后的数值直接对比求得相对数即可。编制总指数的方法比较复杂，一般有两种：一种是先综合，后对比，称为综合指数法；另一种是先对比，后平均，称为平均指数法。本章第三节、第四节将分别介绍总指数的这两种编制方法。

此外，在总体分组的情形下，有时还需要编制组指数（或类指数）。组指数是介于个体指数与总指数之间的概念，其考察范围比总指数窄，但比个体指数宽，其计算方法和分析性质则与总指数相似。

（二）数量指标指数与质量指标指数

按指数化指标的性质的不同，指数可分为数量指标指数与质量指标指数。所谓指数化指标，就是利用指数形式反映其数量变化或对比关系的指标或变量。例如，物价指数的指数化指标就是商品或产品的价格。

1. 数量指标指数

如果一个指数的指数化指标具有数量指标的特征（即表现为总量或绝对数的形式），其对比所得的相对数就属于数量指标指数，如销售量指数和生产指数等都是数量指标指数。

（1）数量指标个体指数。用k_q表示，反映个别事物数量变动的对比相对数。如某工业产品的产量指数、某种商品的销售量指数等。

（2）数量指标总指数。用$\overline{K}_q$表示，综合反映多种数量总变动的对比相对数。

如某工厂的工业产品产量指数、某商店的商品销售量指数等。

2. 质量指标指数

如果一个指数的指数化指标具有质量指标的特征（即表现为平均数或相对数的形式），它就属于质量指标指数，如物价指数。

（1）质量指标个体指数。用 k_p 表示，反映个别事物质量指标变动的对比相对数。如某种商品的价格指数。

（2）质量指标总指数。用 $\overline{K}_p$ 表示，综合反映许多个别事物质量指标总变动的对比相对数。如某商店的商品销售价格指数。

需要指出的是，诸如商品的销售额指数、总成本指数或总产值指数等，它们所对比的现象虽然都属于数量指标，但却具有价值总额的特殊形式，这些价值总额通常可以分解为一个数量指标与一个质量指标的乘积，因而这种价值总额指数也就同时反映了两个因子共同变化的影响，通常称为总值指数，用 $\overline{K}_{pq}$ 表示。

（三）动态指数与静态指数

按指数的对比性质的不同，指数可分为动态指数与静态指数。

1. 动态指数

又称时间指数，它是将不同时间的同类现象水平（时期或时点指标）进行比较的结果，反映现象在时间上的变化过程和程度。按计算指数时所采用对比基期的不同，动态指数又可分为定基指数和环比指数。在一个动态指数数列中，如果各期指数都是以某一固定时期作为基期的，就称为定基指数。环比指数的基期是随报告期的变化而变化的，一般是以报告期的上一年（期）作为基期。常见的动态指数有零售物价指数、消费价格指数、股票价格指数、工业生产指数等。

2. 静态指数

又包括空间指数和计划完成情况指数两种。空间指数是将不同空间（如不同国家、地区、部门等）的同类现象水平进行比较的结果，反映现象在空间上的差异程度，如购买力平价指数就是反映各国货币购买力差异程度的空间指数。

动态指数是出现最早、应用最多的指数，也是理论上最为重要的统计指数。其他指数则是动态指数方法、原理的拓展与推广。

三、统计指数的作用

1. 反映复杂现象总体数量综合变动的方向及程度

在统计实践中，由于各种商品或产品的价值、使用价值和度量单位等方面容易存在差异，因而所研究的这些总体中的个体不能直接相加或不能直接对比，必须通过编制统计指数使它们过渡到可以相加、对比，从而反映其总体的变动方向和程度。

2. 分析复杂现象总体的变动中各个因素变动的影响程度和实际效果

复杂现象总体的变动是各种因素综合影响的结果，而各种因素自身变动的幅度和变动方向常常不尽一致，对总体变动的影响也不同。利用指数体系进行指数因素分析，可以深入分析和测定各个因素的变动对总体变动影响的程度和影响的绝对额。

3. 对社会经济现象进行综合评价和测定

随着指数分析法在实际应用中的发展，许多复杂经济现象都可以运用统计指数进行综合测评。例如，国际上常用 ASHA 综合指数和 PQLI 综合指数来评价一个国家的发展水平和生活质量水平等。

4. 分析研究复杂经济现象总体的长期变化趋势

利用连续编制的动态指数数列，可以进行长时间的现象发展趋势分析，还可以把相互联系的指标的指数数列加以分析比较，进一步认识复杂现象总体之间数量上的变动关系。

第三节 综合指数

一、综合指数的编制原理

综合指数是通过“先综合，后对比”的方式编制得到的总指数。其基本原理是：由于复杂现象总体的指数化指标通常是不能直接加总的，要使不同度量的指数化指标具有可加性，就必须寻找一个适当的媒介因素，称为同度量因素，利用这个同度量因素，将不同度量的指数化指标转换为具有相同度量的指标，从而解决复杂现象总体内部指数化指标的加总综合问题。为了单纯反映指数化指标的变动程度，在综合对比过程中把同度量因素的水平加以固定，则最后得到的对比结果就反映了指数化指标的综合变动程度。用这样的方法编制的总指数称为综合指数。

综上所述，编制综合指数必须解决以下两个问题。

首先，必须根据指数化指标的性质确定同度量因素的性质。一般而言，质量指标指数的指数化指标是 p，其同度量因素是数量指标 q，两者的乘积 pq 是一个价值总量；数量指标指数的指数化指标是 q，其同度量因素是 p，两者的乘积 qp 也是一个价值总量。

其次，必须确定同度量因素所固定的时期。只有将分子、分母中的同度量因素固定在同一时期，才能把握所要测定的指标的变动。通常用不同的下标来反映同度量因素所固定的时期。下标 1 表示相应的数值为报告期的指标值，下标 0 表示相应的数值为基期的指标值。

需要指出的是，同度量因素具有权数的性质。例如，在价格综合指数中，同度量因素 q 不仅可以使各种不同商品的销售价格转化为可以相加的价值量，而且由于各种商品的销售量不同，其各自价格变动对综合价格指数影响的大小也有所差别。在编制综合指数时，如何选择合适的权数是一个需要着重研究的问题。

二、拉氏指数和帕氏指数

拉氏指数由德国经济统计学家拉斯佩雷斯（E. Laspeyres）在 1864 年提出，该指数的主要特点是将同度量因素固定在基期水平上，其公式如下：

$$\text{拉氏数量指标指数 } \bar{K}_q = L_q = \frac{\sum p_0 q_1}{\sum p_0 q_0} \tag{11.9}$$

$$\text{拉氏质量指标指数 } \bar{K}_p = L_p = \frac{\sum p_1 q_0}{\sum p_0 q_0} \tag{11.10}$$

帕氏指数由德国经济统计学家帕煦（H. Paasche）在 1874 年提出，该指数将同度量因素固定在报告期水平上，其公式如下：

$$\text{帕氏数量指标指数 } \bar{K}_q = P_q = \frac{\sum p_1 q_1}{\sum p_1 q_0} \tag{11.11}$$

$$\text{帕氏质量指标指数 } \bar{K}_p = P_p = \frac{\sum p_1 q_1}{\sum p_0 q_1} \tag{11.12}$$

【例 11－2】 假设某商店三种商品的销售资料如表 11－1 所示，要求利用拉氏指数和帕氏指数分别编制计算这三种商品的销售量总指数和销售价格总指数。

表 11－1　　某商店三种商品的销售资料

商品名称	计量单位	销售量 q		价格（元）p		销售额（元）pq			
		基期 q_0	报告期 q_1	基期 p_0	报告期 p_1	p_0q_0	p_1q_1	p_0q_1	p_1q_0
面粉	千克	200	250	4.2	4.0	840	1 000	1 050	800
大米	千克	750	800	3.6	3	2 700	2 400	2 880	2 250
布	米	50	46	9.6	12.0	480	552	441.6	600
合计	—	—	—	—	—	4 020	3 952	4 371.6	3 650

解：下面以表中资料为例，详细地说明数量指标综合指数的编制方法。

（1）确定指数化指标的性质。在本例中，要求计算销售量总指数，则相应的指数化指标为销售量，属于数量指标 q。

（2）确定同度量因素。由于三种商品的计量单位不一致，其销售量不能直接加总综合，然而，每种商品的销售量与其价格的乘积即每种商品的销售额是可以加总的。因此，价格就是销售量的同度量因素。

（3）确定同度量因素固定的水平。在本例中，通过同度量因素价格，可以将原来不宜直接对比的各类商品的销售量转化为可以对比的销售额。但是，如果对价格水平不予固定，则加总得到的 $\sum p_1 q_1$ 和 $\sum p_0 q_0$ 分别是报告期与基期的销售额，二者对比的结果实际上是全部商品的销售额总值指数，即

$$\overline{K}_{pq}=\frac{\sum p_1q_1}{\sum p_0q_0}=\frac{3\ 952}{4\ 020}\approx 98.31\%$$

这里，销售额增加了98.31%是销售量与价格共同变化的结果，不能单独反映出销售量的综合变动程度。因此，必须把同度量因素价格的水平加以固定，才能反映其中因销售量变动引起的销售额变动。根据同度量因素固定的水平不同，可以得到不同的结果。

将表11-1中的数据代入式（11.9），可求得拉氏销售量总指数为：

$$\overline{K}_q=L_q=\frac{\sum p_0q_1}{\sum p_0q_0}=\frac{1\ 050+2\ 880+441.6}{840+2\ 770+480}=\frac{4\ 371.6}{4\ 020}\approx 108.75\%$$

将表11-1中的数据代入式（11.11），可求得帕氏销售量总指数为：

$$\overline{K}_q=P_q=\frac{\sum p_1q_1}{\sum p_1q_0}=\frac{1\ 000+2\ 400+552}{800+2\ 250+600}=\frac{3\ 952}{3\ 650}\approx 108.27\%$$

按照类似的原理与步骤，将表11-1中的数据代入式（11.10）和式（11.12），可得到拉氏价格总指数和帕氏价格总指数。

$$\overline{K}_p=L_p=\frac{\sum p_1q_0}{\sum p_0q_0}=\frac{800+2\ 250+600}{840+2\ 770+480}=\frac{3\ 650}{4\ 020}\approx 90.80\%$$

$$\overline{K}_p=P_p=\frac{\sum p_1q_1}{\sum p_0q_1}=\frac{1\ 000+2\ 400+552}{1\ 050+2\ 880+441.6}=\frac{3\ 952}{4\ 371.6}\approx 90.40\%$$

从以上计算结果可以明显看出，由于采用同度量因素的时期不同，依据同一资料计算的拉氏指数和帕氏指数的计算结果通常会存在差异。同时，二者的具体经济意义有一定差别。以上述价格指数为例，拉氏价格指数是在基期销售数量和结构的基础上考察价格的变化及其对销售总额变动的影响，从消费者的角度可以说明为了维持基期消费水平或购买基期那么多的商品，由于价格变化将会使消费支出增减多少。帕氏价格指数则是在报告期销售数量和结构的基础上考察价格的变化及其对销售总额变动的影响，它可以说明由于价格变化而使消费者报告期所购买的商品增减了多少消费支出，或反映由于价格变化而使销售者报告期所出售的商品增减了多少销售收入。所以，二者都有实际经济意义，但相比之下，帕氏指数立足于报告期，其分析具有更强的现实性。在实际应用中，数量指标指数的计算更多采用拉氏指数公式，而质量指标指数的计算更多采用帕氏指数公式。

三、其他形式的综合指数

（一）马埃指数

马埃指数简记为E，是由英国著名经济学家马歇尔（A. Marshall）和埃奇沃斯

(F. Y. Edgeworth) 等人于1887—1890年提出的。该指数是对拉氏指数和帕氏指数的同度量因素进行简单平均的结果。具体公式如下:

$$数量指标指数\ \overline{K}_q = E_q = \frac{\sum q_1(\frac{p_1+p_0}{2})}{\sum q_0(\frac{p_1+p_0}{2})} = \frac{\sum q_1p_1+\sum q_1p_0}{\sum q_0p_1+\sum q_0p_0} \tag{11.13}$$

$$质量指标指数\ \overline{K}_p = E_p = \frac{\sum p_1(\frac{q_0+q_1}{2})}{\sum p_0(\frac{q_0+q_1}{2})} = \frac{\sum p_1q_0+\sum p_1q_1}{\sum p_0q_0+\sum p_0q_1} \tag{11.14}$$

马埃指数的计算结果介于拉氏指数与帕氏指数之间,它是对拉氏指数和帕氏指数计算结果差异的一种修正,实践中主要用于两个国家或地区之间的空间对比。

(二) 费歇指数

费歇指数也称理想指数,简记为 F,最早是由美国经济学家沃尔什 (G. M. Walsh) 和庇古 (A. C. Pigou) 等人于1901年和1902年先后提出的,后来统计学家费歇 (Irving Fisher) 比较验证了其所具有的优良性后,将其命名为理想指数。理想指数是对拉氏指数和帕氏指数的简单几何平均。具体公式如下:

$$数量指标指数\ \overline{K}_q = F_q = \sqrt{P_q \times L_q} = \sqrt{\frac{\sum q_1p_1}{\sum q_0p_1} \times \frac{\sum q_1p_0}{\sum q_0p_0}} \tag{11.15}$$

$$质量指标指数\ \overline{K}_p = F_p = \sqrt{P_p \times L_p} = \sqrt{\frac{\sum p_1q_1}{\sum p_0q_1} \times \frac{\sum p_1q_0}{\sum p_0q_0}} \tag{11.16}$$

费歇指数同样是拉氏指数和帕氏指数的一种折中,其结果介于二者之间。

(三) 杨格指数

杨格指数也称固定权数综合指数,是由英国经济学家杨格 (A. Young) 提出的。在固定加权综合指数中,同度量因素所属时期既不固定在报告期,也不固定在基期,而是固定在一个特定的水平上,它可以是若干时期的平均水平,也可以是某个固定时期的实际水平。公式形式如下:

$$数量指标指数\ \overline{K}_q = \frac{\sum q_1p_n}{\sum q_0p_n} \tag{11.17}$$

$$质量指标指数\ \overline{K}_p = \frac{\sum p_1q_n}{\sum p_0q_n} \tag{11.18}$$

式中,p_n 或 q_n 为同度量因素的固定水平,它不因比较时期 (报告期或基期) 的改变而改变，因此采用固定权数综合指数，便于进行现象长期发展变化的动态分析。

第四节　平均指数

一、平均指数的编制原理

平均指数也是总指数的基本形式之一。与综合指数不同的是，编制平均指数的基本方式是“先对比，后平均”。也就是说，首先计算各个个别现象的个体指数$k_q=\frac{q_1}{q_0}$或$k_p=\frac{p_1}{p_0}$，然后对个体指数赋予一定的权数加以平均得到总指数。用平均指数法计算总指数的思路很好理解：总指数反映的是总体的平均变动状况，而总体的变动是由许许多多个体的变动组成的，因此，总指数可以由反映个体变动状况的个体指数平均得到。

由于总体中不同个体的变动对总体变动的重要程度是不同的，因而在对个体指数平均的过程中，必须考虑权重的问题。个体指数是两个时期水平对比的结果，因此加入的权数应该是与所要编制的指数密切关联的价值总量pq，这样所得的结果才有经济意义。考虑到资料收集的可行性，实践中一般以基期的总值p_0q_0或报告期的总值p_1q_1作为权数。另外，根据对个体指数进行平均时采用的计算方法不同，平均指数主要有加权算术平均数指数和加权调和平均数指数两种形式。

二、加权算术平均数指数

加权算术平均数指数利用了$\bar{x}=\frac{\sum xf}{\sum f}$的计算形式，数量指标的平均数指数一般以个体指数$k_q=\frac{q_1}{q_0}$或$k_p=\frac{p_1}{p_0}$作为变量，以基期的总值$p_0q_0$作为权数，对个体指数进行加权平均，相应计算公式为：

$$\text{数量指标指数 } \bar{K}_q=\frac{\sum k_q p_0 q_0}{\sum p_0 q_0}=\frac{\sum \frac{q_1}{q_0} p_0 q_0}{\sum p_0 q_0} \tag{11.19}$$

$$\text{质量指标指数 } \bar{K}_p=\frac{\sum k_p p_0 q_0}{\sum p_0 q_0}=\frac{\sum \frac{p_1}{p_0} p_0 q_0}{\sum p_0 q_0} \tag{11.20}$$

【例11-3】 表11-2是根据表11-1中三种商品的销售资料计算得到的，试用加权算术平均数指数法计算这三种商品的销售量总指数和价格总指数。

表 11-2 某商店三种商品销售资料

商品名称	计量单位	销售量 q 基期 q_0	销售量 q 报告期 q_1	销售量 q 个体指数 $k_q=\frac{q_1}{q_0}$	价格（元）p 基期 p_0	价格（元）p 报告期 p_1	价格（元）p 个体指数 $k_p=\frac{p_1}{p_0}$	销售额（元）pq p_0q_0	销售额（元）pq p_1q_1
面粉	千克	200	250	125%	4.2	4.0	95.24%	840	800
大米	千克	750	800	106.67%	3.6	3	83.33%	2 700	2 250
布	米	50	46	92%	9.6	12.0	125%	480	600
合计	—	—	—	—	—	—	—	4 020	3 650

解： 把相关数据代入式（11.19）和式（11.20），可得销售量总指数和价格总指数分别为：

$$\overline{K}_q=\frac{\sum k_q p_0 q_0}{\sum p_0 q_0}=\frac{125\%\times 840+106.67\%\times 2\ 700+92\%\times 480}{4\ 020}$$
$$\approx 108.75\%$$

$$\overline{K}_p=\frac{\sum k_p p_0 q_0}{\sum p_0 q_0}=\frac{95.24\%\times 840+83.33\%\times 2\ 700+125\%\times 480}{4\ 020}$$
$$\approx 90.80\%$$

这两个计算结果与例 11-1 和例 11-2 中拉氏销售量指数和拉氏价格指数的计算结果是完全相同的。事实上，稍加推导不难得出，采用基期总值加权的算术平均数指数就是拉氏综合指数的变形。

$$\overline{K}_q=\frac{\sum \frac{q_1}{q_0}p_0 q_0}{\sum p_0 q_0}=\frac{\sum q_1 p_0}{\sum q_0 p_0}=L_q \tag{11.21}$$

$$\overline{K}_p=\frac{\sum \frac{p_1}{p_0}p_0 q_0}{\sum p_0 q_0}=\frac{\sum p_1 q_0}{\sum p_0 q_0}=L_p \tag{11.22}$$

需要指出的是，算术平均数指数不仅仅是拉氏综合指数的变形，更是一种相对独立的总指数编制方法，具有广泛的适用性。以价格指数为例，其计算公式可变形为：

$$\overline{K}_p=\frac{\sum \frac{p_1}{p_0}p_0 q_0}{\sum p_0 q_0}=\sum \frac{p_1}{p_0}\times\frac{p_0 q_0}{\sum p_0 q_0}=\sum k_p w \tag{11.23}$$

式（11.23）表明，算术平均数指数不仅可以用绝对数（总值）加权，也可以用相对数（总值比例）w 加权。在实践中，往往采用经济发展比较稳定的某一时期的总值比例作为固定的权数，一经确定，权数可沿用数年，这不仅可以避免每次编制指数时权数资料不全的难题，而且便于前后不同时期的比较。

三、加权调和平均数指数

加权调和平均数指数利用了 $\bar{x}=\dfrac{\sum m}{\sum \dfrac{m}{x}}$ 的计算形式，一般以个体指数 $k_q=\dfrac{q_1}{q_0}$ 或 $k_p=\dfrac{p_1}{p_0}$ 作为变量，以报告期的总值 p_1q_1 作为权数，对个体指数进行加权调和平均，相应的公式为：

$$\text{数量指标指数 } \overline{K}_q=\frac{\sum p_1q_1}{\sum \frac{1}{k_q}p_1q_1}=\frac{\sum p_1q_1}{\sum \frac{1}{q_1/q_0}p_1q_1} \tag{11.24}$$

$$\text{质量指标指数 } \overline{K}_p=\frac{\sum p_1q_1}{\sum \frac{1}{k_p}p_1q_1}=\frac{\sum p_1q_1}{\sum \frac{1}{p_1/p_0}p_1q_1} \tag{11.25}$$

【例 11-4】 根据表 11-2 中三种商品的销售资料，试用加权调和平均数指数法计算这三种商品的销售量总指数和价格总指数。

解：把相关数据代入式（11.24）和式（11.25），可得销售量总指数和价格总指数分别为：

$$\begin{aligned}\overline{K}_q&=\frac{\sum p_1q_1}{\sum \frac{1}{k_q}p_1q_1}=\frac{3\,952}{\frac{1}{125\%}\times 1\,000+\frac{1}{106.67\%}\times 2\,400+\frac{1}{92\%}\times 552}\\&\approx 108.27\%\end{aligned}$$

$$\begin{aligned}\overline{K}_p&=\frac{\sum p_1q_1}{\sum \frac{1}{k_p}p_1q_1}=\frac{3\,952}{\frac{1}{95.24\%}\times 1\,000+\frac{1}{83.33\%}\times 2\,400+\frac{1}{125\%}\times 552}\\&\approx 90.40\%\end{aligned}$$

通过比较发现，利用加权调和平均数指数的计算结果与前面利用帕氏指数计算的销售量总指数和价格总指数的结果完全相同。实际上，同样可以验证，采用报告期总值加权的调和平均数指数与帕氏综合指数是等价的：

$$\overline{K}_q=\frac{\sum p_1q_1}{\sum \frac{1}{q_1/q_0}p_1q_1}=\frac{\sum p_1q_1}{\sum p_1q_0}=P_q \tag{11.26}$$

$$\overline{K}_p=\frac{\sum p_1q_1}{\sum \frac{1}{p_1/p_0}p_1q_1}=\frac{\sum p_1q_1}{\sum p_0q_1}=P_p \tag{11.27}$$

平均指数与综合指数都是总指数的基本形式，其经济内容是一致的，都是为了说明复杂现象总体数量的综合变动程度。它们除了计算方法不同、资料来源不同

（综合指数一般要求采用全面的资料，有时存在资料收集的困难，而平均指数可采用抽样资料，资料收集较容易），还有一点重要的区别：综合指数的分子、分母之差具有一定的经济内容，即说明由于价格变动或物量变动而带来的价值总量的增减绝对额，而平均指数的分子、分母之差却不具有这一经济内容，特别是采用固定权数的平均指数，它们的差只具有相对数的分析意义。

第五节　指数因素分析

一、指数体系的概念

指数体系是指指数之间存在的相互联系。一般来说，三个或三个以上在性质上相互联系、在数量上存在一定关系的指数便构成指数体系。如销售额是商品销售量和销售价格两个因素的乘积，相应地形成销售额指数等于销售量指数和销售价格指数乘积的指数体系，即可以从销售量和销售价格两个因素的变动入手，研究销售额的总变动情况。

研究指数体系的目的之一就是进行因素分析，即研究现象总体变动中各因素的影响方向和影响程度；另外，还可以利用指数体系之间的数量关系来根据已知的指数推算未知的指数。

二、两因素指数分析

（一）总量指标变动的两因素分析

进行总量指标变动的两因素分析，主要是考察数量指标和质量指标的变动对总量指标变动的影响程度，从相对数和绝对数两方面测定它们的影响数值。其步骤如下：

第一步，建立指数体系。为了使指数体系之间形成严密的数量关系，可以将总值指数分解为拉氏数量指标指数和帕氏质量指标指数的乘积，即

$$\overline{K}_{pq}=L_q\times P_p\Leftrightarrow\frac{\sum p_1q_1}{\sum p_0q_0}=\frac{\sum p_0q_1}{\sum p_0q_0}\times\frac{\sum p_1q_1}{\sum p_0q_1}\tag{11.28}$$

根据式（11.28）进行因素分析的顺序是：假定数量指标先变化，质量指标后变化，即

$$\sum p_0q_0\xrightarrow{q\text{变化}}\sum p_0q_1\xrightarrow{p\text{变化}}\sum p_1q_1$$

第二步，利用指数体系进行因素变动的影响分析。总值指数 $\frac{\sum p_1q_1}{\sum p_0q_0}$ 为报告期

总额对比基期总额的相对数，$\sum p_1q_1-\sum p_0q_0$ 则为报告期比基期实际增长的数额，$\frac{\sum p_0q_1}{\sum p_0q_0}$ 为 q 变化引起的总值变动的相对数，$\sum p_0q_1-\sum p_0q_0$ 为 q 变化引起的总值变动的绝对数，$\frac{\sum p_1q_1}{\sum p_0q_1}$ 为 p 变化引起的总值变动的相对数，$\sum p_1q_1-\sum p_0q_1$ 为 p 变化引起的总值变动的绝对数。

因此，总量指标变动的两因素指数分析框架为：

$$\begin{cases}\text{相对数分析：}\dfrac{\sum p_1q_1}{\sum p_0q_0}=\dfrac{\sum p_0q_1}{\sum p_0q_0}\times\dfrac{\sum p_1q_1}{\sum p_0q_1}\\ \text{绝对数分析：}\sum p_1q_1-\sum p_0q_0=(\sum p_0q_1-\sum p_0q_0)\\ \qquad\qquad+(\sum p_1q_1-\sum p_0q_1)\end{cases}\tag{11.29}$$

【例11-5】 根据表11-1的资料，进行销售额变动的因素分析。

解： 根据式（11.29）的指数体系和例11-1、例11-2的相关计算结果，有

$$\text{相对数分析：}\frac{\sum p_1q_1}{\sum p_0q_0}=\frac{\sum p_0q_1}{\sum p_0q_0}\times\frac{\sum p_1q_1}{\sum p_0q_1}\Rightarrow\frac{3\,952}{4\,020}=\frac{4\,371.6}{4\,020}\times\frac{3\,952}{4\,371.6}$$

$$\text{绝对数分析：}\sum p_1q_1-\sum p_0q_0=(\sum p_0q_1-\sum p_0q_0)+(\sum p_1q_1-\sum p_0q_1)$$

$$\Rightarrow(3\,952-4\,020)=(4\,371.6-4\,020)+(3\,952-4\,371.6)$$

进一步计算，得

$$\begin{cases}98.31\%=108.75\%\times90.40\%\\-68=351.6+(-419.6)\end{cases}$$

计算结果表明，销售额减少了1.69%是三种商品销售量平均增加了8.75%和销售价格平均下跌了9.60%两个因素共同作用的结果，其中，销售量的增加使销售额增长了351.6元，价格的下跌使销售额减少了419.6元，二者共同作用的结果使销售额比基期减少了68元。

（二）平均指标变动的两因素分析

指数因素分析法还适用于对平均指标的变动进行因素分析。在总体分组的情况下，平均指标数值的大小 $\bar{x}=\frac{\sum xf}{\sum f}$ 既受变量水平 x 的影响，又受总体结构 $\frac{f}{\sum f}$ 的影响，如平均工资的变动可能是由工资水平的变动引起的，也可能是由工资水平不同的职工所占比重的变动引起的。进行平均指标变动的两因素分析，就是要分别计算上述两个因素的变动对总体平均数变动的影响程度。

平均指标变动的两因素指数分析框架为：

$$\begin{cases} \text{相对数分析：} \dfrac{\bar{x}_1}{\bar{x}_0}=\dfrac{\dfrac{\sum x_1f_1}{\sum f_1}}{\dfrac{\sum x_0f_0}{\sum f_0}}=\dfrac{\dfrac{\sum x_0f_1}{\sum f_1}}{\dfrac{\sum x_0f_0}{\sum f_0}}\times\dfrac{\dfrac{\sum x_1f_1}{\sum f_1}}{\dfrac{\sum x_0f_1}{\sum f_1}} \\ \text{绝对数分析：} \bar{x}_1-\bar{x}_0=\dfrac{\sum x_1f_1}{\sum f_1}-\dfrac{\sum x_0f_0}{\sum f_0} \\ \qquad =\left(\dfrac{\sum x_0f_1}{\sum f_1}-\dfrac{\sum x_0f_0}{\sum f_0}\right)+\left(\dfrac{\sum x_1f_1}{\sum f_1}-\dfrac{\sum x_0f_1}{\sum f_1}\right) \end{cases} \tag{11.30}$$

式中，$\dfrac{\sum x_0f_1}{\sum f_1}\div\dfrac{\sum x_0f_0}{\sum f_0}$ 为各组水平不变的情况下总体结构变动对总平均数的影响程度，称为结构变动指数，用 $\bar{K}_{结构}$ 表示；$\dfrac{\sum x_1f_1}{\sum f_1}\div\dfrac{\sum x_0f_1}{\sum f_1}$ 为总体结构固定在报告期不变的情况下，各组水平变动对总体平均数的影响程度，称为固定构成指数，用 $\bar{K}_{固定}$ 表示；$\dfrac{\sum x_1f_1}{\sum f_1}\div\dfrac{\sum x_0f_0}{\sum f_0}$ 综合反映了结构和水平两个因素共同变化所引起的总平均数变动的程度，称为可变构成指数，用 $\bar{K}_{可变}$ 表示。

可变构成指数、固定构成指数和结构变动指数都是反映平均指标变动程度的指数，它们各自的分子、分母之差可以说明有关因素变化对总平均数变动的影响绝对额，即

总平均数变动绝对额＝结构变动影响额＋各组平均水平变动影响额

【例 11－6】 根据表 11－3 中的资料，进行总平均工资变动的因素分析。

表 11－3　某工厂工人工资情况表

职工类别	月工资（元）		职工人数（人）		工资额（元）		
	基期 x_0	报告期 x_1	基期 f_0	报告期 f_1	基期 x_0f_0	报告期 x_1f_1	按基期工资水平计算的报告期工资额 x_0f_1
技术工人	1 000	1 050	600	350	600 000	367 500	350 000
普通工人	890	920	300	850	267 000	782 000	756 500
合计	—	—	900	1 200	867 000	1 149 500	1 106 500

解： 根据表中资料，先分别计算各有关平均指标指数：

$$\bar{K}_{可变}=\frac{\sum x_1f_1}{\sum f_1}\div\frac{\sum x_0f_0}{\sum f_0}=\frac{1\ 149\ 500}{1\ 200}\div\frac{867\ 000}{900}$$

$$\approx 957.92 \div 963.33 \approx 99.44\%$$

$$\overline{K}_{结构} = \frac{\sum x_0 f_1}{\sum f_1} \div \frac{\sum x_0 f_0}{\sum f_0} = \frac{1\,106\,500}{1\,200} \div \frac{867\,000}{900}$$

$$\approx 922.08 \div 963.33 \approx 95.72\%$$

$$\overline{K}_{固定} = \frac{\sum x_1 f_1}{\sum f_1} \div \frac{\sum x_0 f_1}{\sum f_1} = \frac{1\,149\,500}{1\,200} \div \frac{1\,106\,500}{1\,200}$$

$$\approx 957.92 \div 922.08 \approx 103.89\%$$

则根据式（11.32）进行因素分析：

相对数分析：$\frac{957.92}{963.33} = \frac{922.08}{963.33} \times \frac{957.92}{922.08} \Rightarrow 99.44\% = 95.72\% \times 103.89\%$

绝对数分析：$(957.92 - 963.33) = (922.08 - 963.33) + (957.92 - 922.08)$

$\Rightarrow -5.41 = -41.25 + 35.84$

计算结果表明，普通工人和技术工人结构的变化（工资水平高的技术工人的比重下降）使得总体平均工资下降 4.28%，减少了 41.25 元；在此基础上，工人工资水平普遍上涨使得总体平均工资上又上涨 3.89%，增加了 35.84 元；两个因素共同作用的结果使得总体平均工资下降 0.56%，下降了 5.41 元。

三、多因素指数分析

（一）总量指标变动的多因素分析

总量指标的变动有时是由多个因素共同作用引起的，这样指数体系就要求由更多反映因素变动的指数来构成。影响总量指标变动的因素越多，分析过程就越复杂，但基本原理与两因素分析法基本相同。但要注意以下两点：第一，在排列指标时，要将数量指标排在前面。第二，在对总量指标进行分解时，要考虑各因素的衔接，以确保相邻因素的乘积都具有实际经济意义。如原材料消耗额受产品产量、单位产品原材料消耗量和单位原材料价格三个因素的影响，其中，产品产量×单位产品原材料消耗量＝原材料消耗量，原材料消耗量×单位原材料价格＝原材料消耗额。因此，可将原材料消耗额按上述顺序分解为：

原材料消耗额＝产品产量×单位产品原材料消耗量×单位原材料价格

用 a 代表产品产量，b 代表单位产品原材料消耗量，c 代表单位原材料价格，则可按下列程序对原材料消耗额的变动进行因素分析：

$$\sum a_0 b_0 c_0 \xrightarrow{a\text{变化}} \sum a_1 b_0 c_0 \xrightarrow{b\text{变化}} \sum a_1 b_1 c_0 \xrightarrow{c\text{变化}} \sum a_1 b_1 c_1$$

相应地，则可建立多因素指数体系进行相对数分析：

$$\frac{\sum a_1 b_1 c_1}{\sum a_0 b_0 c_0} = \frac{\sum a_1 b_0 c_0}{\sum a_0 b_0 c_0} \times \frac{\sum a_1 b_1 c_0}{\sum a_1 b_0 c_0} \times \frac{\sum a_1 b_1 c_1}{\sum a_1 b_1 c_0} \tag{11.31}$$

$$\text{原材料消耗额指数} = \text{产品产量指数} \times \text{单位产品原材料消耗量指数} \times \text{单位原材料价格指数}$$

即可以由产品产量指数、单位产品原材料消耗量指数和单位原材料价格指数来反映各因素对原材料总消耗额的影响程度。另外，各因素指数的分子、分母之差即各影响因素对总量指标影响的绝对额，各影响因素影响绝对额之和即为总值指数的分子、分母之差，则可进行绝对数分析：

$$\sum a_1b_1c_1 - \sum a_0b_0c_0 = (\sum a_1b_0c_0 - \sum a_0b_0c_0) + (\sum a_1b_1c_0 - \sum a_1b_0c_0) + (\sum a_1b_1c_1 - \sum a_1b_1c_0) \tag{11.32}$$

上述多因素分析为测定某一因素的变动影响值，就把其他几个因素固定不变，将该因素以报告期的数值替代，并将替代前后的结果进行比较得出该因素指数即影响程度；依次将其余各个因素的基期数值顺次以报告期的数值替代，有多少因素就替代多少次；每次替代后的结果与替代前的结果进行对比，就可从相对数和绝对数两方面分析各因素对总体总量的影响程度。因此，多因素指数分析法也称作连锁替代法。

【例 11-7】 某工厂生产两种不同的产品，各自消耗不同的原材料，根据表 11-4 中的资料，对该厂原材料消耗总额的变动进行因素分析。

表 11-4　某厂生产产品原材料消耗情况

产品类别	产品产量		单位产品原材料消耗量		单位原材料价格（元）		原材料消耗额（元）			
	a_0	a_1	b_0	b_1	c_0	c_1	$a_0b_0c_0$	$a_1b_0c_0$	$a_1b_1c_0$	$a_1b_1c_1$
1	45	50	70	77	8	9	25 200	28 000	30 800	34 650
2	50	52	35	35	7	11	12 250	12 740	12 740	20 020
合计	—	—	—	—	—	—	37 450	40 740	43 540	54 670

解： 原材料消耗总额受三个因素的影响，根据式（11.31）进行相对数分析：

$$\frac{\sum a_1b_1c_1}{\sum a_0b_0c_0} = \frac{\sum a_1b_0c_0}{\sum a_0b_0c_0} \times \frac{\sum a_1b_1c_0}{\sum a_1b_0c_0} \times \frac{\sum a_1b_1c_1}{\sum a_1b_1c_0}$$

$$\Rightarrow \frac{54\ 670}{37\ 450} = \frac{40\ 740}{37\ 450} \times \frac{43\ 540}{40\ 740} \times \frac{54\ 670}{43\ 540}$$

$$\Rightarrow 145.99\% = 108.79\% \times 106.88\% \times 125.57\%$$

根据式（11.32）进行绝对数分析，得

$$17\ 220 = 3\ 290 + 2\ 800 + 11\ 130(\text{元})$$

分析结果表明，由于报告期产品产量平均增加了 8.79%，原材料消耗额增长了 3 290 元；由于单位产品原材料消耗量平均增加了 6.88%，原材料消耗额增长了 2 800 元；由于单位原材料价格平均上涨了 25.57%，原材料消耗额增长了 11 130 元。三个因素共同作用的结果使原材料消耗额总体增长了 45.99%，增加了17 220 元。

（二）利用平均指标指数的多因素分析

利用平均指标指数进行多因素分析主要是考察平均指标的变动对总体总量变动的影响。如要对工资总额这个总量指标进行因素分析，可以把它分解为：工资总额＝平均工资×职工人数，即 $\sum xf=\bar{x}\sum f$，其中，$\bar{x}$ 为质量指标，$\sum f$ 为数量指标，进一步进行工资总额变动的因素分析。

$$\begin{cases}\text{相对数分析：}\dfrac{\sum x_1f_1}{\sum x_0f_0}=\dfrac{\bar{x}_1\sum f_1}{\bar{x}_0\sum f_0}=\dfrac{\bar{x}_0\sum f_1}{\bar{x}_0\sum f_0}\times\dfrac{\bar{x}_1\sum f_1}{\bar{x}_0\sum f_1}\\ \qquad\qquad\text{工资总额指数}=\text{职工人数指数}\times\text{平均工资指数}\\ \text{绝对数分析：}\sum x_1f_1-\sum x_0f_0=\bar{x}_0(\sum f_1-\sum f_0)+(\bar{x}_1-\bar{x}_0)\sum f_1\end{cases}\tag{11.33}$$

从前面介绍的平均指标两因素分析可知，平均工资指数是结构变动指数与固定构成指数的乘积，因此，引入平均指标变动的因素分析法，将式（11.30）代入式（11.33）可得

$$\begin{cases}\text{相对数分析：}\dfrac{\sum x_1f_1}{\sum x_0f_0}=\dfrac{\sum f_1}{\sum f_0}\times\dfrac{\dfrac{\sum x_0f_1}{\sum f_1}}{\dfrac{\sum x_0f_0}{\sum f_0}}\times\dfrac{\dfrac{\sum x_1f_1}{\sum f_1}}{\dfrac{\sum x_0f_1}{\sum f_1}}\\ \text{绝对数分析：}\sum x_1f_1-\sum x_0f_0=\bar{x}_0(\sum f_1-\sum f_0)\\ \qquad+\left[\left(\dfrac{\sum x_0f_1}{\sum f_1}-\dfrac{\sum x_0f_0}{\sum f_0}\right)+\left(\dfrac{\sum x_1f_1}{\sum f_1}-\dfrac{\sum x_0f_1}{\sum f_1}\right)\right]\times\sum f_1\end{cases}\tag{11.34}$$

【例11-8】 根据表11-3的资料，对某厂工资总额的变动进行因素分析。

解： 根据表中数据和例11-6的相关计算结果，代入式（11.34），得

相对数分析：$\dfrac{1\,149\,500}{867\,000}=\dfrac{1\,200}{900}\times\dfrac{922.08}{963.33}\times\dfrac{957.92}{922.08}$

绝对数分析：$(1\,149\,500-867\,000)$

$$=963.33\times(1\,200-900)+[(922.08-963.33)+(957.92-922.08)]\times1\,200$$

进一步计算得

$$\begin{cases}\text{相对数分析：}132.58\%=133.33\%\times95.72\%\times103.89\%\\ \text{绝对数分析：}282\,500=289\,000+(-49\,500)+43\,000\end{cases}$$

计算结果表明，由于工人数增加33.33%，工资总额增长了289 000元；由于普通工人和技术工人结构的变化（工资水平低的普通工人的比重上升），总体平均

工资下降 4.28%，导致工资总额减少了 49 500 元；又由于工人工资水平的普遍上涨，总体平均工资又上涨 103.89%，导致工资总额增长了 43 000 元。三个因素共同作用的结果使得总体工资总额增加 32.58%，增长了 282 500 元。

第六节　几种常见的经济指数

一、工业生产指数

工业生产指数是典型的数量指标指数，它概括地反映一个国家或地区各种工业产品产量的综合变动程度，是衡量经济增长水平的重要指标。

工业生产指数的编制方法有多种，以往我国采用的是固定加权综合指数法，即通过计算各种工业产品的不变价格产值来编制。计算公式为：

$$\overline{K}_q = \frac{\sum q_1 p_n}{\sum q_0 p_n} \tag{11.35}$$

式中，p_n代表不变价格。采用不变价格法编制工业生产指数，便于进行长期的动态对比与不同地区之间的对比。但是，采用这种方法，每隔一段时间就需要对各种工业产品分别制定相应的不变价格标准 p_n。近年来，由于经济体制的转型，商品的价格开始由企业根据市场情况自主确定，这就使商品不变价格的制定变得十分困难，因此有必要进行改革。

在国外，较多采用算术平均数指数的形式来编制工业生产指数，公式为：

$$\overline{K}_q = \frac{\sum k_q p_0 q_0}{\sum p_0 q_0} = \frac{\sum \frac{q_1}{q_0} p_0 q_0}{\sum p_0 q_0} \tag{11.36}$$

式中，k_q为各种工业品的个体产量指数；$p_0 q_0$为相应产品的基期增加值。在实践中，为了简化指数的编制工作，常常以各种工业品的增加值比重作为权数，并且将这些比重权数相对固定，运用固定加权算术平均数指数法连续地编制各个时期的工业生产指数。计算公式如下：

$$\overline{K}_q = \sum k_q w \tag{11.37}$$

式中，w 往往采用经济发展比较稳定的某一时期各种工业品的增加值比重作为固定的权数。

二、物价指数

经济生活中存在多种物价指数，如居民消费价格指数、工业品出厂价格指数、农产品收购价格指数等多项价格指数。由于研究问题不同和可获得的资料来源不同，指数编制方法存在差别。

物价指数中居民消费价格指数（consumer price index，CPI）尤为重要。CPI 是反映居民所购买一篮子生活消费品价格和服务项目价格变动趋势及程度的相对数。CPI 通常用于测度通货膨胀、居民生活成本和职工的实际工资水平等，是政府制定物价政策和工资政策的重要依据。

我国编制居民消费价格指数的基本步骤如下：

首先，将各种居民消费品划分为食品、衣着、家庭设备及用品、医疗保健、交通和通信、文教娱乐用品、居住项目以及服务项目等八大类，并进一步划分中类和基本分类，如食品大类下又分为粮食、其他食品等种类，粮食中类下又分为大米、面粉等。

其次，从各基本分类中选择一些购销量较大的商品作为代表规格品，如面粉基本分类中选择标准粉和精制粉作为代表规格品，并利用这些规格品的不同时期的价格资料，分别计算个体价格指数。

最后，确定权重，从基本分类开始，采用加权算术平均数公式，依次编制各基本分类、中类、大类的消费价格指数和消费价格总指数。

这里用一个例子说明消费价格指数编制的具体方法。

【例 11-9】① 某市居民消费价格指数的有关资料如表 11-5 所示，试编制其中面粉和粮食类的价格指数和该市居民消费价格指数。

表 11-5 某市居民消费价格指数编制

	权数（‰）	本月环比指数（%）	上月定基指数（%）	本月定基指数（%）
居民消费价格指数	1 000	[102.01]	101.5	[103.54]
一、食品	487	104.6	98.6	103.14
1. 粮食	(70)	[103.48]	95.5	[98.82]
其中：(1) 大米	<470>	103.5	94.0	97.29
(2) 面粉	<350>	[103.35]	95.3	[98.49]
标准粉		102.5		
精制粉		104.2		
(3) 粮食制品	<78>	105.0	96.4	101.22
(4) 其他	<102>	102.7	95.7	98.28
2. 淀粉及薯类	(11)	102.1	98.5	100.57
⋮	⋮	⋮	⋮	⋮
16. 其他食品及加工服务费	(135)	101.9	100.5	102.41
二、烟酒及用品	54	101.4	98.7	100.08
三、衣着	87	98.3	96.5	94.86
四、家庭设备用品及服务	58	97.5	98.4	95.94
五、医疗保健及个人用品	45	102.7	99.6	102.29

① 曾五一，肖红叶．统计学导论．北京：科学出版社，2006.

续前表

	权数（‰）	本月环比指数（%）	上月定基指数（%）	本月定基指数（%）
六、交通和通信	65	95.1	95.8	91.11
七、娱乐教育文化用品及服务	89	99.5	107.7	107.16
八、居住	115	102.0	114.9	117.20

解：(1) 计算基本分类价格指数：

$$k_p=\sqrt[n]{G_{t_1}\times G_{t_2}\times\cdots\times G_{t_n}}\times 100\% \qquad (11.38)$$

式中，k_p为基本分类指数；G_{t_1}，G_{t_2}，…，G_{t_n}分别为基本分类中第 1 个至第 n 个代表规格品的环比价格指数。

由式（11.38）可得面粉的环比、定基价格指数分别为：

$$K_{面粉,环比}=\sqrt{1.025\times 1.042}\approx 103.35\%$$

$$I_{面粉,定基}=1.033\ 5\times 0.953\approx 98.49\%$$

(2) 计算中类价格指数：

$$K_{中类}=(\sum k_p w_M)\times 100\% \qquad (11.39)$$

式中，w_M为各基本分类支出额占所在中类支出额的比重。将有关数据代入式(11.39)，可得粮食类的价格指数为：

$$I_{粮食,环比}=1.035\times\frac{470}{1\ 000}+1.033\ 5\times\frac{350}{1\ 000}+1.05\times\frac{78}{1\ 000}+1.027\times\frac{102}{1\ 000}$$
$$\approx 103.48\%$$

$$I_{粮食,定基}=1.034\ 8\times 0.955\approx 98.82\%$$

(3) 计算大类价格指数：

$$K_{大类}=(\sum K_{中类} w_F)\times 100\% \qquad (11.40)$$

式中，w_F为各中类支出额占所在大类支出额的比重。

计算与上一步类似，只是所用的权重和种类价格指数不同。此处省略。

(4) 计算消费价格总指数：

$$K_p=(\sum K_{大类} w)\times 100\% \qquad (11.41)$$

式中，w 为各大类支出额占所有消费品支出总额的比重。由式（11.41）可得该市居民消费价格指数为：

$$I_{环比}=1.046\times 0.487+1.014\times 0.054+0.983\times 0.087+0.975\times 0.058$$
$$+1.027\times 0.045+0.951\times 0.065+0.995\times 0.089+1.02\times 0.115$$
$$=102.01\%$$

$$I_{定基}=1.020\ 1\times 1.015=103.54\%$$

计算结果表明，本月该市居民消费价格比上月上涨2.01%，比2000年（固定基期）的价格水平上涨3.54%。

由以上CPI的编制过程可以看出：

请扫描二维码，获取资源：
参考11.1 居民消费价格调查方案

（1）CPI反映的是居民所消费的各种商品价格水平的变动的总平均。现实经济生活中，有些商品价格上涨很快，有些商品价格上涨较少，有些商品价格甚至有所下降，因此，不能简单地用某一类商品价格的变动幅度来推论CPI变动的幅度。

（2）CPI的高低与计算时采用的权数有很大关系。各类消费支出所占的比重是不断变化的，因此有必要根据实际情况及时地调整权数。否则，编制出来的CPI就不能反映真实的情况。

三、股票价格指数

股票价格指数综合反映股票市场价格的变动程度，它是影响投资决策行为的重要因素，也是反映经济景气状况的敏感指标。

股票价格指数的编制方法有多种，综合指数公式是其中的一种重要方法。我国的上证指数、美国的标准普尔指数等，都是采用综合指数公式编制的。其一般计算公式为：

$$K_p = \frac{\sum p_t q_i}{\sum p_0 q_i} \tag{11.42}$$

上式是以股票发行量（或流通量）为同度量因素的综合指数。式中，q_i代表基期或报告期的股票发行量（或流通量）。

股票价格的变动幅度以“点”数来表示，每上升或下降一个单位称为“1点”。例如，当某日收盘股票价格指数为2 100点，上一交易日收盘价格指数为2 050点时，就表明股票价格指数当日上升50点。

下面简单介绍几种影响较大、计算方法也较有代表性的股价指数。

道琼斯工业平均指数（Dow Jones Industrial Average）又称道琼斯工业平均指数、琼斯指数，简称30道，由《华尔街日报》的编辑和琼斯公司的联合创始人查尔斯·道（Charles Dow）创建。道琼斯工业平均指数最早是在1896年5月26日计算的，目前由标准普尔-琼斯指数所持有，是道琼斯指数中最著名的一个。

道琼斯工业平均指数的编制标的随市场中公司市值的变化而进行调整，其名称中“工业”的含义在很大程度上是历史性的，因为现代30只成分股中大部分与传统重工业几乎没有什么关系。平均价格未加权计算，仅考虑了股票分割和股利发放等影响。尽管存在不足，但是该指数由于历史悠久，所选取的股票代表性较强，从以往的经验看，能够较好地反映股市和宏观经济的动向，因此，仍然是最有影响的股票价格指数之一。

标准普尔 500 指数（Standard & Poor's 500 或 S&P 500）是基于在美国纽约证券交易所或纳斯达克上市的市值最大的 500 家公司编制的价格指数。标准普尔 500 指数成分和权重是由标普道琼斯指数测定。在编制上，它不同于道琼斯工业平均指数或纳斯达克综合指数，选取了更大范围的股票和采用了加权方式。标准普尔 500 指数是常用的股票指数，许多人认为它是美国股票市场的最好表现，以及美国经济的领头羊。标准普尔 500 指数源于 1923 年，被称为“综合指数”，起初跟踪少数股票，1926 年扩大到 90 种，1957 年扩大到 500 种。

上海证券综合指数简称“上证指数”或“上证综指”，其样本股是全部上市股票，包括 A 股和 B 股，反映了上海证券交易所上市股票价格的变动情况。上证综合指数是最早发布的指数，是以上海证券交易所挂牌上市的全部股票为计算范围，以发行量为权数的加权综合股价指数。这一指数自 1991 年 7 月 15 日起实时发布，基日定为 1990 年 12 月 19 日，基日指数定为 100 点。新上证综指发布以 2005 年 12 月 30 日为基日，以当日所有样本股票的市价总值为基期，基点为 1 000 点。新上证综指简称“新综指”，指数代码为 000017。为适应上海证券市场的发展格局，上海证券交易所形成了上证综指、上证 50、上证 180、上证 380 指数，以及上证国债、企业债和上证基金指数为核心的上证指数体系，科学表征上海证券市场层次丰富、行业广泛、品种拓展的市场结构和变化特征，便于市场参与者的多维度分析，增强样本企业知名度，引导市场资金的合理配置。上证指数体系衍生出的大量行业、主题、风格、策略指数，为市场提供更多、更专业的交易品种和投资方式，提高市场流动性和有效性。

请扫描二维码，获取资源：参考 11.2　较为特殊的“房地产价格指数”

“深证成指”即“深证成分股指数”，是深圳证券交易所编制的一种成分股指数，是从深圳证券交易所上市的所有股票中抽取具有市场代表性的 40 家上市公司的股票作为计算对象，并以流通股为权数计算得出的加权股价指数，以 1994 年 7 月 20 日为基日，基日指数定为 1 000 点而编制，综合反映深圳证券交易所上市 A 股、B 股的股价走势。

□ 本章小结

（1）相对数是由现象间的数量对比得到的数值。根据对比对象的不同，相对数可分为结构相对数、比例相对数、比较相对数、强度相对数、动态相对数和计划完成相对数。

（2）广义的指数是指一切说明社会经济现象数量变动的相对数。狭义的指数是一种特殊的相对数，是用来说明不能直接相加的复杂社会经济现象综合变动程度的相对数。指数理论和分析方法通常指狭义的指数。

（3）相对性、综合性和平均性是统计指数的三个基本性质。

（4）按所反映的现象范围不同，指数可分为个体指数和总指数；按指数化指标的性质不同，指数可分为数量指标指数与质量指标指数；按指数的对比性质不同，指数可分为动态指数与静态指数。

（5）综合指数是通过“先综合，后对比”的方式编制得到的总指数。其基本原理是利用同度量因素，解决复杂现象总体内部指数化指标的加总综合问题。为了单纯反映指数化指标的变动程度，在综合对比过程中要把同度量因素的水平加以固定，从而反映指数化指标的综合变动程度。

（6）拉氏指数将同度量因素固定在基期水平上，帕氏指数将同度量因素固定在报告期水平上。由于同度量因素的时期不同，依据同一资料计算的拉氏指数和帕氏指数的计算结果通常会存在差异。同时，二者的具体经济意义有一定差别。

（7）编制平均指数的基本方式是“先对比，后平均”。首先计算各个别现象的个体指数，然后对个体指数赋予一定的权数加以平均得到总指数。

（8）平均指数加入的权数应该是与所要编制的指数密切关联的价值总量 pq，这样得到的结果才有经济意义。考虑到资料收集的可行性，实践中一般以基期的总值 p_0q_0 或报告期的总值 p_1q_1 作为权数。根据对个体指数进行平均时采用的计算方法不同，主要有加权算术平均数指数和加权调和平均数指数两种形式。

（9）进行总量指标变动的两因素分析，主要是考察数量指标和质量指标的变动对总量指标变动的影响程度，从相对数和绝对数两方面测定它们的影响数值。进行因素分析的顺序是：假定数量指标先变化，质量指标后变化。

（10）可变构成指数、固定构成指数和结构变动指数都是反映平均指标变动程度的指数，它们各自的分子、分母之差可以说明有关因素变化对于总平均数变动的影响绝对额，即总平均数变动绝对额＝结构变动影响额＋各组平均水平变动影响额。

（11）影响总量指标变动的因素越多，分析过程就越复杂，但基本原理与两因素分析法基本相同。但要注意以下两点：第一，在排列指标时要将数量指标排在前面。第二，在对总量指标进行分解时，要考虑各因素的衔接，以确保相邻因素的乘积都具有实际经济意义。

（12）工业生产指数概括地反映一个国家或地区各种工业产品产量的综合变动程度，是衡量工业发展水平的重要指标。

（13）CPI是反映居民所购买的生活消费品和服务价格变动趋势及程度的相对数。CPI通常用于测度通货膨胀、居民生活成本和职工的实际工资水平等，是政府制定物价政策和工资政策的重要依据。

（14）股票价格指数综合反映股票市场价格的变动程度，它是影响投资决策行为的重要因素，也是反映经济景气状况的敏感指标。

□ 思考与练习

一、选择题

1. 某企业计划要求本月每万元产值能源消耗率指标比上年同期下降5%，实际降低了2.5%，则该项计划的计划完成百分比为（　　）。

A. 50.0%　　B. 97.4%　　C. 97.6%　　D. 102.6%

2. 下列指标中属于强度相对指标的是（　　）。

A. 产值利润率　　B. 基尼系数　　C. 恩格尔系数　　D. 人均消费支出

3. 下列数量加权算术平均数指数恒等于综合指数形式拉氏数量指标指数的是（　　）。

A. $\frac{\sum k_q q_0 p_1}{\sum q_0 p_1}$　　B. $\frac{\sum k_q q_1 p_1}{\sum q_1 p_1}$　　C. $\frac{\sum k_q q_0 p_0}{\sum q_0 p_0}$　　D. $\frac{\sum k_q q_1 p_0}{\sum q_1 p_0}$

4. 同度量因素也可以叫权数，是因为（　　）。

A. 它使得不同度量单位的现象总体转化为数量上可以加总

B. 客观上体现它在实际经济现象或过程中的份额

C. 它是我们所要测定的因素

D. 它必须固定在相同的时期

5. 编制数量指标综合指数所采用的同度量因素是（　　）。

A. 质量指标　　B. 数量指标　　C. 综合指标　　D. 相对指标

6. 空间价格指数一般可以采用（　　）形式来编制。

A. 拉氏指数　　B. 帕氏指数　　C. 马埃公式　　D. 平均指数

二、计算题

1. 已知三种产品的有关统计资料如表11-6所示。

表11-6

产品名称	计量单位	产量			出厂价格		
		基期	报告期	k_q	基期	报告期	k_p
A	件	4 000	5 000	*125%*	50	54	*108%*
B	打	780	820	*105.1%*	84	92.4	*110%*
C	套	250	260	*104%*	120	144	*120%*

根据上述资料（表中斜体部分为计算结果）：

(1) 计算三种产品的产量个体指数和价格个体指数；

(2) 计算三种产品的产值总指数；

(3) 计算三种产品的产量总指数；

(4) 计算三种产品的出厂价格总指数；

(5) 分析产量和出厂价格变动对产值的影响程度和影响绝对值。

2. 某企业生产三种产品的有关资料如表11-7所示。

表11-7

商品名称	计量单位	产量		基期产值（万元）	$k_q=\frac{q_1}{q_0}$	$k_q q_0 p_0$
		基期 q_0	报告期 q_1	$q_0 p_0$		
甲	万张	15	16.2	180	*1.08*	*194.4*
乙	万把	30	31.5	750	*1.05*	*787.5*

续前表

商品名称	计量单位	产量		基期产值（万元）	$k_q=\frac{q_1}{q_0}$	$k_q q_0 p_0$
		基期 q_0	报告期 q_1	$q_0 p_0$		
丙	台	900	10 800	135	*1.20*	*162.0*
合计	—	—	—	1 065	—	*1 143.9*

根据上表资料（表中斜体部分为计算结果）：

（1）计算三种产品的产量总指数及其经济效果。

（2）若已知该企业报告期的实际产值较基期增加了85.2万元，则三种产品的价格总指数是多少？

（3）价格变动使企业增加（或减少）多少产值？

3. 某农副产品收购站向当地农民收购某农产品的统计资料如表11－8所示。

表11－8

农产品等级	收购价格（元/担）		收购量（担）		收购额（元）		
	基期 p_0	报告期 p_1	基期 q_0	报告期 q_1	基期 $q_0 p_0$	报告期 $q_1 p_1$	假定期 $q_1 p_0$
一级品	75	84	80	150	6 000	12 600	11 250
二级品	56	70	120	200	6 720	14 000	11 200
三级品	40	48	200	150	8 000	7 200	6 000
合计	—	—	400	500	20 720	33 800	28 450

根据表中资料：

（1）计算该农产品的平均各等级的收购价格指数、收购价格固定构成指数、收购价格结构变动指数。

（2）分析收购价格提高和收购等级的结构变动对平均收购价的影响程度和影响绝对值。

（3）单纯由于收购价格的提高，农民增加的收入是多少？

4. 利用指数体系中各因素之间的关系计算：

（1）某企业2000年与1999年相比，各种产品的产量总体增长了10%，总的生产成本增长了12%，该企业2000年的单位成本指数是多少？

（2）某市1999年社会商品零售额为120亿元，2000年增加了36亿元；同时，2000年比1999年零售物价指数提高了4%。试从相对数和绝对数两方面分析该市社会商品零售量与零售价格变动对零售额变动的影响。

请扫描二维码，获取资源：

参考11.3　第十一章习题详解

第十二章 Chapter 12 统计综合评价

哪个国家的现代化程度更高

如何衡量一国的现代化水平？显然，这不是一两项指标可以涵盖完全的。社会学家英克尔斯曾提出著名的衡量现代化水平的若干标准，他认为一个国家或地区的现代化水平可以用表 12-1 中所列的指标来衡量。那么，如何根据这几项指标来衡量一国的现代化综合水平，如表 12-1 中所列 5 个国家哪个国家现代化综合水平更高，这就属于统计综合评价的范畴，正是本章所要介绍的主要内容。

表 12-1　　中国和部分发达国家现代化指标最新数据

国别	购买力法人均 GNP（国际元）	第一产业占 GDP 比重（%）	第三产业占 GDP 比重（%）	非第一产业就业人数比重（%）	城市人口占总人口比重（%）	出生时预期寿命（岁）	15 岁以上成人识字率（%）	大学生粗入学率（%）	千人拥有医生数（人）
中国	13 170.00	9.30	46.70	97.10	57.90	75.99	96.38	29.70	1.94
日本	38 120.00	1.10	72.60	96.00	94.32	83.56	99.21	62.41	2.35
美国	55 900.00	1.50	78.10	98.50	81.96	79.16	99.34	89.08	2.48
英国	39 500.00	0.70	78.00	98.90	83.01	80.78	99.00	59.76	2.79
澳大利亚	44 700.00	2.50	70.70	97.10	89.68	82.50	99.55	88.51	3.88

资料来源：中国经济大数据研究平台，http：//data.cnki.net/InternationalData/Analysis.

第一节 综合评价概述

一、统计综合评价的基本步骤

统计综合评价是根据研究的目的建立一个统计指标体系，对现象发展的多个方面分别给予定量描述，并在此基础上，综合各个指标所提供的信息，得到一个综合评价值，对研究对象做出整体性评判，以此进行横向或纵向的比较。

统计综合评价比单项评价更具全面性和综合性，是统计评价的主要方法，其基本步骤如下。

（一）确定评价指标体系

根据统计评价的目的，选择合适的统计指标，建立一个能够从不同角度、不同侧面反映评价对象的**评价指标体系**。评价指标体系的建立要视具体评价问题进行，一般来说，在建立评价指标体系时，应遵循的共同原则包括：

（1）全面性原则。即要求所选的指标能够作为一个有机整体在其相互配合中，比较全面、科学、准确地涵盖为达到评价目的所需的基本内容。如果有遗漏，评价结果将会出现偏差。

（2）可比性原则。即各个指标的计量范围、口径等必须一致，才能进行综合。

（3）可操作性原则。即所需的指标能够及时收集到准确的数据。

（4）相互独立性原则。即要求指标间尽可能不相关，这样既能减少指标体系的冗余，又能避免统计指标所提供的信息重复，导致最后的综合结果难以反映客观实际。

（二）评价指标的规范化

构成指标体系的各个指标其指标类型、计量单位及数量级别往往是不同的，直接对各指标值进行综合既没有意义也不合理，因此，必须对各**指标的实际值**进行规范化处理，使之转化为具有可比性的**指标评价值**，在此基础上才能进行综合汇总。

评价指标的规范化主要包括两方面内容。

1. 评价指标类型的一致化

评价指标体系中的指标，有些是取值越大越好，称为**正指标**，如产值、利润等；有些是取值越小越好，称为**逆指标**，如成本、能耗等；还有些指标是取值越接近某一确定的数值越好，称为**适度指标**。在对各指标进行综合之前必须将不同类型的指标都转化成正指标或逆指标或适度指标，否则就无法判定最后的综合评价值是越大越好还是越小越好，从而无法对不同的研究对象进行优劣比较。

2. 评价指标的无量纲化

即通过数学变换，消除各项指标的计量单位不同以及数值数量级间的悬殊所带来的影响，将不可综合的指标实际值转化为可综合的指标评价值。

请扫描二维码，获取资源：参考 12.1　把“苹果与橙子”变成“苹果与苹果”

（三）确定各评价指标的权重系数

相对于某个评价目的来说，各评价指标间的相对重要性是不同的，评价指标之间的这种相对重要性大小可用**权重系数**来刻画。对评价结果更重要的指标应赋予较大的权数，反之，赋予较小的权数，同时要求各指标的权数之和应等于 100%。

指标权数的确定方法有两大类：主观赋权法和客观赋权法。前者主要是利用专家的知识和经验来确定各指标的权数；后者则是从客观的统计数据出发，根据各指标所提供的信息量大小来确定权数。

（四）确定综合评价的方法模型

在确定指标体系和各指标权数的基础上，就要采用一定的方法把各指标的评价值综合成一个整体的评价值。对各指标评价值进行综合的方法有多种，总的来说，就是要构造一个**综合评价模型**（函数）：

$$y_i = f(\boldsymbol{w}, \boldsymbol{x}_i), \quad i=1,2,\cdots,n \tag{12.1}$$

式中，$\boldsymbol{w}=(w_1, w_2, \cdots, w_m)'$为指标权重向量（共有 m 个指标）；$\boldsymbol{x}_i=(x_{i1}, x_{i2}, \cdots, x_{im})'$为第 i 个评价对象的指标评价值向量。

根据式（12.1），以各指标评价值为自变量，计算各评价对象的综合评价值 y_i，即可得到综合评价的结果，据此可对各评价对象在不同时间、空间上进行整体比较和排序。

本章将对综合评价的这四个基本步骤分别做详细的介绍。

二、统计综合评价的特点

1. 综合性和整体性

综合评价中的指标体系能从多个方面对研究对象进行综合反映，同时又克服了指标体系在不同对象的比较中不同指标间相互矛盾的情况，利用综合评价模型把各指标评价值综合起来，使综合评价的结果能够反映评价对象的整体情况。

2. 可比性

综合评价采用一定的数学模型对各指标的评价结果进行综合，最后的综合评价结果用数值表示，可用于各评价对象间的比较排序。

3. 变动性

这里的变动性指的是在进行综合评价时，随着指标体系、指标的权数、综合评价方法甚至是指标无量纲方法的选择不同，综合评价结果也可能不同。而什么样的综合评价方法是最优的？如何根据不同的评价方法给出合理的评价结果？这些问题在理论上和实践中都有待进一步探讨。

第二节　评价指标选择与数据预处理

一、评价指标的选择

第一节已介绍了确定评价指标体系时应遵循的一些基本原则。在遵循这些基本原则的基础上，可以先定性地预选出一些指标。在预选的评价指标中，可能存在一些次要指标，并且指标间也可能存在重复，这就需要进行筛选，剔除代表性不强以及交叉或重复的指标，确定合理的评价指标体系。

在实际应用中，评价指标的筛选可以采用征询专家意见的方法来进行，也可以采用一些定量的统计分析方法来辅助进行。下面着重介绍几种常用的定量指标筛选方法。

（一）次要指标的剔除

在统计综合评价中，某项指标重要与否在很大程度上取决于该指标对评价结果所起的作用。如果一项评价指标在所有评价对象中的取值相差不大，那么即使该项指标从理论上讲是非常重要的，对于评价结果来说也起不了很大的作用，因为既然所有评价对象在该项指标上差距不大，有无该项指标对最终评价结果的影响也就不大。因此，为了减少计算量就可以剔除这项指标。根据这种指导思想，我们可以通过衡量各项指标在所有评价对象中取值的离散程度来确定指标的重要性：离散程度越大，说明该指标对评价结果影响越大，则予以保留；反之，说明该指标对评价结果影响越小，可以考虑从评价指标体系中剔除。由于各评价指标的计量单位和平均水平不一样，为了使不同评价指标的离散程度具有可比性，应采用变异系数进行比较。

（二）重复指标的筛选

对重复指标进行筛选有两种筛选方法，一种是剔除能为其他指标所替代的指标，另一种是选出具有代表性的指标，这两种方法都是借助指标间的相关分析来实现的。

1. 剔除重复指标

设有 m 个备选指标，可以通过分别计算各个指标与其余 $m-1$ 个指标的复相关系数来衡量一个指标被其他指标替代的程度。复相关系数越低，说明该指标与其余指标的相关程度越低，因此不能用其他指标来替代，在进行综合评价时应予以保留；复相关系数越大，说明该指标与其他指标的线性相关程度越高，可以用其他指标来替代，因而可以考虑剔除。当然，最好根据经验事先确定一个剔除标准，即当某个指标与其余 $m-1$ 个指标的复相关系数大于某个临界值时才剔除。

2. 选取代表性指标

同类指标中典型指标的选取可以根据某个指标与其他同类指标的单相关系数绝对值的平均数大小来确定。

假设反映现象某一侧面的同类指标有 k 个，计算这 k 个指标的相关系数矩阵的绝对值$\boldsymbol{R}$，有$\boldsymbol{R}=\begin{bmatrix} |r_{11}| & |r_{12}| & \cdots & |r_{1k}| \\ |r_{21}| & |r_{22}| & \cdots & |r_{2k}| \\ \vdots & \vdots & & \vdots \\ |r_{k1}| & |r_{k2}| & \cdots & |r_{kk}| \end{bmatrix}$，分别计算每个指标与其他 $k-1$ 个指标相关系数的平均值 $\bar{r}_j=\dfrac{\sum\limits_{i\neq j}|r_{ij}|}{k-1}$ $(i，j=1，2，\cdots，k)$，比较 $\bar{r}_j$ 的大小，与 $\bar{r}_j$ 最大值对应的那个指标可以作为同类指标中的典型指标，因为该指标与其余指标的关系最为密切。如果需要选取的指标不止一个，则在剩余的指标中继续选取时，就应该选取与典型指标相关系数最小的一个，因为与典型指标相关系数大的指标可以由典型指标来替代。

需要强调的是，定量分析的指标选取方法不能替代定性分析方法，二者必须结合使用。

二、数据预处理方法

数据的预处理过程即指标规范化的过程，包括两项主要内容。

（一）评价指标类型的一致化

在对各指标值进行综合时，必须确保各指标的类型相同，才能给最终的综合结果一个评判的标准，即各评价对象的综合评价值是越大越好还是越小越好。通常是将逆指标和适度指标转化为正指标，然后进行无量纲处理，最后进行综合汇总。

若评价指标 x_j 为逆指标，各评价对象的指标值分别为 x_{ij} $(i=1，2，\cdots，n)$，则令

$$x'_{ij}=\frac{1}{x_{ij}},\quad x_{ij}>0;i=1,2,\cdots,n \tag{12.2}$$

或

$$x'_{ij}=\max_{1<i<n}|x_{ij}|-x_{ij} \text{ 或 } x'_{ij}=\frac{1}{\max\limits_{1<i<n}|x_{ij}|+x_{ij}},\quad x_{ij}\text{ 可以是负值}；i=1,2,\cdots,n \tag{12.3}$$

式中，x'_{ij}是对各评价对象的逆指标 x_j 进行转化后生成的正指标值。

若评价指标 x_j 为适度指标，各评价对象的指标值分别为 x_{ij} $(i=1，2，\cdots，n)$，设该适度指标的理想值为 a，则 x_{ij} 与 a 的距离越小越好，因此 x_{ij} 与 a 的距离 $|a-x_{ij}|$ 的取值越小越好，即相当于一个逆指标，则可令 $x'_{ij}=\dfrac{1}{|a-x_{ij}|}$

($i=1, 2, \cdots, n$)，从而将 $|a-x_{ij}|$ 转化为正指标值。x'_{ij} 是对适度指标 x_j 进行转化后生成的正指标值，x'_{ij} 的取值越大表示 x_{ij} 越符合要求。

（二）评价指标的无量纲化

评价指标之间的计量单位和数量级一般来说是不同的，因此在综合汇总前要消除指标量纲的影响，即确定指标评价值和实际值之间的函数关系式，把指标实际值转化为可比的无量纲的指标评价值，这个过程就称作评价指标的**无量纲化**。指标无量纲化的一个基本前提是：在无量纲化前后，各评价对象在某项指标上的排序应保持不变。下面介绍几种常用的指标无量纲化的方法。

1. 相对化处理法

对评价指标进行**相对化**的无量纲处理，需要事先确定一个对比的基准，然后计算指标实际值与基准值之比，所得结果通常用百分数表示，以此作为指标的评价值。设 x_{ij} 为第 i 个评价对象第 j 个指标的实际值，x_j^* 为第 j 个指标的对比基准值，x_{ij}^* 为经过相对化处理后第 i 个评价对象第 j 个指标的无量纲评价值，则有

$$x_{ij}^*=\frac{x_{ij}}{x_j^*}, \quad i=1,2,\cdots,n;j=1,2,\cdots,m \tag{12.4}$$

式中，对比基准值 x_j^* 可以是衡量事物发展变化的一些特殊指标值，如该指标在各评价对象中的平均值、最大值或该指标的国际先进水平、历史最高水平、计划规定的水平以及指标的基期水平等。

若第 j 个指标为逆指标且未转化为正指标，则相应的相对化处理公式应为：

$$x_{ij}^*=\frac{x_j^*}{x_{ij}}, \quad i=1,2,\cdots,n;j=1,2,\cdots,m \tag{12.5}$$

相对化处理的另一种形式是将指标实际值转化为在指标值总和中所占的比重，也称比重法，即以指标值总和作为对比的基准计算指标的评价值，主要公式有：

$$x_{ij}^* = \frac{x_{ij}}{\sum_{i=1}^{n} x_{ij}}, \quad j = 1,2,\cdots,m;x_{ij} > 0 \tag{12.6}$$

或

$$x_{ij}^* = \frac{x_{ij}}{\sqrt{\sum_{i=1}^{n} x_{ij}^2}}, \quad j = 1,2,\cdots,m \tag{12.7}$$

式（12.6）适用于各指标实际值均为正数的情况，且各评价对象该指标评价值之和满足 $\sum_{i=1}^{n} x_{ij}^* = 1$。式（12.7）适用于指标实际值有负值的情况，各评价对象该指标评价值之和满足 $\sum_{i=1}^{n} (x_{ij}^*)^2 = 1$。对于逆指标，应先取负数再按式（12.7）无量纲化。

用相对化方法进行指标的无量纲化所得的指标评价值含义明确，便于做出评

价。以指标值总和作为对比基准适用于对总量指标进行无量纲化处理，所得的结果表明各评价对象某项指标值在所有评价对象中所占的比重，显然，指标评价值x_{ij}^*越大、越接近 1 越好。而对于相对指标和平均指标由于求和没有实际意义，因而适宜用平均数、计划数或理想值等作为对比的基准，容易看出：$x_{ij}^*>1$，说明相应的评价对象在某个评价项目上优于平均水平或超额完成计划等；$x_{ij}^*<1$，则情况相反。无论用什么作为对比的基准，只要是正指标，则x_{ij}^*的数值大者为优。

2. 功效系数处理法

功效系数处理法是根据多目标规划的原理，对各项评价指标分别确定一对满意值和不允许值，以满意值为上限，以不允许值为下限，分别计算评价对象各项指标接近、达到或超过满意值的程度，即功效系数，并转化为相应的功效评分值，作为指标的评价值。用相对化处理法进行指标无量纲化时存在一个问题，即无法使各指标评价值的变动范围保持一致，这就为指标间的比较带来一些不便，而用功效系数法进行无量纲化处理可以使指标评价值在希望的范围内变化。

一般用 d_{ij} 表示第 i 个评价对象第 j 个指标的功效系数，并以 $M_j=\max\limits_i\{x_{ij}\}$ 作为第 j 个指标的满意值，$m_j=\min\limits_i\{x_{ij}\}$ 作为第 j 个指标的不允许值，则

$$d_{ij}=\frac{x_{ij}-m_j}{M_j-m_j},\quad i=1,2,\cdots,n;j=1,2,\cdots,m \tag{12.8}$$

上式是对正指标而言的功效系数公式，满足 $0\leqslant d_{ij}\leqslant 1$。当 x_{ij} 达到最佳值 M_j 时，$d_{ij}=1$；当 x_{ij} 达到最差值 m_j 时，$d_{ij}=0$；x_{ij} 离最佳值 M_j 越近，d_{ij} 越接近 1，反之，越接近 0。

对于逆指标，如果还未进行正指标化处理，则相应的功效系数计算公式应为：

$$d_{ij}=\frac{M_j-x_{ij}}{M_j-m_j},\quad i=1,2,\cdots,n;j=1,2,\cdots,m \tag{12.9}$$

上式同样满足 $0\leqslant d_{ij}\leqslant 1$。由于逆指标的取值越小越好，所以当 x_{ij} 取得最小值 m_j 时，$d_{ij}=1$；当 x_{ij} 取得最大值 M_j 时，$d_{ij}=0$；x_{ij} 离最佳值 m_j 越近，d_{ij} 越接近 1，反之，越接近 0。

可见，我们可以从 d_{ij} 值的大小来比较评价对象 i 接近第 j 项指标满意值的程度，d_{ij} 值越大越理想。通过上面两个公式进行无量纲化，当指标实际值达到最差状态时，功效系数值为 0，这可能给指标评价值的综合带来不便。为解决这个问题，可以采用改进的功效系数法，相应的计算公式为：

$$\text{正指标}: d_{ij}=\frac{x_{ij}-m_j}{M_j-m_j}\times 40+60,\quad i=1,2,\cdots,n;j=1,2,\cdots,m \tag{12.10}$$

$$\text{逆指标}: d_{ij}=\frac{M_j-x_{ij}}{M_j-m_j}\times 40+60,\quad i=1,2,\cdots,n;j=1,2,\cdots,m \tag{12.11}$$

根据改进的功效系数法进行无量纲化，则 d_{ij} 的取值在 60～100 之间。当 x_{ij} 为不允许值时，d_{ij} 等于 60；当 x_{ij} 取满意值时，d_{ij} 等于 100。一般情况下，大部分指

标值都介于允许状态和满意状态之间，相应的指标评价值就在60～100之间，这和以60为及格、100为满分的评分习惯相符，简明直观，适用性强。

3. 标准化处理法

当评价指标的实际值呈正态分布时，可利用指标的均值和标准差对数据进行标准化处理，使之转化为服从均值为0，标准差为1的标准正态分布的无量纲指标评价值。一般习惯用 z_{ij} 表示第 i 个评价对象第 j 个指标标准化后的评价值，其标准化公式如下：

$$z_{ij}=\frac{x_{ij}-\overline{x}_j}{\sigma_j},\quad i=1,2,\cdots,n;\ j=1,2,\cdots,m \tag{12.12}$$

式中，$\overline{x}_j$，σ_j 分别表示第 j 个指标的均值和标准差。

采用标准化法进行指标的无量纲化处理，所得的指标评价值 z_{ij} 总是分布在0的两侧，当指标实际值大于均值时，所得的评价值大于0，反之则小于0，并且实际值离均值越远，所得评价值的绝对值越大。事实上，z_{ij} 的绝对值表明了指标实际值与均值的距离对比该指标标准差的倍数。根据正态分布的理论，指标实际值与均值的离差大于3倍标准差的概率仅为0.27%，即大部分指标评价值 z_{ij} 都落在［－3，3］的区间内。

对正指标而言，z_{ij} 值越大越好。对于逆指标，若未事先正指标化，则可以令

$$z_{ij}=\frac{\overline{x}_j-x_{ij}}{\sigma_j},\quad i=1,2,\cdots,n;j=1,2,\cdots,m \tag{12.13}$$

以确保不同指标评价值的类型一致，以便综合汇总。

标准化处理与相对化处理法及功效系数法最大的不同在于：第一，它利用了原始数据的所有信息；第二，它要求样本容量较大。

【例 12-1】 对表12-1中5个国家的现代化指标数据进行无量纲化处理。

解：现代化指标数据的无量纲化处理适合采用相对化方法来进行，可以采用指标平均值作为对比基准，则相对化后的评价值表示各项指标值与平均值的比值，有实际意义，便于综合与理解。表12-1中各项评价指标的平均值是从中国知网“中国经济大数据研究平台”中选取部分发达国家和中国的最新统计数据平均得到的（见表12-2）。表12-2中5国的数据正是以各项指标平均值作为对比基准，采用相对化方法无量纲化得到的指标评价值。评价指标中，“第一产业占GDP比重”取值越小越好，为逆指标，采用式（12.5）进行相对化处理，其余指标用式（12.4）进行相对化处理。从表12-2中可以看出：按照英克尔斯提出的指标体系衡量，我国除了非第一产业就业人数比重大于1，以及出生时预期寿命、15岁以上成人识字率两项评价指标的评价值大于0.9，其余指标评价值均较低，说明我国各项现代化指标与发达国家平均水平有较大差距。而日、美、英、澳等国各项指标评价值多数大于1，说明其相应的现代化指标高于国际平均水平。

表 12-2　　利用相对化方法计算的指标评价值x_{ij}^{*}

国别	购买力法人均 GNP（国际元）	第一产业占 GDP 比重（%）	第三产业占 GDP 比重（%）	非第一产业就业人数比重（%）	城市人口占总人口比重（%）	出生时预期寿命（岁）	15 岁以上成人识字率（%）	大学生粗入学率（%）	千人拥有医生数（人）
平均值$\bar{x}_j$	43 297.65	2.08	73.16	96.46	81.85	81.56	98.09	69.80	3.26
中国	0.30	0.22	0.64	1.01	0.71	0.93	0.98	0.43	0.59
日本	0.88	1.89	0.99	1.00	1.15	1.02	1.01	0.89	1.21
美国	1.29	1.38	1.07	1.02	1.00	0.97	1.01	1.28	1.06
英国	0.91	2.97	1.07	1.03	1.01	0.99	1.01	0.86	1.13
澳大利亚	1.03	0.83	0.97	1.01	1.10	1.01	1.01	1.27	1.39

说明：以上均值是中国、日本、美国、英国、澳大利亚、德国、法国、意大利、加拿大、新加坡、西班牙、瑞士、瑞典、希腊、新西兰、比利时、荷兰、葡萄牙 18 个国家所能得到的最新数据的均值。

第三节　权重的确定与评价结果的综合

一、确定权重的基本方法

对评价指标体系中各指标的实际值 x_{ij} 进行类型一致化和无量纲化处理后，就得到了评价对象各指标的评价值 x'_{ij}（x'_{ij} 表示第 i 个评价对象第 j 项指标的评价值）。由于不同的评价指标相对于某种评价目的而言，其相对重要性是不同的，因此必须对各指标评价值赋予不同的权重系数再进行综合。用 w_j 表示第 j 项指标的相对重要程度，称为第 j 项指标的权重系数。w_j 一般用相对数表示，且满足 $0<w_j<1$，$\sum_{j=1}^{m} w_j = 1$（m 为评价指标的个数）。

（一）主观赋权法

主观赋权法是由参与赋权的人根据自己的判断给出指标的权重。常见的主观赋权法有专家意见法和层次分析法。专家意见法也称德尔菲（Delphi）法，其特点在于集中专家的经验与意见，确定各指标的权重，并在不断的反馈和修改中得到比较满意的结果。下面重点介绍层次分析法。

层次分析法（analytical hierarchy process，AHP）确定权数是一种在专家进行定性分析的基础上结合定量分析的赋权方法。设有 m 个评价指标，它们对于某个评价目的的重要程度分别可以用权重系数 w_1，w_2，…，w_m 来表示，在这里，权重向量 $\mathbf{w}=(w_1, w_2, \cdots, w_m)'$ 是未知的，可以利用层次分析法来求解，具体步骤如下。

1. 建立判断矩阵

将 m 个评价指标关于评价目的的重要程度按给定的比例标度进行两两比较，所得的结果用 a_{ij} 表示，则 a_{ij} 的赋值即表示第 i 个指标与第 j 个指标重要程度之比

(w_i/w_j) 的估计值。将指标重要程度两两比较的结果用矩阵表示，就形成判断矩阵 $\boldsymbol{A}$。

$$\boldsymbol{A}=\begin{bmatrix} \frac{w_1}{w_1} & \frac{w_1}{w_2} & \cdots & \frac{w_1}{w_m} \\ \frac{w_2}{w_1} & \frac{w_2}{w_2} & \cdots & \frac{w_2}{w_m} \\ \vdots & \vdots & & \vdots \\ \frac{w_m}{w_1} & \frac{w_m}{w_2} & \cdots & \frac{w_m}{w_m} \end{bmatrix}=\begin{bmatrix} a_{11} & a_{12} & \cdots & a_{1m} \\ a_{21} & a_{22} & \cdots & a_{2m} \\ \vdots & \vdots & & \vdots \\ a_{m1} & a_{m2} & \cdots & a_{mm} \end{bmatrix} \tag{12.14}$$

矩阵 $\boldsymbol{A}$ 中的元素满足 $a_{ij}>0$，$a_{ii}=1$，$a_{ji}=\frac{1}{a_{ij}}$ $(i,\ j=1,\ 2,\ \cdots,\ m)$。第一行的各元素 a_{1j} 分别表示第一个指标与其他指标的相对重要程度之比，其余各行元素的含义以此类推。

严格来说，判断矩阵 $\boldsymbol{A}$ 中的元素还应满足一致性条件，即

$$a_{ij}=a_{ik}/a_{jk} \text{或} a_{ij}a_{jk}=a_{ik}, \quad i,j,k=1,2,\cdots,m \tag{12.15}$$

否则，就可能出现指标 i 比指标 j 重要，指标 j 比指标 k 重要，而指标 i 却不比指标 k 重要的矛盾情况。在实际操作中，判断矩阵可以通过专家意见法得到。

2. 计算权重向量

对判断矩阵 $\boldsymbol{A}$ 中各行元素求几何平均值，得

$$\bar{a}_i=\left(\prod_{j=1}^{m}a_{ij}\right)^{1/m}, \quad i=1,2,\cdots,m \tag{12.16}$$

再对 $\bar{a}_i$ 归一化处理，即可得指标 i 的权重系数，容易证明

$$w_i=\frac{\bar{a}_i}{\sum_{i=1}^{m}\bar{a}_i}, \quad i=1,2,\cdots,m \tag{12.17}$$

显然，$0<w_i<1$，$\sum_{i=1}^{n}w_i=1$。

【例12-2】 假设某项综合评价项目的评价指标体系包含4个指标，分别用 x_1，x_2，x_3，x_4 表示，要求用层次分析法求各指标的权重：w_1，w_2，w_3，w_4。

解： 假设通过德尔菲法得到的判断矩阵如下：

$$\boldsymbol{A}=\begin{bmatrix} 1 & 2 & 1/2 & 3 \\ 1/2 & 1 & 1/4 & 3/2 \\ 2 & 4 & 1 & 6 \\ 1/3 & 2/3 & 1/6 & 1 \end{bmatrix} \tag{12.18}$$

式中，矩阵第一行元素表示指标 x_1 的重要程度是其他指标重要程度的倍数，第二行元素表示指标 x_2 的重要程度是其他指标重要程度的倍数，以此类推。容易验证，式

（12.18）的矩阵满足式（12.15）的一致性条件。

根据式（12.16）求得矩阵 $\boldsymbol{A}$ 中各行元素的几何平均数，即

$$\bar{a}_1=\sqrt[4]{1\times2\times\frac{1}{2}\times3}\approx1.316 \qquad \bar{a}_2=\sqrt[4]{\frac{1}{2}\times1\times\frac{1}{4}\times\frac{3}{2}}\approx0.658$$

$$\bar{a}_3=\sqrt[4]{2\times4\times1\times6}\approx2.632 \qquad \bar{a}_4=\sqrt[4]{\frac{1}{3}\times\frac{2}{3}\times\frac{1}{6}\times1}\approx0.439$$

再根据式（12.17）对 $\bar{a}_i$（$i=1$，2，3，4）进行归一化处理，即可得到 x_i 的权重系数，即

$$w_1=\frac{\bar{a}_1}{\sum_{i=1}^{4}\bar{a}_i}=\frac{1.316}{5.045}\approx0.261 \qquad w_2=\frac{\bar{a}_2}{\sum_{i=1}^{4}\bar{a}_i}=\frac{0.658}{5.045}\approx0.130$$

$$w_3=\frac{\bar{a}_3}{\sum_{i=1}^{4}\bar{a}_i}=\frac{2.632}{5.045}\approx0.522 \qquad w_4=\frac{\bar{a}_4}{\sum_{i=1}^{4}\bar{a}_i}=\frac{0.439}{5.045}\approx0.087$$

则 x_1，x_2，x_3，x_4 四个指标的权重分别为：0.261，0.130，0.522，0.087。

（二）客观赋权法

由主观赋权法确定的权重系数真实与否，在很大程度上取决于专家的知识、经验和偏好。为了避免过多受主观因素的影响，人们提出了**客观赋权法**。

客观赋权法是根据对各评价指标的实际观测值进行统计分析，从中提取有用的信息来判别指标的效用价值，从而确定指标权数的方法。客观赋权法有许多种，如利用多元统计分析中的主成分分析和因子分析来确定权重的方法等。限于本书的程度，这里仅介绍实践中比较简便易用的变异系数法。

变异系数法的基本思想是：某指标的权重即指标在评价过程中的重要程度应是该指标在各个评价对象中取值变异程度的度量。如果一个指标对所有评价对象而言取值相差不大，那么该指标所能提供的信息就是极少的，其重要性就相对下降，因为对评价对象来说，有没有这个指标，对评价结果的影响将非常小。更极端的情况下，如果某项评价指标对所有评价对象而言是完全相同的，则无法区分优劣，那么该指标就对评价结果不起任何作用。相反，如果某项指标对评价对象而言完全不同，而且差异较大，那么该指标就能做到完全区分评价对象，从而对评价结果来说其重要程度也就大大提高了。

用变异系数法确定各指标权重的一般步骤如下：

（1）分别计算第 j 个指标在 n 个评价对象中取值的平均数和标准差。

$$\bar{x}_j=\frac{\sum_{i=1}^{n}x_{ij}}{n},\quad j=1,2,\cdots,m \tag{12.19}$$

$$\sigma_j = \sqrt{\frac{\sum_{i=1}^{n}(x_{ij} - \overline{x}_j)^2}{n}}, \quad j=1,2,\cdots,m \tag{12.20}$$

（2）分别计算第 j 个指标的变异系数。

$$V_j = \frac{\sigma_j}{\overline{x}_j}, \quad j=1,2,\cdots,m \tag{12.21}$$

（3）对各指标的变异系数进行归一化处理，即得各指标的权重系数。

$$w_j = \frac{V_j}{\sum_{j=1}^{m} V_j}, \quad j=1,2,\cdots,m \tag{12.22}$$

【例 12－3】 根据表 12－1 中的数据用变异系数法确定各指标的权重。

解： 根据式（12.19）至式（12.22）计算各指标的权重，结果列于表 12－3 中。从表中各指标的变异系数和相对应的权重可以看出，在各国间差异较大的“第一产业占 GDP 比重”指标在评价中被赋予的权重最大，而各国间差异较小的“非第一产业就业人数比重”、“城市人口占总人口比重”、“出生时预期寿命”和“15 岁以上成人识字率”等指标被赋予较小的权重。

表 12－3　　用变异系数法确定的现代化评价指标权重

	购买力法人均 GNP（国际元）	第一产业占 GDP 比重（%）	第三产业占 GDP 比重（%）	非第一产业就业人数比重（%）	城市人口占总人口比重（%）	出生时预期寿命（岁）	15 岁以上成人识字率（%）	大学生粗入学率（%）	千人拥有医生数（人）
平均数 $\overline{x}_j$	43 297.65	2.08	73.16	96.46	81.85	81.56	98.09	69.80	3.26
标准差 σ_j	13 788.81	2.01	7.45	2.59	10.76	1.72	1.47	18.12	0.93
变异系数 v_j	0.32	0.97	0.10	0.03	0.13	0.02	0.02	0.26	0.29
权数 w_j	0.15	0.45	0.05	0.01	0.06	0.01	0.01	0.12	0.13

二、评价结果的综合

评价结果的综合就是要通过一定的数学模型，把评价对象多个指标的评价值合成一个整体性的**综合评价值**，以便对评价对象做出**综合评判**。概括地说，就是要构造综合评价模型 $y_i=f(w,\ x_i)$ $(i=1,\ 2,\ \cdots,\ n)$，其中，y_i 为第 i 个评价对象的综合评价值，$\boldsymbol{w}=(w_1,\ w_2,\ \cdots,\ w_m)'$ 为 m 个指标的权重向量，$\boldsymbol{x}_i=(x_{i1},\ x_{i2},\ \cdots,\ x_{im})'$ $(i=1,\ 2,\ \cdots,\ n)$ 为第 i 个评价对象 m 个指标的评价值向量（经过指标类型一致化和无量纲化处理）。根据 y_i 值的大小，可以对评价对象的整体状况进行综合评价，也可在评价对象间进行排序或分类。

综合评价模型有多种，本书仅介绍几种常规的综合方法。

（一）算术加权综合法

算术加权综合法也称加法模型，是指对各指标评价值进行加权算术平均求综合评价值，即

$$y_i = \sum_{j=1}^{m} w_j x_{ij}, \quad i=1,2,\cdots,n \tag{12.23}$$

式中，y_i为第 i 个评价对象的综合评价值；w_j为第 j 个指标的权重，满足 $0<w_j<1$，$\sum_{j=1}^{m} w_j = 1$；x_{ij} 为经过指标类型一致化和无量纲化后的指标评价值。一般来说，综合评价值越大越好，可以通过各评价对象 y_i值的大小进行评判。

算术加权综合法具有两个重要的特性：首先，该方法更适用于各评价指标间相互独立的场合，若指标间不独立，则加权求和的结果必然导致各指标所提供的评价信息的重复，也就难以反映客观实际；其次，用该方法求综合评价值可使各指标评价值间得以线性补偿，即只要有一个指标评价值足够大，而不管其他指标评价值的大小，都可以使最终的综合评价结果取得较理想的数值，这可能导致综合评价结果无法准确反映评价对象均衡发展的状况。

（二）几何加权综合法

几何加权综合法也称乘法模型，是指对各指标评价值进行加权几何平均求综合评价值，即

$$y_i = \sqrt[\sum_{j=1}^{m} w_j]{\prod_{j=1}^{m} x_{ij}^{w_j}} = \prod_{j=1}^{m} x_{ij}^{w_j}, \quad i=1,2,\cdots,n \tag{12.24}$$

式中，$\sum_{j=1}^{m} w_j = 1$。若指标评价值 x_{ij} 都正指标化，则综合评价值 y_i越大越好。

相对于算术加权综合法，几何加权综合法的适用场合正好相反，它适用于各指标间有较强关联的场合，这是由乘积运算的性质决定的；另外，几何加权综合法中更突出评价指标中评价值小的指标的作用，只要有一个指标评价值接近零，则无论其他指标评价值有多大，评价对象的综合评价值也将迅速地趋于零，这说明几何加权综合法更能体现评价对象整体均衡发展的状况。如果对考核评价的一些重要指标需要采用所谓“一票否决”的方式，则应利用该方法进行。

下面通过一个具体的例子来说明两种指标综合方法的应用。

【例 12-4】 根据表 12-3 中确定的权数，分别用算术加权综合法和几何加权综合法对表 12-2 中相对化法得到的指标评价值进行综合，求表 12-2 中 5 国现代化水平的综合评价值。

解： 表 12-2 中各国的指标评价值是以先进国家各指标的国际平均水平作为基准对比得到的，因此，最后综合的结果也就说明了表中各国现代化水平相对于国际现代化平均水平的对比程度（见表 12-4）。以中国为例，对表 12-2 中的相对化指

标评价值运用表 12－3 中确定的权数进行算术加权平均，得

$$y_{中国}=0.30\times0.15+0.22\times0.45+\cdots+0.43\times0.12+0.5\times0.13=38.21\%$$

用几何加权平均，得

$$y_{中国}=0.33^{0.22}\times0.92^{0.19}\times\cdots\times0.48^{0.15}\times0.76^{0.17}=34.05\%$$

两种综合方法都说明我国的现代化综合水平仅达到发达国家平均水平的 35%左右，尚处于较低的水平。英国、日本、美国的现代化程度则远远高于平均值，处于领先地位。

表 12－4　算术加权综合法与几何加权综合法的现代化水平综合评价结果

国别	算术加权综合评价值	排名	几何加权综合评价值	排名
中国	0.382 1	5	0.340 5	5
日本	1.410 4	2	1.337 1	2
美国	1.262 8	3	1.254 0	3
英国	1.884 2	1	1.618 7	1
澳大利亚	1.017 7	4	0.998 1	4

（三）TOPSIS 综合评价法

TOPSIS（technique for order preference by similarity to ideal solution）**综合评价法**也称理想点法，其基本思想是：将评价对象看成是由反映其整体状况的多个指标值在高维空间中决定的一个点，综合评价问题就转化成对各评价对象在高维空间中所对应点的评价或排序，这就需要事先确定一个参考点，以此为标准对各评价对象所对应点的优劣做出评价。通常，参考点有正理想点和负理想点之分，距离正理想点越近越好，距离负理想点越远越好。可以通过衡量评价对象的对应点与正理想点的相对接近度来对评价对象的综合状况做出评判。基本步骤如下：

（1）对指标实际值预处理求指标评价值，TOPSIS 法一般用式（12.7）的相对化方法进行指标的无量纲化，即 $x_{ij}^*=\dfrac{x_{ij}}{\sqrt{\sum\limits_{i=1}^{n}x_{ij}^2}}$ $(j=1,2,\cdots,m)$，若 x_{ij} 为逆指标，则取负数正指标化后再按上式进行无量纲化处理。

（2）对各指标评价值加权，令

$$u_{ij}=w_jx_{ij}^*,\quad i=1,2,\cdots,n;j=1,2,\cdots,m \tag{12.25}$$

式中，u_{ij} 为第 i 个评价对象第 j 项指标的加权评价值；w_j 为第 j 项指标的权重。

（3）确定参考点：**正理想点**和**负理想点**。如果指标都已正指标化，则可以用各指标加权评价值中的最大值构成正理想点，以各指标加权评价值中的最小值构成负理想点，分别用 u^+ 和 u^- 表示，即

$$u^{+}=(u_1^{+},u_2^{+},\cdots,u_m^{+}),\quad u^{-}=(u_1^{-},u_2^{-},\cdots,u_m^{-}) \tag{12.26}$$

式中

$$u_j^{+}=\max_{1\leqslant i\leqslant n}\{u_{ij}\},\quad u_j^{-}=\min_{1\leqslant i\leqslant n}\{u_{ij}\},\quad j=1,2,\cdots,m \tag{12.27}$$

（4）分别计算各评价对象对应点到正理想点和负理想点的距离及评价对象对应点到正理想点的相对接近度。一般采用**欧氏距离**，即

$$D_i^{+}=\sqrt{\sum_{j=1}^{m}(u_{ij}-u_j^{+})^2},\quad i=1,2,\cdots,n \tag{12.28}$$

$$D_i^{-}=\sqrt{\sum_{j=1}^{m}(u_{ij}-u_j^{-})^2},\quad i=1,2,\cdots,n \tag{12.29}$$

式中，D_i^{+}为第i个评价对象的对应点到正理想点的距离，D_i^{+}值越小越好，表明第i个评价对象的对应点距离正理想点越近；D_i^{-}为第i个评价对象的对应点到负理想点的距离，D_i^{-}值越大越好，表明第i个评价对象的对应点距离负理想点越远。因此，可以用评价对象的对应点与正理想点的相对接近度来衡量评价对象综合表现的优劣，用公式表示为：

$$y_i=\frac{D_i^{-}}{D_i^{+}+D_i^{-}},\quad i=1,2,\cdots,n \tag{12.30}$$

式中，y_i为第i个评价对象与正理想点的相对接近度。从公式可以看出，y_i值越大，第i个评价对象与负理想点的相对距离越远，从而与正理想点的相对接近度越大，说明评价对象的综合表现越好。

请扫描二维码，获取资源：参考12.2《美国新闻与世界报道》的大学排名

读者可以试着根据表12-2中的指标评价值和表12-3中确定的权重，采用TOPSIS综合评价法计算各国的现代化综合评价值，并与例12-4中的结果进行比较。

□ 本章小结

（1）统计综合评价是根据研究的目的建立一个统计指标体系，对现象发展的多个方面分别给予定量描述，并在此基础上，综合各个指标所提供的信息，得到一个综合评价值，对研究对象做出整体性的评判，以此进行横向或纵向的比较。

（2）综合评价方法的基本步骤为：确定评价指标体系；评价指标的规范化；确定各评价指标的权重系数；确定综合评价的方法模型。

（3）数据预处理包括评价指标类型一致化和指标的无量纲化，得到指标的评价值。常用的方法有相对化处理法、功效系数法和标准化法。

对于正指标，相应的计算公式有：

$$x_{ij}^{*}=\frac{x_{ij}}{x_j^{*}};\ d_{ij}=\frac{x_{ij}-m_j}{M_j-m_j}\times 40+60;\ z_{ij}=\frac{x_{ij}-\bar{x}_j}{\sigma_j}$$

对于逆指标，相应的计算公式有：

$$x_{ij}^{*}=\frac{x_j^{*}}{x_{ij}}；d_{ij}=\frac{M_j-x_{ij}}{M_j-m_j}\times 40+60；z_{ij}=\frac{\overline{x}_j-x_{ij}}{\sigma_j}$$

（4）指标权重的确定有主观赋权法如层次分析法（AHP）和客观赋权法如变异系数法。

1）层次分析法：对判断矩阵 $\boldsymbol{A}$ 中各行元素求几何平均值，得 $\overline{a}_i=\left(\prod_{j=1}^{m}a_{ij}\right)^{1/m}$，再对 $\overline{a}_i$ 归一化处理，即可得到指标 i 的权重系数，即 $w_i=\frac{\overline{a}_i}{\sum_{i=1}^{m}\overline{a}_i}$。

2）变异系数法：分别计算第 j 个指标的变异系数 $V_j=\frac{\overline{x}_j}{\sigma_j}$，对各指标的变异系数进行归一化处理，即得各指标的权重系数 $w_j=\frac{V_j}{\sum_{j=1}^{m}V_j}$。

（5）评价结果的常规综合方法有三种。

1）算术加权综合法：$y_i=\sum_{j=1}^{m}w_jx_{ij}$。

2）几何加权综合法：$y_i=\sqrt[\sum_{j=1}^{m}w_j]{\prod_{j=1}^{m}x_{ij}^{w_j}}=\prod_{j=1}^{m}x_{ij}^{w_j}$。

3）TOPSIS 综合评价法：对指标无量纲化得 $x_{ij}^{*}=\frac{x_{ij}}{\sqrt{\sum_{i=1}^{n}x_{ij}^2}}$；对各指标评价值加权得 $u_{ij}=w_jx_{ij}^{*}$；确定正理想点和负理想点分别为 $u^{+}=(u_1^{+},u_2^{+},\cdots,u_m^{+})$，$u^{-}=(u_1^{-},u_2^{-},\cdots,u_m^{-})$，其中，$u_j^{+}=\max\limits_{1\leqslant i\leqslant n}\{u_{ij}\}$，$u_j^{-}=\min\limits_{1\leqslant i\leqslant n}\{u_{ij}\}$；计算样本点与正理想点的相对接近度 $y_i=\frac{D_i^{-}}{D_i^{+}+D_i^{-}}$，其中，$D_i^{+}=\sqrt{\sum_{j=1}^{m}(u_{ij}-u_j^{+})^2}$，$D_i^{-}=\sqrt{\sum_{j=1}^{m}(u_{ij}-u_j^{-})^2}$。比较 y_i 值的大小，y_i 值越大说明第 i 个评价对象综合表现越好。

（6）统计综合评价的结果随评价指标体系、各指标的权重和综合方法的选择而有所不同。

□ 思考与练习

一、选择题

1. 以下反映居民生活质量现代化程度的指标中，逆指标有（　　）。

A. 城镇居民人均生活消费　　　　B. 城镇居民的恩格尔系数

C. 城镇登记失业率　　　　D. 居民收入的基尼系数

E. 城镇居民中20%高收入户的平均收入与20%低收入户的平均收入之比

2. 若评价指标体系中指标的取值允许出现负值，则可以采用的无量纲公式有（　　）。

A. $x_{ij}^*=\frac{x_j^*}{x_{ij}}$

B. $x_{ij}^*=\frac{x_{ij}}{\sqrt{\sum_{i=1}^{n}x_{ij}^2}}$

C. $x_{ij}^*=\frac{x_{ij}}{\sum_{i=1}^{n}x_{ij}}$

D. $z_{ij}=\frac{x_{ij}-\overline{x}_j}{\sigma_j}$

E. $d_{ij}=\frac{M_j-x_{ij}}{M_j-m_j}$

3. 以下对指标权重的赋值中正确的一组是（　　）。

A. 0.3　0.5　0.1

B. 1.2　−0.5　0.3

C. 0　0.5　0.5

D. 0.25　0.35　0.4

4. 以下关于指标评价值综合方法的说法正确的有（　　）。

A. 算术加权综合法适用于各评价指标间相互独立的场合

B. 几何加权综合法适用于各评价指标间关联性较强的场合

C. 算术加权综合法更能反映评价对象均衡发展的状况

D. 几何加权综合法更能反映评价对象均衡发展的状况

E. 不同的综合评价方法所得的评价结果相同

5. TOPSIS 综合评价模型 $y_i=\frac{D_i^-}{D_i^++D_i^-}$ 中，D_i^+ 与 D_i^- 分别表示第 i 个评价对象的对应点到正理想点与负理想点的距离，则关于综合评价值 y_i 的说法中正确的有（　　）。

A. D_i^+ 值越大越好

B. D_i^- 值越小越好

C. y_i 值越大越好

D. y_i 值越小越好

二、计算题

1. 假设有四个反映现象同一侧面的同类指标，现根据历史资料建立相关系数矩阵如表 12－5 所示，试根据相关系数矩阵从四个指标中选取一个典型的代表性指标。

表 12－5

指标	1	2	3	4
1	1	0.85	0.81	0.72
2		1	0.55	0.56
3			1	0.62
4				1

2. 设某评价指标体系包含三个主要指标 X_1，X_2，X_3，专家给出的判断矩阵为 $\boldsymbol{A}=\begin{bmatrix}1 & 1/2 & 1/3\\ 2 & 1 & 2/3\\ 3 & 3/2 & 1\end{bmatrix}$，试采用层次分析法确定各指标权重系数。

3. 试根据表12－1中的数据，采用标准化无量纲化法进行指标预处理再进行综合评价，并比较所得的指标评价值和综合评价值与相对化无量纲化法得到的结果有何区别与联系。

请扫描二维码，获取资源：
参考12.3　第十二章习题详解

第十三章 Chapter 13 国民经济统计基础知识

周立波关于GDP的笑话讲得对不对

知名艺人周立波在其海派清口节目《一周立波秀》中曾经讲了一个关于国内生产总值（GDP）的笑话。他说，有两个富豪，在一家高档饭店用餐。甲对乙说："如果你敢在饭店里裸奔一圈，我就给你5 000万元。"乙想，这么容易就能赚到5 000万元，不是很划算吗？于是真的脱光衣服在饭店跑了一圈，然后到甲面前拿钱。甲就写了一张5 000万元的支票给乙。过了一会儿，两个人心里都有点不平衡。甲觉得白白损失了5 000万元。乙觉得虽然赚了5 000万元，但是赤身裸体跑了一圈，感到有点丢脸。为了找回平衡，乙就对甲说："如果你也敢在饭店裸奔一圈，我也给你5 000万元。"甲真的也脱光衣服在饭店里跑了一圈。按理说，这下两个人应该平衡了吧？但是，他们越琢磨越觉得不对劲，两个人的财产一点也没增加，反而每个人丢了一次人。这时来了一位经济学家，听了他们的诉说，泪流满面地说："你们应该高兴啊！你们仅仅裸奔了两次，就为我们的国家贡献了一个亿的GDP啊！"这个关于GDP的笑话讽刺得可谓辛辣，但是，其对GDP的理解是否正确，需要做认真的思考。

本书前面各章介绍了各种统计方法。要在经济管理领域更好地发挥统计的作用，仅掌握一般的统计方法是不够的，还必须解决如何科学地测度社会经济现象即如何科学地设置和计算有关指标的问题。要对社会经济问题进行深入的统计分析，必须了解各种经济社会统计信息之间的内在联系、计算口径和来龙去脉，如果不能做到这一点，统计数据就会失去其应有的价值，统计方法也将失去用武之地。本章将着重从如何理解和使用经济统计数据的角度，扼要介绍有关国民经济统计的基础知识，并重点论述应如何正确地看待和应用GDP指标。相信通过本章的学习，读者能够对周立波关于GDP的笑话做出正确的评价。

第一节 国民经济统计的主要内容和基本原则

一、国民经济运行与国民经济核算

国民经济统计也称国民经济核算，它是以国民经济整体为对象进行的一种统计核算。

国民经济的概念通常包括两个互有联系的方面：从横向来看，国民经济是由全社会各单位、各部门构成的有机整体；从纵向来看，上述各经济单位和部门所从事的各种各样的经济活动——生产、分配、流通和使用彼此依存、相互衔接、不断循环，形成国民经济的运行或社会再生产过程。因此，也可以说，国民经济就是社会再生产各环节的总和，是一个不断循环的宏观经济运行过程。

为了进行科学的宏观经济管理，首先必须确定切实可行的量化目标，这些目标应该可以实际操作；其次，还需要掌握大量翔实的客观资料，严密监测国民经济的运行情况，并运用各种杠杆进行宏观经济调控。显然，只有通过国民经济统计来收集、整理并科学地组织大量丰富的数据资料，对其进行全面、深入的分析研究，才能合理地制定宏观经济管理的目标，正确地把握国民经济运行的基本状况和发展趋势，发现问题，提出对策，做到目标可行、判断有据、调控有度。正因为如此，国民经济统计作为宏观经济管理和分析的必要手段之一，受到世界各国的高度重视，并已成为各国政府统计的一项重要内容。

二、我国国民经济核算体系的基本框架

现代国民经济统计的内容体系庞大复杂，必须借助一定的理论基础和方式加以组织，才能形成相应的国民经济核算体系。国民经济核算体系是国家或国际组织为统一规范国民经济核算而制定的一套宏观核算制度，它以一定的经济理论为基础，明确界定一系列宏观核算的概念、定义和规则，制定一套反映国民经济运行的指标体系、分类标准、核算方法和表现形式。按照这套方法制度，进行国民经济核算，可以得到国民经济运行的系统、详尽的数据，从而为国家宏观经济决策和调控提供重要依据。

我国现行的国民经济核算体系主要由基本核算表组成，通过表格的形式对国民经济运行过程及结果进行全面的描述。基本核算表所包含的五大核算是国民经济统计最基本的部分。限于篇幅，这里仅扼要介绍五大核算所包括的内容。

（1）国内生产总值核算。主要以国内生产总值为核心指标，对国民经济活动中的生产、消费、投资和进出口等基本经济总量进行全面、系统的核算，综合反映国民经济发展的规模、速度和结构。

（2）投入产出核算。它是国内生产总值核算的延伸，运用投入产出分析法，将

国民经济各部门生产中的各种投入品来源与产品去向，反映在纵横交错的棋盘式平衡表中。投入产出核算详细地反映国民经济各产品、部门之间互相依存的技术经济联系。

(3) 资金流量核算。以全社会资金运动为对象，核算各部门资金的来源和运用，反映全社会各种资金在各部门间的流量、流向，包括各部门收入的形成，初次分配、再分配及各部门资金余缺的调节和融通。

(4) 国际收支核算。以对外经济交易为对象，对一定时期一国与国外之间的贸易、非贸易往来和资本往来进行系统的核算，综合反映国家的国际收支平衡状况、收支结构和外汇储备状况。

(5) 资产负债核算。反映一个国家在一定时点上的国民经济资产和负债总量、结构，为研究国民财产状况和经济实力、制定产业发展政策和调整产业结构提供依据。

三、国民经济核算的基本原则

国民经济运行十分复杂，为了能从数量上对其进行准确的统计，有必要遵循以下基本原则。

(一) 常住经济单位原则

国民经济核算必须适当界定整个国民经济总体的范围。目前，国际上通行的界定原则是常住经济单位原则。所谓**常住经济单位**，是指在本国经济领土上具有经济利益中心的单位。这里需要注意两点：(1) 经济领土并不等于通常所说的地理或政治领土。前者在后者的基础上，还要加上一些本国在国外的领土飞地，其中主要包括驻外的使领馆、新闻或移民机构、科学考察站、援外机构以及军事基地，等等；另一方面，又要减去国外在本国类似的领土飞地。(2) 任何单位要成为某国的一个常住经济单位，还必须在该国的经济领土上具有经济利益中心，而经济利益中心则取决于机构单位在何处拥有相对固定的活动场所（如厂房、设施、住宅等），并长期（通常为一年以上）从事某种经济活动。可见，常住经济单位的定义实质上包含空间（经济领土）和时间（经济利益中心）两方面的规定，两者结合起来，共同决定了经济单位的常住属性的分析含义。

与常住经济单位相对应的概念就是非常住经济单位，自然，它们指的就是那些在本国的经济领土上不具有利益中心的经济活动单位。

一国的所有常住经济单位或所有机构部门构成该国的国民经济总体；而所有与常住单位发生经济往来或存在经济联系的非常住经济单位则统称为国外。常住经济单位在主权领土以外的生产活动仍然是本国的生产活动，属于本国国民经济核算的主体范围，而非常住经济单位在本国主权领土之内的生产活动则不属于本国的生产活动，不属于本国国民经济核算的主体范围。

（二）生产性和社会性原则

国民经济核算最核心的部分是要对社会产品的生产和再生产进行统计。对社会产品进行计量时，必须遵循生产性原则和社会性原则。

所谓生产性原则，是指国民经济核算应对生产活动的全部有效成果进行计量。我国现行的国民经济核算体系主张综合性生产的观点，即凡是能够提供社会所需要的商品和服务并消耗一定的人力、物力的活动都属于生产，都必须以适当方式对其活动成果进行统计。

所谓社会性原则，是指作为国民经济核算对象的生产活动成果还必须具有社会性，即这一成果不仅是生产者个人所需要的，而且是社会所需要的，是能得到社会承认的成果。在市场经济条件下，绝大多数生产属于市场化生产，其成果要通过市场交易提供给社会使用。可以说，凡是具有市场性的生产成果也都具有社会性。但现实中，也有一些活动属于非市场化的生产。这些活动成果有的具有社会性，如政府提供的公共服务、农民自产自用的产品等。为了便于进行历史对比及国际对比，具有社会性的非市场性成果仍应纳入考核的范围。对于一些暂时还不具备完全社会性的产品，如家庭成员自行完成的家务劳动等，目前尚未纳入国民经济核算。

按照生产性和社会性的原则，本章引例中周立波所说的两位富豪关于裸奔的打赌并不是社会所承认的生产活动，因此根本不属于核算的范围，也不可能被计入反映国民经济生产活动最终成果的指标。因此，周立波关于GDP的笑话实际上是对GDP的一种误解。

请扫描二维码，获取资源：参考13.1　无偿服务核算的意义

（三）平衡原则

国民经济核算是一个完整的体系，为了保证该核算体系内部逻辑的一致性，就必须维持一定的核算平衡关系。就整个社会再生产流程而言，生产的成果是社会产品，产品价值的一部分属于弥补中间消耗的价值，其他部分经过分配、再分配渐次形成各部门、各单位的收入。如果不考虑国际经济往来，由于能够分配的只是生产出来的社会产品的价值，生产多少，也就分配多少，因而，社会产品的生产总额与分配总额在数量上应该是相等的。从使用的角度看，如果不考虑进出口，生产的社会产品除了作为生产资料被消耗，一部分用于消费，另一部分用于投资（包括固定资产投资和库存的增加），社会产品使用的总额与社会产品的生产额也必然是相等的。因此，从理论上说，社会产品的生产、分配和使用三者在总量上应该是恒等或平衡的。这就是所谓的平衡原则，国外有的学者将这种关系称作**三方等价原理**。

毋庸置疑，在任何相对完备的国民经济核算体系中，上述原则都应得到适当的体现。不过，这并不意味着三方等价在国民经济核算中的实现是一件轻而易举的事情。在制定具体的核算处理方法时，还需要从核算体系的全局考虑问题，充分保证再生产各环节核算的整体性平衡。例如，在计量产出时如果包括农民自产自用的农

产品，那么，在计量使用时就应该将其计入最终使用的消费品总量中。只有这样，才能够从根本上保证再生产核算的三方等价和国民经济核算平衡原则的全面实现。

第二节 国民经济统计的主要分类

一、国民经济分类的作用

从数量上研究国民经济，不仅要把握其静态总量，而且要探寻其内部结构、数量关系和动态循环过程，这就必须对国民经济进行分类。通过分类，旨在将大量丰富的国民经济核算资料分门别类地加工整理，使之条理化、系统化。也只有以科学的国民经济分类为基础，才能正确地说明国民经济各部门、各环节、各要素、各方面的相互联系和比例关系，进而深刻地反映出国民经济的内在结构机制和运行规律。总之，国民经济分类是国民经济统计和宏观经济分析的重要基础性工作。

国民经济的分类并不是单一的、绝对的、固定不变的，而是多层次的、相对的、不断演进的。一方面，根据考核对象和研究目的不同，可以选择不同标志，从不同角度对国民经济进行分类，形成比较完整的国民经济分类体系；另一方面，国民经济的结构本身也是随着社会生产力水平和社会经济制度的不断发展而变化的，因而，国民经济分类和分类体系也要适时地反映出这种变化。

国民经济分类是一个涉及面广、内容复杂的问题。限于篇幅，这里仅介绍国民经济核算中一些最常用的重要分类。

二、机构部门分类

机构部门分类是对国民经济各常住单位，按其财务决策权进行分类的一种方法。分类的基本单位是能够拥有资产、承担负债、从事经济活动并与其他单位进行经济交易的实体。国民经济中的机构部门由常住机构单位构成。一个单位如果只有生产决策权而没有财务决策权，就只能作为经济活动部门的基本单位，不能作为机构部门分类的基本单位。

我国现行的国民经济核算体系中，常住机构单位分为以下四个机构部门。

（1）非金融企业部门。指主要从事各种非金融生产经营活动的独立核算企业所组成的部门。包括除金融服务企业之外的国有、集体、“三资”工商企业、建筑企业、运输邮电企业以及其他各种服务企业。

（2）金融机构部门。指主要从事金融中介活动的部门。包括从事资金借贷、保险业务、证券投资活动的银行、信用社、信托投资公司、保险公司、证券公司、租赁公司等各类金融机构。

（3）政府部门。指主要从事国家管理活动的中央政府行政机关、地方政府行政机关、军队、警察等。此外，还包括由国家财政差额预算拨款的非营利事业单位以及群众团体，如医院、学校、广播电视、科研机构和一些社团组织等。①

(4) 住户部门。包括以消费者身份出现的城乡居民户和从事各种生产经营活动的个体经营户。

三、活动部门分类

活动部门分类是从生产的角度，按各基层单位活动性质对常住单位的分类。一个企业，特别是一个大企业，可能同时从事不同的生产活动，如果只按主要活动对企业进行分类，就会产生某些企业生产的货物和服务活动不同质的情况，不利于对生产过程的技术经济联系进行分析。按活动部门分类，也就是对掌握生产经营决策权的基层单位进行分类。同一类性质活动的基层单位归并在一起，就形成产业部门或行业部门。但这种分类存在层次差别，根据分析的需要，可粗可细。主要有以下几种。

（一）三次产业分类

三次产业分类是由英国经济学家A. 费希尔（A. Fisher）于20世纪30年代提出的。三次产业是就产业形成的时序加以划分，同时也反映了劳动对象的特点及其满足人类需求的层次。人类最早形成的第一产业是以自然资源为对象的产业，包括农业和采掘业；以后相继出现了以农产品和采掘的矿产品为对象进行加工和再加工的第二产业，包括加工工业（制造业）和建筑业；第三产业提供各种服务产品，包括除第一、第二产业以外的所有行业。

三次产业分类在国际上已经通用，但各国的分类标准并不完全相同。我国现行的统计制度对三次产业做如下划分：

第一产业：农业（包括农业、林业、牧业、渔业等）；

第二产业：工业（包括采掘业、制造业、自来水、电力、蒸汽热水、煤气）和建筑业；

第三产业：除上述第一、第二产业以外的其他各业。

由于第三产业包括的行业多、范围广，根据我国的实际情况，第三产业具体又分为以下四个层次：

第一层次：流通部门，包括交通运输业、邮电通信业、商业、饮食业、物质供销和仓储业。

第二层次：为生产和生活服务的部门，包括金融业、保险业、地质普查业、房地产业、公用事业、居民服务业、旅游业、咨询服务业和各类技术服务业等。

第三层次：为提高科学文化水平和居民素质服务的部门。包括教育、文化、广播电视业，科学研究事业，卫生、体育和社会福利事业等。

第四层次：为社会公共需要服务的部门。包括国家机关、政党机关、社会团体

---

① 在国际的常用分类中，非营利组织是单独分类的。今后，随着我国经济和政治体制改革，事业单位等非营利组织可能也将从政府中划分出来，作为独立的机构部门。

及军队和警察等。

（二）国民经济行业分类

行业分类是一个相对完备的国民经济分类体系，是最为基本也是最为重要的国民经济分类。它是构成三次产业和其他一些重要的国民经济分类的基础。世界各国和联合国等国际组织都制定了专门的国民经济行业分类标准。

行业分类具有多层次的结构，便于灵活地进行相应的分解和归并处理，以满足国民经济管理和核算的各种需要。国民经济行业的分类对象是从事各种生产经营活动的所有经济主体的总和，其分类标志则是它们所从事的生产经营活动的经济性质。

随着经济的发展和社会的进步，一些旧的行业消亡，一些新的行业则不断出现。因此，国民经济的行业分类也必须与时俱进。我国的国民经济行业分类曾经做过多次修订。2017 年重新修订颁布的国家标准《国民经济行业分类》（GB/T 4754—2017）将国民经济划分为 20 个门类，然后再依次划分为 97 个大类、473 个中类和 1 381 个小类。

第三节　国民生产与使用核算

一、国内总产出

国内总产出是指一定时期内用货币计量的各单位、各部门生产的社会总产品的总量。

从实物形态看，社会生产活动的总成果即**社会总产品**①可分为货物和服务两大类。**货物**是生产出来满足人们需要的、能够确定其所有权的有形实体，如工业产品、农产品等。**服务**是直接用于满足使用者需要的无形产品，它的生产和使用过程是同时进行的，生产的完成也就是使用的结束，所以不能储存和脱离生产进行交易。从价值形态看，国内总产出是社会总产品完全价值的总和，其价值构成为：（1）生产资料转移价值 c，包括劳动手段转移价值（即固定资产折旧）c_1 和劳动对象转移价值（即中间消耗）c_2；（2）活劳动新创造的价值，包括必要劳动价值 v 和剩余劳动价值 m。

对于总产出，不同行业有不同的计算方法。如农业按产品法计算，工业按工厂法计算，建筑业按工程结算价款计算，商业按购销差价即毛利计算，营利性服务业按营业收入计算，非营利性服务业按经常费用支出计算，等等。

由于各部门、各单位之间存在相互提供、相互消耗产品的技术经济联系，每一部门或单位的产品价值中都会包括一些由其他部门或单位提供而被自己消耗的生产资料的转移价值。例如，棉农种植棉花，纺纱厂将棉花纺成纱线，织布厂将纱线织

① 本章所说的产品均包括货物与服务。

成布匹，印染厂将布匹印上各种花色，最后制衣厂用印染后的布匹裁制服装。在这个生产序列中，纱线的价值中包含棉花的价值，布匹的价值中包含纱线的价值，服装的价值中又包含布匹的价值。可见，当把各部门、各单位的产出综合为国内总产出时，其中就包括了生产资料转移价值的大量重复计算，并且这种重复计算的程度还与生产组织结构的变化有关。因此，国内总产出只是一个有关国民经济生产过程的总周转量指标，它能够表明全社会生产活动的总规模，并用于对国民经济各部门间的技术经济联系进行投入产出分析，但是，它不能说明国民经济生产活动的最终成果。

二、国内生产总值

（一）基本概念

国内生产总值（gross domestic product，GDP）是用货币计量的由本国常住单位所创造的社会最终产品的总量，同时又是全社会各常住单位所创造的增加值的总和。

从实物运动角度看，在国民经济中，生产活动的成果可以分为两类，一类叫作中间产品，另一类叫作最终产品。**中间产品**是本期生产出来，并在本期再次投入生产活动作为原材料、燃料、动力、辅助材料的产品。**最终产品**则是指本期生产，本期不再加工，可供社会最终消费、使用或者库存的产品。这里需要指出的是：一种产品究竟属于中间产品还是最终产品，应从全社会的角度，根据产品的实际经济用途来确定。以煤炭为例，如果在生产过程中用作燃料或原料，它是中间产品；如果被居民用来做饭取暖，或者用于增加物资储备、出口等，则属于最终产品。国民经济生产活动的目的是为社会和居民提供可供最终消费和使用的产品，中间产品只是在国民经济再生产过程中循环，为最终产品的生产而出现的过渡性产品，所以只有社会最终产品才是国民经济生产活动的最终有效成果。国内生产总值反映的就是一国的常住单位为社会提供的全部最终产品的总量。

从价值的角度看，国民经济生产活动中的价值也可以分为两种：一种是中间消耗价值，一种是增加值。**中间消耗价值**（c_2）是在生产过程中消耗的产品的价值，它是上一个生产环节的活动成果；**增加值**则是在生产过程中把中间产品加工成最终产品所追加的价值。各常住单位创造的增加值反映了其为社会最终产品生产所做的贡献，国内生产总值反映的就是一国的各常住单位所创造的增加值的总和。

全社会的增加值总和等于全社会最终产品的价值。这个关系可通过表13-1来说明。

表13-1　　简单的价值型投入产出表

	部门1	部门2	…	部门	最终产品	总产品
部门1	x_{11}	x_{12}	…	x_{1n}	f_1	X_1
部门2	x_{21}	x_{22}	…	x_{2n}	f_2	X_2
⋮	⋮	⋮		⋮	⋮	⋮

续前表

	部门 1	部门 2	…	部门	最终产品	总产品
部门 n	x_{n1}	x_{n2}	…	x_{nn}	f_n	X_n
增加值	v_1	v_2	…	v_n		
总产值	X_1	X_2	…	X_n		

该表是一个简化的投入产出表。从横向看，该表反映各部门的产出及其使用去向。x_{ij}是第i部门生产提供给第j部门作为原材料的中间产品，f_i是第i部门生产的最终产品，X_i是第i部门生产的总产品。其平衡关系为：中间产品＋最终产品＝总产品，即有

$$\sum_{j=1}^{n} x_{ij} + f_i = X_i, \quad i = 1,2,\cdots,n \tag{13.1}$$

从纵向看，该表反映各部门的价值构成。x_{ij}是第j部门生产过程中消耗第i部门产品的价值，v_j是第j部门的增加值，X_j是第j部门的总产值。其平衡关系为：中间消耗价值＋增加值＝总产值，即有

$$\sum_{i=1}^{n} x_{ij} + v_j = X_j, \quad j = 1,2,\cdots,n \tag{13.2}$$

$$\text{全社会最终产品价值} = \sum_{i=1}^{n} f_i = \sum_{i=1}^{n} X_i - \sum_{i=1}^{n}\sum_{j=1}^{n} x_{ij} \tag{13.3}$$

$$\text{全社会的增加值} = \sum_{j=1}^{n} v_j = \sum_{j=1}^{n} X_j - \sum_{j=1}^{n}\sum_{i=1}^{n} x_{ij} \tag{13.4}$$

因为$\sum_{i=1}^{n} X_i = \sum_{j=1}^{n} X_j$，$\sum_{i=1}^{n}\sum_{j=1}^{n} x_{ij} = \sum_{j=1}^{n}\sum_{i=1}^{n} x_{ij}$，所以，$\sum_{i=1}^{n} f_i = \sum_{j=1}^{n} v_j$。也就是，全社会最终产品的完全价值等于全社会各单位增加值的总和。

（二）主要作用

作为经济总量指标，国内生产总值指标具有显著的优越性：一是覆盖了国民经济各行各业；二是避免了中间消耗的重复计算，能确切地反映社会生产活动最终成果的价值量；三是能完整地反映社会最终产品的实物内容，因而能同时从生产、收入和最终使用的角度进行观察和计算；四是它具有国际可比性，被世界各国广泛采用。正因为如此，GDP 核算在国民经济统计中处于核心地位，是目前普遍使用的最重要的经济总量指标。萨缪尔森在《经济学》（第 16 版）中写道："如果没有诸如 GDP 这些核算经济总量的指标的话，政策制定者只能在杂乱无序的数据海洋中漂泊。GDP 及其相关数据资料就像灯塔一样，帮助政策制定者把经济驶向关键的目标。"GDP 及其核算方法被称为 20 世纪最伟大的发明之一。

然而，应当指出，国内生产总值指标并不是万能的。它的主要缺陷是：计算生产成果时，未将本来应该由企业承担却让外部承担的成本（如生产过程中自然资源的耗费和生态环境的破坏与污染等）加以抵扣。因此，如果片面追求国内生产总值，有可能以破坏自然资源和生态环境为代价，危及人类的健康和社会经济的可持

续发展。另外，该指标只是反映生产成果的指标，仅仅依靠该指标并不能全面反映经济效益、生产效率和社会福利。例如，由于质量原因，有些城市修筑的马路没多久就要拆除翻修。每次翻修都计算增加值，从而有可能使国内生产总值增加，而这并没有带来社会福利和财富的真实增加。因此，在经济管理中，一定要正确理解和使用国内生产总值指标。

（三）核算方法

国内生产总值可以从生产、分配和使用等角度，采用三种不同的方法来计算。关于分配法计算国内生产总值，我们将在第四节“国民分配核算”中介绍。这里，只就生产法与支出法做简要介绍。

1. 从生产角度计算国内生产总值

生产法的基本原理是：首先计算各单位或各部门的总产出，再从总产出中扣除相应单位或部门的中间消耗，求得各单位或部门的增加值，最后汇总所有单位或部门的增加值，得到国内生产总值，即

$$\begin{aligned} GDP &= \sum (\text{各单位或部门的总产出}-\text{该单位或部门的中间消耗}) \\ &= \sum \text{各单位或部门的增加值} \end{aligned} \tag{13.5}$$

2. 从使用角度计算国内生产总值

从社会产品最终使用去向，也就是从支出的角度来计算国内生产总值被称为支出法，其计算公式为：

$$\begin{aligned} GDP &= \left(\begin{matrix}\text{居民}\\\text{消费}\end{matrix}+\begin{matrix}\text{政府}\\\text{消费}\end{matrix}\right)+\left(\begin{matrix}\text{固定资产}\\\text{形成总额}\end{matrix}+\begin{matrix}\text{存货}\\\text{增加}\end{matrix}\right)+\text{出口}-\text{进口} \\ &= \text{最终消费支出}+\text{资本形成总额}+\text{货物和服务净出口} \end{aligned} \tag{13.6}$$

以上等式右边的项目反映了国内生产总值使用的三个去向，具体包括的内容是：

（1）最终消费支出又称总消费，分居民消费支出和政府消费支出两部分。居民消费是指常住住户对货物和服务的全部最终消费支出，政府消费是指政府部门为全社会提供公共服务的消费支出和免费或以较低价格向住户提供货物和服务的支出。

（2）资本形成总额又称总投资，包括固定资产形成总额和存货增加两部分。固定资产形成总额是常住单位建造、购置和转入的固定资产扣除销售和转出固定资产后的价值。存货增加包括原材料、燃料库存，生产单位产成品、半成品、在制品库存，销售单位商品库存期末价值减期初价值的差额。

（3）货物和服务净出口。指货物和服务出口额减进口额的差额。

根据国民经济核算的平衡原则，采用生产法和支出法计算的国内生产总值理论上应该相等。但在核算实践中，各种方法的资料来源不同、数据加工换算的方式不同，以及资料收集过程中难以避免的重复、遗漏和其他偏差，往往会使两者的实际

计算结果出现差异。表13－2是采用两种方法计算的我国2016年的国内生产总值。从中可以看出，该年度这两种方法的计算结果还存在较大的误差。

表13－2　2016年中国国内生产总值及其使用　单位：亿元

生产	金额	使用	金额
生产法国内生产总值	743 585.5	支出法国内生产总值	745 632.4
第一产业增加值	63 672.8	最终消费支出	399 910.1
第二产业增加值	296 547.7	居民消费	293 443.1
第三产业增加值	383 365	政府消费	106 467
		资本形成总额	329 137.6
		固定资本形成	318 083.6
		存货增加	11 054
		货物与服务净出口	16 584.7
		统计误差	−2 046.9

资料来源：根据国家统计局网站上的有关资料整理。

对于国内生产总值，西方国家通常以支出法的结果为准，通过“统计误差”项目调整其他方法的计算；而在我国，由于市场经济体制尚不成熟，使用环节的全面核算相对薄弱。特别是在对各地区的生产总值进行核算时，计算产品的净流出不仅包括对外国的进出口，还要考虑从本地区流入或流出到国内其他地区的产品，因而相当困难。相反，各主要部门和基层单位的生产核算和收入分配核算基础较好，因而多以生产法与收入法的计算结果为准。①

三、国内生产净值

国内生产净值（net domestic product，NDP）是本国常住单位新创造的价值总和。它等于国内生产总值减去全社会的固定资产折旧。固定资产折旧本质上仍然属于生产资料的转移价值，因此，国内生产总值是一个包含部分重复计算的社会生产成果指标，国内生产净值则是一个没有任何重复计算的社会新创成果的指标。但是，由于在实际核算中，固定资产损耗的影响因素很复杂，且具体的折旧计算方法又很多，每种方法都存在一定的假定性，全社会在计算折旧时也难以做到客观、统一。此外，在现实经济活动中，很难区分哪些产品属于新创的产品，也就是说，国内生产净值并没有完整的实物形态与之对应。这些都会在某种程度上影响到该指标的客观性和稳定性。所以，该指标只是作为国内生产总值核算的一个辅助指标。

① 目前，各地区生产总值支出构成中的“净流出”实际上是用按生产法或收入法计算的生产总值减去总消费和总投资后得到的，其中已经包含统计误差，因此，用生产法和支出法计算的地区生产总值完全相等。

第四节 国民分配核算

一、从分配角度计算国内生产总值

国内生产总值也可以从分配的角度进行核算，这一过程中得到的分项指标可以反映一个国家收入初次分配的基本状况。

GDP核算的分配法又称收入法，其基本思路是：从生产过程创造收入的角度，对常住单位增加值构成项目进行核算，其计算公式为：

$$增加值=劳动者报酬+生产税净额+营业盈余+固定资产折旧 \quad (13.7)$$

等式右边的四个项目分别反映了参与GDP初次分配的劳动者、政府和企业经营者三方各自在GDP初次分配中的所得份额以及应提取用于弥补固定资产损耗的价值。这四个项目的具体内容是：

（1）劳动者报酬。指劳动者因从事生产活动所获得的全部报酬，包括各种形式的工资、奖金和津贴，由单位支付的社会保险费等，还包括劳动者自产自用的产品价值。

（2）生产税净额。指各种生产单位向政府缴纳的生产税减去政府对企业的生产补贴以后的净值。生产税是政府对生产单位从事生产、销售和经营活动以及因为从事生产经营活动而使用生产要素所征收的各种税费。具体包括：销售税及附加、增值税，应缴纳的养路费、排污费和水费附加，烟酒专卖上缴政府的专项收入等。生产补贴与生产税相反，是政府对生产单位政策性的单方面收入转移，故而进行扣减处理。生产补贴具体包括政策性亏损补贴、外贸企业出口退税等。

（3）营业盈余。指常住单位创造的增加值扣除劳动者报酬、生产税净额和固定资产折旧后的余额。它相当于企业的经营利润加上生产补贴，但要扣除从利润中开支的工资和福利。营业盈余通常还要根据生产经营过程中各方提供的资本和财产要素进行分配，具体分配形式可表现为利息、红利、土地租金和其他。

（4）固定资产折旧。指在一定时期内，为弥补固定资产损耗计提的固定资产折旧。其中政府单位、非企业化管理的事业单位和居民自有住房等按国民经济核算中统一规定的折旧率虚拟计算固定资产折旧。

各常住单位或部门的增加值的总和就是GDP。

二、国民总收入和国民净收入

国民总收入（gross national income，GNI）是核算期内所有常住单位取得的初次分配收入的总和。该指标过去被称为国民生产总值（gross national product，GNP）。它与GDP有密切联系，但却是两种不同内涵的总量指标。

当前各国经济都是开放的经济体系，与世界其他国家发生广泛的经济联系。常住单位在生产中要使用非常住单位的生产要素，非常住单位也要使用常住单位的生产要素。例如，从国外引进技术、资本，雇佣劳动力，或本国的技术、资本、劳动力流出国外。所以，本国的常住单位要对非常住单位的生产要素支付红利、工资等要素报酬，这是本期生产的GDP在生产领域初次分配；反之，本国的常住单位也会从非常住单位获得劳动者报酬、红利等初次分配收入。GNP就是本国的GDP减去支付给非常住单位的要素收入，再加上从非常住单位获得的要素收入。用公式表示就是：

$$\begin{aligned} \text{GNP} &= \text{GDP} - \text{付给国外的要素收入} + \text{来自国外的要素收入} \\ &= \text{GDP} + \text{来自国外的要素收入净额} \end{aligned} \tag{13.8}$$

从上式可以看出，GNP实际上并不是生产指标，而是一个收入指标。早期的国民经济核算中，曾将GNP作为核心指标。但随着世界经济发展和国民经济核算体系改革，GDP逐步取代了GNP，联合国《1993 SNA》已将GNP正式改称为GNI，即国民总收入。

与GNI有关的另一个指标是国民净收入（NNI），又称国民生产净值（NNP），它与其他收入指标的关系如下所示：

$$\begin{aligned} \text{国民净收入(NNI)} &= \text{国民总收入} - \text{固定资产折旧} \\ &= \text{国内生产净值} + \text{来自国外的要素收入净额} \end{aligned} \tag{13.9}$$

三、国民可支配收入及其使用去向

国民经济分配包括收入初次分配和收入再分配。初次分配在生产领域进行，它与GDP的来源和创造相联系，并根据各要素在生产过程中对GDP的贡献大小来分配。初次分配可以使市场机制对要素价格的形成和资源的合理配置起到基础性作用。再分配则在全社会范围进行，着重解决社会公平问题。

再分配主要是各类经常转移收支。转移是指一个机构单位向另一机构单位提供货物、服务和资产，而没有取得相应的货物、服务和资产的交易活动。经常转移指除资本转移外的所有转移收支，具体包括：所得税、财产税等税收收支，社会保险和社会福利收支，援助、捐赠、会费缴纳等其他经常转移收支。

在宏观经济分析中，最常用的收入概念是国民可支配收入。所谓可支配收入，是指各机构单位或机构部门在一定核算期内通过初次分配和再分配最终得到的可以自主支配的全部收入；国民可支配收入则是指一国的所有常住单位或所有机构部门的可支配收入之和。

国民可支配收入指标的计算公式是：

$$\text{国民可支配总收入} = \text{国民经济各部门可支配总收入之和}$$

=国民总收入+来自国外的经常转移收入净额①

=国内生产总值+来自国外的要素收入与经常转移收入净额 (13.10)

国民可支配净收入=国民可支配总收入−固定资产折旧 (13.11)

可支配收入形成之后，必然有一定的使用去向。在国民经济核算和宏观经济分析中，必须将消费性开支与投资性开支区分开。各部门的可支配收入扣除最终消费支出后的余额就是储蓄，包含固定资产折旧因素的称作总储蓄，扣除固定资产折旧因素的则称作净储蓄。储蓄是进行投资（实物投资或其他非金融投资）的重要资金来源。在现实经济运行中，本国或本部门的储蓄未必与自己的投资相一致，需要通过金融交易或资本转移，对资金的余缺进行融通。

表 13-3 是 2013 年我国国民可支配收入的形成与使用状况。读者可自行验证上述各种指标之间的平衡关系。

表 13-3 2013 年中国国民可支配收入的形成与使用 单位：亿元

指标	金额	指标	金额
一、国内生产总值	588 018.8	三、国民总收入（初次分配总收入）	583 196.7
劳动者报酬	298 966.1	四、来自国外的转移净收入	−539.8
生产税净额	73 536.4	五、国民可支配总收入	582 656.9
营业盈余（财产收入）	103 747.0	六、最终消费	301 008.4
固定资产折旧	111 769.3	七、总储蓄	281 648.5
二、来自国外要素净收入	−4 822.1		

资料来源：根据《中国统计年鉴（2016）》中 2013 年资金流量表（实物交易）的有关资料整理。

请扫描二维码，获取资源：
参考 13.2 任志强对 GDP 计算方法的理解是否正确

请扫描二维码，获取资源：
参考 13.3 美国 GDP 核算最新调整的主要内容及其影响

第五节 国际收支核算

国民经济运行中，一个国家必然与其他国家发生错综复杂的经济联系。随着经济全球化的进展，这种联系渗透到社会生产、收入分配、资本和金融往来以及最终

① 从全国的角度看，由于国内各机构部门的转移收支互相抵消，所以这里只要计算与国外的经常转移收支。如果计算各机构部门的可支配收入，则还需计算来自其他部门的转移收支净额。

使用各个领域。国民经济统计中，对外经济往来是通过国际收支平衡表来反映的。我国现行国际收支平衡表中的主要项目包括：经常项目、资本和金融项目、储备资产、误差与遗漏。

一、经常项目

经常项目指与国外经常发生的收支往来。具体包括：（1）货物的进出口；（2）服务的进出口；（3）收益收支，包括相互之间劳动报酬和投资收益的收支；（4）经常转移，主要包括与国际组织、外国政府和外国其他部门及个人之间的无偿援助和捐赠等。以上四项内容与前面所述的国内有关总量指标的关系是：货物和服务进出口净额是国内生产总值的组成部分，对外收益净额及对外要素净收入是国民总收入的组成部分，对外经常转移收入净额则是国民可支配收入的组成部分。

二、资本和金融项目

该项目由资本项目和金融项目两部分组成。资本交易引起资产所有权变更，金融交易则引起金融资产和负债的变化。

资本项目具体包括：（1）资本转移，即本国与外国之间资产所有权的无偿转移，包括固定资产所有权的转移、固定资产投资补助或投资赠款、债务减免等。（2）无形资产购买或处置，具体包括专利、版权、商标、经销权以及租赁或其他可转让合同等交易。

金融项目具体包括：（1）直接投资，指外国在本国或本国在外国为获得长远利益，以独资、合资、合作等方式经营的投资；（2）证券投资，主要包括股票及债券交易；（3）其他投资，指除以上两项以外的对外金融交易，包括贸易信贷、政府贷款、银行贷款、其他部门贷款、货币及存款等。

三、储备资产

储备资产是我国中央银行拥有的可以直接对外支付的金融资产储备，包括外汇储备、黄金储备、特别提款权、在国际货币基金组织的储备头寸等。

经常收支与资本金融收支统称为国际收支。由于各种原因，一国的经常收支和资本金融收支常常会出现顺差或逆差。这时，储备资产可起到弥补国际收支差额、平衡国际收支的作用。此外，国家还可通过储备资产的增减干预外汇市场，影响汇率，从而间接地调整国际收支失衡。

四、误差与遗漏

按照国际收支平衡的原理，经常收支与资本金融收支的差额应与储备资产的增减净额相抵为零。但在实践中，由于各个项目资料渠道不同或资料不完整，以及记录时间差异，不可避免地会出现一些误差，称为误差与遗漏。该项目在国际收支平衡表中起平衡数据的作用。

五、各项目之间的平衡关系

国际收支平衡表中的各个项目存在一定的平衡关系。下面以2014年我国国际收支平衡表为例，说明各项目之间的关系（见表13-4）。该表的主词栏即以上所述的国际收支的主要项目。该表的宾词栏设贷方、借方、差额三栏。对于经常项目以及资本和金融项目来说，贷方记录对外获得收入的项目，如货物出口、对外提供服务、获得外国投资或借款、收回对外投资或贷款等；借方记录对外发生支付的项目，如货物进口、对外支付服务费、对外投资、偿还国外贷款等；差额是贷方发生额减去借方发生额后的余额，贷方数大于借方数为正数，表示顺差，贷方数小于借方数为负数，表示逆差。对储备资产来说，净增额列入借方，净减额列入贷方，顺差为负数，逆差为正数，与上述两个项目差额的正负符号正好相反。

表13-4　2014年中国国际收支平衡表（摘要）　单位：万美元

	差额	贷方	借方
一、经常项目	21 967 760	279 917 714	257 949 955
货物	47 599 163	235 414 489	187 815 327
服务	−19 196 940	190 944 331	38 291 373
收益	−3 410 985	21 296 122	24 707 108
经常转移	−3 023 477	4 112 670	7 136 147
二、资本和金融项目	3 823 968	257 298 724	253 474 756
资本项目	−3 275	193 950	197 225
金融项目	3 827 243	257 104 774	253 277 532
三、储备资产	−11 778 012	3 122 790	14 900 802
四、净误差与遗漏	−14 013 716		14 013 716

资料来源：国家统计局．中国统计年鉴（2016）．北京：中国统计出版社，2016.

从表13-4可以看出，2014年我国的经常收支总额实现了顺差2 197亿美元，资本和金融收支顺差382亿美元，经常收支与资本金融收支的双顺差使我国的储备资产有所增加，当年储备资产净增1 178亿美元。储备资产净增额之所以小于国际收支的总顺差，是由于存在误差和遗漏1 401亿美元。即各项目之间存在如下平衡关系：

$$\text{净误差与遗漏差额}=-\left(\begin{matrix}\text{经常账户}\\\text{差额}\end{matrix}+\begin{matrix}\text{资本和金融}\\\text{账户差额}\end{matrix}+\begin{matrix}\text{储备资产}\\\text{差额}\end{matrix}\right)\qquad(13.12)$$

第六节　国民经济统计常用分析指标

前面扼要介绍了国民经济统计中一些基本统计指标的定义与计算。这些指标都是总量指标。如果将有关总量指标按适当的方式进行比较，还可以得到许多平均数或相对数形式的分析指标。利用分析指标可以对国民经济的各个领域进一步深入分析。

一、国民生产分析指标

（一）经济增长速度

不同时期按当年价格计算的 GDP 数量变化中，包含价格变动因素，因而不能准确反映实际生产水平的变化。所以用 GDP 来反映经济发展速度时，必须注意其价格问题。

采用当年价格计算的各个时期的 GDP，称为名义 GDP。如果各个时期的 GDP 都采用固定价格、可比价格或某个特定时期的价格来计算，则称为实际 GDP。经济增长速度应以消除价格变动影响的实际 GDP 作为计算的基础。

根据统计指数理论，实际 GDP 可以利用计算名义 GDP 得到的资料和有关的价格指数去推算。在统计实践中有以下两种方法。

（1）双紧缩法。从生产角度推算实际 GDP，需要分别消除价格因素对总产出和中间投入的影响，其公式如下：

$$\begin{aligned}\text{实际 GDP} &= \text{实际总产出} - \text{实际中间投入} \\ &= \frac{\text{现价总产出}}{\text{总产出价格指数}} - \frac{\text{现价中间投入}}{\text{中间投入价格指数}}\end{aligned} \tag{13.13}$$

（2）单紧缩法。从最终使用角度推算实际 GDP，可以直接利用有关价格指数消除价格因素对最终使用的各组成部分的影响，其公式如下：

$$\begin{aligned}\text{实际 GDP} &= \text{实际总消费} + \text{实际总投资} + \text{实际出口} - \text{实际进口} \\ &= \frac{\text{现价总消费}}{\text{消费价格指数}} + \frac{\text{现价总投资}}{\text{投资价格指数}} \\ &\quad + \frac{\text{现价出口}}{\text{出口价格指数}} - \frac{\text{现价进口}}{\text{进口价格指数}}\end{aligned} \tag{13.14}$$

名义 GDP 与实际 GDP 相除，就可得到 GDP 紧缩价格指数。它可以综合反映国民经济的价格水平和通货膨胀的情况。

$$\text{GDP 紧缩价格指数} = \frac{\text{名义 GDP}}{\text{实际 GDP}} \tag{13.15}$$

经济增长速度可以通过对比不同期的实际 GDP 求得。如果事先已编制 GDP 紧缩价格指数，也可以利用名义 GDP 指数和紧缩价格指数求得。

$$\begin{aligned}\text{经济增长速度} &= \frac{\text{报告期实际 GDP}}{\text{基期实际 GDP}} - 100\% \\ &= \frac{\text{名义 GDP 指数}}{\text{GDP 紧缩价格指数}} - 100\%\end{aligned} \tag{13.16}$$

（二）各部门增加值在GDP中所占比重

该指标可以按三次产业分类计算，也可以按国民经济行业分类计算。通过这一指标，可以反映各部门在国民经济生产中的地位及其变化情况。如我国2015年、2000年与1978年三次产业增加值比重对比如表13-5所示。

表13-5　　中国三次产业增加值比重（%）

年份	国内生产总值	第一产业	第二产业	第三产业
1978	100	27.9	47.7	24.6
2000	100	14.7	45.5	39.8
2015	100	8.9	40.9	50.2

资料来源：国家统计局．中国统计年鉴（2016）．北京：中国统计出版社，2016.

（三）各部门对经济增长的贡献率

该指标反映各部门为国民经济增长所做直接贡献的份额。公式如下：

$$某部门经济增长贡献度=\frac{某部门增加值增量}{\text{GDP}增量}\times 100\% \tag{13.17}$$

上式中的各部门增加值的增量和GDP增量都应以可比价格计算。

（四）社会劳动生产率

社会劳动生产率说明每一个社会劳动者提供的国民经济最终产品数量。社会劳动生产率是各国普遍使用的反映整个国民经济活动效率的指标之一。计算公式如下：

$$社会劳动生产率=\frac{\text{GDP}}{社会劳动者人数} \tag{13.18}$$

二、收入分配分析指标

（一）人均国内生产总值和人均国民总收入

人均国内生产总值和人均国民总收入是GDP和GNI与同期全国人口平均数的比值，分别反映按人口平均的生产水平和收入水平。在计算地区的人均国内生产总值和人均国民总收入时，应注意其所利用的人口数据要采用本地区的常住人口而不是户籍人口。

这两项指标是国际上通行的判断一国经济发展所处阶段和进行横向对比的重要依据。世界银行一年一度的《世界发展报告》也是将人均国民总收入水平作为划分低收入国家、中等收入国家和高收入国家的依据。我国是一个人口大国，从经济总量看，我国已居世界前列，但如果用人口平均，则尚处世界中下游水平。例如，2015年我国按美元计算的人均GDP只有7 925美元，仍低于全世界人均9 996美元的平均水平。人均GDP更能反映经济发展的水平。要加速提高人均GDP，最主要的是要大力发展科学技术、加快经济增长，同时也要适当控制人口的增加。

(二) 分配构成

利用国民经济分配的基本统计资料，可以分别计算各机构部门在初次分配和最终分配中所占的比重。表 13-6 是 2008 年、2013 年和 2014 年我国各机构部门可支配总收入分配情况。利用上述资料还可以分析政府、企业和个人在收入分配中的比重。非金融企业和金融机构大致相当于企业，住户大致相当于个人。如果将历年的资料进行对比，还可以观察收入分配格局的总体变动趋势。从表中可以看出，2008 年国际金融危机以来，我国国民收入分配中住户和政府所占的比重有所上升，而企业所占的比重有所下降。

表 13-6 我国各机构部门在可支配总收入中所占比重（%）

年份	企业部门	政府部门	住户部门	合计
2008	24.5	18.3	57.2	100
2013	19.8	18.9	61.3	100
2014	20.6	19.0	60.4	100

资料来源：根据《中国统计年鉴》的有关资料整理。

分配的构成还可以从不同性质的收入的角度进一步分析，如可计算各机构部门初次分配收入和再分配收入在可支配收入中所占的比重，也可以计算劳动报酬、生产税净额、营业盈余和固定资产折旧在初次分配收入中所占的比重，等等。

(三) 居民收入分配差异分析

存在收入差距的主要原因有三个：第一个是居民个人本身素质的差异所引起的收入差距，如受过高等教育和没有受过高等教育之间收入的差距；第二个是不同地区和不同行业、部门，从事不同职业所引起的收入差距；第三个是原先所占有财富不同引起的差距。居民收入分配差距常用基尼系数来反映。

基尼系数是国际上最常用的分析收入分配格局的方法，它是在绘制洛伦兹曲线图的基础上进行计算的。洛伦兹曲线的制作方法我们已在第二章中做了介绍，它的图形可参见图 2-3。

基尼系数被定义为实际收入分配的洛伦兹曲线与绝对平等线所包围的图形 S_A 与该图的横轴、纵轴以及绝对平等线所包围的等边三角形 S_{A+B} 之比。用公式可表示如下：

$$G=\frac{S_A}{S_{A+B}} \tag{13.19}$$

基尼系数的取值区间为 0～1，基尼系数越接近 1，收入分配的均衡程度越低。通行的判断标准是：基尼系数低于 0.2 表明收入分配高度平均，0.2～0.3 为相对平均，0.3～0.4 大致合理，0.4～0.6 显示收入分配差距过大，0.6 以上则表明收入分配严重向一部分人倾斜。

三、最终使用分析指标

（一）消费率和储蓄率

消费率反映国民可支配总收入（或GDP）中用于消费的比重。其计算公式如下：

$$消费率=\frac{最终消费总额}{可支配总收入或GDP}\times 100\% \tag{13.20}$$

储蓄率反映国民可支配总收入（或GDP）中用于储蓄的比重。其计算公式如下：

$$储蓄率=\frac{储蓄总额}{可支配总收入或GDP}\times 100\% \tag{13.21}$$

从国民可支配总收入的使用去向来看，扣除消费余下的部分即为储蓄。所以，储蓄率=1－消费率（两者均按国民可支配总收入计算），两者存在此消彼长的关系。

（二）恩格尔系数

$$恩格尔系数=\frac{食品支出额}{消费支出总额}\times 100\% \tag{13.22}$$

该指标是以德国统计学家恩格尔的名字命名的。在居民消费分析中，恩格尔系数是一个重要指标。随着人们收入水平的提高，恩格尔系数不断下降是一个普遍规律。因此，恩格尔系数可以作为判断一国经济发展水平和居民收入水平的辅助指标。联合国统计局曾提出恩格尔系数的数量界限，认为该系数在60%以上为生活绝对贫困，50%～60%为勉强度日，40%～50%为小康水平，20%～40%为富裕，20%以下为最富裕。

（三）投资率

投资率是全社会总投资与GDP的比值，用公式表示如下：

$$投资率=\frac{总投资}{GDP}\times 100\% \tag{13.23}$$

（四）消费、投资和进出口对经济增长的贡献率和拉动

消费、投资和净出口都是最终需求的重要组成部分。在一定前提下，刺激消费、增加投资和进出口都会对经济增长产生影响。所谓贡献率，是指消费、投资或净出口需求增加对GDP增加所做的直接贡献的份额。其公式如下：

$$消费、投资或净出口贡献率=\frac{消费、投资或净出口增量}{GDP增量}\times 100\% \tag{13.24}$$

所谓拉动经济增长的百分点，是指各类最终需求增长使经济增长的百分点。其公式如下：

消费、投资或净出口拉动经济增长百分点

=GDP 增长率×各类最终需求贡献率　　(13.25)

表 13-7 是近年来我国三大需求对经济增长的贡献率和拉动百分点。

表 13-7　三大需求对经济增长的贡献率和拉动（按不变价计算）

年份	最终消费支出		资本形成总额		货物和服务净出口	
	贡献率（%）	拉动（百分点）	贡献率（%）	拉动（百分点）	贡献率（%）	拉动（百分点）
2007	45.3	6.4	44.1	6.3	10.6	1.5
2008	44.2	4.3	53.2	5.1	2.6	0.3
2009	56.1	5.3	86.5	8.1	−42.6	−4.0
2010	44.9	4.8	66.3	7.1	−11.2	−1.3
2011	61.9	5.9	46.2	4.4	−8.1	−0.8
2012	54.9	4.3	43.4	3.4	1.7	0.2
2013	47.0	3.6	55.3	4.3	−2.3	−0.1
2014	48.8	3.6	46.9	3.4	4.3	0.3
2015	59.9	4.1	42.6	2.9	−2.5	−0.1

资料来源：国家统计局．中国统计年鉴（2016）．北京：中国统计出版社，2016.

由上表可以看出，国际金融危机前后，拉动我国经济增长的因素有较大变化。危机前的 2007 年净出口对经济增长的贡献占有相当比重，而金融危机发生后，扩大内需成为我国经济增长的主要因素。2009—2010 年主要依靠增加投资去应对出口需求的减少。2011 年后开始注意刺激消费需求，作为促进经济增长的重要举措。

四、其他重要的分析指标

（一）外贸依存度

外贸依存度有两种计算公式，从不同的角度出发，说明不同范围的问题。

1. 对外贸易总体依存度

$$对外贸易总体依存度=\frac{商品和服务的进出口总额}{GDP}\times 100\% \qquad (13.26)$$

对外贸易总体依存度说明了一个国家包括进口和出口在内的对外贸易总规模相当于 GDP 的百分比，它是国民经济总体的对外依赖程度的反映。

2. 出口贸易依存度

$$出口贸易依存度=\frac{商品和服务的出口额}{GDP}\times 100\% \qquad (13.27)$$

出口贸易依存度说明了一个国家的出口贸易额相当于 GDP 的百分比，它是国民经济对出口贸易依赖程度的反映。

改革开放后，我国积极参与国际竞争，开拓国际市场，对外经济往来越来越密切，对外贸易依存度逐年提高。1978年，我国的对外贸易依存度只有9.8%，出口依存度只有4.62%；2015年，对外贸易依存度和出口贸易依存度分别达到35.81%和20.59%。

（二）财政收入占GDP的比重

财政收入是国家财政参与社会产品分配所取得的收入，是实现国家职能的保证，所以财政收入规模必须保持在一个合理的范围内。衡量财政规模的大小一般是计算财政收入占GDP的比重，计算公式如下：

$$\text{财政收入占 GDP 的比重}=\frac{\text{财政收入}}{\text{GDP}}\times 100\% \tag{13.28}$$

需要指出的是，我国财政收入即通常所说的预算内收入并不是我国政府的全部收入。除了预算收入外，我国政府收入还包括预算外收入、各种规费收入和其他收入。而国外，财政收入、预算收入和政府收入是同一个概念。

另外，政府为弥补财政收入的不足而举借国债（包括内债和外债），因此政府债务收入占GDP的比重也是一个常用的指标，能够反映政府债务规模的合理性、安全程度等。计算公式如下：

$$\text{政府债务收入占 GDP 的比重}=\frac{\text{政府债务收入}}{\text{GDP}}\times 100\% \tag{13.29}$$

（三）教育科技投入比重

1. 政府教育经费支出力度

教育是社会经济发展的基础性事业，教育是非营利性生产部门，主要由政府投资。公共教育支出指政府用于公共教育的支出加上对私立教育的补贴。目前世界各国采用的测度政府教育经费支出力度的指标是政府公共教育支出占GDP的比重。该指标的计算公式为：

$$\text{政府公共教育经费占 GDP 的比重}=\frac{\text{政府公共教育支出}}{\text{GDP}}\times 100\% \tag{13.30}$$

2. 科技投入占GDP的比重

近年来，在世界各国的经济发展中，科技进步日益成为决定性因素。1976年经济合作与发展组织正式定义了“以知识为基础的经济”即知识经济。知识经济的产业支柱是高技术产业，发展高技术产业，必须以巨大的产业资本投入作为动力，以大批高水平科技人才队伍为保证。测度国家科技投入力度的大小一般采用科技投入额占GDP的比例来反映。科技投入最常用且具有可比性的指标是研究与开发的经费支出，简称R&D经费支出，是指用于基础研究、应用研究和实验发展三方面课题活动的全部实际支出。测度R&D经费投入力度的指标如下：

$$\text{R\&D 经费支出占 GDP 的比例}=\frac{\text{R\&D 经费支出额}}{\text{GDP}}\times 100\% \tag{13.31}$$

利用这个公式，可以测度整个国家或各个地区的科技投入强度。当需要测度产业或企业的科技投入强度时，则将公式中的分母 GDP 换成产业的增加值或企业的销售收入。20 世纪 90 年代以来，我国 R&D 经费投入占 GDP 的比例呈徘徊不前的趋势，一直保持在 1%以下的水平。发达国家这一比例都在 2%以上。而根据有关调查，我国大中型企业 R&D 经费投入占销售收入的比例为 0.2%～0.3%，发达国家这一比例都在 10%以上。

(四) 能源利用效率

能源包括原煤、原油、天然气、水电等。它既是社会生产的动力，又是社会生活中的必需品。所以，能源是经济增长和社会发展的重要保障。

能源利用效率是国民经济技术水平和效率的反映。测度国民经济总体的能源利用效率，一般将能源消耗总量及其增长率与 GDP 总量及其增长率相对比。具体有以下几种方法。

1. 单位 GDP 生产所消耗的能源总量

$$\text{单位 GDP 生产所消耗的能源总量}=\frac{\text{生产用能源消耗总量}}{\text{GDP}} \tag{13.32}$$

该指标反映单位国民经济产出量消耗的能源量，也可以用其逆指标单位能源使用所带来的国民经济产出量来反映。我国国民经济的能源使用效率不断提高，每万元 GDP 消耗的能源 1985 年为 8.6 吨；1990 年为 5.2 吨；2000 年为 1.4 吨；2009 年为 1.0 吨。

2. GDP 实际增长率与能源消耗量增长率之差

$$\begin{array}{c}\text{GDP 实际增长率与}\\\text{能源消耗量增长率之差}\end{array}=\text{GDP 实际增长率}-\begin{array}{c}\text{同期能源}\\\text{消耗增长率}\end{array} \tag{13.33}$$

3. 能源生产和消费弹性系数

$$\text{能源生产弹性系数}=\frac{\text{能源生产总量增长率}}{\text{GDP 增长率}} \tag{13.34}$$

$$\text{能源消费弹性系数}=\frac{\text{能源消费总量增长率}}{\text{GDP 增长率}} \tag{13.35}$$

□ 本章小结

(1) 国民经济统计也称国民经济核算，它是以国民经济整体为对象进行的一种统计核算，借此可从数量角度研究国民经济运行的条件、过程、结果及其内在联系。

（2）国民经济核算体系是为统一规范国民经济核算而制定的一套宏观核算制度。我国现行的国民经济核算体系由基本核算表和国民经济账户两大部分构成。基本核算的内容包括国内生产总值核算、投入产出核算、资金流量核算、国际收支核算、资产负债核算等五大核算。

（3）国民经济核算应遵循的基本原则有：1）界定核算范围的常住经济单位原则；2）计量社会产品的生产性原则和社会性原则；3）国民经济核算的平衡原则。

（4）国民经济核算中常用的基本分类有：1）机构部门分类；2）活动部门分类。

（5）国民经济生产指标主要有：1）国内总产出；2）国内生产总值（GDP），它是用货币计量的由本国常住单位所创造的社会最终产品的总量，同时又是全社会各常住单位所创造的增加值的总和；3）国内生产净值。

（6）国内生产总值可以从不同角度计算。

1）生产法：

$$\text{GDP}=\sum(\text{各部门的总产出}-\text{该部门的中间消耗})=\sum\text{各部门的增加值}$$

2）使用法：

$$\begin{aligned}\text{GDP}&=\left(\begin{matrix}\text{居民}\\\text{消费}\end{matrix}+\begin{matrix}\text{政府}\\\text{消费}\end{matrix}\right)+\left(\begin{matrix}\text{固定资产}\\\text{形成总额}\end{matrix}+\begin{matrix}\text{存货}\\\text{增加}\end{matrix}\right)+\text{出口}-\text{进口}\\&=\text{总消费}+\text{总投资}+\text{净出口}\end{aligned}$$

3）分配法：

$$\text{GDP}=\sum(\text{劳动者报酬}+\text{生产税净额}+\text{固定资产折旧}+\text{营业盈余})$$

（7）国民经济的分配指标主要有：1）国民总收入，该指标过去被称为国民生产总值，简称 GNP，它等于 GDP 加来自国外的要素收入净额。2）国民净收入；3）国民可支配收入。

（8）我国现行国际收支平衡表中包括的主要项目有：1）经常项目；2）资本和金融项目；3）储备资产；4）误差与遗漏。各项目之间的平衡关系如下：

$$\text{净误差与遗漏差额}=-\left(\begin{matrix}\text{经常账户}\\\text{差额}\end{matrix}+\begin{matrix}\text{资本和金融}\\\text{账户差额}\end{matrix}+\begin{matrix}\text{储备资产}\\\text{差额}\end{matrix}\right)$$

（9）常用的国民生产分析指标有：经济增长速度、各部门增加值在 GDP 中所占比重、各部门对经济增长贡献度、社会劳动生产率等。

（10）采用当年价格计算的各个时期的 GDP，称为名义 GDP。采用可比价格计算的 GDP，称为实际 GDP。经济增长速度应以消除价格变动影响的实际 GDP 作为计算的基础。

从生产角度推算：

$$\text{实际 GDP}=\frac{\text{现价总产出}}{\text{总产出价格指数}}-\frac{\text{现价中间投入}}{\text{中间投入价格指数}}$$

从最终使用角度推算：

$$\text{实际 GDP}=\frac{\text{现价总消费}}{\text{消费价格指数}}+\frac{\text{现价总投资}}{\text{投资价格指数}}+\frac{\text{现价出口}}{\text{出口价格指数}}-\frac{\text{现价进口}}{\text{进口价格指数}}$$

(11) 常用的收入分配分析指标有：人均国民总收入、各机构部门与各类收入的分配构成、基尼系数等。

(12) 常用的最终使用分析指标有：1) 消费率和储蓄率；2) 恩格尔系数；3) 投资率；4) 消费、投资和进出口的贡献率与拉动百分点。

(13) 可以将 GDP 和其他一些重要指标联系起来，对一些重要的经济、社会问题进行分析。主要包括：1) 外贸依存度；2) 财政收入占 GDP 的比重；3) 科技投入比重；4) 能源利用效率等。

□ 思考与练习

一、选择题

1. 国民经济核算的主体是以（　　）界定的。

A. 一国的地理领土范围　　B. 一国的主权领土范围

C. 一国的经济领土范围　　D. 一国常住经济单位

2. 中间产品和最终产品的划分依据是（　　）。

A. 产品的性质　　B. 产品的功能

C. 产品的使用去向　　D. 产品的使用价值

3. 生产税中不包括（　　）。

A. 农业税　　B. 营业税　　C. 所得税　　D. 销售税

4. 可支配收入与消费支出的差额构成的指标是（　　）。

A. 储蓄　　B. 投资　　C. 积累　　D. 银行储蓄存款

5. 一国的恩格尔系数与基尼系数的关系是（　　）。

A. 恩格尔系数越高，基尼系数越高

B. 恩格尔系数越高，基尼系数越低

C. 恩格尔系数越低，基尼系数越高

D. 不能下结论

二、判断题

1. 第三产业的所有部门属于非物质生产部门。

2. 全世界各国的国内生产总值之和小于国民可支配收入之和。

3. 农业部门创造的增加值就是农业部门生产的最终产品价值。

4. 全社会各部门创造的增加值总和等于全社会最终产品完全价值总和。

5. 一国的经济发展水平主要由一国的国内生产总值规模决定。

6. 按照国内生产总值计算的消费率和储蓄率之和通常不等于 1。

7. 地区生产总值＝消费＋投资＋出口－进口。

三、计算题

1. 现有某地区有关国民经济核算资料如表13－8所示。

表13－8

总产值与中间消耗

部门	总产值（万元）	中间消耗率（%）
农业	5 450	36
工业	22 240	72
建筑业	3 058	70
运输业	650	22
商业	1 615	48
服务企业	1 606	27
政府服务行政事业	1 608	28

分配、再分配

项目	数额（万元）
劳动报酬	8 520
生产税净额	2 370
所得税	360
营业盈余	2 297
固定资产折旧	980
来自地区外的要素净收入	100
来自地区外的经常转移净额	－100

支出情况

项目	数额（万元）
居民个人消费	7 080
政府消费	1 820
社会总投资	5 107
固定资产投资	4 700
库存增加	407
净流出（流出－流入）①	160

试用生产法、收入法和支出法计算该地区的生产总值，进而计算该地区生产净值、国民总收入、国民可支配总收入和国民可支配净收入。

2. 假设已知某地区上年度的按现价计算的GDP为8 500亿元。本年度的有关数据如表13－9所示，请分别从生产角度和使用角度计算当年的GDP增长速度和紧缩价格指数。

① 对于地区来讲，流入和流出不仅包括对外国的进出口，还包括从国内其他地区流入与流出到其他地区的货物和服务。

表 13-9　　各部门的总产出、中间消耗与相关的价格指数

	总产出		中间消耗	
	按当年价格（亿元）	价格指数（%）	按当年价格（亿元）	价格指数（%）
总计	20 000		10 500	
第一产业	2 000	102	1 000	101
第二产业	10 000	101	6 500	103
第三产业	8 000	105	3 000	102

支出法 GDP 与相关的价格指数

	按当年价格（亿元）	价格指数（%）
GDP	9 500	
总消费	6 000	104
总投资	2 800	102
流出	1 500	103
流入	800	104

请扫描二维码，获取资源：
参考 13.4　第十三章习题详解

附录 A　Excel 在统计中的应用

第一节　Excel 简介与基本操作

一、Excel 简介

Microsoft Excel 是美国微软公司 Microsoft Office 桌面办公软件的重要组成部分，它是一款用来组织、计算和分析数据的通用电子表格软件。Excel 有多种版本，不同版本的界面和功能有所不同，本书选用 Excel 2013 版。

由于和 Windows 操作系统的良好结合，Excel 的普及面广，易于操作。作为一款通用的电子表格软件，除了其普及面广、易于操作的特性外，Excel 还具有如下一些特性使其适于完成一般的统计分析任务。

（1）分析工具库。Excel 专门提供了一组数据分析工具，只需提供必要的数据和参数，该工具就会输出相应的结果。这一特性使 Excel 具备了专业统计分析软件的某些功能。

（2）图表功能。Excel 强大的图表功能可以让我们方便地画出各种统计图形，如直方图、散点图等。

（3）公式与函数。Excel 具有很强的公式功能，以及丰富的数学、统计函数。对于没有现成分析工具的统计分析任务，可以综合应用 Excel 的公式和函数来完成。

（4）VBA 编程。在 Excel 中可以使用 VBA 进行编程，为特定的统计分析任务制定解决方案。如可以用 VBA 编写求加权平均的函数。这一特性需要掌握编程技能，本书不做介绍。

此外，作为办公自动化软件的组件之一，Excel 能够与 Office 中的其他软件相结合，便于制作教学多媒体课件。

二、熟悉 Excel 工作界面

Excel 第一次启动时，在应用程序工作区中显示一个新的空工作簿，如图 A-1

所示，主要包括如下几项内容：标题栏、功能区、快速访问工具栏、编辑栏、工作表、工作表标签、滚动条和状态栏等。

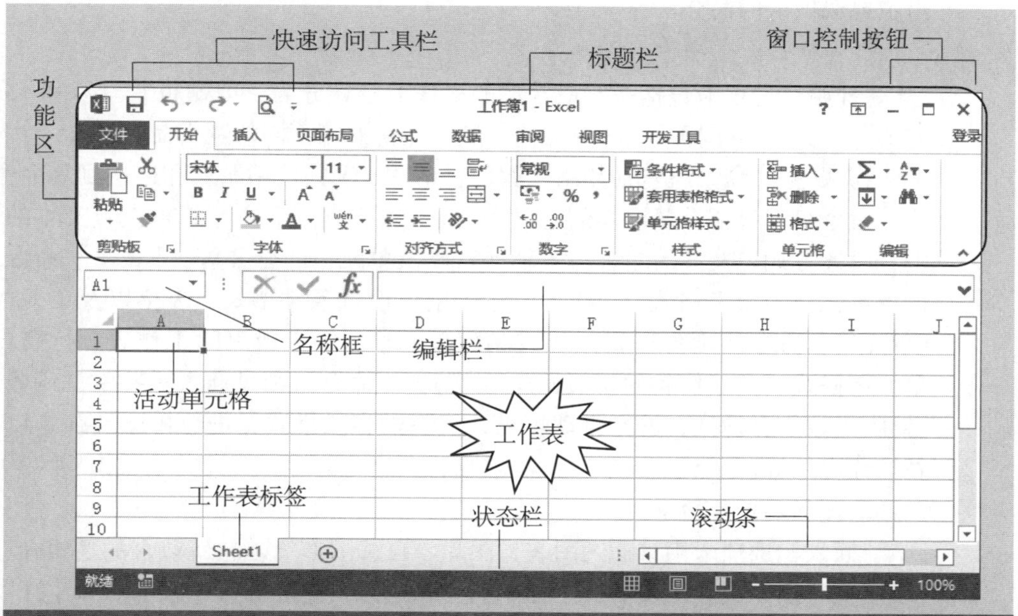

图 A-1 Excel 的工作界面

（一）标题栏

标题栏告诉用户正在运行的程序名称和正在打开的文件的名称。标题栏显示"工作簿 1 - Microsoft Excel"表示此窗口的应用程序为 Microsoft Excel，在 Excel 中打开的当前文件的文件名为"工作簿 1. xls"。

（二）功能区

Excel 2007 中首次引入了功能区的概念。在 Excel 2013 中，功能区得到进一步扩展。功能区旨在帮助快速找到完成某一任务所需的命令，是 Microsoft Office Fluent 用户界面①的一部分。利用功能区，可以轻松地查找以前隐藏在复杂菜单和工具栏中的命令和功能，换句话讲，功能区替代了以前版本的菜单和工具栏。

功能区由［开始］、［插入］、［页面布局］、［公式］、［数据］等选项卡组成。每个选项卡都与一种类型的活动（如布局页面）相关，包括完成相应任务的各种命令。命令按逻辑组的形式组织，逻辑组集中在选项卡下，如［开始］选项卡包括最常见的一些操作命令，分为［剪贴板］、［字体］、［对齐方式］等不同的逻辑命令组，其中的［剪贴板］组下，则包括与完成复制、剪切、粘贴等相关的各种命令按

① 在 Microsoft Office 2007 及后续版本中，对用户与 Word，PowerPoint，Excel，Access 和 Outlook 等的交互方式进行了重新设计，使用户能够更轻松地找到和使用程序功能。这些应用程序的总体外观简洁明快，并通过引入新技术向用户提供可能的选择结果，用户只需浏览、选取并单击，而无须再面对复杂的对话框。

钮。此外，在［开始］选项卡左边还有一个“文件”按钮，通过该按钮，可设置 Excel 选项以及进行文件相关操作，如打开、关闭、保存文件以及打印等。下面给出主要选项卡的简介。

1.［开始］选项卡

［开始］选项卡包括一些最常见的操作命令，分为［剪贴板］、［字体］、［对齐方式］、［数字］、［样式］、［单元格］和［编辑］等不同的逻辑命令组。

［剪贴板］命令组包括复制、剪切、粘贴（选择性粘贴）和格式刷等命令。［字体］命令组则包括设置字体的各种命令。［对齐方式］命令组可设置文本的水平和垂直对齐方式、文本的缩进与自动换行以及单元格的合并等。［数字］命令组则可设置单元格的数字格式。［样式］命令组可设置条件格式、表格以及单元格样式。［单元格］命令组则可进行插入或删除单元格、插入或删除工作表、行高与列宽、单元格格式以及工作表的相关操作。［编辑］命令组则可插入一些常见函数或打开［插入函数］对话框、进行自动填充、清除内容或格式、进行排序和筛选以及查找替换和定位等。

2.［插入］选项卡

［插入］选项卡用于插入图表、图片、自选图形等，它所包含的逻辑命令组有：［表格］、［插图］、［图表］、［迷你图］、［筛选器］、［链接］、［文本］和［符号］。

［表格］命令组可以将单元格区域转换成表格，也可以创建数据透视表或数据透视图。［插图］命令组可以插入图片、剪贴画、自选图形，创建 SmartArt 图形，也可以直接进行屏幕截图。［图表］命令组则可以插入各种统计图形，如柱形图、折线图、饼图和散点图等。［迷你图］是工作表单元格中的一个微型图表，可提供数据的直观表示，包括折线图、柱形图和盈亏图。［筛选器］中的切片器则用来筛选数据，如可以筛选数据透视表数据。［链接］则用于插入到网站或其他文件等的超链接。［文本］命令组可以插入文本框、页眉和页脚、艺术字等。［符号］命令组则可插入各种符号以及 $A=\pi r^2$ 这样的公式（作为对象插入，不可计算）。

3.［页面布局］选项卡

［页面布局］选项卡用于进行页面设置、主题设置以及对象操作。它包括［主题］、［页面设置］、［调整为合适大小］、［工作表选项］和［排列］等命令组。

文档主题是一套统一的设计元素和配色方案，是为文档提供的一套完整的格式集合。其中包括主题颜色（配色方案的集合）、主题文字（标题文字和正文文字的格式集合）和相关主题效果（如线条或填充效果的格式集合）。利用文档主题，可以非常容易地创建具有专业水准、设计精美、美观时尚的文档。［主题］命令组包括设置主题的各种命令。［页面设置］、［调整为合适大小］和［工作表选项］这三个命令组用于页面设置，实际上均属［页面设置］对话框中最常用的功能。［排列］命令组用于对浮动对象的操作，如调整层次关系、对象的对齐等。

4.［公式］选项卡

［公式］选项卡主要涉及公式的操作，包括［函数库］、［定义的名称］、［公式审核］和［计算］四个逻辑命令组。

［函数库］命令组可以直接打开［插入函数］对话框，插入几个最常用的自动求和函数（包括求和，求平均值、最大值、最小值）以及最近使用过的函数。［函数库］命令组还分类列出了Excel的函数（Excel共有13个函数类别，这里只列出11个类别，数据库函数和自定义函数未列出），可以点击相应类别，然后选择弹出的函数列表中的某个函数，打开［函数参数］对话框。［定义的名称］命令组用于设置区域的名称。［公式审核］命令组则用于对公式进行审核，如实现在显示公式和显示公式计算结果之间进行切换，追踪引用或从属单元格，检查错误等。在Excel中，计算指的是在包含公式的单元格中显示结果值的过程。默认情况下，Excel对公式自动计算，比如更改公式中引用的单元格时，公式会立即自动重新计算并显示新的结果。当然，也可以手动重新计算。［计算］命令组则可完成自动与手动计算的选择，并在手动模式下完成工作表或工作簿的计算。

5．［数据］选项卡

［数据］选项卡主要涉及对数据的排序筛选、审核、分类汇总以及使用［分析工具库］进行分析等。

［获取外部数据］和［连接］命令组主要用于获取其他数据源的数据。［排序和筛选］命令组的功能是显而易见的。［数据工具］命令组可以进行数据分列，删除重复数据，进行有效性审核，将多个区域的值合并到一个新区域，进行单变量求解以及模拟运算等。［分级显示］命令组可以创建分类汇总。

［分析］命令组包括［规划求解］和［数据分析］两个命令。这两个命令以加载宏的方式提供，默认情况下，它们并不出现在［数据］选项卡中。为了使用这两项功能，需要先加载规划求解或分析工具库。点击［文件］→［选项］，打开“Excel选项”对话框，再点击对话框的“加载项”，确保右侧的“管理”下拉列表中是“Excel加载项”（默认即是），然后单击“转到”按钮，弹出［加载宏］对话框。在对话框中，选中“分析工具库”和“规划求解加载项”，最后单击“确定”按钮即可（见图A-2）。如果没有“分析工具库”或“规划求解加载项”，则单击“浏览”进行查找。如果出现一条消息，指出计算机上当前没有安装分析工具库或规划求解加载宏，则单击“是”进行安装。

6．［审阅］选项卡

［审阅］选项卡的主要功能包括：拼写检查、批注、保护工作表或工作簿以及修订等。

7．［视图］选项卡

视图决定了工作表的特定显示设置。使用［视图］选项卡可以设置三种工作簿视图：普通、页面布局和分页预览。默认是普通视图，通常就是打开Excel所看到的样子；使用页面布局视图可以看到页的起始与结束位置，并可看到页眉和页脚；分页预览视图可以预览到打印时的分页位置，在该视图下，可以很方便地设置分页符。此外，还可以设置自定义视图，并设置在任一种视图下是否全屏显示。［显示］命令组可以设置是否显示网格线、行列标题、编辑栏等。［显示比例］命令组可放大或缩小显示工作表。［窗口］命令组可以拆分或冻结窗口。［宏］命令可以录制或查看VBA宏。

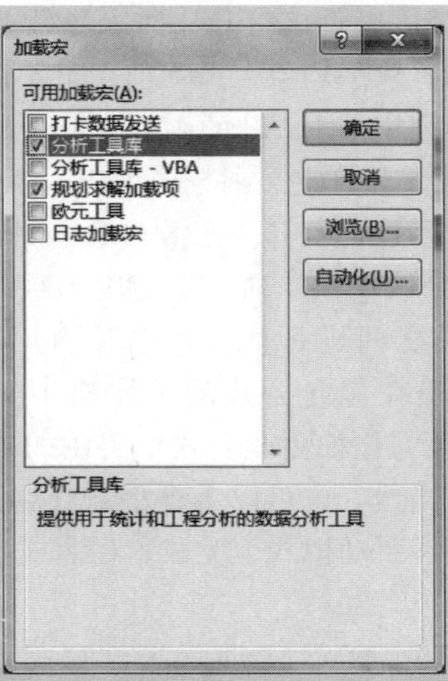

图 A-2 加载宏

为了使屏幕更为整洁，某些选项卡只在需要时才显示，并且功能区可以最小化。在 Excel 2013 版本中，还可以创建自定义选项卡和自定义组来包含一些常用命令。

（三）快速访问工具栏

它是一个可自定义的工具栏，包含一组独立于当前显示的功能区上选项卡的命令。该工具栏可以放在功能区上方，也可以放置于功能区下方，并且可以向快速访问工具栏中添加用户常用的命令按钮。默认情况下，快速访问工具栏的四个按钮分别是［保存］、［撤消］、［恢复］和［自定义快速访问工具栏］。

（四）名称框和编辑栏

名称框和编辑栏给用户提供活动单元格的信息。在编辑栏中，用户可以进行输入和编辑。编辑栏左边是名称框，显示活动单元格的坐标。

编辑栏左半部分有三个按钮，从左至右分别是：［×］（取消）按钮、［√］（输入）按钮和［fx］（插入函数）按钮。只有当使用编辑栏输入数据或编辑活动单元格的内容时，取消和输入按钮才会出现。

（五）工作表

新的工作簿默认包含一个工作表，名称为 Sheet1。

工作表是一个由行和列组成的表格。行号和列号分别用字母和数字区别。行由上自下范围 1～1 048 576，列号则由左到右采用字母编号 A～XFD。因此，每张表为 16 384 列×1 048 576 行。若从 Excel 导入的数据超过以上范围，则会被 Excel 自动截去。每一个行、列坐标所指定的位置称为单元格，如列 A 和行 1 的交叉点的单元格称为单元格 A1。单元格名称也叫单元格地址。在单元格中，用户可以键入符号、数值、公式以及其他内容。

若要在现有工作表之前插入新工作表，可选择该工作表，在［开始］选项卡上的［单元格］命令组中，单击“插入”，然后单击“插入工作表”或者直接点击工作表标签右边的“新工作表”按钮（一个带圈的加号，见图 A－3）即可；若要删除工作表，则右键单击该工作表标签，然后单击“删除”。

（六）工作表标签

工作表标签通常用 Sheet1，Sheet2 等名称来表示，用户也可以用鼠标右击标签名，选择弹出菜单中［重命名］命令来修改标签名。

工作簿窗口中的工作表称为活动工作表，当前工作表的标签为白色，其他为灰色，如图 A－3 所示。单击某个标签可以使相应的工作表成为活动工作表。如果工作表数量过多，看不到相应的标签，那么就要用标签滚动按钮，当看到所需要的工作表标签时，再单击该标签，使该工作表成为活动工作表。

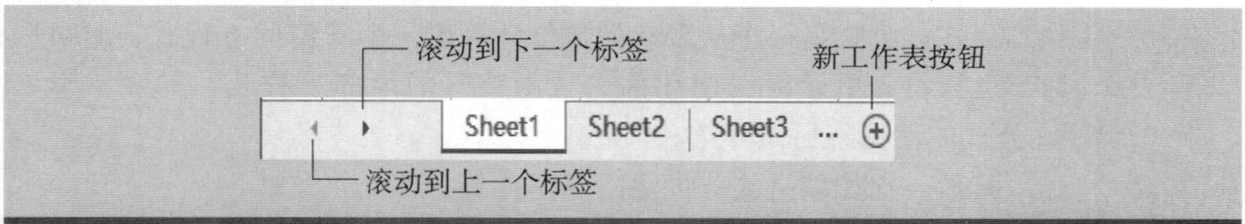

图 A－3　工作表标签

（七）滚动条

当工作表很大时，如何在窗口中查看表中的全部内容呢？可以使用工作簿窗口右边及下边的滚动条（包括滚动框和滚动箭头等），使窗口在整张表上移动查看，也可以通过［视图］选项卡中的［显示比例］扩大整个工作表的显示范围。

（八）状态栏

状态栏位于 Excel 窗口底部，它显示程序运行的某些信息。比如，在默认情况下，最左端显示的是单元格的模式。当单元格准备接受命令或输入数据时，显示为“就绪”；当输入数据时，显示“输入”；当单元格处于编辑状态时，显示“编辑”。当单击功能区的某些命令按钮时，可能会显示此命令用途的简要提示。状态栏的右侧依次是“视图快捷方式”、“缩放滑块”和“显示比例”，可以通过它们调整视图方式和显示比例等。当选择包括数字的单元格区域时，状态栏上会显示这些数字的平均值、求和以及计数等信息。此外，右键单击状态栏可对状态栏进行自定义。

三、输入数据

（一）直接输入

一般来讲，在 Excel 中输入数据，要先选择单元格，然后输入数据并按回车键。输入的数据同时显示在相应的单元格和编辑栏中。如要编辑已输入的数据，可单击编辑栏进行编辑。编辑时，单击［×］（取消）按钮，可放弃编辑；单击［√］（输入）按钮，可接受一个已修改的项。也可双击相应的单元格或选定相应的单元格并按功能键F2，在单元格中移动插入指针进行编辑。

可以在Excel工作表中输入下列形式的信息：

（1）数值。数值可以是整数、小数、整分数（103/7）或以科学计数法表示的数字（如2E+9）。可以在数字中使用一些数学符号，包括加号（+）、减号（−）、百分号（%）、分号（/）、指数符号（E）和货币符号。默认情况下，数值靠单元格的右端对齐。

（2）文本。文本可以是任意文字、数字字符的组合，包括大小写字母、数字和符号。默认情况下，文本靠单元格的左端对齐。如想要将数值、日期一类的数字保存为文本，在数字前加一个单引号。

（3）日期和时间。要在单元格中保存日期和时间，必须使用预定义的日期和时间格式的一种，如“2002年3月”、“2002-3-3”或“8:00 AM”。

（4）公式。公式是一个从现有的数值计算出一个新值的方程式。它可以包括数字、数学运算符、单元格引用和称为“函数”的内部方程式。如“=SUM（A5:A8）”。公式的使用将另做介绍。

（5）其他。比如超链接、批注以及图片等。

（二）与其他软件交换数据

除了直接输入数据外，Excel还可通过复制、公式、与其他软件交换等渠道取得数据。关于复制和公式的操作，我们在下一节中介绍。在Excel中可以打开其他类型的数据文件，如文本文件、Access数据文件等。

四、编辑工作表

（一）选定单元格和区域

一些Excel命令是针对单个单元格或单元格区域的。活动单元格总是处于选定状态。

要使用鼠标选择一定区域的单元格，可执行下列步骤：

（1）鼠标单击要选定的第一个单元格。

（2）按下鼠标左键，然后将鼠标拖过选定区，最后放开鼠标左键。被选定的单元格以淡蓝色突出显示，并且外边框为加粗边框。

（3）如要选定不相邻的单元格区域，可按住Ctrl键，然后重复步骤（1）和（2）直到选定所有的区域。选定后，放开Ctrl键。

还可以通过单击想要选定行的行标，选定一行单元格，或通过单击列标选定一列单元格。通过按下鼠标左键，并拖曳鼠标指针经过希望选定的列或行，则可以选定多个行或列。最后，按下“全选”按钮允许用户在一次操作中选定工作表中的所有单元格，如图 A－4 所示。

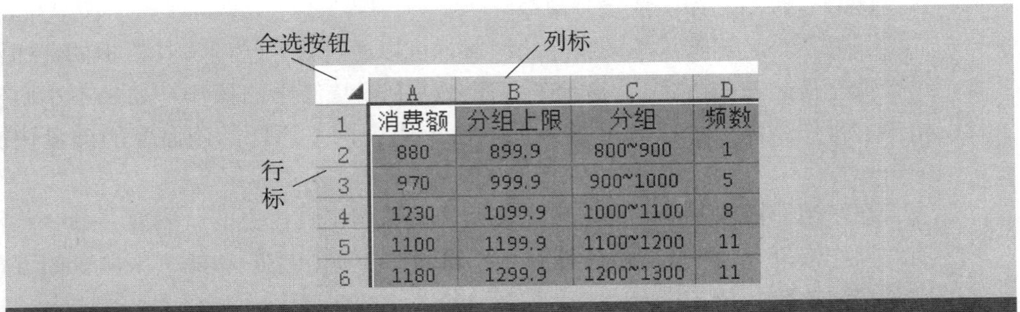

图 A－4 选定单元格和区域

要使用键盘选择一定区域的单元格，可执行下列步骤：

（1）使用箭头键移动到要选定的第一个单元格上。

（2）按 Shift 键，然后按相应的箭头键选定其余部分，最后放开 Shift 键。

要选定不相邻的单元格区域，选定一个区域后，按下 Shift＋F8 组合键（此时状态栏上出现“添加到所选内容”），重复上述步骤再选择另一个区域。

另外，使用 Shift＋Ctrl＋箭头键可以快速选定一个连续的数据区域，大大提高操作效率。

（二）编辑和清除单元格内容

要想编辑一个存在数据的单元格，可以先进入编辑该单元格的状态，然后进行修改，最后确认即可。进入编辑状态，有两种方法：双击相应的单元格；选定相应的单元格，然后按 F2 键或单击编辑栏。确认修改结果时，可以直接按回车键，也可以单击编辑栏上的［√］（输入）按钮。

要清除活动单元格的内容，按 Delete 键，或者右击该单元格，然后从弹出菜单中选择［清除内容］即可。用户还可以选择一定区域的单元格，然后以同样的方式清除它们的内容。注意单元格内容并未被完全删除。清除单元格与删除单元格不同。清除单元格只是清除单元格的值，而单元格的格式信息仍然保留。而删除单元格是将单元格从电子表格中删除，并用其他单元格来替换该单元格。

（三）插入和删除单元格

要将一个单元格或单元格区域插入电子表格中，可以选定与要插入新单元格的位置相邻的单元格区域，右键单击这个单元格，然后从弹出菜单中选择［插入］。如果 Excel 不能确定如何处理其他单元格，则会提示用户是否将单元格下移或右移。它还让用户选择是插入新行还是插入新列。

删除单元格区域情况相同，只是单元格按相反的方向移动。用户可以将单元格左移或上移，或者用户可以删除受影响的行或列。如果用户在选择［插入］或［删除］命令之前，选定了一行或多行（或列），那么 Excel 将不会向用户提示额外信息，它只是向前执行所需的操作。

（四）［撤消］和［恢复］命令

如果不小心删除了不该删除的区域，可以通过快速访问工具栏中的［撤消］命令来恢复被删除的内容。［撤消］是Excel中较常使用的操作，如果不小心实施了错误的操作，那么可以通过撤消操作使工作表恢复原样。该命令的键盘快捷键是Ctrl＋Z。

在使用［撤消］命令后，可以使用快速访问工具栏中的［恢复］命令将刚才撤消的操作恢复。［恢复］命令具有与［撤消］命令相反的功能。该命令的键盘快捷键是Ctrl＋Y。

（五）使用［剪切］和［粘贴］命令移动数据

当使用［剪切］命令剪切某个单元格区域时，该区域周围显示闪动的虚线矩形框表示这是要移动的单元格，然后将该单元格区域内容（包括批注和格式）存放在一个临时的存储空间，该存储空间就是Windows剪贴板。当选定放置数据的新位置并执行［粘贴］命令，单元格及其格式将从剪贴板复制到新的位置上，同时原始单元格区域的数据和格式将被清除。如果在出现矩形框后要取消移动，可按Esc键。

操作步骤如下：

（1）选定要移动的单元格区域。

（2）单击［开始］选项卡［剪贴板］组中的［剪切］命令。也可按快捷键Ctrl＋X。

（3）选定要移动数据的目的单元格。

（4）单击［开始］选项卡［剪贴板］组中的［粘贴］命令。也可按快捷键Ctrl＋V。

（六）使用［复制］和［粘贴］命令复制数据

如果只是要复制工作表中的单元格区域，而不是移动它们，可用［开始］选项卡［剪贴板］组中的［复制］命令。这个命令将选定的单元格副本保存到剪贴板中，然后使用［粘贴］命令可以将这些单元格任意多次地粘贴到工作表中。

其操作步骤基本上与［剪切］和［粘贴］命令相同，只是第（2）步应改为：执行［复制］命令。也可按快捷键Ctrl＋C。

（七）使用自动填充功能创建序列

Excel中最有用的特性之一就是它自动完成一个序列的能力。一个序列可以是一组数字（如1，2，3或2，4，6），也可以是一组日期（如Jan-99，Feb-99，Mar-99或工作日），用户甚至可以定义自己的序列（Excel已有的自定义序列有11个），Excel将自动填充。

自动填充功能通过将填充柄拖过新单元格时产生作用。填充柄是位于活动单元格或选定单元格区域右下角的小黑框。当指针停留在填充柄上时，指针形状变成加号（＋），这表明自动填充功能已经启用。

要使用自动填充功能，可以按下列步骤进行：

（1）在电子表格中输入序列的前几个值。

（2）用鼠标选定这些值。

（3）将指针移动到选定区域的填充柄上，然后等待指针变为加号。

（4）按下鼠标左键，拖动填充柄覆盖希望填充的单元格区域。

（5）释放鼠标左键。

在［文件］选项卡，单击［选项］，可以打开［Excel 选项］对话框。在对话框“高级”类别的“常规”下，单击［编辑自定义列表］，可打开［自定义序列］对话框创建自己的序列。

五、使用公式和函数

Excel 具有很强的公式功能。在数据分析处理过程中，使用公式和函数主要有以下几方面优点。

（1）公式的复制功能适应大批量数据处理，可以大大加快运算速度。

（2）利用 Excel 的公式，可以记住分析的具体步骤，便于检查和修改。

（3）Excel 具有自动更新功能，修改公式引用的单元格，公式可立刻进行重新计算并显示结果。

（4）利用 Excel 的函数，可以省去众多手动计算时的中间步骤，提高效率。

Excel 在内部保存公式（可以在编辑栏上看到公式），在放置公式的单元格中显示公式的计算结果。Excel 中的所有公式都以一个等号（＝）开头，后面跟上由各种运算符连接在一起的一系列数据、单元格引用、单元格区域名称或函数等。

（一）创建公式

选择要输入公式的单元格，输入公式（公式一定以一个等号开头），按回车键完成公式并显示结果。有两种方式输入公式：一是直接在单元格中输入公式；二是使用［插入函数］对话框。要调出该对话框，可单击编辑栏上的［fx］按钮。

数组公式的输入步骤如下：

（1）如果数组公式返回一个结果，单击需要输入数组公式的单元格。如果数组公式将返回多个结果，则选定需要输入数组公式的单元格区域。

（2）键入数组公式。

（3）按 Ctrl＋Shift＋Enter 组合键。

在输入数组公式时，Excel 自动在大括号｛｝之间插入公式。

（二）在公式中使用单元格引用

单元格引用指的是在公式中包含单元格的名称。要在公式中引用单元格，有两种方法，下面举例说明。

例如，要将单元格 B5 和 C5 的内容相加，结果放在 D5 中，可创建公式：“＝B5＋

C5”，这时可采用如下两种方法：

（1）通过键盘输入创建：选择单元格 D5，输入“＝B5＋C5”，按回车键。

（2）用鼠标创建：选择单元格 D5，输入等号（＝），单击单元格 B5，然后按加号键（＋），再单击单元格 C5，最后按回车键。

Excel 有三种方式表示单元格的引用，即冒号、逗号和空格。冒号表示连续区域的引用，即引用一个矩形区域内的单元格；逗号表示联合引用，即引用若干个单元格或单元格区域，这些单元格或单元格区域并不一定是在一起的；空格表示交叉引用，即引用两个单元格区域的公共部分。如 SUM(A1:B5）表示对 A1 到 A5 以及 B1 到 B5 单元格求和；SUM(A1，A3，B1:B4）表示对 A1，A3 以及 B1 到 B4 单元格求和；SUM(A1:B4　A2:B5）表示对 A2 到 A4 以及 B2 到 B4 单元格求和。

（三）公式的复制

公式复制是 Excel 数据成批计算的重要操作方法。可以使用自动填充功能来实现公式的复制，也可以用［复制］和［粘贴］命令来实现公式的复制。

如果公式中包含单元格引用，必须了解单元格引用的方式：绝对引用和相对引用。如果公式中引用的单元格的地址的行标和列标前都加上“＄”符号，表明使用的是绝对引用；反之，如果未加“＄”符号，则表示相对引用。

之所以要区分绝对引用和相对引用，是因为在复制公式时，Excel 会根据引用方式的不同，自动调整公式中的单元格引用。这一特性是 Excel 非常重要的功能之一，它使数据的成批计算成为可能。比如，使用复制公式这一功能，在 Excel 中可以根据一个数列产生一个新的数列。

如果希望公式复制到别的区域时，公式中引用的单元格地址不会随之相对变动，那么必须在公式中使用单元格的绝对引用。如果希望公式复制到别的区域时，公式引用的单元格地址也会随之相对变动，那么必须在公式中使用单元格的相对引用。有时，在复制公式时，要求仅仅保持引用单元格的行标或列标不变，这种情况下要使用混合引用，即只在引用单元格地址的行标或列标前加上“＄”符号。

下面举例说明绝对引用与相对引用的区别。在单元格 A1 和 B1 中已输入了数值数据，在 C1 单元格输入公式“＝A1＋B1”，该公式使用的便是相对引用：C1 中有公式，公式引用的单元格与公式所在单元格 C1 在同一行，但是分别在 C1 的左边 1 列和左边 2 列，此时将 C1 中的公式复制到其他单元格，则公式引用的单元格地址和公式所在单元格地址保持相对不变。比如，将 C1 中的公式复制到了 D2 单元格，则 D2 中的公式引用的单元格就不是 A1 和 B1，而是与 D2 在同一行，分别在 D2 左边 1 列和左边 2 列的两个单元格，即 B2 和 C2 单元格，因此 D2 中的公式是“＝B2＋C2”。如果将该公式复制到 F100 单元格，同理，F100 中的公式将变为“＝D100＋E100”。因此“相对”的概念指的是公式所在的单元格位置和该公式引用的单元格位置是相对固定的。

在复制包含绝对引用的公式时，不论将公式复制到何处，公式的内容都不会发生变化。比如，若 C1 中的公式是“＝＄A＄1＋＄B＄1”，则将该公式复制到 F100

单元格时，F100 中的公式仍是“＝＄A＄1＋＄B＄1”。

在复制包含混合引用的公式时，如果单元格地址的行标前加“＄”，则保持“行”不变动，但“列”会随着公式位置的变化而变动；如果单元格地址的列标前加“＄”，则保持“列”不变动，但“行”会随着公式位置的变化而变动。例如，将 C1 单元格中的公式“＝A＄1＋B＄1”复制到 F100 单元格，那么公式将变为“＝D＄1＋E＄1”。

在复制公式时，可以做这样的归纳：公式中“＄”符号后面的单元格坐标不会随着公式位置的变化而变动，而不带“＄”符号的单元格坐标会随着公式位置的变化而相对变动。

（四）复制公式的计算结果

仅将公式的计算结果复制到目标区域，并不复制公式本身，可用选择性粘贴来实现。操作步骤如下：

（1）选定待复制区域，并执行［复制］命令。

（2）用鼠标右击目标区域，执行［选择性粘贴］命令。出现［选择性粘贴］对话框，选定“数值”选项。也可在弹出的右键菜单中单击按钮。

（五）使用函数

函数是一些预定义的公式，利用函数不仅能提高效率，而且可以减少由于人为原因导致的错误，同时也能减少工作表占用的内存空间，提高 Excel 工作速度。

1. 函数的语法

函数名(参数 1,参数 2,参数 3,…)

其中，参数是函数中用来执行计算的数值。参数可以是数字、文本、单元格引用或名称，也可以是常量或其他函数。具体到特定的函数，其参数类型与参数个数等由函数自身决定，因此在使用函数前应了解函数的具体语法。

2. 函数的输入

在 Excel 中使用函数，必须将它们输入工作表的公式中。

（1）几个常用求和函数的输入。在［开始］选项卡的［编辑］命令组和［公式］选项卡的［函数库］命令组中，单击“$\sum$ 自动求和”按钮可以输入几个最常用的自动求和函数（包括求和，求平均值、最大值、最小值）。

（2）输入最近使用过的函数。在［公式］选项卡的［函数库］命令组中，有一个“最近使用的函数”按钮，点击该按钮，可以弹出用户最近使用过的函数列表。

（3）使用［插入函数］对话框输入函数。点击［公式］选项卡［函数库］命令组中的“fx 插入函数”按钮或单击编辑栏上的“fx”按钮，可调出［插入函数］对话框。

Excel 中的函数共分为 13 个类别，与本课程关系密切的有：统计函数、数学和三角函数、日期和时间函数、查找和引用函数、文本函数等。

如果对 Excel 的函数比较了解，可以先浏览“选择类别”框中的分类，然后在“选择函数”列表中选择所需的函数。选中某个函数后，在对话框的下部会显示这一函数的简单介绍和语法。比如，想要求算术平均数，可以先选择“统计”类别，则会列出所有的统计函数，然后选中 AVERAGE 函数，再单击“确定”按钮（见图 A－5）。

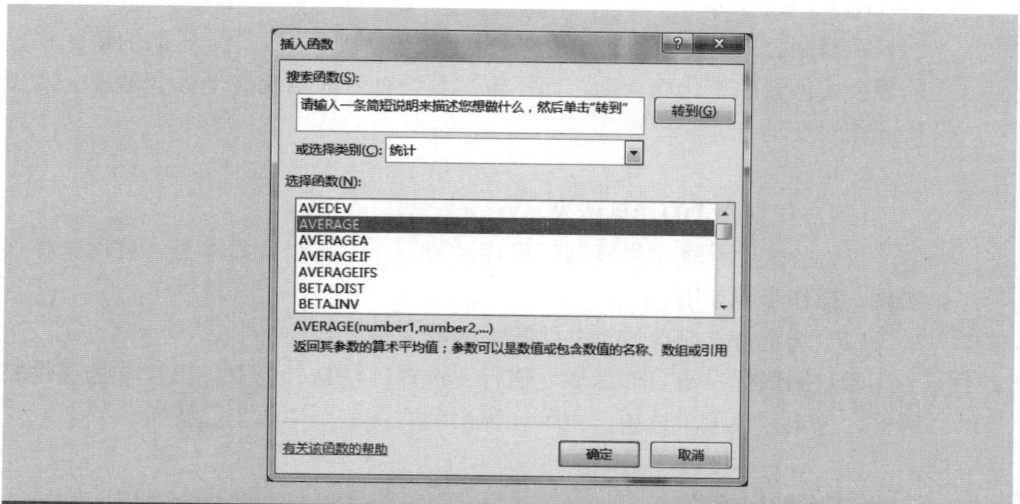

图 A－5　插入函数对话框

如果不确定要使用哪个函数，则可在“搜索函数”框中输入关键字词来搜索函数，以加快输入函数的速度。比如，想要求算术平均数，但又不知道应该用哪个函数，则可以在“搜索函数”框中输入关键字“求平均”，然后单击“转到”按钮，则会在“选择函数”列表中列出相关的平均数函数，然后逐一点击相关的函数，查看每个函数的说明，就可以知道求算术平均值应该使用 AVERAGE 函数（见图 A－6）。

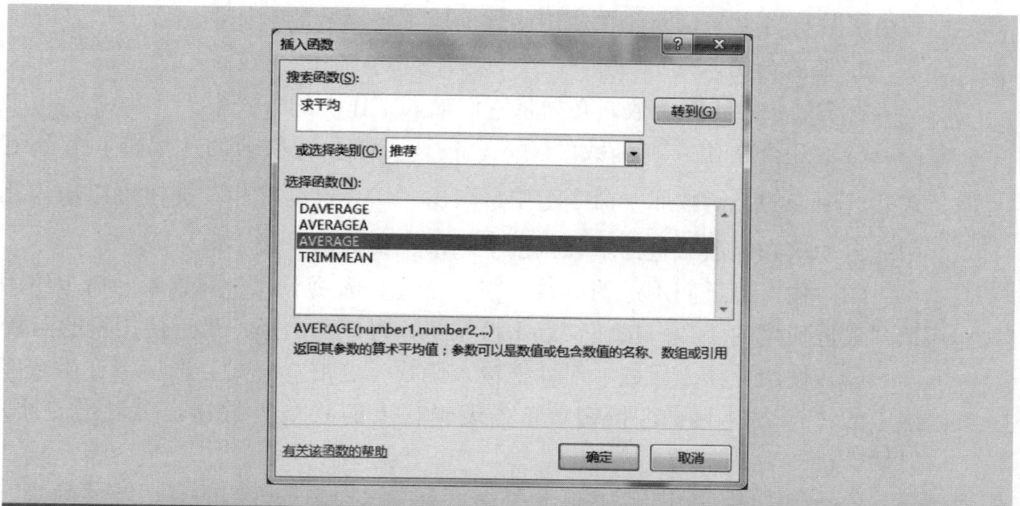

图 A－6　搜索函数

选择函数并单击“确定”按钮后，会打开［函数参数］对话框。图 A－7 是 AVERAGE 函数的参数对话框。

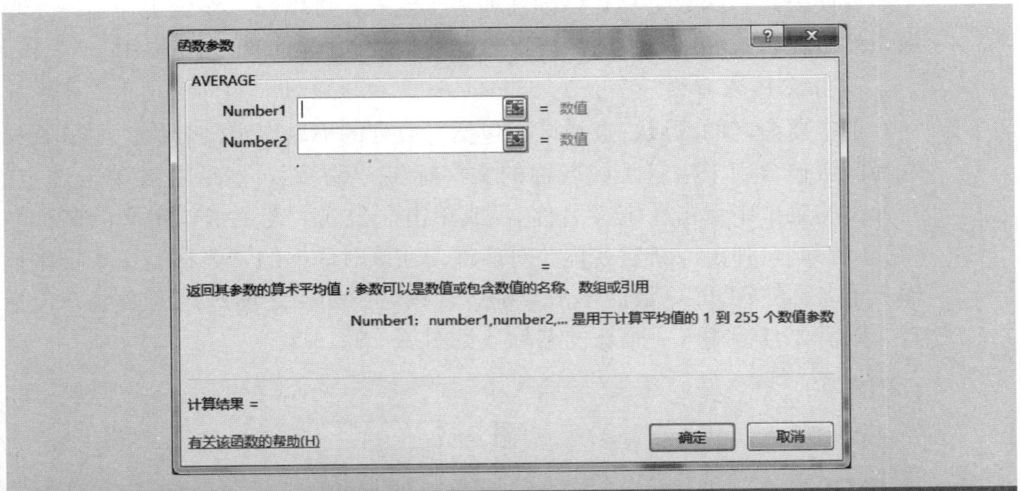

图 A－7　函数参数对话框

若要将单元格引用作为参数输入，请单击“压缩对话框”按钮（）以临时隐藏对话框，在工作表上选择单元格，然后按“展开对话框”（）。参数输入后，按“确定”按钮即可。

（4）使用［函数库］命令组输入函数。［公式］选项卡的［函数库］命令组分类列出了 Excel 的函数（Excel 共有 13 个函数别，这里只列出 11 个类别，数据库函数和自定义函数未列出）。单击某个类别后，会弹出该类别中的函数列表。当鼠标悬停在某个函数名上时，将显示该函数的简单说明。找到所需的函数后，单击该函数，将打开［函数参数］对话框。

（六）公式与错误值

如果公式不能正确计算结果，Excel 将显示一个错误值。常见的错误值如表 A－1 所示。

表 A－1　Excel 中常见错误值

错误值	简单说明
#DIV/0!	公式中出现 0 为除数的情况
#N/A	某个值不可用于函数或公式
#NAME?	公式中使用了 Excel 不能识别的文本
#NULL!	试图为两个不相交的区域指定交叉点
#NUM!	公式或函数中包含无效数值
#REF!	公式包含的区域引用无效
#VALUE!	公式所包含的单元格有不同的数据类型
######	计算结果太宽，无法在单元格中显示

（七）在公式中使用区域名称

要使公式和函数更具有可读性和易于输入，可以在工作表中命名一个单元格区域，然后在公式和函数中使用该区域名称代替此区域的单元格引用。

1. 指定区域名称

选中要命名的区域，选择区要包括行或列的标题以定义名称。如图 A-8 所示，选择区域包含用于指定区域名称的文字标签“GDP”，然后右键单击选定的区域，在弹出的菜单中点击［定义名称］，或单击［公式］选项卡［定义的名称］组中的［定义名称］，弹出［新建名称］对话框。在该对话框的“名称”文本框中已经自动输入了名称“GDP”，最后单击“确定”按钮。如果之前选定的区域不包括文字标签，则需要自行输入一个新的名称（见图 A-9）。

	A	B
1	year	GDP
2	2004	162742.1
3	2005	189190.4
4	2006	221206.5
5	2007	271699.3
6	2008	319935.8
7	2009	349883.3
8	2010	410708.3
9	2011	486037.8
10	2012	540988.9
11	2013	596962.9
12	2014	648493.1
13	2015	696299.7

图 A-8　指定区域名称

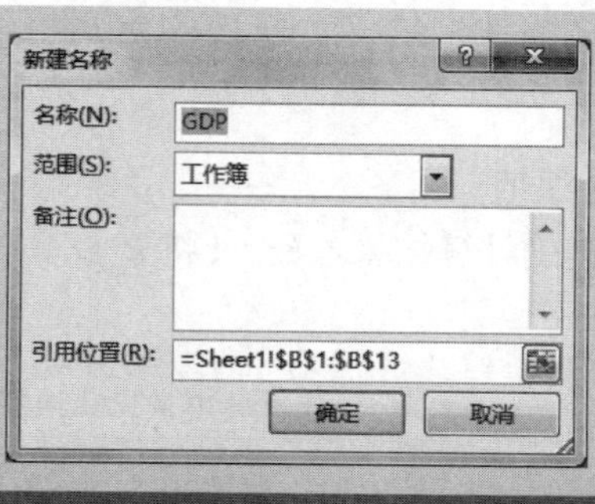

图 A-9　定义名称

2. 使用区域名称

可以在公式和函数中使用区域名称。如要计算单元格 B2 到 B10 的 GDP 平均值，可以采用公式“=AVERAGE(GDP)”。

3. 修改名称所指定的单元格区域

其步骤如下：

(1) 单击［公式］选项卡［定义的名称］组中的［名称管理器］，弹出［名称管理器］对话框。

（2）选择要修改的区域名称，再单击［编辑］，弹出［编辑名称］对话框（与［新建名称］对话框基本相同，只是对话框中的“范围”不可选）。

（3）在“引用位置”文本框中修改单元格引用。也可以直接在工作表中选择新的单元格区域。

（4）单击“确定”按钮保存所做的修改。

当修改区域时，Excel 将自动更新所有与此名称相关的公式。

4. 删除区域名称

调出［名称管理器］对话框，单击要从工作表中删除的区域名称，再单击“删除”按钮。

第二节　分析工具库与统计函数

一、分析工具

Excel 提供了一组数据分析工具，称为分析工具库。在进行复杂的统计分析时，使用现成的数据分析工具，可以节省很多时间。只需为每一个分析工具提供必要的数据和参数，该工具就会自动使用适宜的统计或数学函数，并在输出表格中显示相应的结果。其中的一些工具在生成输出表格时，还能同时产生图表。如果要浏览已有的分析工具，可以单击［数据］选项卡［分析］组中的［数据分析］。

如果［数据分析］没有出现在选项卡上，则必须先加载该分析工具库。具体参见上一节中的“熟悉 Excel 工作界面”部分。

使用各项分析工具的操作步骤如下：

（1）打开相应的 Excel 文件。

（2）点击［数据］→［数据分析］，在调出的［数据分析］对话框中双击相应的数据分析工具选项，如“回归”“抽样”等（见图 A－10）。

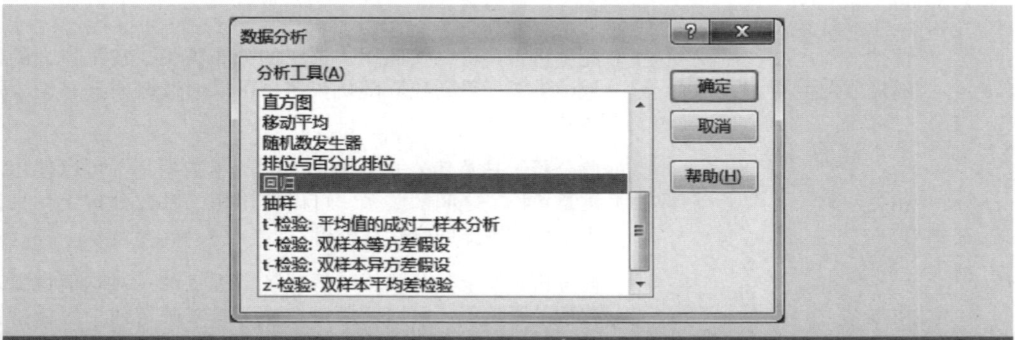

图 A－10　数据分析对话框

（3）在打开的各种分析工具的对话框中，按各种分析工具的要求填写相应的信息，最后按“确定”按钮。

以下给出 Excel 的主要分析工具的一览表（见表 A－2），具体的使用方法在有关章节中说明。

表 A－2　　Excel 主要数据分析工具一览表

分析工具名称	简单说明
F 检验：双样本方差	此分析工具可以进行双样本 F 检验，用来比较两个样本总体的方差。
t 检验：平均值的成对双样本分析	此分析工具及其公式可以进行成对双样本 t 检验，用来确定样本均值是否不等。此 t 检验并不假设两个总体的方差是相等的。
t 检验：双样本等方差假设	此分析工具可以进行双样本 t 检验。此 t 检验先假设两个数据集的平均值相等，故也称作齐次方差 t 检验。可以使用 t 检验来确定两个样本均值实际上是否相等。
t 检验：双样本异方差假设	此分析工具及其公式可以进行双样本 t 检验。此 t 检验先假设两个数据集的方差不等，故也称作异方差 t 检验。可以使用 t 检验来确定两个样本均值实际上是否相等。
z 检验：双样本平均差检验	此分析工具可以进行方差已知的双样本均值 z 检验。此工具用于检验两个总体均值之间存在差异的假设。
抽样	此分析工具以输入区域为总体构造总体的一个样本。当总体太大而不能进行处理或绘制时，可以选用具有代表性的样本。如果确认输入区域中的数据是周期性的，还可以对一个周期中特定时间段的数值进行采样。例如，如果输入区域包含季度销售量数据，以 4 为周期进行取样，将在输出区域中生成某个季度的样本。
回归	此工具通过对一组观察值使用最小二乘法直线拟合，进行线性回归分析。此工具可用来分析单个因变量是如何受一个或几个自变量影响的。
描述统计	此分析工具用于生成对输入区域中数据的单变量分析，提供有关数据趋中性和易变性的信息。
排位与百分比排位	此分析工具可以产生一个数据列表，在其中将给定数据按大小次序排位和相应的百分比排位，用来分析数据集中各数值间的相互位置关系。
随机数发生器	此分析工具可以按照用户选定的分布类型，在工作表的特定区域中生成一系列独立随机数字。可以通过概率分布来表示主体的总体特征。
相关系数	此分析工具及其公式可用于判断两组数据集（可以使用不同的度量单位）之间的关系。可以使用相关系数分析工具来确定两个区域中数据的变化是否相关。
协方差	此分析工具及其公式用于返回各数据点的一对均值偏差之间的乘积的平均值。可以使用协方差工具来确定两个区域中数据的变化是否相关。
移动平均	此分析工具及其公式可以基于特定的过去某段时期中变量的均值，对未来值进行预测。

续前表

分析工具名称	简单说明
直方图	在给定工作表中数据单元格区域和接收区间的情况下，计算数据的个别和累计频率，用于统计某个数值元素的出现次数。
指数平滑	此分析工具及其公式基于前期预测值导出相应的新预测值，并修正前期预测值的误差。此工具将使用平滑常数 α，其大小决定了本次预测对前期预测误差的修正程度。
单因素方差分析	此分析工具通过简单的方差分析，对两个以上样本均值进行相等性假设检验（抽样取自具有相同均值的样本空间）。此方法是对双均值检验（如 t 检验）的扩充。
可重复双因素分析	此分析工具是对单因素方差分析的扩展，即每一组数据包含不止一个样本。
无重复双因素分析	此分析工具通过双因素方差分析（但每组数据只包含一个样本），对两个以上样本均值进行相等性假设检验（抽样取自具有相同均值的样本空间）。此方法是对双均值检验（如 t 检验）的扩充。

二、常用数学与统计函数简表

这里给出 Excel 中常用的数学和统计函数列表（见表 A-3）。具体的使用方法结合具体实例，已在各有关章节中说明。更多函数请参考 Excel 帮助。

表 A-3 Excel 常用数学和统计函数一览表

函数名称	函数功能
AVERAGE	求算术平均值
BINOM. DIST	求二项式分布的概率值
BINOM. INV	求使累计二项式分布大于等于临界值的最小值
CHISQ. DIST	求 χ^2 分布的左尾概率值或密度函数值
CHISQ. INV	求 χ^2 分布左尾概率的逆函数值
CHISQ. DIST. RT	求 χ^2 分布的右尾概率值
CHISQ. INV. RT	求 χ^2 分布右尾概率的逆函数值
CONFIDENCE. NORM	求总体平均值的置信区间，即求 $z_{\alpha/2}\sigma/\sqrt{n}$
CORREL	求相关系数
COUNT	求变量个数
COVARIANCE. P	求总体协方差
COVARIANCE. S	求样本协方差
BINOM. INV	求使累计二项分布概率值大于等于临界值 α 的最小值
EXP	返回 e 的 n 次幂
EXPON. DIST	求指数分布累计分布或概率密度
F. DIST	求 F 分布的左尾概率值或密度函数值

续前表

函数名称	函数功能
F. INV	求 F 概率分布左尾概率的逆函数值
F. DIST. RT	求 F 分布的右尾概率值
F. INV. RT	求 F 分布右尾概率的逆函数值
F. TEST	返回 F 检验的结果，即当数组 1 和数组 2 的方差无明显差异时的双尾概率
HYPGEOM. DIST	返回超几何分布的概率值
IF	执行真假值判断，根据逻辑测试的真假值返回不同的结果
INT	求一个数向下舍位到最接近的整数
INTERCEPT	返回线性回归线的截距
KURT	求峰度
LN	求一个数的自然对数
LOG	按所指定的底数，求一个数的对数
MAX	求一组数的最大值
MEDIAN	求中位数
MIN	求一组数的最小值
MINVERSE	求逆矩阵
MMULT	求两个矩阵的乘积
MODE. SNGL	求众数
NORM. DIST	求正态分布的概率值（给定平均值和标准偏差）
NORM. INV	求给定平均值和标准偏差的正态分布的累计函数的逆函数
NORM. S. DIST	求标准正态分布的概率值
NORM. S. INV	求标准正态分布累计函数的逆函数
PI	返回 π 值
POISSON. DIST	求泊松分布的概率值
ROUND	求某个数字按指定位数舍入后的数字
SKEW	求偏度
SLOPE	返回线性回归线的斜率
SQRT	求正平方根
STANDARDIZE	返回正态化数值，即 $(X-\mu)/\sigma$
STDEV. S	求样本的标准差
STDEV. P	求总体的标准差
SUM	求所有参数的和
T. DIST	求 T 分布的左尾概率值或密度函数值
T. INV	求 T 分布左尾概率的逆函数
T. DIST. 2T	求 T 分布的双尾概率值
T. INV. 2T	求 T 分布双尾概率的逆函数
TRANSPOSE	求矩阵的转置
T. TEST	返回 t 检验相关的概率
VAR. S	求样本方差
VAR. P	求总体方差
Z. TEST	返回 Z 检验的单尾概率值

附录 B　常用统计表

表 B-1

正态分布概率表

$F(Z)=P(|x-\bar{x}|/\sigma<z)$

Z	F(Z)	Z	F(Z)	Z	F(Z)	Z	F(Z)
0.00	0.000 0	0.35	0.273 7	0.70	0.516 1	1.05	0.706 3
0.01	0.008 0	0.36	0.281 2	0.71	0.522 3	1.06	0.710 9
0.02	0.016 0	0.37	0.288 6	0.72	0.528 5	1.07	0.715 4
0.03	0.023 9	0.38	0.296 1	0.73	0.534 6	1.08	0.719 9
0.04	0.031 9	0.39	0.303 5	0.74	0.540 7	1.09	0.724 3
0.05	0.039 9	0.40	0.310 8	0.75	0.546 7	1.10	0.728 7
0.06	0.047 8	0.41	0.318 2	0.76	0.552 7	1.11	0.733 0
0.07	0.055 8	0.42	0.325 5	0.77	0.558 7	1.12	0.737 3
0.08	0.063 8	0.43	0.332 8	0.78	0.564 6	1.13	0.741 5
0.09	0.071 7	0.44	0.340 1	0.79	0.570 5	1.14	0.745 7
0.10	0.079 7	0.45	0.347 3	0.80	0.576 3	1.15	0.749 9
0.11	0.087 6	0.46	0.354 5	0.81	0.582 1	1.16	0.754 0
0.12	0.095 5	0.47	0.361 6	0.82	0.587 8	1.17	0.758 0
0.13	0.103 4	0.48	0.368 8	0.83	0.593 5	1.18	0.762 0
0.14	0.111 3	0.49	0.375 9	0.84	0.599 1	1.19	0.766 0
0.15	0.119 2	0.50	0.382 9	0.85	0.604 7	1.20	0.769 9
0.16	0.127 1	0.51	0.389 9	0.86	0.610 2	1.21	0.773 7
0.17	0.135 0	0.52	0.396 9	0.87	0.615 7	1.22	0.777 5
0.18	0.142 8	0.53	0.403 9	0.88	0.621 1	1.23	0.781 3
0.19	0.150 7	0.54	0.410 8	0.89	0.626 5	1.24	0.785 0
0.20	0.158 5	0.55	0.417 7	0.90	0.631 9	1.25	0.788 7
0.21	0.166 3	0.56	0.424 5	0.91	0.637 2	1.26	0.792 3
0.22	0.174 1	0.57	0.431 3	0.92	0.642 4	1.27	0.795 9
0.23	0.181 9	0.58	0.438 1	0.93	0.647 6	1.28	0.799 5
0.24	0.189 7	0.59	0.444 8	0.94	0.652 8	1.29	0.803 0
0.25	0.197 4	0.60	0.451 5	0.95	0.657 9	1.30	0.806 4
0.26	0.205 1	0.61	0.458 1	0.96	0.662 9	1.31	0.809 8
0.27	0.212 8	0.62	0.464 7	0.97	0.668 0	1.32	0.813 2
0.28	0.220 5	0.63	0.471 3	0.98	0.672 9	1.33	0.816 5
0.29	0.228 2	0.64	0.477 8	0.99	0.677 8	1.34	0.819 8
0.30	0.235 8	0.65	0.484 3	1.00	0.682 7	1.35	0.823 0
0.31	0.243 4	0.66	0.490 7	1.01	0.687 5	1.36	0.826 2
0.32	0.251 0	0.67	0.497 1	1.02	0.692 3	1.37	0.829 3
0.33	0.258 6	0.68	0.503 5	1.03	0.697 0	1.38	0.832 4
0.34	0.266 1	0.69	0.509 8	1.04	0.701 7	1.39	0.835 5

续前表

Z	$F(Z)$	Z	$F(Z)$	Z	$F(Z)$	Z	$F(Z)$
1.40	0.838 5	1.75	0.919 9	2.20	0.972 2	2.90	0.996 2
1.41	0.841 5	1.76	0.921 6	2.22	0.973 6	2.92	0.996 5
1.42	0.844 4	1.77	0.923 3	2.24	0.974 9	2.94	0.996 7
1.43	0.847 3	1.78	0.924 9	2.26	0.976 2	2.96	0.996 9
1.44	0.850 1	1.79	0.926 5	2.28	0.977 4	2.98	0.997 1
1.45	0.852 9	1.80	0.928 1	2.30	0.978 6	3.00	0.997 3
1.46	0.855 7	1.81	0.929 7	2.32	0.979 7	3.20	0.998 6
1.47	0.858 4	1.82	0.931 2	2.34	0.980 7	3.40	0.999 3
1.48	0.861 1	1.83	0.932 8	2.36	0.981 7	3.60	0.999 68
1.49	0.863 8	1.84	0.934 2	2.38	0.982 7	3.80	0.999 86
1.50	0.866 4	1.85	0.935 7	2.40	0.983 6	4.00	0.999 94
1.51	0.869 0	1.86	0.937 1	2.42	0.984 5	4.50	0.999 994
1.52	0.871 5	1.87	0.938 5	2.44	0.985 3	5.00	0.999 999
1.53	0.874 0	1.88	0.939 9	2.46	0.986 1		
1.54	0.876 4	1.89	0.941 2	2.48	0.986 9		
1.55	0.878 9	1.90	0.942 6	2.50	0.987 6		
1.56	0.881 2	1.91	0.943 9	2.52	0.988 3		
1.57	0.883 6	1.92	0.945 1	2.54	0.988 9		
1.58	0.885 9	1.93	0.946 4	2.56	0.989 5		
1.59	0.888 2	1.94	0.947 6	2.58	0.990 1		
1.60	0.890 4	1.95	0.948 8	2.60	0.990 7		
1.61	0.892 6	1.96	0.950 0	2.62	0.991 2		
1.62	0.894 8	1.97	0.951 2	2.64	0.991 7		
1.63	0.896 9	1.98	0.952 3	2.66	0.992 2		
1.64	0.899 0	1.99	0.953 4	2.68	0.992 6		
1.65	0.901 1	2.00	0.954 5	2.70	0.993 1		
1.66	0.903 1	2.02	0.956 6	2.72	0.993 5		
1.67	0.905 1	2.04	0.958 7	2.74	0.993 9		
1.68	0.907 0	2.06	0.960 6	2.76	0.994 2		
1.69	0.909 0	2.08	0.962 5	2.78	0.994 6		
1.70	0.910 9	2.10	0.964 3	2.80	0.994 9		
1.71	0.912 7	2.12	0.966 0	2.82	0.995 2		
1.72	0.914 6	2.14	0.967 6	2.84	0.995 5		
1.73	0.916 4	2.16	0.969 2	2.86	0.995 8		
1.74	0.918 1	2.18	0.970 7	2.88	0.996 0		

表 B－2

t 分布临界值表

$$P(|t(v)|>t_\alpha(v))=\alpha$$

单侧 双侧	α=0.10 α=0.20	0.05 0.10	0.025 0.05	0.01 0.02	0.005 0.01
ν=1	3.078	6.314	12.706	31.821	63.657
2	1.886	2.920	4.303	6.965	9.925
3	1.638	2.353	3.182	4.541	5.841
4	1.533	2.132	2.776	3.747	4.604
5	1.476	2.015	2.571	3.365	4.032
6	1.440	1.943	2.447	3.143	3.707
7	1.415	1.895	2.365	2.998	3.499
8	1.397	1.860	2.306	2.896	2.355
9	1.383	1.833	2.262	2.821	3.250
10	1.372	1.812	2.228	2.764	3.169
11	1.363	1.796	2.201	2.718	3.106
12	1.356	1.782	2.179	2.681	3.055
13	1.350	1.771	2.160	2.650	3.012
14	1.345	1.761	2.145	2.624	2.977
15	1.341	1.753	2.131	2.602	2.947
16	1.337	1.746	2.120	2.583	2.921
17	1.333	1.740	2.110	2.567	2.898
18	1.330	1.734	2.101	2.552	2.878
19	1.328	1.729	2.093	2.539	2.861
20	1.325	1.725	2.086	2.528	2.845
21	1.323	1.721	2.080	2.518	2.831
22	1.321	1.717	2.074	2.508	2.819
23	1.319	1.714	2.069	2.500	2.807
24	1.318	1.711	2.064	2.492	2.797
25	1.316	1.708	2.060	2.485	2.787
26	1.315	1.706	2.056	2.479	2.779
27	1.314	1.703	2.052	2.473	2.771
28	1.313	1.701	2.048	2.467	2.763
29	1.311	1.699	2.045	2.462	2.756
30	1.310	1.697	2.042	2.457	2.750
40	1.303	1.684	2.021	2.423	2.704
50	1.299	1.676	2.009	2.403	2.678
60	1.296	1.671	2.000	2.390	2.660
70	1.294	1.667	1.994	2.381	2.648
80	1.292	1.664	1.990	2.374	2.639
90	1.291	1.662	1.987	2.368	2.632
100	1.290	1.660	1.984	2.364	2.626
125	1.288	1.657	1.979	2.357	2.616
150	1.287	1.655	1.976	2.351	2.609
200	1.286	1.653	1.972	2.345	2.601
∞	1.282	1.645	1.960	2.326	2.576

表 B－3

χ^2分布临界值表

$P(\chi^2(\nu)>\chi^2_\alpha(\nu))=\alpha$

ν	显著性水平（α）												
	0.995	0.99	0.975	0.95	0.9	0.8	0.5	0.2	0.1	0.05	0.025	0.01	0.005
1	0	0.000 2	0.001	0.003 9	0.015 8	0.064 2	0.454 9	1.642 4	2.705 5	3.841 5	5.023 9	6.634 9	7.879 4
2	0.01	0.020 1	0.050 6	0.102 6	0.210 7	0.446 3	1.386 3	3.218 9	4.605 2	5.991 5	7.377 8	9.210 3	10.596 6
3	0.071 7	0.114 8	0.215 8	0.351 8	0.584 4	1.005 2	2.366	4.641 6	6.251 4	7.814 7	9.348 4	11.344 9	12.838 2
4	0.207	0.297 1	0.484 4	0.710 7	1.063 6	1.648 8	3.356 7	5.988 6	7.779 4	9.487 7	11.143 3	13.276 7	14.860 3
5	0.411 7	0.554 3	0.831 2	1.145 5	1.610 3	2.342 5	4.351 5	7.289 3	9.236 4	11.070 5	12.832 5	15.086 3	16.749 6
6	0.675 7	0.872 1	1.237 3	1.635 4	2.204 1	3.070 1	5.348 1	8.558 1	10.644 6	12.591 6	14.449 4	16.811 9	18.547 6
7	0.989 3	1.239	1.689 9	2.167 3	2.833 1	3.822 3	6.345 8	9.803 2	12.017	14.067 1	16.012 8	18.475 3	20.277 7
8	1.344 4	1.646 5	2.179 7	2.732 6	3.489 5	4.593 6	7.344 1	11.030 1	13.361 6	15.507 3	17.534 5	20.090 2	21.955
9	1.734 9	2.087 9	2.700 4	3.325 1	4.168 2	5.380 1	8.342 8	12.242 1	14.683 7	16.919	19.022 8	21.666	23.589 4
10	2.155 9	2.558 2	3.247	3.940 3	4.865 2	6.179 1	9.341 8	13.442	15.987 2	18.307	20.483 2	23.209 3	25.188 2
11	2.603 2	3.053 5	3.815 7	4.574 8	5.577 8	6.988 7	10.341	14.631 4	17.275	19.675 1	21.92	24.725	26.756 8
12	3.073 8	3.570 6	4.403 8	5.226	6.303 8	7.807 3	11.340 3	15.812	18.549 3	21.026 1	23.336 7	26.217	28.299 5
13	3.565	4.106 9	5.008 8	5.891 9	7.041 5	8.633 9	12.339 8	16.984 8	19.811 9	22.362	24.735 6	27.688 2	29.819 5
14	4.074 7	4.660 4	5.628 7	6.570 6	7.789 5	9.467 3	13.339 3	18.150 8	21.064 1	23.684 8	26.118 9	29.141 2	31.319 3
15	4.600 9	5.229 3	6.262 1	7.260 9	8.546 8	10.307	14.338 9	19.310 7	22.307 1	24.995 8	27.488 4	30.577 9	32.801 3
16	5.142 2	5.812 2	6.907 7	7.961 6	9.312 2	11.152 1	15.338 5	20.465 1	23.541 8	26.296 2	28.845 4	31.999 9	34.267 2
17	5.697 2	6.407 8	7.564 2	8.671 8	10.085 2	12.002 3	16.338 2	21.614 6	24.769	27.587 1	30.191	33.408 7	35.718 5
18	6.264 8	7.014 9	8.230 7	9.390 5	10.864 9	12.857	17.337 9	22.759 5	25.989 4	28.869 3	31.526 4	34.805 3	37.156 5
19	6.844	7.632 7	8.906 5	10.117	11.650 9	13.715 8	18.337 7	23.900 4	27.203 6	30.143 5	32.852 3	36.190 9	38.582 3
20	7.433 8	8.260 4	9.590 8	10.850 8	12.442 6	14.578 4	19.337 4	25.037 5	28.412	31.410 4	34.169 6	37.566 2	39.996 8
21	8.033 7	8.897 2	10.282 9	11.591 3	13.239 6	15.444 6	20.337 2	26.171 1	29.615 1	32.670 6	35.478 9	38.932 2	41.401 1
22	8.642 7	9.542 5	10.982 3	12.338	14.041 5	16.314	21.337	27.301 5	30.813 3	33.924 4	36.780 7	40.289 4	42.795 7
23	9.260 4	10.195 7	11.688 6	13.090 5	14.848	17.186 5	22.336 9	28.428 8	32.006 9	35.172 5	38.075 6	41.638 4	44.181 3
24	9.886 2	10.856 4	12.401 2	13.848 4	15.658 7	18.061 8	23.336 7	29.553 3	33.196 2	36.415	39.364 1	42.979 8	45.558 5
25	10.519 7	11.524	13.119 7	14.611 4	16.473 4	18.939 8	24.336 6	30.675 2	34.381 6	37.652 5	40.646 5	44.314 1	46.927 9
26	11.160 2	12.198 1	13.843 9	15.379 2	17.291 9	19.820 2	25.336 5	31.794 6	35.563 2	38.885 1	41.923 2	45.641 7	48.289 9
27	11.807 6	12.878 5	14.573 4	16.151 4	18.113 9	20.703	26.336 3	32.911 7	36.741 2	40.113 3	43.194 5	46.962 9	49.644 9
28	12.461 3	13.564 7	15.307 9	16.927 9	18.939 2	21.588	27.336 2	34.026 6	37.915 9	41.337 1	44.460 8	48.278 2	50.993 4
29	13.121 1	14.256 5	16.047 1	17.708 4	19.767 7	22.475 1	28.336 1	35.139 4	39.087 5	42.557	45.722 3	49.587 9	52.335 6
30	13.786 7	14.953 5	16.790 8	18.492 7	20.599 2	23.364 1	29.336	36.250 2	40.256	43.773	46.979 2	50.892 2	53.672

表 B-4 F 分布临界值表

$P(F(\nu_1,\nu_2)>F_\alpha(\nu_1,\nu_2))=\alpha$

$\alpha=0.05$

ν_2 \ ν_1	1	2	3	4	5	6	8	10	15
1	161.4	199.5	215.7	224.6	230.2	234.0	238.9	241.9	245.9
2	18.51	19.00	19.16	19.25	19.30	19.33	19.37	19.40	19.43
3	10.13	9.55	9.28	9.12	9.01	8.94	8.85	8.79	8.70
4	7.71	6.94	6.59	6.39	6.26	6.16	6.04	5.96	5.86
5	6.61	5.79	5.41	5.19	5.05	4.95	4.82	4.74	4.62
6	5.99	5.14	4.76	4.53	4.39	4.28	4.15	4.06	3.94
7	5.59	4.74	4.35	4.12	3.97	3.87	3.73	3.64	3.51
8	5.32	4.46	4.07	3.84	3.69	3.58	3.44	3.35	3.22
9	5.12	4.26	3.86	3.63	3.48	3.37	3.23	3.14	3.01
10	4.96	4.10	3.71	3.48	3.33	3.22	3.07	2.98	2.85
11	4.84	3.98	3.59	3.36	3.20	3.09	2.95	2.85	2.72
12	4.75	3.89	3.49	3.26	3.11	3.00	2.85	2.75	2.62
13	4.67	3.81	3.41	3.18	3.03	2.92	2.77	2.67	2.53
14	4.60	3.74	3.34	3.11	2.96	2.85	2.70	2.60	2.46
15	4.54	3.68	3.29	3.06	2.90	2.79	2.64	2.54	2.40
16	4.49	3.63	3.24	3.01	2.85	2.74	2.59	2.49	2.35
17	4.45	3.59	3.20	2.96	2.81	2.70	2.55	2.45	2.31
18	4.41	3.55	3.16	2.93	2.77	2.66	2.51	2.41	2.27
19	4.38	3.52	3.13	2.90	2.74	2.63	2.48	2.38	2.23
20	4.35	3.49	3.10	2.87	2.71	2.60	2.45	2.35	2.20
21	4.32	3.47	3.07	2.84	2.68	2.57	2.42	2.32	2.18
22	4.30	3.44	3.05	2.82	2.66	2.55	2.40	2.30	2.15
23	4.28	3.42	3.03	2.80	2.64	2.53	2.37	2.27	2.13
24	4.26	3.40	3.01	2.78	2.62	2.51	2.36	2.25	2.11
25	4.24	3.39	2.99	2.76	2.60	2.49	2.34	2.24	2.09
26	4.23	3.37	2.98	2.74	2.59	2.47	2.32	2.22	2.07
27	4.21	3.35	2.96	2.73	2.57	2.46	2.31	2.20	2.06
28	4.20	3.34	2.95	2.71	2.56	2.45	2.29	2.19	2.04
29	4.18	3.33	2.93	2.70	2.55	2.43	2.28	2.18	2.03
30	4.17	3.32	2.92	2.69	2.53	2.42	2.27	2.16	2.01
40	4.08	3.23	2.84	2.61	2.45	2.34	2.18	2.08	1.92
50	4.03	3.18	2.79	2.56	2.40	2.29	2.13	2.03	1.87
60	4.00	3.15	2.76	2.53	2.37	2.25	2.10	1.99	1.84
70	3.98	3.13	2.74	2.50	2.35	2.23	2.07	1.97	1.81
80	3.96	3.11	2.72	2.49	2.33	2.21	2.06	1.95	1.79
90	3.95	3.10	2.71	2.47	2.32	2.20	2.04	1.94	1.78
100	3.94	3.09	2.70	2.46	2.31	2.19	2.03	1.93	1.77
125	3.92	3.07	2.68	2.44	2.29	2.17	2.01	1.91	1.75
150	3.90	3.06	2.66	2.43	2.27	2.16	2.00	1.89	1.73
200	3.89	3.04	2.65	2.42	2.26	2.14	1.98	1.88	1.72
∞	3.84	3.00	2.60	2.37	2.21	2.10	1.94	1.83	1.67

续前表

$\alpha=0.01$

ν_1 / ν_2	1	2	3	4	5	6	8	10	15
1	4 052	4 999	5 403	5 625	5 764	5 859	5 981	6 065	6 157
2	98.50	99.00	99.17	99.25	99.30	99.33	99.37	99.40	99.43
3	34.12	30.82	29.46	28.71	28.24	27.91	27.49	27.23	26.87
4	21.20	18.00	16.69	15.98	15.52	15.21	14.80	14.55	14.20
5	16.26	13.27	12.06	11.39	10.97	10.67	10.29	10.05	9.72
6	13.75	10.92	9.78	9.15	8.75	8.47	8.10	7.87	7.56
7	12.25	9.55	8.45	7.85	7.46	7.19	6.84	6.62	6.31
8	11.26	8.65	7.59	7.01	6.63	6.37	6.03	5.81	5.52
9	10.56	8.02	6.99	6.42	6.06	5.80	5.47	5.26	4.96
10	10.04	7.56	6.55	5.99	5.64	5.39	5.06	4.85	4.56
11	9.65	7.21	6.22	5.67	5.32	5.07	4.74	4.54	4.25
12	9.33	6.93	5.95	5.41	5.06	4.82	4.50	4.30	4.01
13	9.07	6.70	5.74	5.21	4.86	4.62	4.30	4.10	3.82
14	8.86	6.51	5.56	5.04	4.69	4.46	4.14	3.94	3.66
15	8.86	6.36	5.42	4.89	4.56	4.32	4.00	3.80	3.52
16	8.53	6.23	5.29	4.77	4.44	4.20	3.89	3.69	3.41
17	8.40	6.11	5.19	4.67	4.34	4.10	3.79	3.59	3.31
18	8.29	6.01	5.09	4.58	4.25	4.01	3.71	3.51	3.23
19	8.18	5.93	5.01	4.50	4.17	3.94	3.63	3.43	3.15
20	8.10	5.85	4.94	4.43	4.10	3.87	3.56	3.37	3.09
21	8.02	5.78	4.87	4.37	4.04	3.81	3.51	3.31	3.03
22	7.95	5.72	4.82	4.31	3.99	3.76	3.45	3.26	2.98
23	7.88	5.66	4.76	4.26	3.94	3.71	3.41	3.21	2.93
24	7.82	5.61	4.72	4.22	3.90	3.67	3.36	3.17	2.89
25	7.77	5.57	4.68	4.18	3.85	3.63	3.32	3.13	2.85
26	7.72	5.53	4.64	1.14	3.82	3.59	3.29	3.09	2.81
27	7.68	5.49	4.60	4.11	3.78	3.56	3.26	3.06	2.78
28	7.64	5.45	4.57	4.07	3.75	3.53	3.23	3.03	2.75
29	7.60	5.42	4.54	4.04	3.73	3.50	3.20	3.00	2.73
30	7.56	5.39	4.51	4.02	3.70	3.47	3.17	2.98	2.70
40	7.31	5.18	4.31	3.83	3.51	3.29	2.99	2.80	2.52
50	7.17	5.06	4.20	3.72	3.41	3.19	2.89	2.70	2.42
60	7.08	4.98	4.13	3.65	3.34	3.12	2.82	2.63	2.35
70	7.01	4.92	4.07	3.60	3.29	3.07	2.78	2.59	2.31
80	6.96	4.88	4.04	3.56	3.26	3.04	2.74	2.55	2.27
90	6.93	4.85	4.01	3.53	3.23	3.01	2.72	2.52	2.42
100	6.90	4.82	3.98	3.51	3.21	2.99	2.69	2.50	2.22
125	6.84	4.78	3.94	3.47	3.17	2.95	2.66	2.47	2.19
150	6.81	4.75	3.91	3.45	3.14	2.92	2.63	2.44	2.16
200	6.76	4.71	3.88	3.41	3.11	2.89	2.60	2.41	2.13
∞	6.63	4.61	3.78	3.32	3.02	2.80	2.51	2.23	2.04

表 B-5　　二项分布临界值表

在 $p=q=\frac{1}{2}$ 下，x 或 $n-x$（不论何者为大）的临界值

n	单侧检验（α）		双侧检验（α）	
	0.05	0.01	0.05	0.01
5	5	—	—	—
6	6	—	6	—
7	7	7	7	—
8	7	8	8	—
9	8	9	8	9
10	9	10	9	10
11	9	10	10	11
12	10	11	10	11
13	10	12	11	12
14	11	12	12	13
15	12	13	12	13
16	12	14	13	14
17	13	14	13	15
18	13	15	14	15
19	14	15	15	16
20	15	16	15	17
21	15	17	16	17
22	16	17	17	18
23	16	18	17	19
24	17	19	18	19
25	18	19	18	20
26	18	20	19	20
27	19	20	20	21
28	19	21	20	22
29	20	22	21	22
30	20	22	21	23

表 B-6　　秩和检验表

表中列出了秩和下限 W_1 及秩和上限 W_2 的值。

$\alpha=0.05$								$\alpha=0.025$							
n_1	n_2	W_1	W_2	n_1	n_2	W_1	W_2	n_1	n_2	W_1	W_2	n_1	n_2	W_1	W_2
2	4	3	11	5	5	19	36	2	6	3	15	5	8	21	49
2	5	3	13	5	6	20	40	2	7	3	17	5	9	22	53
2	6	4	14	5	7	22	43	2	8	3	19	5	10	24	56
2	7	4	16	5	8	23	47	2	9	3	21	6	6	26	52
2	8	4	18	5	9	25	50	2	10	4	22	6	7	28	56
2	9	4	20	5	10	26	54	3	4	6	18	6	8	29	61
2	10	5	21	6	6	28	50	3	5	6	21	6	9	31	65
3	3	6	15	6	7	30	54	3	6	7	23	6	10	33	69
3	4	7	17	6	8	32	58	3	7	8	25	7	7	37	68
3	5	7	20	6	9	33	63	3	8	8	28	7	8	39	73
3	6	8	22	6	10	35	67	3	9	9	30	7	9	40	79
3	7	9	24	7	7	39	66	3	10	9	33	7	10	43	83
3	8	9	27	7	8	41	71	4	4	11	25	8	8	49	87
3	9	10	29	7	9	43	76	4	5	12	28	8	9	51	93
3	10	11	31	7	10	46	80	4	6	12	32	8	10	54	98
4	4	12	24	8	8	52	84	4	7	13	35	9	9	63	108
4	5	13	27	8	9	54	90	4	8	14	38	9	10	66	114
4	6	14	30	8	10	57	95	4	9	15	41	10	10	79	131
4	7	15	33	9	9	66	105	4	10	16	44				
4	8	16	36	9	10	69	111	5	5	18	37				
4	9	17	39	10	10	93	127	5	6	19	41				
4	10	18	42					5	7	20	45				

表 B-7　　**游程检验 R 临界值表**

表中对应于 n_1 与 n_2 的有两行数值。若 R 等于小于上行数值，或等于大于下行数值，则在 $\alpha=0.025$（单侧检验）或 $\alpha=0.05$（双侧检验）水平上判定序列为非随机的。

n_1 \ n_2	2	3	4	5	6	7	8	9	10	11	12	13	14	15	16	17	18	19	20
2											2	2	2	2	2	2	2	2	2
3					2	2	2	2	2	2	2	2	2	3	3	3	3	3	3
4				2 9	2 9	2	3	3	3	3	3	3	3	3	4	4	4	4	4
5			2 9	2 10	3 10	3 11	3 11	3	3	4	4	4	4	4	4	4	5	5	5
6		2	2 9	3 10	3 11	3 12	3 12	4 13	4 13	4 13	4 13	5	5	5	5	5	5	6	6
7		2	2	3 11	3 12	3 13	4 13	4 14	5 14	5 14	5 14	5 15	5 15	6 15	6	6	6	6	6
8		2	3	3 11	3 12	4 13	4 14	5 14	5 15	5 15	6 16	6 16	6 16	6 16	6 17	7 17	7 17	7 17	7 17
9		2	3	3	4 13	4 14	5 14	5 15	5 16	6 16	6 16	6 17	7 17	7 18	7 18	7 18	8 18	8 18	8 18
10		2	3	4	4 13	5 14	5 15	6 16	6 16	7 17	7 17	7 18	8 18	8 18	8 19	9 19	9 19	9 20	9 20
11		2	3	4	4 13	5 14	5 15	6 16	6 17	7 17	7 18	7 19	8 19	8 19	8 20	9 20	9 20	9 21	9 21
12	2	2	3	4	4 13	5 14	6 16	6 16	7 17	7 18	7 19	8 19	8 20	8 20	9 21	9 21	9 21	10 22	10 22
13	2	2	3	4	5	5 15	6 16	6 17	7 18	7 19	8 19	8 20	9 20	9 21	9 21	10 22	10 22	10 23	10 23
14	2	2	3	4	5	5 15	6 16	7 17	7 18	8 19	8 20	9 20	9 21	9 22	10 22	10 23	10 23	11 23	11 24
15	2	3	3	4	5	6 15	6 16	7 17	7 18	8 19	8 19	9 20	9 20	10 21	10 21	11 22	11 22	11 23	12 23
16	2	3	4	4	5	6	6 17	7 18	8 19	8 20	9 21	9 21	10 22	10 23	11 23	11 24	11 25	12 25	12 25
17	2	3	4	4	5	6	7 17	7 18	8 19	9 20	9 21	10 22	10 23	11 23	11 24	11 25	12 25	12 26	13 26
18	2	3	4	5	5	6	7 17	8 18	8 19	9 20	9 21	10 22	10 23	11 24	11 25	12 25	12 26	13 26	13 27
19	2	3	4	5	6	6	7 17	8 18	8 20	9 21	10 22	10 23	11 23	11 24	12 25	12 26	13 26	13 27	13 27
20	2	3	4	5	6	6	7 17	8 18	9 20	9 21	10 22	10 23	11 24	12 25	12 25	13 26	13 27	13 27	14 28

表 B-8 斯皮尔曼等级相关系数 r_s 的上临界值 r_α 表

$$P(r_s \geqslant r_\alpha) \leqslant \alpha \quad P(r_s \leqslant -r_\alpha) \leqslant \alpha$$

n \ α	0.001	0.005	0.010	0.025	0.050	0.100
4	—	—	—	—	0.800 0	0.800 0
5	—	—	0.900 0	0.900 0	0.800 0	0.700 0
6	—	0.942 9	0.885 7	0.828 6	0.771 4	0.600 0
7	0.964 3	0.892 9	0.857 1	0.746 0	0.678 6	0.535 7
8	0.928 6	0.857 1	0.809 5	0.714 3	0.619 0	0.500 0
9	0.900 0	0.816 7	0.766 7	0.683 3	0.583 3	0.466 7
10	0.866 7	0.781 8	0.733 3	0.636 4	0.551 5	0.442 4
11	0.836 4	0.754 5	0.700 0	0.609 1	0.527 3	0.418 2
12	0.818 2	0.727 3	0.671 3	0.580 4	0.496 5	0.398 6
13	0.791 2	0.697 8	0.642 9	0.554 9	0.478 0	0.379 1
14	0.767 0	0.674 7	0.622 0	0.534 1	0.459 3	0.362 6
15	0.746 4	0.653 6	0.600 0	0.517 0	0.442 9	0.350 0
16	0.726 5	0.632 4	0.582 4	0.500 0	0.426 5	0.338 2
17	0.708 3	0.615 2	0.563 7	0.485 3	0.411 8	0.326 0
18	0.690 4	0.597 5	0.548 0	0.471 6	0.399 4	0.314 8
19	0.673 7	0.582 5	0.533 3	0.457 9	0.389 5	0.307 0
20	0.658 6	0.568 4	0.520 3	0.445 1	0.378 9	0.297 7
21	0.645 5	0.564 5	0.507 8	0.435 1	0.368 8	0.290 9
22	0.631 8	0.542 6	0.496 3	0.424 1	0.359 7	0.282 9
23	0.618 6	0.530 6	0.485 2	0.415 0	0.351 8	0.276 7
24	0.607 0	0.520 0	0.474 8	0.406 1	0.343 5	0.270 4
25	0.596 2	0.510 0	0.465 4	0.397 7	0.336 2	0.264 6
26	0.585 6	0.500 2	0.456 4	0.389 4	0.329 9	0.258 8
27	0.575 7	0.491 5	0.448 1	0.382 2	0.323 6	0.254 0
28	0.566 0	0.482 8	0.440 1	0.374 9	0.317 5	0.249 0
29	0.556 7	0.474 4	0.432 0	0.368 5	0.311 3	0.244 3
30	0.547 9	0.466 5	0.425 1	0.362 0	0.305 9	0.240 0

参考文献

[1] 黄良文，曾五一．统计学原理．北京：中国统计出版社，2000.

[2] 袁卫，庞皓，曾五一，贾俊平．统计学．3 版．北京：高等教育出版社，2009.

[3] 曾五一．统计学概论．2 版．北京：首都经济贸易大学出版社，2010.

[4] 曾五一，肖红叶．统计学导论．北京：科学出版社，2006.

[5] 曾五一，等．关于进一步推动我国统计学发展的思考．统计研究，2007 (8).

[6] 肖红叶．中国经济统计学科建设 30 年回顾与评论．统计研究，2010 (1).

[7] 曾五一．经济管理类统计学专业教学体系改革与创新．统计研究，2010 (2).

中国人民大学出版社　理工出版分社

教师教学服务说明

中国人民大学出版社理工出版分社以出版经典、高品质的统计学、数学、心理学、物理学、化学、计算机、电子信息、人工智能、环境科学与工程、生物工程、智能制造等领域的各层次教材为宗旨。

为了更好地为一线教师服务，理工出版分社着力建设了一批数字化、立体化的网络教学资源。教师可以通过以下方式获得免费下载教学资源的权限：

★ 在中国人民大学出版社网站 www.crup.com.cn 进行注册，注册后进入“会员中心”，在左侧点击“我的教师认证”，填写相关信息，提交后等待审核。我们将在一个工作日内为您开通相关资源的下载权限。

★ 如您急需教学资源或需要其他帮助，请加入教师 QQ 群或在工作时间与我们联络。

中国人民大学出版社　理工出版分社

教师 QQ 群：229223561（统计2组）982483700(数据科学）361267775(统计1组）
教师群仅限教师加入，入群请备注（学校＋姓名）

联系电话：010-62511967，62511076

电子邮箱：lgcbfs@crup.com.cn

通讯地址：北京市海淀区中关村大街 31 号中国人民大学出版社 507 室（100080）